Lac Baikal
Hăilā'ěr
Yīchūn
Qíqíhā'ěr
OULAN-BATOR
Hā'ěrbīn
Mŭdānjiāng
Jílín
Yánjí
MONGOLIE
Chángchūn
Sìpíng
Liáoyán
Xilinhot
Shěnyáng
CORÉE DU NORD
Ānshān
LA GRANDE MURAILLE p. 76
Jĭnzhōu
Chéngdé
Dāndōng
Hohhot
PYONGYANG
BĚIJĪNG p. 34
Dàlián
316
Wūhăi
Dàtóng
Tiānjīn
SÉOUL
Yínchuān
SHĀNXĪ p. 88
CORÉE DU SUD
Yāntái
Tàiyuán
Shíjiāzhuāng
Wéifáng
Zhōngwèi
Píngyáo
Hándān
Jĭ'nán
Qīngdăo
Xīníng
Chángzhì
Tài'ān
MER JAUNE
Lánzhōu
Hánchéng
Ānyáng
Rìzhào
JAPON
Jìníng
Liányúngăng
Kāifēng
Xúzhōu
Băojī
Xī'ān
Luòyáng
Zhèngzhōu
VILLES DE CANAUX ET LAC DE L'OUEST p. 150
XĪ'ĀN ET L'ARMÉE DES SOLDATS DE TERRE CUITE p. 102
SHÀNGHĂI p. 120
Nányáng
Héféi
Nánjīng
Xiāngfán
Sūzhōu
UĀN p. 278
Yíchāng
Wŭhàn
Hángzhōu
Pŭtuóshān
Níngbō
MER DE CHINE ORIENTALE
Chéngdū
HUÁNGSHĀN ET VILLAGES DU HUĪZHŌU p. 178
Jiŭjiāng
Chóngqìng
Wēnzhōu
Changdé
Chángshā
Nánchāng
EUVE YANGZI p. 300
Píngxiáng
Jí'ān
Zūnyì
Nánpíng
Héngyáng
Fúzhōu
Guìyáng
TAIPEI
Ānshùn
Gànzhōu
Guìlín
Wēiníng
Zhāngzhōu
Xiàmén
Kūnmíng
Liŭzhōu
TAÏWAN
Cháozhōu
GUĂNGXĪ ET RIVIÈRE LÍ p. 232
Shàntóu
Guăngzhōu (Canton)
Wúzhōu
Chóngzuŏ
Nánníng
Macao
Hong Kong
Zhūhăi
MER DES PHILIPPINES
HONG KONG ET MACAO p. 198
Zhànjiāng
HANOI
Hăikŏu
VIETNAM
MER DE CHINE MÉRIDIONALE
PHILIPPINES

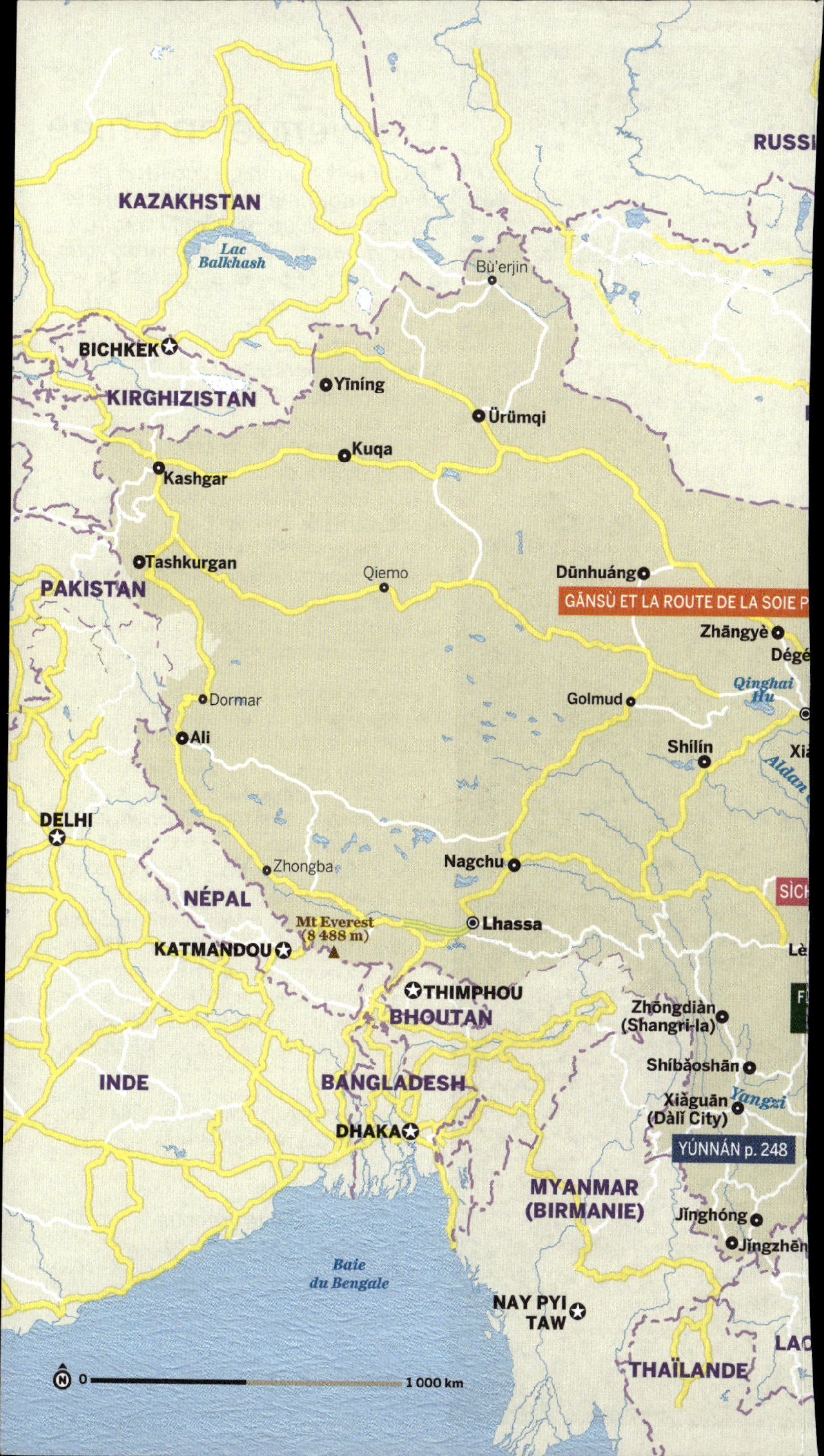

KAZAKHSTAN
Lac Balkhash
RUSSI
Bù'erjin
BICHKEK
KIRGHIZISTAN
Yīníng
Ürümqi
Kuqa
Kashgar
Tashkurgan
PAKISTAN
Qiemo
Dūnhuáng
GĀNSÙ ET LA ROUTE DE LA SOIE P
Zhāngyè
Dégé
Qinghai Hu
Golmud
Dormar
Ali
Shílín
Xi
Aldan
DELHI
Zhongba
Nagchu
NÉPAL
Mt Everest (8 488 m)
Lhassa
KATMANDOU
SÌCH
Lè
THIMPHOU
BHOUTAN
Zhōngdiàn (Shangri-la)
Shíbǎoshān
INDE
BANGLADESH
Xiàguān (Dàlǐ City)
Yangzi
DHAKA
YÚNNÁN p. 248
MYANMAR (BIRMANIE)
Jǐnghóng
Jǐngzhēn
Baie du Bengale
NAY PYI TAW
LA
THAÏLANDE
0
1 000 km

Bienvenue en Chine

La Chine. La simple évocation de ce nom donne envie de boucler ses valises. Voilà un pays qui ira loin, donc montez à bord, préparez-vous à un long périple et attendez de voir où il vous mènera.

La Chine est vaste, d'une étendue démesurée. Terre des extrêmes, climatiques et topographiques, elle évoque plusieurs pays réunis en un seul. Dans les régions tibétaines, vous admirerez des temples bouddhiques éclairés de lampes au beurre de yack. Vous suivrez la route de la soie, passerez une nuit au camp de base de l'Everest ou une soirée élégante à Shànghǎi. Explorateur des villes ou voyageur des champs, randonneur, cycliste, aventurier, passionné de culture ou gastronome averti, vous trouverez votre bonheur dans cette contrée aux mille visages.

Rares sont les pays avec une telle variété de paysages. À vous de choisir entre les sublimes pics nimbés de brume du Huángshān, les déserts implacables du Gānsù, les îles de Hong Kong ou les pitons karstiques du Yángshuò. Émerveillez-vous devant les rizières en terrasses dans le sud, prenez un *selfie* au milieu des champs de colza autour de Shèxiàn ou foulez la Grande Muraille serpentant dans les montagnes. Perdez-vous dans des forêts de bambous luxuriantes, ou, si vous voulez vraiment impressionner vos amis, faites une randonnée à travers l'un des canyons les plus profonds et époustouflants du monde : la gorge du Saut du Tigre, dans le Yúnnán.

N'attendez pas plus longtemps, toutes ces merveilles vous tendent les bras.

> *D'une étendue démesurée, la Chine évoque plusieurs pays réunis en un seul.*

Formations karstiques le long de la Lí, près de Yángshuò (p. 236), Guǎngxī
APHOTOSTORY / SHUTTERSTOCK ©

lonely planet

CHINE

ÉDITION ÉCRITE ET ACTUALISÉE PAR

Damian Harper, Piera Chen, Megan Eaves, David Eimer, Helen Elfer, Trent Holden, Stephen Lioy, Emily Matchar, Rebecca Milner, Kate Morgan, Tom Spurling et Phillip Tang.

Sommaire

Avant le départ

LU JINRONG / SHUTTERSTOCK ©

SEAN PAVONE / SHUTTERSTOCK ©

CHRISTOPHER GROENHOUT / GETTY IMAGES ©

La Grande Muraille

La plus grande prouesse architecturale de Chine serpente à travers le nord du pays

Ces fortifications, l'un des plus vastes ouvrages réalisés par l'homme, étaient censées protéger la Chine impériale de ses voisins du Nord. Selon vos goûts, vous pourrez opter pour une portion de muraille parfaitement ciselée qui serpente dans les collines ou, au contraire, un tronçon en ruine, dépouillé de ses briques et envahi d'arbustes. En haut : Jīnshānlǐng (p. 84) ; ci-dessus : Bādálǐng (p. 86)

2

HUNG_CHUNG_CHIH / GETTY IMAGES ©

Xī'ān et l'Armée des soldats de terre cuite

Cette antique cité fut la capitale des Tangs

Montant la garde aux côtés de l'empereur Qin Shi Huang, mort en 210 avant notre ère, les soldats de terre cuite (p. 106) sont un formidable témoignage historique. Xī'ān (p. 111) compte parmi les destinations les plus attrayantes de Chine : une riche histoire dynastique, de superbes remparts et une cuisine savoureuse.

3

4

Shànghǎi

Shànghǎi incarne la Chine moderne, tout en étant différente du reste du pays

Plus qu'une simple agglomération, Shànghǎi (p. 120) est un véritable phare illuminé aux néons et symbolisant le changement, les perspectives d'avenir et la modernité. Qu'il s'agisse de votre point d'arrivée en Chine ou d'une étape atteinte après 30 heures de train depuis le Gānsù, vous trouverez tout ce qu'il faut pour passer du bon temps. Commencez par le Bund (p. 124) et poursuivez avec l'ancienne concession française (p. 130), l'épicentre de Shànghǎi en matière de gastronomie, de mode et de divertissement.

5

Guǎngxī et la rivière Lí

À vous le rafting, le vélo ou la randonnée dans des paysages à couper le souffle

Difficile d'exagérer la beauté du Yángshuò (p. 236) et de la région de la rivière Lí qui l'entoure. Il est célèbre pour ses images typiques de pics calcaires dentelés et vert mousse, qui créent une toile de fond pour les frondes de hauts bambous penchés au-dessus de cours d'eau bouillonnants, ses buffles d'Asie couchés dans l'eau et ses paysans plantant les rizières.

123ARTISTIMAGES / GETTY IMAGES ©

VADIM PETRAKOV / SHUTTERSTOCK ©

Gānsù et la route de la soie

Témoignages bouddhiques, diversité géographique et aventures

Un impressionnant tronçon de la route de la soie traverse la province du Gānsù (p. 316). Émaillée de sublimes fragments de civilisations bouddhiques, telles les grottes de Mògāo (photo ; p. 320), cette route historique mène à l'imposant fort de Jiāyùguān (p. 324), tout en guidant les voyageurs vers l'enclave bouddhique tibétaine de Xiàhé et le monastère de Labrang (p. 322).

6

Hong Kong et Macao

Le régime des concessions étrangères a façonné ces territoires qui gardent un mode de vie différent

Au sud du pays, dans le cœur battant de la Chine cantonaise, Hong Kong (photo ; p. 200) est une séduisante fusion entre culture traditionnelle chinoise, influences internationales et gastronomie. Ne manquez pas Macao (p. 222), ville photogénique riche d'un important héritage portugais (avec là encore des repas mémorables en perspective).

7

8

Yúnnán

Un mélange de sites extraordinaires et de communautés ethniques

Le Yúnnán (p. 250) est sans doute la province de Chine la plus riche en matière de beauté des paysages et de sites remarquables. Il en va de même sur le plan culturel, puisque plus de la moitié des minorités du pays résident dans la région. Cette combinaison gagnante en fait la destination la plus tendance de l'industrie touristique, en plein essor. Ne manquez pas Lìjiāng (photo ; p. 259), la gorge du Saut du tigre (p. 256), Dàlǐ (p. 270) et les rizières en terrasses de Yuányáng (p. 252).

MEIQIANBAO / SHUTTERSTOCK ©

ELFIRED / SHUTTERSTOCK ©

BEIBAOKE / SHUTTERSTOCK ©

9

Shānxī

Immersion dans une histoire vivante

Shānxī (p. 90) est l'occasion d'un face à face avec la cité ancestrale de Píngyáo (photo, à gauche ; p. 92) – une ville chinoise fortifiée, intacte et inscrite dans la continuité de l'âge d'or de la dynastie Qing. La province poussiéreuse abrite également l'inestimable site bouddhique des grottes de Yúngāng (photo, ci-contre ; p. 94), tandis que non loin, Dàtóng (p. 99) est une ville de plus en plus plaisante qui mérite plusieurs jours de visite.

Huángshān et villages du Huīzou

Sous son manteau de brume, la "montagne jaune" donne toute la mesure de sa beauté éthérée

10

Enveloppé dans le brouillard, le Huángshān attire des millions de visiteurs. La raison de cet engouement tient sûrement au paysage désolé et à l'ambiance surnaturelle qui environne la montagne. Au pied du Huángshān, des villages huī préservés (p. 186), tels Xīdì (p. 189) et Hóngcūn (photo ; p. 188).

Villes de canaux et lac de l'Ouest

Les charmantes villes de canaux du Zhéjiāng et du Jiāngsū ont préservé leur architecture Ming et Qing

11

Les ponts en dos d'âne, les ruelles en pierre, les temples et les canaux des villes de Sūzhōu (p. 159), Zhūjiājiǎo (p. 158), Wūzhén (p. 166) et Tónglǐ (p. 164) offrent un aperçu d'un mode de vie qui s'éteint. Toute proche, la moderne Hángzhōu se reflète dans le superbe lac de l'Ouest (p. 156).

VIEWSTOCK / GETTY IMAGES ©

Fleuve Yangzi

Peu de paysages sont aussi inspirants que ceux du fleuve le plus long de Chine

12

Le puissant Yangzi (p. 302) donne toute sa mesure aux Trois Gorges (photo ; p. 304), sculptées au fil des millénaires par la force des eaux. Ces gorges offrent un spectacle splendide, et une croisière sur le Yangzi (p. 304) permet de poser son bâton de marcheur en admirant le paysage.

WIBOWO RUSLI / GETTY IMAGES ©

Sìchuān

Une région aux multiples visages, qui abrite le personnage le plus célèbre de Chine – le panda géant

13

La capitale Chéngdū (p. 286) est une ville moderne, mais au-delà de ses routes périphériques ultra fréquentées, vous découvrirez un paysage plus traditionnel : montagnes sacrées nimbées de brume, campagne parsemée de villages anciens et falaises arborant des bouddhas sculptés. Attention, préparez-vous à goûter la cuisine la plus épicée de Chine.

Avant le départ

Ce qu'il faut savoir

Quand partir

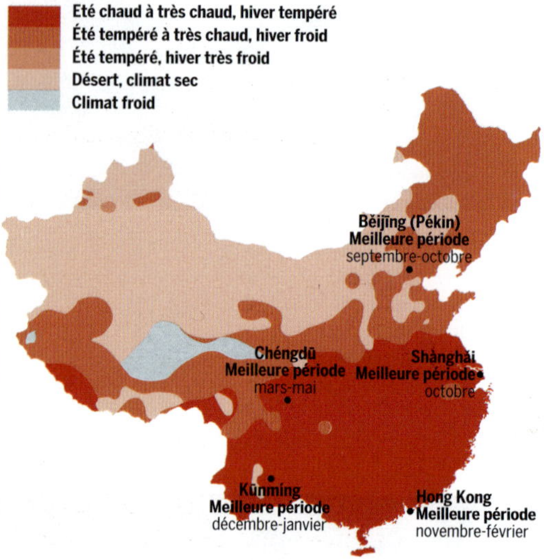

Haute saison (mai-août)

- Des averses d'été et la foule sur les sites touristiques.
- Les hébergements affichent des tarifs maximums la première semaine des vacances de mai.

Saison intermédiaire (février-avril, septembre-octobre)

- Journées plutôt chaudes au printemps, tempérées en automne.
- Fraîcheur et ciel dégagé : idéal pour voyager dans le Nord.
- Les prix des hébergements flambent avec les vacances de début octobre.

Basse saison (novembre-février)

- Le tourisme chinois est en recul, mais les prix grimpent au Nouvel An chinois.
- Climat glacial dans le Nord et en altitude. Seul le Sud bénéficie de températures clémentes.

Monnaie

Le yuan (元 ; ¥)

Langues

Mandarin, cantonais

Visa

Obligatoire pour entrer en Chine, à l'exception de Hong Kong et de Macao et pour tout transit jusqu'à 72 heures dans certaines grandes villes chinoises, dont Běijīng, Shànghǎi, Xī'ān, Guìlín, Chéngdū, Kūnmíng et Chóngqìng.

Argent

Distributeurs automatiques de billets (DAB) dans les villes. Prévoir des espèces, les cartes bancaires n'étant pas acceptées partout.

Téléphone portable

Vente de cartes SIM dans les grands aéroports (zone des arrivées).

Heure locale

La Chine n'a qu'un seul fuseau horaire. Quand il est 12h à Paris, il est 17h à Běijīng ou à Lhassa en hiver, et 16h en été.

Budget quotidien

Moins de 200 ¥

- Lit en dortoir : 40-60 ¥
- Marché et cuisine de rue : 40 ¥
- Location de vélo et autres moyens de transport : 20 ¥

200-1 000 ¥

- Chambre double dans un hôtel de catégorie moyenne : 200-600 ¥
- Déjeuner et dîner dans des restaurants locaux : 80-100 ¥
- Taxi : 60 ¥

Plus de 1 000 ¥

- Chambre double dans un hôtel de luxe : à partir de 600 ¥
- Déjeuner et dîner dans de bons restaurants locaux ou d'hôtel : 300 ¥
- 2 places à l'Opéra : 300 ¥

Sites Internet

Ambassade de Chine en France (www.amb-chine.fr). Site officiel de l'ambassade.
Centre culturel de Chine à Paris (www.ccc-paris.org)
Chenmen (www.chenmen.fr). Le portail de la Chine traditionnelle, en français.
Far West China (www.farwestchina.com). Pour les voyageurs de la route de la soie.
Lonely Planet (www.lonelyplanet.fr). Infos sur la destination, forum de voyageurs et plus encore.

Heures d'ouverture

La Chine a officiellement adopté la semaine de travail de 5 jours. Le samedi et le dimanche sont des jours non ouvrés.
Banques Lun-ven 9h-17h (ou 18h). Peuvent fermer 2 heures l'après-midi. Souvent ouvertes le samedi, parfois le dimanche.
Bars De la fin d'après-midi jusqu'à minuit ou plus tard.
Bureaux de poste Tous les jours en général.
Restaurants Service 10h30-23h environ, certains ferment de 14h à 17h ou 18h.
Commerces 10h-22h, grands magasins et centres commerciaux compris.

Arriver en Chine

Aéroport de Běijīng Capital (p. 69)

Train Airport Express pour les lignes 2, 10 et 13 du métro toutes les 10 minutes, 6h-22h30.
Bus Bus express pour le centre de Běijīng toutes les 10-20 minutes, 5h-minuit.
Taxi 90-120 ¥ ; 40-60 minutes jusqu'au centre-ville.

Aéroport international de Hong Kong (p. 219)

Train Airport Express pour la Hong Kong Station, à Central, toutes les 12 minutes.
Bus Réseau étendu dans Hong Kong.
Taxi 280 $HK pour Central, 5 $HK par bagage.

Aéroport international de Pǔdōng, Shànghǎi (p. 147)

Train Maglev pour la station de métro Longyang Rd toutes les 20 minutes, 6h45-21h40. Ligne 2 du métro pour la place du Peuple (45 min).
Bus Navettes toutes les 15-25 minutes, 7h-23h.
Taxi 160 ¥ ; 1 heure pour le centre de Shànghǎi.

Comment circuler

Train Réseau moderne et étendu ; de nombreux trains à grande vitesse interurbains.
Bus Réseau étendu. Plus économique et plus lent que le train, mais pratique pour rejoindre certaines destinations lointaines.
Avion Nombreux vols intérieurs.
Voiture Circulation chaotique et options limitées (mais en progression).
Taxi Peu cher, très présent dans les grandes villes.

Pour plus de détails sur les transports, voir p. 400. ➔

Avant le départ

Envie de...

Cuisine chinoise

Constituant souvent un premier contact avec la Chine, la cuisine chinoise est appréciée dans le monde entier, mais pour la découvrir sous sa forme la plus authentique, mieux vaut se rendre sur ses terres natales.

Villes anciennes

Le nord du pays abrite les capitales des dynasties impériales et des villes fortifiées qui incarnent les charmes de la Chine d'antan. Vous aurez l'embarras du choix, les témoignages du passé sont visibles partout.

Randonnée

Les fabuleux paysages de Chine se prêtent parfaitement à la randonnée : montagnes, gorges, rizières en terrasses, Grande Muraille... Enfilez vos chaussures de marche sans tarder.

Chine sacrée

Du bouddhisme tibétain aux montagnes taoïstes en passant par les églises chrétiennes, les mosquées et les sanctuaires confucéens, le pays a conservé une certaine spiritualité.

Běijīng (p. 36) Le plat le plus renommé de Běijīng est le canard laqué (photo). Selon les puristes, il doit être cuit dans la capitale pour mériter l'appellation.

Jīngzūn Peking Duck Une clientèle fidèle fait honneur à la volaille rôtie (p. 65).

Chéngdū (p. 286) Pour savourer la véritable cuisine du Sìchuān, c'est sur place qu'il faut venir jouer des baguettes.

Chén Mápó Dòufu Une spécialité régionale très appréciée (p. 289).

Hong Kong (p. 200) Même si vous passiez toutes vos vacances à Hong Kong à dévorer des *dim sum*, vous n'en auriez jamais assez.

Lung King Heen *Dim sum* de haute volée dans un restaurant étoilé (p. 217).

Běijīng (p. 36) Perdez-vous dans les *hútòng*, explorez la Cité interdite et contemplez les portes de la cité antique.

Qiánmén Admirez l'imposante porte du Devant, au sud de la place Tiān'ānmén (p. 49).

Píngyáo (p. 96) La ville fortifiée la mieux préservée de Chine frôle la perfection dans quasiment tous les domaines (photo).

Remparts Un point de vue panoramique sur la vieille ville (p. 92).

Xī'ān (p. 104) Site de l'ancienne capitale de la dynastie Tang sous le nom de Chang'an, Xī'ān offre une véritable immersion dans l'histoire.

Remparts de Xī'ān À parcourir à pied ou à vélo (p. 111).

Gorge du Saut du Tigre (p. 256) La plus impressionnante randonnée du sud-ouest de la Chine, le long de la rivière Jīnshā, dans le Yúnnán.

Rocher du Saut du Tigre Belle formation rocheuse d'où un tigre aurait sauté (p. 257).

Rizières en terrasses de Lóngjǐ (p. 238) Lorsque le soleil fait scintiller les rizières en terrasses gorgées d'eau (photo), les photographes sont au paradis.

Point de vue des Neuf Dragons et des Cinq Tigres Domine les rizières en terrasses (p. 238).

La Grande Muraille (p. 78) Extraordinaire réalisation et site incontournable du pays, la Grande Muraille traverse 17 provinces, principautés et régions autonomes.

Jiànkòu L'édifice en brique délabré serpente dans un cadre sublime (p. 83).

Grottes de Mògāo (p. 320) En périphérie de Dūnhúang, ces magnifiques grottes bouddhiques sont les plus belles du pays.

Les grottes des Tang L'art rupestre de Mògāo y atteignit son apogée (p. 321).

Huá Shān (p. 108) Partez en quête du *dào* (le chemin) en gravissant l'un des pics taoïstes les plus sacrés de Chine.

Lever du soleil Passez la nuit sur la montagne pour célébrer le retour du soleil (p. 109).

Grottes de Yúngāng (p. 94) Un ensemble de statues bouddhiques d'une beauté envoûtante (photo), dans les environs de Dàtóng.

La grotte 6 Elle vous laissera bouche bée (p. 94).

Avant le départ
100% chinois

SHUPIAN / SHUTTERSTOCK ©

Activités

Toutes sortes d'activités sont possibles en Chine. Les magazines d'expatriés de Běijīng, Hong Kong ou Shànghǎi donnent des infos sur divers sports (golf, course à pied, équitation, vélo, football, randonnée, arts martiaux, natation, patin à glace, skateboard, ski nautique, escalade...) et sur des activités plus locales (acupuncture, médecine à base de plantes, tai-chi, qì gōng, cuisine chinoise).

Shopping

On trouve de tout en Chine et les prix sont bas. Seuls les produits importés et les appareils électroniques de grande marque (même ceux fabriqués en Chine) sont plus chers qu'ailleurs. On peut dénicher des souvenirs (pas nécessairement des objets de valeur) sur les marchés d'antiquités. Pour des vêtements à bas prix, rendez-vous sur les marchés spécialisés des grandes villes. Les marchés aux fleurs et aux oiseaux sont typiquement chinois. Marchander est crucial sur les marchés, restez poli et ferme.

Sorties culturelles

Spectacle haut en couleur, l'opéra chinois est incontournable, surtout à Běijīng (même si vous ne parlez pas chinois). Des comédies musicales internationales sont jouées dans les grandes villes, mais souvent en chinois. Certains théâtres en ville donnent des pièces en anglais, voire en bilingue chinois-anglais. La scène musicale chinoise est très variée : groupes locaux, spectacles traditionnels et d'arts martiaux, etc. On peut aussi voir des habitants chanter, danser, pratiquer le tai-chi ou jouer des instruments traditionnels sur les places publiques et dans les parcs tôt le matin et le soir.

Cuisine

La cuisine de rue révèle bien des saveurs différentes au fil des régions. Voilà une excellente façon d'apprécier sans se ruiner la riche cuisine chinoise et ses infinies variations. En ville, il existe à peu près partout un marché de rue ou un marché nocturne (夜市, *yèshì*), l'endroit idéal

VICHIE81 / SHUTTERSTOCK ©

pour prendre un repas ou grignoter de succulents en-cas bon marché. Prenez place sur un tabouret et demandez une bière, ou emportez vos victuailles.

Forme, taille, ambiance : tout existe, des échoppes de nouilles étriquées avec la TV à plein régime, aux rutilants restaurants pour banquets où les serveuses en *cheongsam* alignent les baguettes et distribuent une serviette chaude à la fin du repas. Entre ces deux extrêmes, nombre d'établissements très corrects de moyenne gamme servent des plats de tout le pays.

Vie nocturne

Dans les grandes villes, les bars abondent, comme à Hong Kong, Běijīng et Shànghǎi. Ils s'adressent principalement aux voyageurs occidentaux ou aux Chinois en quête d'exotisme. Les pubs de style occidental, qui rassemblent voyageurs et expatriés, proposent des concerts et, souvent, une carte non chinoise. Hong Kong, Běijīng et Shànghǎi offrent le plus grand choix de clubs, où la musique électronique locale gagne du terrain. Les bars à cocktails sont très prisés dans les grandes villes, et même dans les agglomérations plus modestes, on trouve des bars chics dans les hôtels quatre et cinq étoiles.

Pour une expérience 100% locale, essayez les bars fréquentés par les Chinois, généralement plus bruyants et axés sur le karaoké.

Le top des bars en Chine

Great Leap Brewing (p. 67)
Glam (p. 142)
Long Bar (p. 143)
Club 71 (p. 218)
Ping Pong Gintoneria (p. 218)

De gauche à droite : artiste d'opéra chinois (p. 369) ; stand de nourriture, Chóngqìng (p. 308)

Avant le départ
L'agenda

MEIQIANBAO / SHUTTERSTOCK ©

Janvier

Si le nord du pays connaît des températures glaciales, les régions méridionales affichent un temps plus clément. C'est la préparation du Nouvel An lunaire dont la date tombe entre fin janvier et mars.

Fête du Printemps

La plus grande fête du calendrier est avant tout familiale. On se réunit le jour J autour d'un repas de raviolis et l'on échange des *hóngbāo* (enveloppes rouges contenant de l'argent). S'ensuit une longue semaine de congé rythmé de feux d'artifice, défilés, kermesses dans les temples, avec des rues parées d'une profusion de couleurs.

Monlam – fête de la Grande Prière

Passé le 3e jour du Nouvel An tibétain, Monlam donne lieu, 2 semaines durant, à des processions dans les régions où vivent des communautés tibétaines. D'immenses *tanka* (bannières sacrées) sont déployées et, le dernier jour, on transporte dans les villes une statue de Maitreya (Bouddha du futur). Une fête interdite à Lhassa et dans toute la région autonome du Tibet.

Fête des Lanternes

Quinze jours après le Nouvel An, les Chinois sortent à la nuit tombée avec une lanterne décorée. La ville fortifiée de Píngyáo, dans le Shānxī, offre un joli cadre à cette fête (qui se déroule parfois en mars).

Février

Tandis qu'un froid sec et rigoureux règne encore dans le nord de la Chine, le temps se réchauffe lentement à Hong Kong et à Macao. Le Nouvel An lunaire pourrait coïncider avec votre visite, mais réservez bien à l'avance.

Mars

Sauf dans les régions de haute altitude, toujours glaciales, la Chine renaît après un long hiver. Le mercure grimpe à Hong Kong et, à Běijīng, les tempêtes de poussière abrasent tout sur leur passage. C'est encore la basse saison.

OSTILL / SHUTTERSTOCK ©

Champs de colza

Un tapis de fleurs jaune vif colore les campagnes du sud du pays. À certains endroits, comme la région autour de Wùyuán dans le Jiāngxī, c'est considéré comme une curiosité touristique.

Avril

La chaleur s'installe, ce qui fait d'avril une période propice au voyage. Les Chinois prennent des vacances pour la fête de Qīngmíng, jour férié officiel, et rendre hommage à leurs ancêtres.

Fête de l'Eau

Célébrée dans la région du Xīshuāngbǎnnà, la fête de l'Eau (Nouvel An des Dai) chasse la saleté, la tristesse et les démons de l'année écoulée. On s'asperge allègrement.

Fête de la Troisième Lune

Cette fête de la minorité ethnique bai figure parmi les raisons de découvrir la jolie ville de Dàlǐ, dans le nord du Yúnnán. Du 15e au 21e jour du 3e mois lunaire (généralement en avril), une semaine de courses de chevaux, chants et autres réjouissances.

Formule 1

Les amateurs de course automobile affluent sur le circuit international de Shànghǎi, près d'Āntíng. Réservez votre

Le top 5

Fête du Printemps, janvier ou février

Monlam – fête de la Grande Prière, février ou mars

Champs de colza dans la région de Yángshuò, mi-mars

Fête des Bateaux-Dragons, juin

Fête des Torches, Dàlǐ, juillet

De gauche à droite : décorations de la fête du Printemps, Shānxī (p. 22) ; course de bateaux-dragons, Hong Kong (p. 24)

hôtel bien à l'avance, car c'est l'un des événements majeurs du calendrier local.

Mai

C'est la pleine floraison dans les régions montagneuses, notamment au Sìchuān, dans le parc national de Jiǔzhàigōu. À partir du 1er mai (fête du Travail), les Chinois ont 4 jours fériés. L'anniversaire du Bouddha tombe le 8e jour du 4e mois lunaire, généralement en mai.

Anniversaire du Bouddha à Xiàhé

C'est le moment idéal pour apprécier les charmes tibétains de Xiàhé, dans le Gānsù. Les moines bouddhistes distribuent des aumônes, et les pèlerins arpentent les rues.

Marathon de la Grande Muraille

Un marathon éprouvant, réservé aux sportifs aguerris. Pour plus de détails, consultez le site www.great-wall-marathon.com.

Juin

Les températures augmentent. Même les régions d'ordinaire gelées, comme le lac Céleste du Jílín, deviennent accessibles et voient la nature renaître. La haute saison touristique approche.

Fête des Bateaux-Dragons

À Zhènyuǎn et sur les fleuves, des courses de bateaux-dragons célèbrent la mort du poète et homme d'État Qu Yuan, qui vécut au IIIe siècle avant J.-C. On mange des *zòngzi* (gâteaux de riz gluant).

Juillet

Dans le Sud, les typhons qui balaient les côtes du Guǎngdōng et du Fújiàn peuvent perturber les itinéraires de voyage. Ailleurs, il pleut en abondance : la "pluie des prunes" arrose Shànghǎi, tandis que verdissent les prairies de Mongolie-Intérieure et du Qīnghǎi.

Fête des Torches, Dàlǐ

Le 24e jour du 6e mois lunaire (généralement en juillet), cette festivité avec retraite aux flambeaux dans les rues et les champs rassemble les minorités bai et yi dans tout le Yúnnán. En ville, des torches illuminent les devantures des boutiques.

Août

Chóngqìng, Wǔhàn et Nánjīng, les "3 fournaises" du Yangzi, semblent prêtes à exploser. Des orages s'abattent sur Běijīng où la température moyenne frôle les 40°C, voire plus, comme à Shànghǎi. Prenez le frais en altitude à Lúshān, Mògānshān, Huáng Shān ou Guōliàngcūn.

Septembre

Ralliez Běijīng et n'en bougez plus, car septembre inaugure la période automnale, aussi brève qu'agréable, que les habitants de la capitale appellent *tiāngāo qìshuǎng* ("le ciel est haut et l'air est frais"). C'est une saison agréable pour visiter la Chine du Nord.

Fête de la Mi-Automne

Également appelée fête de la Lune, elle est l'occasion d'accrocher des lanternes et de contempler l'astre nocturne en dégustant des gâteaux de lune. Un événement sous la pleine lune très apprécié des familles et des amoureux. Le 15e jour du 8e mois lunaire.

Anniversaire de Confucius

Le 28 septembre, le temple de Confucius à Qūfù, dans le Shandong, vénère le sage, le patriarche et le philosophe.

Octobre

Durant la semaine de congé qui suit la fête nationale (1er oct), tout est pris d'assaut. Préférez la mi-octobre, lorsque les touristes se font plus rares.

Crabes poilus de Shànghǎi

La période d'octobre à décembre est la meilleure pour goûter les délicieux crabes poilus de Shànghǎi, que l'on accompagne de vin de riz de Shàoxīng servi tiède.

Novembre

La fraîcheur couvre la majeure partie du pays. Les touristes se font plus rares et les vacanciers filent au sud pour profiter du soleil.

Avant le départ

En avant-goût

NUTEXZLES / GETTY IMAGES ©

Livres

Sur les routes du nouveau monde. Voyage dans la modernité chinoise (Peter Hessler, Seuil, 2013). Le correspondant du *New Yorker* à Pékin a parcouru les routes de Chine au volant de sa voiture. Un regard drôle et plein d'esprit.

Cris (Lu Xun, Albin Michel, 1995). "Le Journal d'un fou" et autres nouvelles écrites par le père de la fiction chinoise moderne.

Le Totem du loup (Jiang Rong ; 2009). Un regard fascinant sur la vie dans les steppes de Mongolie-Intérieure pendant la Révolution culturelle et l'impact de la culture moderne sur un mode de vie ancestral.

Films

Still Life (Jia Zhangke ; 2005). Le portrait nostalgique et splendide d'une famille dévastée par la construction du barrage des Trois-Gorges.

Épouses et Concubines (Zhang Yimou ; 1991). Une tragédie élégante et précieuse d'un des chefs de file de la "cinquième génération".

In the Mood for Love (Wong Kar-wai ; 2000). Une merveilleuse histoire d'amour lente et platonique dans le Hong Kong des années 1960.

Le Secret des poignards volants (Zhang Yimou ; 2004). Un film d'arts martiaux à grand spectacle, romantique et coloré.

Musique

Eagle (Mamer ; 2009). Une remarquable interprétation de la musique populaire kazakhe du nord-ouest du Xīnjiāng.

Nothing to My Name (Cui Jian ; 1986). Un morceau rock pêchu qui a marqué son temps.

Lang Lang at Carnegie Hall (2004). Belle démonstration des talents de ce pianiste majeur.

Musique traditionnelle de Chine (2009). Exquise collection de mélodies traditionnelles.

Rizières en terrasses de Yuányáng (p. 252), Yúnnán

Avant le départ
Itinéraires : 5 et 7 jours

De Hong Kong à Shànghǎi

Entre ces deux villes modernes et chargées d'histoire, prévoyez quelques jours reposants au cœur des paysages verdoyants de la région de Yángshuò et dans une ville de canaux.

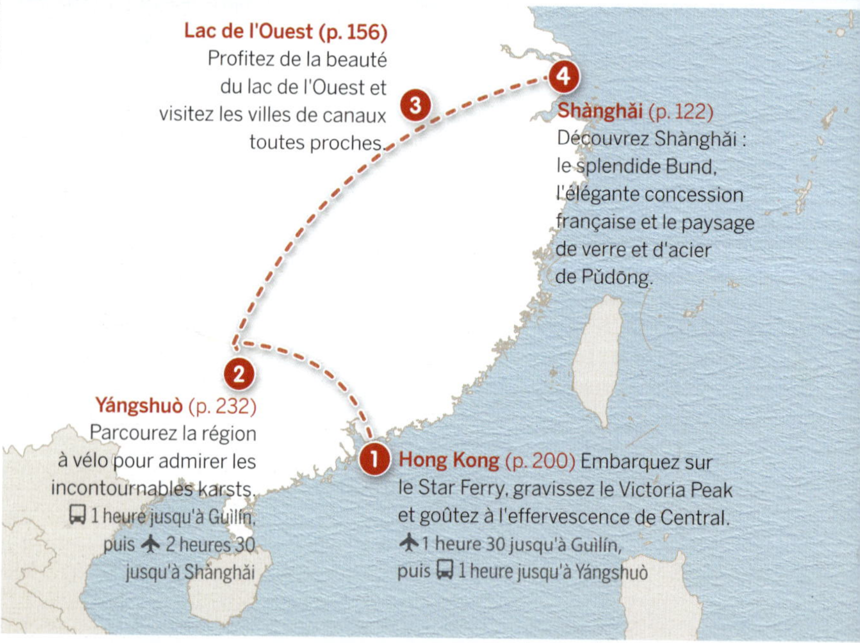

1 Hong Kong (p. 200) Embarquez sur le Star Ferry, gravissez le Victoria Peak et goûtez à l'effervescence de Central.
✈ 1 heure 30 jusqu'à Guìlín, puis 🚌 1 heure jusqu'à Yángshuò

2 Yángshuò (p. 232) Parcourez la région à vélo pour admirer les incontournables karsts.
🚌 1 heure jusqu'à Guìlín, puis ✈ 2 heures 30 jusqu'à Shànghǎi

3 Lac de l'Ouest (p. 156) Profitez de la beauté du lac de l'Ouest et visitez les villes de canaux toutes proches.

4 Shànghǎi (p. 122) Découvrez Shànghǎi : le splendide Bund, l'élégante concession française et le paysage de verre et d'acier de Pǔdōng.

De Běijīng (Pékin) à Xī'ān

Cinq jours suffisent pour découvrir au moins trois géants du tourisme chinois : la Grande Muraille, le vieux Píngyáo et l'Armée des soldats de terre cuite, non loin de Xī'ān (sans oublier les remparts de la ville).

1 **Běijīng** (p. 36) Passez 2 jours dans la capitale chinoise pour découvrir la Cité interdite, la place Tiān'ānmén et la Grande Muraille. 🚆 4 heures 30 jusqu'à Píngyáo

2 **Píngyáo** (p. 92) Accordez un jour et une nuit à la ville fortifiée la mieux préservée de Chine. 🚆 3 heures 15 jusqu'à Xī'ān

3 **Xī'ān** (p. 111) Visitez l'Armée des soldats de terre cuite en dehors de la ville. À Xī'ān, montez sur les remparts, mangez dans le quartier musulman animé et visitez la Grande Mosquée.

Avant le départ
Itinéraire : 12 jours

De Shànghǎi à Lìjiāng

Cette colossale expédition mène de Shànghǎi à la ville naxi de Lìjiāng, dans le Yúnnán, en passant par les villes de canaux, le Huángshān, les villages du Huīzhōu, Macao et Chéngdū, la capitale du Sìchuān.

Chéngdū (p. 286) Goûtez la cuisine sichuanaise, visitez le Centre de recherche et d'élevage du panda géant ou organisez une escapade sur l'Éméi Shān. ✈ 1 heure 45 jusqu'à Lìjiāng

Lìjiāng (p. 259) Baladez-vous dans la vieille ville, rejoignez le parc de l'étang du Dragon noir pour photographier le Yùlóng Xuěshān et faites une exaltante randonnée le long de la spectaculaire gorge du Saut du Tigre.

SEAN PAVONE / SHUTTERSTOCK ©

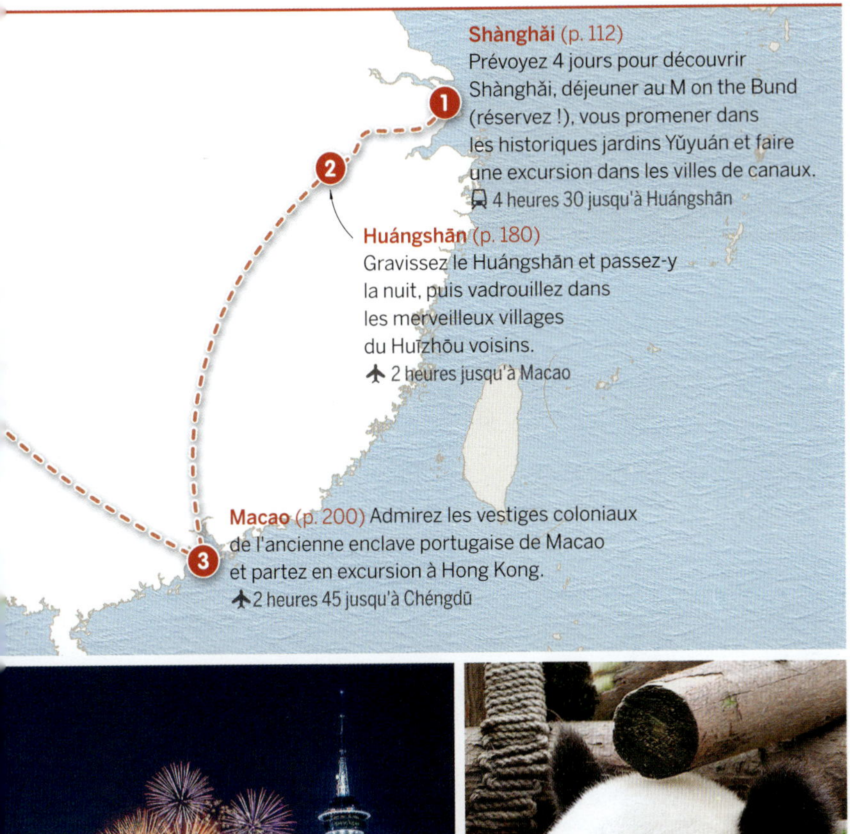

Shànghǎi (p. 112)
Prévoyez 4 jours pour découvrir Shànghǎi, déjeuner au M on the Bund (réservez !), vous promener dans les historiques jardins Yùyuán et faire une excursion dans les villes de canaux.
4 heures 30 jusqu'à Huángshān

Huángshān (p. 180)
Gravissez le Huángshān et passez-y la nuit, puis vadrouillez dans les merveilleux villages du Huīzhōu voisins.
2 heures jusqu'à Macao

Macao (p. 200) Admirez les vestiges coloniaux de l'ancienne enclave portugaise de Macao et partez en excursion à Hong Kong.
2 heures 45 jusqu'à Chéngdū

Avant le départ
Itinéraire : 2 semaines

Route de la soie

Cet itinéraire épique part de Běijīng (Pékin) en direction de l'extrême nord-ouest, fait étape à Xiàhé, aux portes du Tibet, avant de gagner Shànghǎi via l'ancienne capitale chinoise, Xī'ān.

Dūnhuáng (p. 326) Quittez la ville vers les incroyables grottes de Mògāo et les dunes chantantes, puis passez la nuit à Dūnhuáng.
4 heures 30 jusqu'à Jiāyùguān

Jiāyùguān (p. 324)
Consacrez 1 ou 2 jours à son splendide fort dans le désert, à l'extrémité ouest de la Grande Muraille.
4 heures jusqu'à Lánzhōu

Lánzhōu (p. 332)
De Lánzhōu, qui n'a en soi pas grand intérêt, partent des bus pour le monastère de Labrang (4 heures), à Xiàhé, où vous pourrez passer la nuit.
1 heure jusqu'à Xī'ān ou
9 heures jusqu'à Xī'ān

Běijīng (p. 36) Passez-y 3 jours pour visiter la Cité interdite, le temple du Ciel et la Grande Muraille.
✈ 4 heures jusqu'à Dūnhuáng

Xī'ān (p. 104)
Retrouvez-vous face aux soldats de terre cuite, avant de regagner la ville pour parcourir ses magnifiques remparts et dîner dans le quartier musulman.
🚌 6 heures jusqu'à Shànghǎi

Shànghǎi (p. 122) Le Bund est incontournable à Shànghǎi, mais ne ratez pas le Shànghǎi Museum et la concession française, appréciée pour ses boutiques et ses bars pleins de charme.

Avant le départ
Voyager en famille

DANIEL FUNG / SHUTTERSTOCK ©

Le défi

La Chine se prête parfaitement aux découvertes en famille, mais son potentiel est largement sous-exploité. L'audace est ici de mise : abordez ce voyage familial comme une véritable expérience pédagogique.

L'essentiel

Les enfants seront plus à l'aise dans les métropoles comme Hong Kong, Macao, Běijīng (Pékin) et Shànghǎi, où l'on trouve des services adaptés (hôtels, restaurants, sites à visiter). Dans les petites villes et à la campagne, l'offre se fait plus rare.

Parcourir de longues distances avec des enfants est un défi en soi. On peut désormais louer une voiture, mais le système de location n'est pas encore bien développé, et vous ne pourrez pas conduire partout. Le train est un bon moyen de circuler, mais il est souvent bondé et, sur les longs trajets, les options repas sont limitées. Les bus longue distance sont aussi très fréquentés et ils ne comportent pas toujours de ceinture.

L'alimentation constitue un autre défi. Si les capitales régionales comptent des restaurants occidentaux, les petites villes, à l'exception des fast-foods, ne proposent parfois que des plats chinois qui ne conviennent pas forcément aux enfants.

Visites

Les adolescents ne partageront peut-être pas votre enthousiasme pour les sites anciens, mais des paysages spectaculaires pourraient les émerveiller.

Un certain nombre de musées sont très bien conçus – en particulier dans les grandes villes – et Shànghǎi, Běijīng, Hong Kong, ainsi que d'autres villes touristiques, possèdent leur lot de loisirs et de curiosités pour les enfants, des parcs à thème aux terrasses d'observation, patinoires, aquariums, spectacles d'acrobatie ou zoos.

GREG ELMS / GETTY IMAGES ©

Sécurité

Les Chinois adorent les enfants et leur accordent beaucoup d'attention ; ne soyez pas surpris si l'on s'attarde sur la couleur de leurs yeux ou de leurs cheveux. La Chine est en principe un pays très sûr pour les enfants occidentaux (on sait en revanche qu'il existe un trafic d'enfants chinois). Vos deux principaux soucis seront sans doute de nourrir convenablement vos enfants et de les surveiller lorsqu'ils traversent la rue.

En pratique

Voyage en avion Pour un enfant âgé de moins de 2 ans, le billet d'avion coûte 10% du plein tarif ; entre 2 et 11 ans, le billet est à moitié prix pour les vols nationaux et à 75% du prix d'un billet adulte pour les vols internationaux.

Repas Les aliments pour bébé (lait en poudre, etc.) sont disponibles dans les supermarchés. Peu de restaurants disposent de chaises hautes.

Les meilleures activités pour les enfants

Star Ferry (p. 204)

Peak Tram (p. 202)

Yángshuò (p. 236)

Spectacle d'acrobaties, Shànghǎi Centre Theatre (p. 146)

Musées et sites De nombreux sites et musées ont des tarifs particuliers, généralement appliqués aux enfants mesurant moins de 1,30 m.

Voyage en train Les enfants de moins de 1,40 m obtiennent une couchette pour 75% du plein tarif ou une place assise à moitié prix. Le train est gratuit pour les enfants de moins de 1,10 m, à condition qu'ils demeurent sur vos genoux.

De gauche à droite : Star Ferry (p. 204), Hong Kong ; Acrobates, Shànghǎi Centre Theatre (p. 146)

Parc Běihǎi
(p. 60)
Mausolée
de Mao Zedong
(p. 49)
Qiánmén
(p. 49)

Cité interdite
(p. 40)
Place
Tiān'ānmén
(p. 48)
Musée national
de Chine (p. 49)
BĚIJĪNG (PÉKIN)

Dans ce chapitre

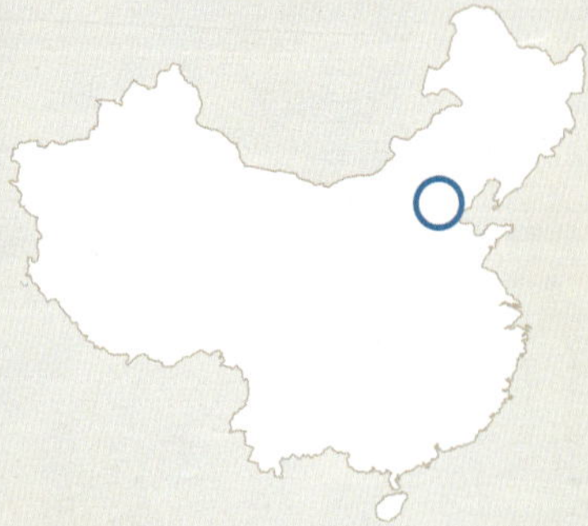

Běijīng (Pékin)

Běijīng est une cité aussi complexe qu'envoûtante, incontournable lors d'un voyage en Chine. Rares sont les lieux sur terre capables de rivaliser avec l'extraordinaire paysage urbain de cette cité historique : pas moins de 6 sites sont inscrits sur la liste du patrimoine mondial de l'Unesco. Au cœur de la capitale se dresse la Cité interdite, un palais impérial aux dimensions inégalables. Běijīng compte des temples sublimes aspirant à la perfection cosmologique et un centre-ville sillonné de ravissants **hútòng** ***qui dégagent encore une ambiance unique de "village dans la ville". Et l'extraordinaire silhouette de la Grande Muraille serpente sur les collines au nord de la ville.***

Běijīng (Pékin) en deux jours

Levez-vous tôt pour une balade dans le **parc du temple du Ciel** (p. 50), puis faites le tour de la **place Tiān'ānmén** (p. 48) ; à midi ou le soir, régalez-vous de canard laqué à **Jīngzūn Peking Duck** (p. 65). Le deuxième jour, consacrez la matinée à l'exploration de la **Cité interdite** (p. 40), puis suivez la **promenade** dans les *hútòng* (p. 56) ; terminez la journée par une bière au **Great Leap Brewing** (p. 67) ou un cocktail au **Capital Spirits** (p. 67), après avoir dîné au **Crescent Moon Muslim Restaurant** (p. 65).

Běijīng (Pékin) en quatre jours

Visitez le **temple des Lamas** (p. 61) pour une dose de bouddhisme tibétain avant de gagner l'immense **palais d'Été** (p. 52), puis arrêtez-vous à l'**Oasis Cafe** (p. 67). Faites des emplettes au **marché Pānjiāyuán** (p. 62) et dans **Wangfujing Dajie** (p. 63). Offrez-vous un repas gastronomique au **Georg** (p. 66) et assistez à un spectacle en soirée au **Centre national des arts du spectacle** (p. 67).

Percussionnistes dans un temple de Běijīng

Comment s'y rendre

Aéroport international de Běijīng Capital L'Airport Express (25 ¥, 30 min, 6h30-23h) assure la liaison avec le réseau du métro (lignes 2 et 10). Utilisez uniquement la station de taxis officielle (90 à 120 ¥).

Gare ferroviaire de Běijīng
Métro ligne 2.

Gare ferrovière de Běijīng Ouest
Métro ligne 9.

Gare ferrovière de Běijīng Sud
Métro ligne 4.

Où se loger

Il n'est pas difficile de trouver une chambre d'hôtel, mais mieux vaut réserver bien à l'avance pour les jours fériés. Les Courtyard hôtels (hôtels à cour intérieure) ne possèdent généralement pas plus de 4 ou 5 chambres : il est conseillé de réserver, au téléphone ou via le site Internet de l'établissement.

Pour plus de détails, voir la section *Où se loger* p. 71.

PALAIS D'ÉTÉ

Lac Kūnmíng

Lac Ouest

Palais d'Été et Hǎidiàn
Découvrez le luxe de la vie impériale dans cette retraite d'empereurs.

Cité interdite et centre de Dōngchéng
Un quartier idéal pour les amateurs de culture, de shopping et d'histoire. On y trouve l'extraordinaire Cité interdite.

Yùyuāntán

Dashilan et sud de Xīchéng
L'ancien quartier chaud de Pékin abrite désormais de nombreux *hútòng*, une bonne partie de la communauté hui de la capitale et des lieux de culte.

Gare ferroviaire de Beijing Ouest

0 — 5 km

Parc Běihǎi et nord de Xīchéng

Le terrain de jeu des habitants de Běijīng. En journée, lacs et parcs invitent à la promenade, et en soirée, bars et restaurants sont bondés.

Tour du Tambour et nord de Dōngchéng

Secteur historique comptant de nombreux *hútòng* et quantité de bars, restaurants et lieux de divertissement.

Sānlǐtún et Cháoyáng

Chouchoutez l'hédoniste qui sommeille en vous : faites des emplettes sur certains des meilleurs marchés, profitez d'une incroyable palette de restaurants et faites la fête toute la nuit.

Carte Dōngchéng, tour du Tambour et parc Běihǎi (p. 58)
Carte Cité interdite (p. 64)
Carte Palais d'Été (p. 66)

Cité interdite

Cité interdite

L'époustouflante Cité interdite (appelée Gù Gōng, 故宫, ancien palais) est le plus vaste complexe palatial du monde, et un site incontournable pour la grande majorité des visiteurs.

Pour ceux qui aiment...

☑ Ne ratez pas

Les sublimes montres et horloges présentées dans la salle d'exposition des Horloges.

Occupant le centre géographique de la capitale chinoise, la Cité interdite est le plus vaste et le mieux préservé des édifices anciens en Chine.

Structure générale

Ceint d'une superbe douve large de 52 m au cœur de Běijīng, le palais rectangulaire est organisé presque symétriquement autour d'un axe nord-sud. D'imposantes portes et salles de cérémonies sont construites à cheval sur cette ligne, qui sépare Běijīng en deux. Le palais est tellement immense (plus d'un million de mètres carrés, 800 bâtiments et 9 000 salles) que sa restauration est une tâche littéralement interminable. En dépit du travail consciencieux des ouvriers, certains toits sont encore envahis de touffes d'herbe.

Salle de l'Harmonie préservée (p. 42)

BRIAN KINNEY / SHUTTERSTOCK ©

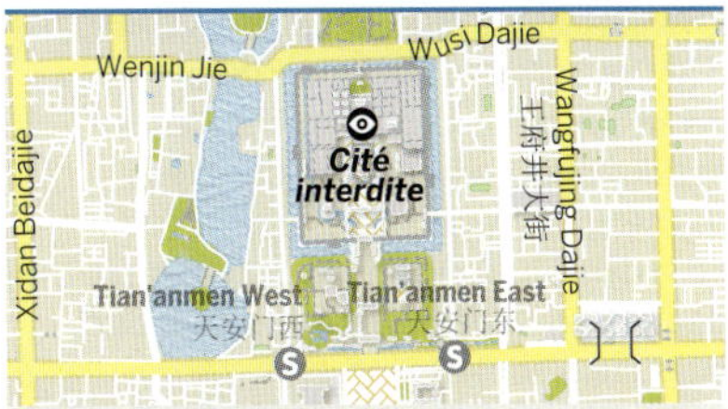

Infos pratiques

紫禁城, Zǐjìn Chéng ; carte p. 64 ; ☎010 8500 7114 ; www.dpm.org.cn ; nov-mars 40 ¥, avr-oct 60 ¥, circuit avec audioguide 40 ¥ ; 🕘8h30-17h avr-oct, 8h30-16h30 nov-mars, dernière entrée 1 heure avant la fermeture, fermé lun ; S Ligne 1 jusqu'à Tian'anmen West ou Tian'anmen East

Une petite soif ?

En sortant par la porte nord, tournez à droite et rendez-vous à l'**Oasis Cafe** (p. 66) pour un succulent café.

★ À savoir

Depuis 2015, le nombre de visiteurs est limité à 80 000 par jour ; pendant la haute saison, mieux vaut arriver tôt.

Entrée

Après avoir franchi la **porte du Midi** (午门, Wǔ Mén) – désormais la seule des 4 portes à être utilisée pour accéder à la Cité interdite – on pénètre dans une immense cour. En haut, la **galerie de la Porte du Midi** accueille des expositions temporaires d'art chinois et étranger.

On traverse la **rivière aux Eaux d'or** (金水, Jīn Shuǐ), tracée en forme d'arc tatar et enjambée par 5 ponts de marbre, avant d'atteindre la magnifique **porte de l'Harmonie suprême** (太和门, Tàihé Mén). Cette cour pouvait accueillir des audiences impériales de 100 000 personnes. On y trouve aujourd'hui un point d'information touristique où l'on peut louer un audioguide (40 ¥) et se procurer un plan pratique et gratuit.

Trois grandes salles

Une terrasse de marbre sur 3 niveaux, bordée de balustrades, soutient les **Trois Grandes Salles** (三大殿, Sān Dàdiàn), cœur de la Cité interdite. Récemment réhabilitée, la **salle de l'Harmonie suprême** (太和殿, Tàihé Diàn) est la plus importante et la plus vaste de la résidence impériale. Bâtie au XVe siècle et restaurée au XVIIe siècle, elle était utilisée pour des cérémonies comme l'anniversaire de l'empereur, l'intronisation de chefs militaires et les couronnements. La salle de l'Harmonie suprême renferme le **trône du Dragon** (龙椅, Lóngyǐ), richement décoré, où l'empereur siégeait devant ses fonctionnaires. En présence du souverain, tous les membres de la Cour devaient toucher le sol 9 fois de leur front (une pratique appelée *kòu tóu* en chinois).

Derrière la salle de l'Harmonie suprême, la **salle de l'Harmonie du milieu** (中和殿,

Zhōnghé Diàn), plus petite, servait d'antichambre à l'empereur qui s'y livrait aux derniers préparatifs, répétait ses discours, recevait ses conseillers ou méditait. Deux chaises à porteurs de la dynastie Qing, mode de transport de l'empereur dans l'enceinte de la Cité interdite, y sont exposées.

Le troisième pavillon est la **salle de l'Harmonie préservée** (保和殿, Bǎohé Diàn), dépourvue de colonnades, à l'origine réservée aux banquets et, plus tard, aux examens impériaux. À l'arrière s'étend une voie impériale en marbre sculptée de dragons et de nuages, dont les 250 tonnes furent convoyées à Běijīng sur un chemin de glace. Les bâtiments entourant les Trois Grandes Salles étaient utilisés pour stocker de l'or, de l'argent, de la soie, des tapis et autres trésors.

Sur les flancs est et ouest des Trois Grandes Salles, des pavillons renferment habituellement d'excellentes expositions.

Autres salles centrales

La configuration de base des Trois Grandes Salles se retrouve dans le groupe de bâtiments suivants, accessible via la **porte de la Pureté céleste**. Plus petits par la taille, ces édifices étaient plus importants en matière de pouvoir, lequel, selon la tradition chinoise, réside à l'arrière.

Le premier de ces édifices, le **palais de la Pureté céleste** (乾清宫, Qiánqīng Gōng), fut la résidence des empereurs Ming et des premiers souverains Qing, avant de devenir une salle d'audience pour les dignitaires étrangers et les officiels de haut rang.

Juste derrière se trouve le **palais de l'Union** (交泰殿, Jiāotài Diàn), où trône

une clepsydre (horloge à eau) fabriquée en 1745, avec 5 récipients en bronze et une balance graduée. Il y a aussi une horloge mécanique datant de 1797 et une collection de sceaux impériaux en jade. Le **palais de la Tranquillité terrestre** (坤宁宫, Kūnníng Gōng), de couleur rouge, était la chambre nuptiale du couple impérial.

Palais Ouest et Est

Une dizaine de palais avec cours, plus modestes, s'étendent à l'ouest et à l'est des petites salles centrales. C'est ici que vivaient la plupart des empereurs, et beaucoup d'édifices, en particulier ceux du côté ouest, comportent du mobilier impérial.

Sur les 6 palais Est, 4 sont ouverts au public et présentent des expositions de reliques culturelles, des céramiques aux instruments de musique joués dans les temples ou des récipients de cérémonie en bronze. Le plus singulier est le **palais du Bonheur prolongé** (延禧宫, Yánxǐ Gōng), un édifice de style occidental du XXe siècle, inachevé, avec une façade sophistiquée en marbre blanc et un toit en fonte.

Plusieurs des palais Ouest étaient en rénovation lors de notre passage. Le **palais de l'Élégance accumulée** (储秀宫, Chǔxiù Gōng) conserve d'intéressantes photographies du dernier empereur, Puyi, qui vécut ici lorsqu'il était enfant (mais déjà souverain), au début du XXe siècle.

★ Bon plan

Avant de franchir la porte de l'Harmonie suprême, dirigez-vous à l'est de l'immense cour pour visiter l'extraordinaire galerie de la Céramique, aménagée dans la salle de la Gloire littéraire.

HUNG_CHUNG_CHIH / GETTY IMAGES ©

Salle d'exposition des Horloges

La **salle d'exposition des Horloges** (钟表馆, Zhōngbiǎo Guǎn ; 10 ¥ ; ⏲8h30-16h en été, 8h30-15h30 en hiver) est l'un des grands attraits de la Cité interdite. Située dans la **salle du Culte ancestral** (奉先殿, Fèngxiān Diàn), l'exposition comporte une intéressante collection d'horloges et de montres, dont beaucoup proviennent de l'étranger et furent offertes aux empereurs Qing. La plupart des pièces du XVIIIe siècle furent réalisées par James Cox ou Joseph Williamson (tous deux Londoniens) et importées depuis l'Angleterre via le Guǎngdōng ; d'autres proviennent de Suisse, des États-Unis et du Japon. Admirablement ouvragées et ornées de motifs figurant notamment des éléphants, toutes les pièces témoignent d'une habileté et d'une attention portée aux détails.

Essayez d'arriver à 11h ou 14h, pour profiter du spectacle offert par des pièces de choix qui frappent l'heure devant les spectateurs.

Salle du Trésor

Dans la partie nord-est du complexe se tient la **salle du Trésor** (珍宝馆, Zhēn

Bǎo Guǎn ; 10 ¥), ou **grand palais de la Paix et de la Longévité** (宁寿全宫, Níng Shǒu Quán Gōng), sorte de Cité interdite en miniature où vivaient, sous la dynastie Ming, l'impératrice douairière et les concubines impériales. Il forme un ensemble évocateur de pavillons, de bâtiments à cour et de jardins abritant de beaux musées. Parmi les nombreuses expositions figurent quelques pépites : le superbe **mur des Neuf Dragons** (九龙壁, Jiǔlóng Bì) en céramique vernissée, l'un des trois du genre qui subsistent en Chine, et le **pavillon des Mélodies joyeuses** (畅音阁, Chàngyīn Gé), un opéra en bois sur 3 niveaux, qui était le plus grand théâtre du palais. De l'autre côté se trouve le **pavillon de l'Opéra**, d'où l'empereur et son épouse regardait le spectacle, et qui conserve aujourd'hui une collection de costumes et d'objets en lien avec l'opéra.

L'accès se fait par le sud, non loin de la salle d'exposition des Horloges. Après la visite, vous vous retrouverez à l'extrémité nord de la Cité interdite.

Jardin impérial

Au nord de la Cité interdite, le **Jardin impérial** (御花园, Yù Huāyuán) est une composition chinoise classique de 7 000 m², joliment paysagée et comportant des rocailles, des allées, des pavillons et des cyprès séculaires. Au milieu se dresse le **pavillon de la Paix impériale** (Qin'an dian), un édifice à double corniche. Avant d'atteindre la **porte de la Prouesse divine** (神武们, Shénwǔ Mén), remarquez les deux **éléphants en bronze**, juste avant la **porte Shùnzhēn** (顺贞门, Shùnzhēn Mén). Leurs pattes de devant sont pliées d'une manière incongrue sur le plan anatomique, ce qui symbolise la puissance de l'empereur.

Un centre des arts et des sciences

Après la dynastie Ming, Běijīng devint le plus important centre religieux en Asie, avec plus de 2 000 temples et sanctuaires. Taoïstes et Bouddhistes se disputaient les faveurs de l'empereur qui, en tant qu'être divin, était automatiquement la plus haute figure de toute institution religieuse reconnue par l'Empire. Dans la mesure où Běijīng était le lieu de résidence de l'empereur, les Chinois considéraient la ville comme le centre de l'univers.

Les meilleurs poètes et peintres affluaient avec l'espoir de trouver un mécène à la cour. Au sein de la Cité interdite, on avait besoin des plus belles pièces de porcelaine, d'argenterie et de mobilier, et sur place, les artisans devinrent de plus en plus talentueux et imaginatifs. Littérature, théâtre, musique, médecine, cartographie, astrologie et astronomie : ces domaines étaient florissants et la cité impériale devint un centre des arts et des sciences.

Curiosités du palais

Depuis l'arrière de la salle de l'Harmonie préservée, la plus large des **voies**

Statue de tortue en bronze

impériales en marbre de la cité descend en pente douce. Ce bloc de marbre de 250 tonnes, superbement sculpté, fut transporté jusqu'au palais en hiver, sur un chemin de glace, et faisait partie des quelques rampes d'accès réservées aux personnes importantes. Les porteurs empruntaient les escaliers de chaque côté, tandis que l'empereur était transporté au-dessus d'un paysage céleste de nuages et de dragons sculpés dans le marbre.

Les **tortues en bronze**, comme celle qui se trouve devant la salle de l'Harmonie suprême, symbolisent la longévité et la stabilité. Celle-ci possède une ouverture sur le dessus permettant d'introduire de l'encens lors des occasions spéciales, la fumée s'échappant de sa bouche.

Des **cadrans solaires** sont installés dans le complexe. Vous en verrez un à l'est de la salle de l'Harmonie suprême. À l'ouest de la salle, sur une terrasse surélevée, un petit pavillon abrite une mesure à grains en bronze ; ces deux objets symbolisent la justice impériale.

Repérez les **pierres d'attaches** rondes, de la taille de ballons de football, posées dans les angles des grandes cours centrales. On y attachait probablement les chevaux.

★ Le saviez-vous ?

Le complexe est appelé musée du Palais (故宫博物馆, Gùgōng Bówùguǎn) ou simplement Gù Gōng (故宫, ancien palais). Le terme de "Cité interdite" est une approximation du chinois 紫禁城 (Zǐjìn Chéng), surnom poétique qui fait référence à la couleur pourpre et à l'étoile polaire, "siège céleste" de l'empereur.

FOTOKON / SHUTTERSTOCK ©

La Cité interdite

PROMENADE À PIED

Une fois passée l'imposante porte du Midi, résistez à la tentation de gagner directement les sites phares et tournez à droite pour visiter l'excellente **galerie de la Céramique** ❶, aménagée dans la salle de la Gloire littéraire.

Revenez dans le complexe central et traversez la magnifique porte de l'Harmonie suprême pour arriver aux Trois Grandes Salles : d'abord la plus vaste, la **salle de l'Harmonie suprême** ❷, suivie de la **salle de l'Harmonie du milieu** ❸ et, enfin, la **salle de l'Harmonie préservée** ❹, derrière laquelle serpente l'imposante voie impériale en marbre.

Là, tournez à droite pour visiter l'originale **salle d'exposition des Horloges** ❺ avant d'entrer dans le **grand palais de la Paix et de la Longévité** ❻, sorte de Cité interdite en modèle réduit, construit à l'est du complexe principal. Il comprend notamment le beau **mur des Neuf Dragons** ❼ et, au nord, une série de pièces appelées collectivement salle des Joyaux, où sont présentées d'excellentes expositions. Ne manquez pas le **pavillon des Mélodies joyeuses** ❽, un merveilleux Opéra sur 3 niveaux.

Marchez jusqu'à l'extrémité nord de ce secteur, puis dirigez-vous à l'ouest vers le **Jardin impérial** ❾, avec ses cyprès séculaires et ses jolis pavillons, avant de sortir en traversant la porte Ouest des jardins (derrière le pavillon des Mille Automnes). Explorez alors les **palais de l'Ouest** ❿, un ensemble de maisons à cour carrée où résidaient la plupart des empereurs durant leur règne.

Quittez ce secteur par son angle sud-ouest avant de revenir sur vos pas et de marcher direction nord. Traversez la porte de la Pureté céleste pour voir les trois dernières salles centrales – le **palais de la Pureté céleste** ⓫, la **salle de l'Union** ⓬ et le **palais de la Tranquillité terrestre** ⓭ – avant de sortir par la porte Nord.

JEJIM / SHUTTERSTOCK ©

Vasques d'eau
Plus de 300 vasques d'eau en cuivre et en laiton sont disposées dans la cité impériale. Elles servaient à circonscrire les incendies ; en hiver, on les recouvrait d'épaisses couvertures pour empêcher l'eau de geler.

ENTRÉE/SORTIE

Vous devez entrer par la porte du Midi, mais libre à vous de sortir par le sud, le nord ou l'est.

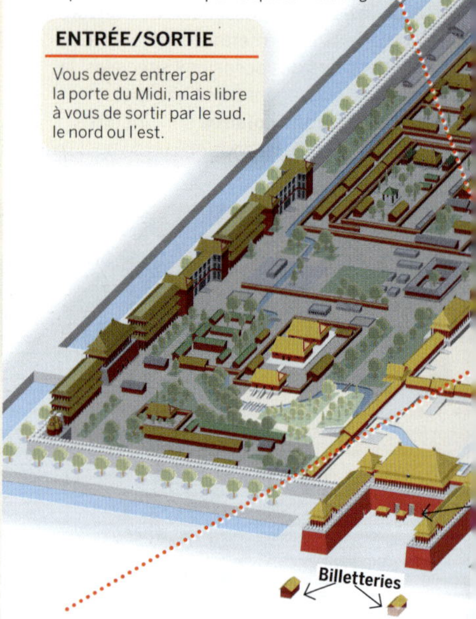

Lions gardiens
Les édifices importants sont gardés par des paires de lions. Le mâle pose une patte sur un globe (ce qui représente le pouvoir de l'empereur sur le monde) et la femelle sur un lionceau (figurant la fertilité impériale).

MONICANINKER / GETTY IMAGES ©

RHIMAGE / SHUTTERSTOCK ©

ZHAO JIAN KANG / SHUTTERSTOCK ©

Éléphants à genoux

L'entrée nord du Jardin impérial est flanquée de deux éléphants en bronze, représentés en révérence devant l'empereur (dans une position incongrue du point de vue anatomique).

Mur des Neuf Dragons

Ce beau mur aux esprits, en faïence, servait à protéger la salle de la Suprématie impériale des mauvais esprits. Il n'en reste que trois de ce type en Chine.

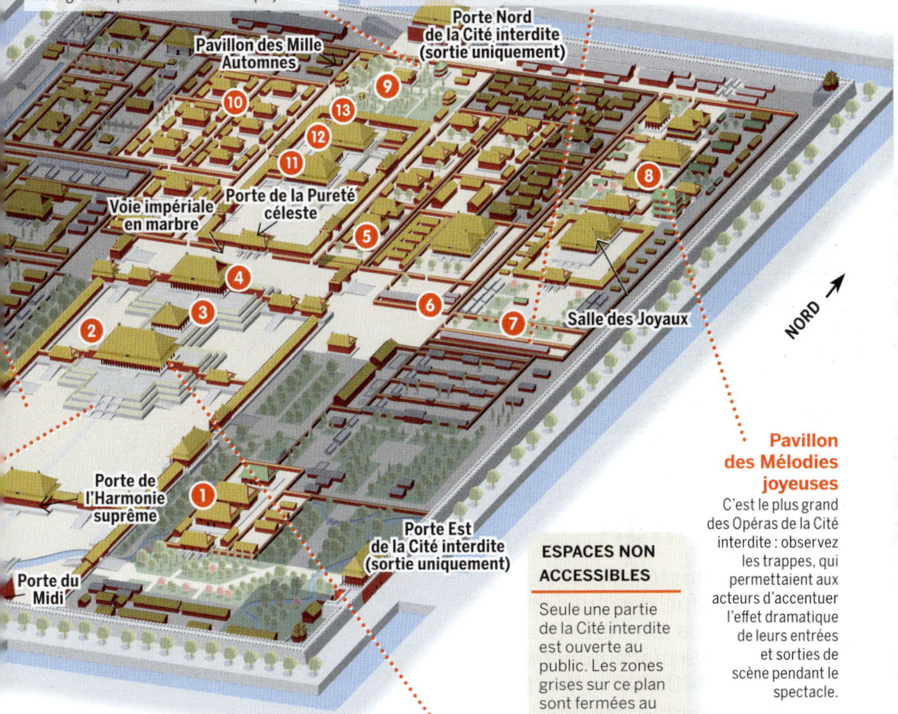

Pavillon des Mélodies joyeuses

C'est le plus grand des Opéras de la Cité interdite : observez les trappes, qui permettaient aux acteurs d'accentuer l'effet dramatique de leurs entrées et sorties de scène pendant le spectacle.

ESPACES NON ACCESSIBLES

Seule une partie de la Cité interdite est ouverte au public. Les zones grises sur ce plan sont fermées au public.

Gargouilles en forme de tête de dragon

Plus d'un millier de gargouilles en forme de tête de dragon encerclent les plateformes en marbre surélevées au centre de la Cité interdite.

Gardiens des toits

Le dragon, symbole de l'empereur, clôt la procession qui est emmenée par un personnage chevauchant un phénix, suivi par des bêtes mythiques. Plus il y a de bêtes, plus l'édifice compte dans la hiérarchie impériale.

CHUBYKIN ARKADY / SHUTTERSTOCK ©

ELLIE MATSANOVA / SHUTTERSTOCK ©

Place Tiān'ānmén

Place Tiān'ānmén

Flanquée d'austères édifices de style soviétique des années 1950 et entourée de barrières blanches, la plus grande place publique du monde (440 000 m²) est une immense étendue pavée au cœur de Běijīng.

Pour ceux qui aiment...

☑ Ne ratez pas

Qiánmén est l'une des dernières portes de Běijīng encore debout. Un imposant morceau d'histoire dans un cadre plutôt moderne par ailleurs.

Incontounable à Beijing, cette immense place rectangulaire, toujours animée et pleine de visiteurs, est entourée d'édifices à l'est et à l'ouest. Ici se cotoient architecture traditionelle et bâtiments d'inspiration soviétique.

Porte de la Paix céleste

Ornée d'un immense portrait de Mao Zedong et gardée par deux couples de lions en pierre de l'époque Ming, la porte de la Paix céleste est un puissant symbole national, au nord de la place Tiān'ānmén. Édifié au XVe siècle et restauré au XVIIe siècle, ce pavillon à double toit était à l'origine la plus grande des 4 entrées perçant l'enceinte de la Cité interdite. Mao y proclama la République populaire de Chine le 1er octobre 1949.

Statue de soldats et travailleurs révolutionnaires

FOTOKON / GETTY IMAGES ©

Infos pratiques

天安门广场, Tiān'ānmén Guǎngchǎng ; carte p. 59 ; (S) Ligne 1 jusqu'à Tian'anmen West, Tian'anmen East, ou ligne 2 jusqu'à Qianmen ; GRATUIT

Une petite faim ?

Rendez-vous au **Quánjùdé Roast Duck** (全聚德烤鸭店, Quánjùdé Kǎoyādiàn ; côté est de la place Tiān'ānmén ; 天安门广场东边 ; plats à partir de 35 ¥ ; 11h-15h et 17h-20h) pour vous régaler de canard laqué, la grande spécialité de la ville.

★ Bon plan

Levez-vous tôt pour assister à la cérémonie du lever de drapeau à l'aube, effectuée par des soldats de l'Armée populaire de libération.

Porte du Devant

La porte du Devant (Qiánmén) comprend en fait deux entrées. La plus au nord, la **porte Zhèngyáng** (正阳门城楼, Zhèngyáng Mén Chénglóu) mesure 40 m de haut et date de la dynastie Ming. Il s'agissait de la plus grande des 9 portes de l'enceinte intérieure, laquelle séparait la Cité intérieure (mandchoue) de la ville extérieure (chinoise). Depuis la destruction des murs d'enceinte, la porte semble un peu hors sujet, mais on peut y monter pour profiter du point de vue sur la place et la tour de la Flèche, au sud.

Mausolée de Mao Zedong

Mort en septembre 1976, Mao Zedong repose dans ce mausolée de style soviétique, érigé au sud de la place.

Au nord du mausolée, le **monument aux Héros du Peuple** (人民英雄纪念碑, Rénmín Yīngxióng Jìniànbēi) fut achevé en 1958. Cet obélisque de 37,9 m de hauteur, en granite de Qīngdǎo, est orné de sculptures représentant de grands événements patriotiques et révolutionnaires ; on peut aussi y voir des citations calligraphiées de Mao Zedong et Zhou Enlai.

Musée national de Chine

Le **musée** (中国国际博物馆 ; Zhōngguó Guójì Bówùguǎn ; en.chnmuseum.cn ; Guangchangdongce Lu ; 天安门，广场东侧路 ; audioguide 30 ¥ ; 9h-17h mar-dim, dernière entrée 16h) GRATUIT le plus important de la capitale, dans un énorme bâtiment des années 1950 sur le flanc oriental de la place Tiān'ānmén, mérite amplement la visite. Au sous-sol, l'exposition dédiée à la Chine ancienne est extraordinaire.

Parc du temple du Ciel

Véritable bonheur pour les yeux, cet ensemble de salles et d'autels installés dans le sublime parc du temple du Ciel (276 ha) est l'exemple le plus parfait du style architectural de la dynastie Ming.

Pour ceux qui aiment...

☑ Ne ratez pas

La salle de la Prière pour de bonnes moissons, pièce maîtresse du temple du Ciel.

Chaque année, les empereurs chinois – les fils du ciel – se rendaient au temple pour obtenir le pardon divin et de bonnes moissons et pour expier les péchés de leur peuple lors d'une cérémonie ésotérique de prières et de sacrifices rituels.

Salle de la Prière pour de bonnes moissons

Le joyau du parc du temple du Ciel est la salle de la Prière pour de bonnes moissons, un édifice superbement posé sur une terrasse en marbre à 3 niveaux et coiffé d'un triple toit aux tuiles vernissées bleu-violet. Construit en 1420, il fut détruit par les flammes en 1889. Une reproduction fidèle fut érigée l'année suivante selon les techniques architecturales Ming ; on choisit du pin d'Oregon pour les piliers de soutien.

Salle de la Prière pour de bonnes moissons

Infos pratiques

天坛公园, Tiāntán Gōngyuán ; ☎010 6702 9917 ; Tiantan Donglu, 天坛东路 ; parc/site avr-oct 15/35 ¥, nov-mars 10/30 ¥, circuit avec audioguide 40 ¥ (caution 50 ¥) ; ⏱parc 6h30-22h, monuments 8h-17h30 avr-oct, parc 6h30-20h, monuments 8h-17h nov-mars ; Ⓢ Ligne 5 jusqu'à Tiantandongmen, sortie A

Une petite faim ?

Un court trajet en métro vous mènera à **Dūyīchù** (都一处 ; ☎010 6702 1555 ; 38 Qianmen Dajie, 前门大街38号 ; raviolis 42-90 ¥ ; ⏱7h30-21h30 ; Ⓢ Qianmen) pour de délicieux *shāomài* (raviolis).

★ À savoir

Venez le plus tôt possible, de préférence à l'ouverture du site à 8h.

On ne peut y entrer ; on doit se contenter de l'admirer à travers la porte ouverte.

Voûte céleste impériale

Ce bâtiment octogonal fut construit en même temps que l'autel du Tertre circulaire. Sa structure reflète celle de la salle de la Prière pour de bonnes moissons, plus ancienne. Elle renfermait jadis les tablettes des ancêtres des empereurs, utilisées lors de la cérémonie du solstice d'hiver.

Mur de l'Écho

Au nord de l'autel du Tertre circulaire, le mur de l'Écho, de 65 m de diamètre, entoure la voûte céleste impériale. Sa forme lui procure des propriété acoustiques inhabituelles : lorsqu'il n'y a pas trop de monde, un chuchotement peut s'entendre d'un bout à l'autre.

Autel du Tertre circulaire

Haut de 5 m, cet autel fut édifié en 1530 et reconstruit en 1740 ; à l'origine, il était habillé de pierre émaillée bleu foncé, puis il fut recouvert en vert clair.

La structure actuelle en marbre blanc se compose de 3 terrasses. Sa géométrie repose sur le chiffre impérial 9, le plus grand chiffre impair – les chiffres impairs étaient tenus pour célestes. La terrasse supérieure, symbolisant le ciel, consiste en une gigantesque mosaïque de 9 anneaux : chacun formé par des dalles de pierre dont le nombre est un multiple de 9.

La terrasse du milieu (symbolisant la terre) va du 10e au 18e anneau, et la terrasse inférieure (l'humanité) du 19e au 27e anneau. Les nombres de marches et de balustrades sont aussi des multiples de 9.

Jardins du palais d'Été

APHOTOSTORY / GETTY IMAGES ©

Palais d'Été

Ancienne villégiature des empereurs chinois qui fuyaient la fournaise estivale de la cité impériale, le palais d'Été est une merveille de conception, avec un extraordinaire mélange de temples, de jardins, de pavillons, de lacs et de ponts.

Pour ceux qui aiment...

☑ Ne ratez pas

Une promenade autour du lac Kūnmíng au coucher du soleil.

Salle de la Bienveillance et de la Longévité

Le principal édifice est la **salle de la Bienveillance et de la Longévité** (仁寿殿, Rénshòu Diàn), proche de la porte Est, qui renferme un trône en bois ; devant, une cour contient des animaux en bronze, dont un *qílín* (animal mythique qui n'apparaît qu'en période d'harmonie).

Longue Galerie

Merveilleusement imaginée et conçue, la **Longue Galerie** (长廊, Cháng Láng) est incontournable. Ouverte sur les côtés, mais surmontée d'un toit qui protégeait les empereurs des caprices de la météo, elle est jalonnée de 4 pavillons et s'étend sur plus de 700 m jusqu'au pied de la colline de la Longévité. Ses poutres, les murs des pavillons et certaines parties du

Longue Galerie

HUNG_CHUNG_CHIH / SHUTTERSTOCK ©

plafond sont décorés de 14 000 peintures sophistiquées représentant des scènes de l'histoire et des légendes chinoises, ainsi que des textes de la littérature classique. Vous aurez mal au cou à force de regarder en l'air, mais le spectacle en vaut la peine.

Lac Kūnmíng

Le lac Kūnmíng (Kūnmíng Hú) couvre les trois quarts du parc. Repérez l'extravagant **bateau en marbre** (清晏舫, Qīngyuàn Chuán) amarré sur la rive nord. Édifié en 1755, il fut restauré en 1893 sur ordre de l'impératrice Cixi, avec des fonds prévus pour la construction de bateaux pour la marine chinoise. Des embarcations traversent le lac (15 ¥) entre avril et octobre, de la rive nord jusqu'à l'île du lac du Sud, où Cixi venait prier devant la statue du **temple du Roi Dragon** (龙王庙, Lóngwáng Miào) pour qu'il pleuve en période de sécheresse. Vous pourrez louer un pédalo (4/6 pers 80/100 ¥ par heure, caution 300 ¥) ou un bateau électrique (120 ¥/heure, caution 400 ¥) pour voguer à votre propre rythme.

Colline de la longévité

Bordant le lac Kūnmíng, à l'extrémité de la Longue Galerie, les versants de cette colline de 60 m de haut sont constellés de temples et de pavillons, organisés selon un axe nord-sud. Les plus imposants et importants sont le **pavillon des Fragrances bouddhiques** (佛香阁, Fóxiāng Gé) et la **salle des Nuages ordonnés** (排云殿, Páiyún Diàn), reliés par des galeries. Au sommet se dresse le **temple de la Mer de sagesse** (智慧海, Zhìhuì Hǎi) dont les tuiles représentent le Bouddha (les têtes ont disparu sur beaucoup d'entre elles). Par temps clair, la vue sur Běijīng est superbe.

Infos pratiques

颐和园, Yíhé Yuán ; carte p. 66 ; 19 Xinjian Gongmen, 新建宫门19号 ; avr-oct 30 ¥, pass 60 ¥, nov-mars 20 ¥, pass 50 ¥, audioguide 40 ¥ ; 7h-19h, sites 8h-17h en été, 8h30-16h30 en hiver ; S Xiyuan ou Beigongmen)

Une petite faim ?

Offrez-vous un thé et quelques douceurs dans le cadre impérial d'**Aman at Summer Palace** (颐和安缦, Yíhé Ānmàn ; 010 5987 9999 ; www.amanresorts.com ; 1 Gongmen Qianjie, 宫门前街 1号).

★ Bon plan

En hiver, vous découvrirez le superbe spectacle du lac Kūnmíng gelé.

Tombeaux Ming

Tombeaux Ming

Inscrits au patrimoine mondial de l'Unesco, les tombeaux Ming (十三陵, Shísān Líng) abritent les dépouilles de 13 des 16 empereurs Ming et constituent une fascinante excursion d'une demi-journée.

Pour ceux qui aiment...

☑ Ne ratez pas

Cháng Líng, le plus emblématique des tombeaux Ming.

Les tombeaux Ming suivent le plan propre aux sépultures impériales. Ils se composent d'une porte principale conduisant à une première série de cours et à la grande salle.

Cháng Líng

Le Cháng Líng (长陵), sépulture du premier des 13 empereurs enterrés ici, contient les dépouilles de l'empereur Yongle (r. 1402-1424), de son épouse et de ses 16 concubines. C'est le plus grand, le plus fascinant et le plus important des tombeaux. Comme tous les tombeaux, il respecte un modèle impérial : une porte principale (祾恩门, *lín'ēn mén*) menant à une première série de cours et à la grande salle (祾恩殿, *líng'ēn diàn*).

Dìng Líng

À première vue, le Dìng Líng, sépulture de l'empereur Wanli (1572-1620), de son épouse

Statue sur la voie des Esprits

KHIRMAN VLADIMIR / SHUTTERSTOCK ©

Infos pratiques

十三陵, Shísān Líng ; ☎010 6076 1643 ; Changchi Lu, Chāngpíng ; 昌平区昌赤路 ; 20-60 ¥ par site, billet combiné 100 ¥ nov-mars, 135 ¥ avr-oct ; ⏲8h-17h30 ; 🚌872, S Ming Tombs

Une petite faim ?

Dìng Líng et Cháng Líng disposent tous deux d'un restaurant à proximité de leur billetterie.

★ À savoir

Il n'y a ni hôtel ni pension à Cháng Líng, Dìng Líng ou Zhāo Líng. Prévoyez donc un hébergement à Běijīng.

et de ses concubines, impressionne moins que le Cháng Líng car nombre de ses salles et portes ont été détruites. Beaucoup d'objets inestimables ont souffert de leur remisage dans une immense salle qui prenait l'eau. Les trésors qui demeuraient, ainsi que les corps du souverain et de ses proches, furent pillés et brûlés par les gardes rouges pendant la Révolution culturelle.

Voie des Esprits

La route d'accès longue de 7 km porte le nom de **voie des Esprits** (神道 ; Shéndào). Commençant au sud par une triple arche triomphale, appelée la **grande porte du palais** (大宫门, Dàgōng Mén), elle traverse ensuite le **pavillon de la Stèle** (碑亭, Bēi Tíng), qui abrite un *bìxì* géant (dragon mythique ressemblant à une tortue) supportant la plus grande stèle de Chine. Viennent ensuite 12 séries de statues en pierre représentant des animaux et des dignitaires.

Depuis/vers les tombeaux Ming

Les tombeaux Ming sont maintenant desservis par le métro, mais la station se situe presque au bout de la ligne Chángpíng, soit une longue distance depuis le centre de Běijīng, et à 3 km de l'entrée de la voie des Esprits menant au site. De là, il faut prendre un taxi (13 ¥) ou monter dans un bus (2 ¥), puis parcourir 1 km à pied.

Une solution plus directe consiste à prendre le bus n°872 (9 ¥, 1 heure, 7h10-19h10) depuis le côté nord de la porte Déshèngmén (德胜门, Déshèngmén ; carte p. 58) à Běijīng.

Promenade dans les *hútòng*

Les *hútòng* forment le cœur et l'âme de Běijīng et cette promenade vous fera découvrir certaines de ces ruelles les plus anciennes, tout en restant à l'écart de la foule.

Départ Station de métro Nanluoguxiang

Distance 2 km

Durée 1 heure

7 Longez la ruelle tortueuse jusqu'à l'arrière de la tour, puis gagnez la **place du Tambour et de la Cloche**, récemment réaménagée.

5 Tournez à gauche dans Gulou Dongdajie (鼓楼东大街). Droit devant se dresse l'imposante **tour du Tambour** (p. 61), peinte en rouge.

3 Traversez **Nanluogu Xiang** (p. 63) pour atteindre **Mao'er Hutong** (帽儿胡同), où vous pourrez admirer les entrées de ce *hútòng* historique. Au n°37 se trouve l'ancienne maison de Wan Rong, l'épouse du dernier empereur de Chine, Puyi.

1 Commencez au n°77 Chaodou Hutong (炒豆胡同) : ces cours formaient jadis la **demeure de Seng Gelinqin**, un général de la dynastie Qing.

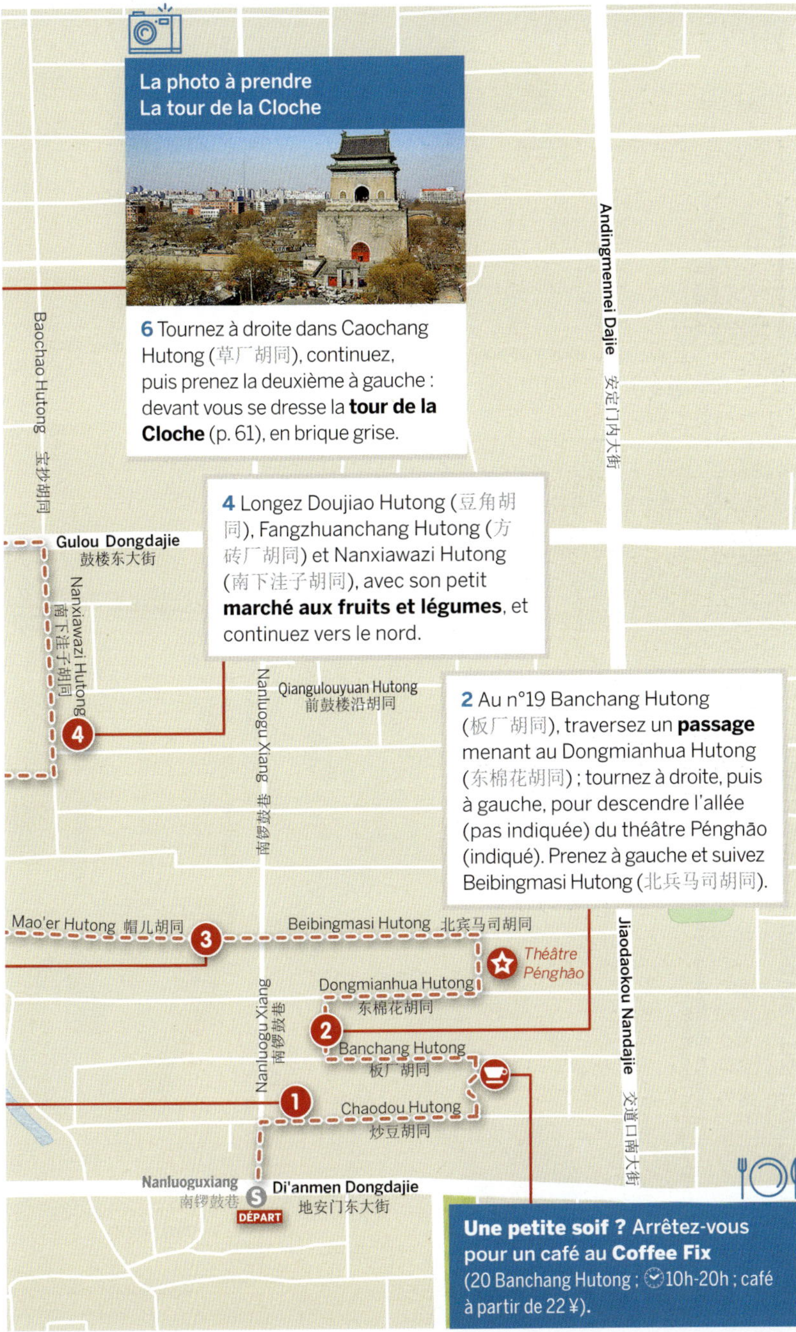

La photo à prendre
La tour de la Cloche

6 Tournez à droite dans Caochang Hutong (草厂胡同), continuez, puis prenez la deuxième à gauche : devant vous se dresse la **tour de la Cloche** (p. 61), en brique grise.

4 Longez Doujiao Hutong (豆角胡同), Fangzhuanchang Hutong (方砖厂胡同) et Nanxiawazi Hutong (南下洼子胡同), avec son petit **marché aux fruits et légumes**, et continuez vers le nord.

2 Au n°19 Banchang Hutong (板厂胡同), traversez un **passage** menant au Dongmianhua Hutong (东棉花胡同) ; tournez à droite, puis à gauche, pour descendre l'allée (pas indiquée) du théâtre Pénghāo (indiqué). Prenez à gauche et suivez Beibingmasi Hutong (北兵马司胡同).

Une petite soif ? Arrêtez-vous pour un café au Coffee Fix (20 Banchang Hutong ; ⏲10h-20h ; café à partir de 22 ¥).

Dōngchéng, tour du Tambour et parc Běihǎi

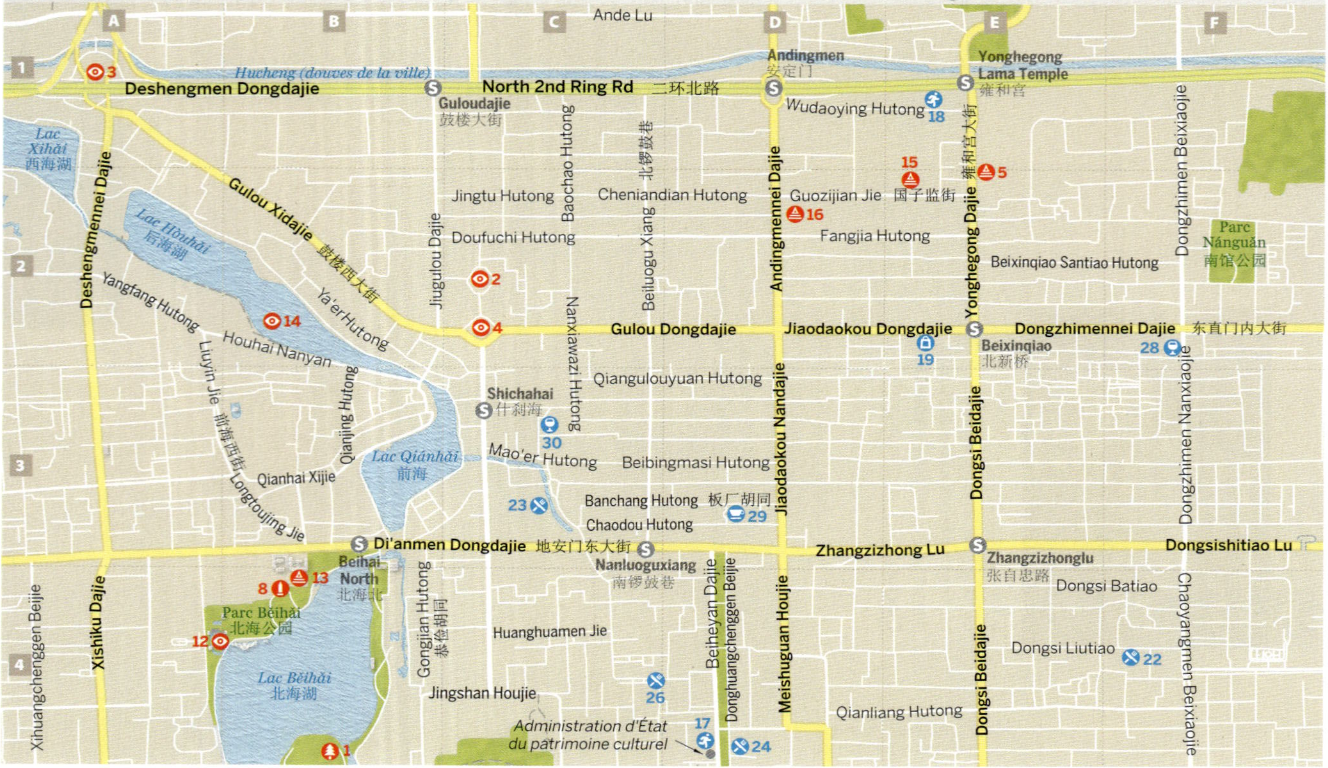

XĪCHÉNG
Wenjin Jie 文津街
Parc Běihǎi
11
9
Lac Zhōnghǎi 中海
Lac Nánhǎi 南海
ZHŌNGNÁNHǍI
Fuyou Jie
Xichang'an Jie
Capital Museum (2 km)
Xirongxian Hutong
XĪCHÉNG
Tian'anmen West 天安门西
32
Beixinhua Jie
Hepingmen 和平门
Qianmen Xidajie (2e périphérique)
Xijiaomin Xiang
Xijiaomin Xiang 西交民巷
Beichang Jie 北长街
Parc Jingshān 景山公园
Jingshan Qianjie
Jardin impérial
Cité interdite 故宫博物馆
Voir la carte Cité interdite (p. 64)
Parc Zhōngshān 中山公园
Parc de la Culture des Travailleurs
Xichang'an Jie
Place Tiān'ānmén 天安门广场
6
10
Place Tiān'ānmén
Qianmen 前门
25
Qianmen Dongdajie
Parc du temple du Ciel (1,7 km)
Dongjiaomin Xiang
ANCIEN QUARTIER DES LÉGATIONS
7
Tian'anmen East 天安门东
Dongchang'an Jie
Nanchizi Dajie
Beichizi Dajie
27
31
Qihelou Jie
Donghuamen Dajie 东华门大街
DŌNGCHÉNG
Zhengyi Lu
Donghuangchenggen Nanjie
Chenguang Jie
Wusi Dajie 五四大街
Bank of China
Wangfujing 王府井
Taijichang Dajie
Chongwenmen Xidajie
Wangfujing Dajie
National Art Museum (en construction)
Dongsi Xidajie 东四西大街
Dengshikou Dajie
Xitangzi Hutong
Jinyu Hutong
Peking Union Medical College Hospital
21
Dongdan Santiao
20
东方广场 Oriental Plaza
Parc Dōngdān 东单公园
Chongwenmen 崇文门
Dongsi Nandajie
Dongdan Beidajie
Chongwenmennei Dajie
Dongdan 东单
Dengshikou 灯市口
Dongsi 东四
Chaoyangmennei Dajie
Baofang Hutong
Yanyue Hutong
演乐胡同
Neiwubu Jie
Shijia Hutong
Ganmian Hutong
Jinbao Jie
Chaoyangmen Nanxiaojie
Jianguomennei Dajie
Beijing Railway Station (Beijing Zhan) 北京站
Office du tourisme de Běijīng
Gare ferroviaire de Běijīng 北京火车站
Chongwenmen Dongdajie
A
B
C
D
E
F
5
6
7
8

Dōngchéng, tour du Tambour et parc Běihǎi

À voir
1 Parc Běihǎi B4
2 Tour de la Cloche C2
3 Porte Déshèngmén A1
4 Tour du Tambour C2
5 Temple des Lamas E2
6 Monument aux Héros du Peuple C8
7 Musée national de Chine C8
8 Mur des Neuf Dragons B4
9 Forteresse ronde B5
10 Place Tiān'ānmén C8
11 Dagoba blanc B5
12 Xiǎoxītiān A4
13 Xītiān Fánjìng B4
14 Lacs Hòuhǎi B2
15 Temple de Confucius et Collège impérial ... E2
16 Temple du Dieu de Feu D2

Activités
17 Bike Běijīng D4
18 Natooke E1

Achats
19 Giant E2
20 Oriental Plaza D7
21 Wangfujing Dajie D7

Où se restaurer
22 Crescent Moon Muslim Restaurant F4
23 Georg C3
24 Little Yúnnán D4
25 Quánjùdé Roast Duck C8
26 Temple Restaurant C4
27 Temple Restaurant Bites C6

Où prendre un verre et faire la fête
28 Capital Spirits F2
29 Coffee Fix D3
30 Great Leap Brewing C3
31 Oasis Cafe C5

Où sortir
32 Centre national des arts du spectacle B8

À VOIR

Beaucoup des sites emblématiques de Běijīng sont situés dans le centre de la capitale, ce qui rend les déplacements de l'un à l'autre faciles en métro. Vous pourrez en voir plusieurs dans la même journée.

Cité interdite et centre de Dōngchéng

Parc Jǐngshān (colline du Charbon) — Jardin impérial

(景山公园, Jǐngshān Gōngyuán ; carte p. 64 ; Jingshan Qianjie, 景山前街 ; adulte/enfant 10/5 ¥ ; 6h30-21h ; Lignes 6 et 8 jusqu'à Nanluoguxiang, sortie A). Dans le prolongement de la Cité impériale, le Jǐngshān Gōngyuán, l'un des plus beaux parcs de la capitale, est aménagé sur l'une des collines artificielles du centre de Běijīng, un monticule créé à partir de la terre de remblai issue du creusement des douves de la Cité interdite. Appelé colline du Charbon par les Occidentaux à l'époque des Légations, Jǐngshān répond aux principes de la géomancie chinoise : c'est un espace feng shui, voué à protéger le palais des mauvais esprits (ou des tempêtes de sable) venus du nord. Montez au sommet pour un splendide panorama de la ville et une vue sur les toits mordorés de la Cité interdite.

Parc de la Culture des travailleurs — Ancien jardin impérial

(劳动人民文化宫, Láodòng Rénmín Wénhuà Gōng ; carte p. 59 ; court de tennis 010 6512 2856 ; parc 2 ¥, temple Suprême 15 ¥ ; 6h30-19h30 ; Ligne 1 jusqu'à Tian'anmen East, sortie A). Ce parc voisin du Zhōngshān, entre la place Tiān'ānmén et la Cité interdite, est un havre de paix. C'est aussi l'un des secrets les mieux gardés de la capitale. Peu de visiteurs se détournent en effet de leur chemin vers la porte du Midi, la grande entrée de la Cité interdite, pour découvrir le **temple des Ancêtres impériaux** (太庙, Tài Miào ; carte p. 64 ; 15 ¥), principal lieu de culte des souverains chinois.

Parc Běihǎi et nord de Xīchéng

Parc Běihǎi — Jardin impérial

(北海公园, Běihǎi Gōngyuán ; carte p. 58 ; 010 6403 1102 ; www.beihaipark.com.cn/en ; haute/basse saison 10/5 ¥, forfait 20/15 ¥, audioguide 60 ¥ ; parc 6h-21h, fermeture des bâtiments à 17h ; S Ligne 6 jusqu'à Beihai North ou Nanluoguxiang, ou ligne 4 jusqu'à Xisi). Ce parc au nord-ouest de la Cité interdite est occupé dans sa majeure partie par la mer du Nord (Běihǎi), un grand lac bordé de saules qui gèle en hiver et se couvre de fleurs de lotus en été. C'est un endroit paisible pour flâner, louer un pédalo et regarder s'exercer les calligraphes qui tracent au pinceau avec de l'eau des caractères au sol, tandis que des seniors dansent devant les salles du temple et que les couples d'amoureux investissent les bancs en soirée.

Lacs Hòuhǎi Parc

(后海, Hòuhǎi ; carte p. 58 ; S Ligne 6 jusqu'à Beihai North, sortie B, ou ligne 8 jusqu'à Shichahai, sortie A1, ou ligne 2 jusqu'à Jishuitan, sortie B). GRATUIT Connus aussi sous le nom de Shíchàhǎi (什刹海), mais le plus souvent désignés collectivement sous celui de "Hòuhǎi", ces lacs sont au nombre de trois : Qiánhǎi (lac de Devant), Hòuhǎi (lac de Derrière) et Xīhǎi (lac de l'Ouest). Ils constituent l'un des espaces en plein air les plus appréciés de la capitale. L'été, tout particulièrement, les Pékinois, mais aussi des banlieusards, se rassemblent ici en nombre.

Capital Museum Art chinois

(首都博物馆, Shǒudū Bówùguǎn ; carte p. 59 ; 010 6339 3339 ; www.capitalmuseum.org.cn ; 16 Fuxingmenwai Dajie, 复兴门外大街16号 ; 9h-17h mar-dim, dernière entrée à 16h ; S Ligne 1 jusqu'à Muxidi, sortie C1). GRATUIT Cet édifice contemporain contient d'exceptionnelles collections d'art chinois, notamment des bouddhas et des porcelaines remarquables. Tout un étage est par ailleurs consacré à l'histoire de Běijīng, selon une présentation chronologique. Une section est dédiée à des objets anciens liés à l'opéra de Pékin. Le musée présente aussi de façon intéressante des traditions populaires locales et expose des bronzes anciens, des jades, des calligraphies et des peintures. Entrée et audioguide gratuits sur présentation du passeport ou d'une autre pièce d'identité avec photo.

Le musée se trouve à 200 m à droite de la station de métro Muxidi.

Tour du Tambour et nord de Dōngchéng

Temple des Lamas Temple bouddhique

(雍和宫, Yōnghé Gōng ; carte p. 58 ; www.yonghegong.cn ; 12 Yonghegong Dajie ; 北新桥雍和宫大街12号 ; 25 ¥, audioguide en anglais 50 ¥ ; 9h-16h30 ; S Lignes 2, 5 jusqu'à Yonghegong-Lama Temple, sortie C). Ce temple exceptionnel est une attraction phare dans l'univers bouddhique de Běijīng. Si vous ne devez en visiter qu'un (le temple du Ciel n'étant pas vraiment un temple), choisissez celui-là. Des toits merveilleux, des fresques sublimes, de magnifiques arches décoratives, des tapisseries, des pièces de menuiserie, des moulins à prières tibétains, des statues tantriques et un couple de superbes lions chinois, le tout baignant dans d'épais nuages d'encens.

Tour de la Cloche Patrimoine

(钟楼, Zhōnglóu ; carte p. 58 ; Gulou Dongdajie, 鼓楼东大街 ; 20 ¥, billet pour les 2 tours 30 ¥ ; 9h-17h, dernière entrée 16h40 ; S Ligne 8 jusqu'à Shichahai, sortie A2). Plus modeste, l'édifice gris de la tour de la Cloche est peut-être plus charmant que sa resplendissante moitié, la tour du Tambour. Elle a donné son nom à ce quartier de Běijīng. Autre avantage : elle dispose d'un balcon avec vue sur son homologue.

Tour du Tambour Patrimoine

(鼓楼, Gǔlóu ; carte p. 58 ; Gulou Dongdajie, 鼓楼东大街 ; 20 ¥, billet pour les 2 tours 30 ¥ ; 9h-17h, dernière entrée 16h40 ; S Ligne 8 jusqu'à Shichahai, sortie A2). Tout comme la tour de la Cloche, qui se dresse derrière elle, la magnifique tour du Tambour, peinte en rouge, était l'horloge officielle de la ville. On roulait les tambours pour marquer les heures de la journée. Construite en 1272, la tour du Tambour était jadis le centre de Dàdū, la capitale de la dynastie mongole des Yuan. Le bâtiment actuel est une réplique de la tour du XVe siècle, érigée sous la dynastie Qing.

798 Art District

Aménagé dans les immenses bâtiments d'une ancienne fabrique de matériel électronique, le **798** (798 艺术新区 ; Qī Jiǔ Bā Yìshù Qū ; angle Jiuxianqiao Lu et Jiuxianqiao Beilu ; 酒仙桥路 ; ⏲galeries 10h-18h, la plupart fermées lun ; 🚌403, 909, Ⓢ Ligne 14 jusqu'à Jiangtai, sortie A) est devenu la plus importante concentration de galeries d'art de la ville. On peut facilement y passer une demi-journée voire davantage, d'autant que les rues sont jalonnées de cafés. Sachez que la plupart des galeries sont fermées le lundi.

UCCA, 798 Art District

Temple de Confucius et Collège impérial Temple confucéen

(孔庙 、国子监, Kǒng Miào et Guózǐjiàn ; carte p. 58 ; 13 Guozijian Jie, 国子监街13号 ; 30 ¥, audioguide 30 ¥ ; ⏲8h30-18h mai-oct, jusqu'à 17h nov-avr, dernière entrée 1 heure avant la fermeture ; Ⓢ Lignes 2 et 5 jusqu'à Yonghegong-Lama Temple, sortie C). À deux pas du temple des Lamas, le deuxième plus grand sanctuaire confucéen de Chine a été rénové ces dernières années. Pour autant, il a conservé son aura et son atmosphère de sérénité. L'absence de fidèles renforce l'impression que le temps s'est arrêté. Ce havre de paix constitue un plaisant refuge pour échapper à la frénésie des rues souvent congestionnées de Běijīng.

Des *bìxì* (dragons mythologiques en forme de tortue) antédiluviens lancent des regards furieux depuis les pavillons repeints, tandis que de vieux cyprès noueux, à la silhouette sèche, griffent le ciel de la capitale. À l'arrière du temple, une forêt de 190 stèles en pierre présente les 13 classiques du confucianisme en 630 000 caractères chinois et les noms des candidats ayant accédé au plus haut niveau du système confucéen des examens.

À proximité se dresse le Collège impérial, où l'empereur commentait chaque année les doctrines confucéennes devant plusieurs milliers d'étudiants, de professeurs et de fonctionnaires de la Cour agenouillés. Bâti en 1306 par le petit-fils de Kūbilaï Khān, ce collège, unique en son genre, fut l'académie suprême sous les dynasties Yuan, Ming et Qing. Un splendide portique vernissé à 3 portes (*liúli páifāng*) précède le **palais Biyong** (辟雍大殿, Pìyōng Dàdiàn), un édifice du XVIIIe siècle coiffé d'un double toit de tuiles jaunes, surmonté d'un globe d'or et entouré d'un fossé. L'intérieur, somptueux, recèle notamment un lutrin vermillon et or. D'intéressants musées consacrés au confucianisme et au Collège impérial occupent les pavillons latéraux.

Certains des derniers *páilou* de la capitale subsistent dans la rue arborée (Guozijian Jie). Émaillé de cafés, de restaurants charmants et de boutiques, tout ce quartier de *hútòng* invite à flâner. À l'extrémité ouest de Guozijian Jie se dresse un minuscule **temple du Dieu du Feu** (火神庙, Huǒshén Miào ; Guozijian Jie, 国子监街 ; Ⓢ Lignes 2 et 5 jusqu'à Yonghegong-Lama Temple, sortie C), érigé en 1802 et aujourd'hui habité.

ACHATS

Marché de Pānjiāyuán Antiquités, marché

(潘家园古玩市场, Pānjiāyuán Gǔwán Shìchǎng ; ouest de Panjiayuan Qiao, 潘家园桥西侧 ; ⏲8h30-18h lun-ven, 4h30-18h sam-dim ; Ⓢ Ligne 10 jusqu'à Panjiayuan, sortie B). De loin le meilleur endroit de Běijīng

SIHASAKPRACHUM / SHUTTERSTOCK ©

Marché Pānjiāyuán (p. 62)

pour acheter des œuvres d'art (*yìshù*), de l'artisanat (*gōngyì*) et des antiquités (*gǔwán*). Certains stands ouvrent tous les jours, mais le marché n'est jamais aussi étoffé et animé que le week-end. On trouve alors toutes sortes d'articles : calligraphie, affiches publicitaires pour des cigarettes, têtes de bouddha, céramiques, mobilier de style Qing et tapis tibétains.

Wangfujing Dajie Rue commerçante
(王府井 ; carte p. 58 ; Wangfujing Dajie ; S Ligne 1 jusqu'à Wangfujing, sortie C2 ou B). Non loin de la place Tiān'ānmén, cette artère prestigieuse partiellement réservée aux piétons est aujourd'hui un brin démodée. Elle regroupe des magasins de marques connues de moyenne gamme et des boutiques de souvenirs de mauvais goût. Un centre commercial moderne de premier ordre, l'**Oriental Plaza** (东方广场, Dōngfāng Guǎngchǎng ; carte p. 58 ; ☎010 8518 6363 ; 1 Dongchang'an Jie, 东长安街1号 ; ⏲10h-22h30 ; S Ligne 1 jusqu'à Wangfujing, sortie B), se tient à l'extrémité sud.

Les meilleures rues commerçantes de Běijīng

Outre Wangfujing Dajie, plusieurs rues de Běijīng sont la garantie de séances de shopping mémorables :

Liulichang Xijie (琉璃厂 ; Liúlíchǎng ; 琉璃厂西街 ; ⏲9h-18h ; S Hepingmen). Antiquités, calligraphies et rouleaux peints à l'encre de Chine.

Dashilan (大栅栏 ; Dàzhàlan ; Dazhalan Jie ; S Ligne 2 jusqu'à Qianmen, sortie B ou C). Certaines des boutiques les plus anciennes de la capitale.

Nanluogu Xiang (南锣鼓巷 ; S Lignes 6, 8 jusqu'à Nanluoguxiang, sortie E). Ambiance frénétique le week-end, mais un bon endroit pour dénicher des souvenirs.

Qianmen Dajie (前门大街 ; S Qianmen). Une rue rénovée incroyablement fréquentée, avec des boutiques de soie et des marques de moyenne gamme.

Yandai Xiejie (烟袋斜街 ; près de Di'anmen Neidajie ; 地安门内大街烟袋斜街 ; S Ligne 8 jusqu'à Shichahai, sortie A2). Souvenirs et fausses antiquités, ainsi que des boutiques plus kitsh mais amusantes.

Cité interdite

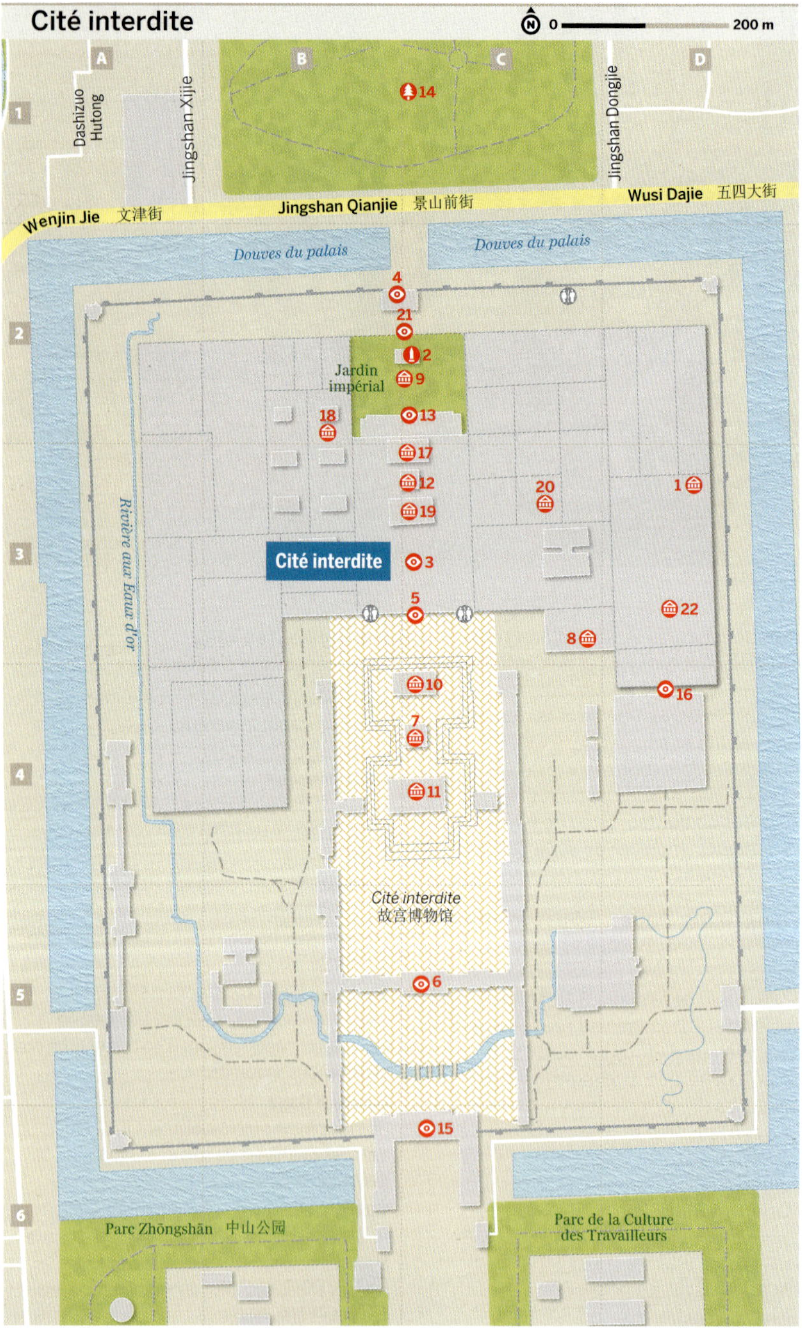

Cité interdite

À voir

OÙ SE RESTAURER

Běijīng est une destination idéale pour vivre des aventures culinaires. Forte de quelque 60 000 restaurants, la capitale est l'occasion de savourer les meilleures spécialités locales, ainsi que des mets de toutes les régions chinoises.

Crescent Moon Muslim Restaurant — Ouïgour ¥

(新疆弯弯月亮维吾尔穆斯林餐厅, Xīnjiāng Wānwānyuèliàng Wéiwú'ěr Mùsīlín Cāntīng ; carte p. 58 ; 16 Dongsi Liutiao Hutong, 东四六条胡同16号, 东四北大街 ; plats à partir de 18 ¥ ; 11h-23h ; Ligne 5 jusqu'à Zhangzizhonglu, sortie C). Il existe un restaurant chinois musulman dans presque toutes les rues de Běijīng. La plupart sont tenus par des Huí, qui font partie du groupe ethnique des Hàn, plutôt que par des membres de la minorité ethnique des Ouïgours originaires de la lointaine province occidentale du Xīnjiāng. Celui-ci est donc un authentique restaurant musulman puisque les propriétaires et les employés sont des Ouïgours. Il attire de nombreux Ouïgours vivant à Běijīng, des clients originaires d'Asie centrale et des expatriés occidentaux.

Little Yúnnán — Yunnanais ¥¥

(小云南, Xiǎo Yúnnán ; carte p. 58 ; 010 6401 9498 ; 28 Donghuang Chenggen Beijie, 东皇城根北街28号 ; plats 26-60 ¥ ; 10h-22h ; Lignes 6 et 8 jusqu'à Nanluoguxiang, sortie B, ou ligne 5 jusqu'à Zhangzizhonglu, sortie D). Tenu par un personnel jeune et avenant, dans une ravissante cour reconvertie, le Little Yúnnán est l'un des restaurants yunnanais de Běijīng les plus simples. Avec ses poutres, son plancher et son mobilier en bois, la salle principale dégage une atmosphère rustique. Les tables situées sous les avant-toits offrent un cadre amusant. On peut aussi prendre place dans la petite cour en plein air, près de l'entrée.

Les mets se composent d'ingrédients classiques du Sud-Ouest, avec des recettes aromatisées au thé, mais aussi des poissons de rivière, des plats de champignons, du fromage de chèvre frit et du *là ròu* (腊肉 ; porc fumé – le bacon du sud de la Chine). À la carte des boissons : alcools du Yúnnán (à base de riz, pin ou prune), cocktails au vin de riz et bière de la province.

Jīngzūn Peking Duck — Canard laqué ¥¥

(京尊烤鸭, Jīngzūn Kǎoyā ; 010 6417 4075 ; 6 Chunxiu Lu, 春秀路6号 ; plats 26-98 ¥ ; 11h-22h ; Ligne 2 jusqu'à Dongsi Shitiao, sortie B). Une adresse très courue pour goûter la spécialité de Běijīng. Outre que le canard laqué est ici d'un excellent rapport qualité/prix (entier/demi 138/79 ¥), on peut commander avec la bière artisanale de la maison et déguster le tout sur une terrasse en bois décorée de lanternes rouges. La salle à l'étage garnie de banquettes donne sur la rue verdoyante.

Palais d'été

À voir

1 Pavillon des fragrances bouddhiques...... C2
2 Temple de la Mer de sagesse..................... B1
3 Salle des Nuages ordonnés....................... C2
4 Temple du Roi Dragon C3
5 Salle de la Bienveillance et de la Longévité D2
6 Longue Galerie C2
7 Bateau en marbre B2
8 Palais d'été.. C2

Également un large choix de plats de toute la Chine. En été, il faut réserver pour obtenir une table en terrasse.

Georg International ¥¥¥

(carte p. 58 ; ☎010 8408 5300 ; www.thegeorg.com/en ; 45 Dongbuyaqiao Hutong, 东不压桥胡同45号 ; plats de café 58-78 ¥, assiettes dégustation à partir de 130 ¥, menu 450 ¥ ; ⏲restaurant 18h30-22h30 mar-dim, café à partir de 10h30 tlj ; ❄ ; Ⓢ Lignes 6 et 8 jusqu'à Nanluoguxiang, sortie E, ou ligne 8 jusqu'à Shichahai, sortie C). Dans une ville qui manque de bons restaurants internationaux, celui-ci propose une carte fusion gastronomique à la hauteur. La marque de luxe Georg Jensen (de Copenhague), a conçu un espace intime au design danois raffiné.

Temple Restaurant Bites Européen ¥¥¥

(TRB ; carte p. 58 ; ☎010 8400 2232 ; www.trb-cn.com ; 95 Donghuamen Dajie, 东华门大街95号 ; 3/4/5 plats 198/258/298 ¥ ; ⏲11h30-22h30 lun-ven, 10h30-22h sam-dim ; Ⓢ Ligne 1 jusqu'à Tian'anmen East, sortie A). Avec son emplacement unique, dans un bâtiment de la dynastie Qing près des douves de la Cité interdite, la nouvelle adresse d'Ignace Lecleir est une version plus décontractée de son sélect **Temple Restaurant** (嵩祝寺餐厅, Sōngzhù Sì Cāntīng ; carte p. 58 ; ☎010 8400 2232 ; www.

trb-cn.com ; Sōngzhù Temple, 23 Shatanbei Jie, près de Wusi Dajie, 五四大街沙滩北街23号, 嵩祝寺 ; 3/4/5/6 plats 388/488/588/688 ¥ ; 11h-15h et 17h30-23h ; ; Lignes 6 et 8 jusqu'à Nanluoguxiang, sortie B, ou lignes 5 et 6 jusqu'à Dongsi, sortie E). La qualité du service et de la cuisine européenne moderne – saumon, langouste, pigeon, veau – est irréprochable. On peut composer son repas en choisissant 3 plats ou plus dans n'importe quelle partie de la carte.

Réservation recommandée, surtout pour une table donnant sur les douves (les remparts sont illuminés le soir). Terrasse sur le toit en été.

OÙ PRENDRE UN VERRE ET FAIRE LA FÊTE

Great Leap Brewing — Bar

(GLB #6, 大跃啤酒, Dàyuè Píjiǔ ; carte p. 58 ; www.greatleapbrewing.com ; 6 Doujiao Hutong, 豆角胡同6号 ; pinte de bière 25-50 ¥ ; 14h-23h dim-jeu, jusqu'à minuit ven-sam ; Ligne 8 jusqu'à Shichahai, sortie C). Cette microbrasserie tenue par un Américain passionné de bière est installée dans une cour centenaire, magnifiquement restaurée, datant de la dynastie Qing. Les excellentes bières sont faites avec des ingrédients locaux pour la plupart. Goûtez les blondes ou les brunes classiques ou choisissez une boisson d'inspiration chinoise, comme celle à base de poivre du Sìchuān, qui picote la langue.

Capital Spirits — Bar à cocktails

(首都酒坊, Shǒudū Jiǔfāng ; carte p. 58 ; www.capitalspiritsbj.com ; 3 Daju Hutong, 大菊胡同3号 ; cocktails à partir de 40 ¥ ; 20h-0h30 mar-dim ; ; Ligne 5 jusqu'à Beixinqiao, sortie C). Les étrangers ont l'habitude de dénigrer le *báijiǔ* (白酒, littéralement "alcool blanc"), souvent comparé à du décapant. Ce bar consacré aux variétés haut de gamme a pour vocation d'améliorer sa réputation.

Oasis Cafe — Café

(绿洲咖啡, Lǜzhōu Kāfēi ; carte p. 58 ; 2 Jingshan Qianjie, 景山前街2号 ; café à partir de 15 ¥ ; 9h-19h ; Lignes 6 et 8 jusqu'à Nanluoguxiang, sortie A, ou lignes 5 et 6 jusqu'à Dongsi, sortie E). À la fois patron, barista et torréfacteur récompensé, Duan connaît bien son affaire : c'est un as du café filtre et du *flat white*.

NBeer Pub — Bar

(牛啤堂, Niú Pí Táng ; 010 8328 8823 ; www.nbcraftbrewing.com ; Huguo Xintiandi, 85 Huguosi Dajie, 护国寺大街85号护国新天地一层 ; bouteilles à partir de 25 ¥, pression 35-50 ¥ ; 15h-2h ; ; Lignes 4 et 6 jusqu'à Ping'anli, sortie B). Dans un domaine dominé par les expatriés nord-américains, NBeer est une affaire 100% chinoise qui fabrique des bières de premier ordre. Le bar – qui possède en outre une belle collection de guides Lonely Planet (!) –, en propose 37 à la pression (IPA, pale-ales, brunes, de type européen, etc.), la plupart brassées sur place, avec 30% de réduction avant 19h. Il a le plus grand réfrigérateur de bières de la capitale. Côté cuisine, la carte compte d'excellents cheeseburgers et d'énormes brochettes juteuses.

L'endroit est au rez-de-chaussée du complexe Xīntiāndì, à l'extrémité ouest de Huguosi Dajie. En été, on peut parfois s'attabler sur la terrasse à l'arrière et contempler le **Jīngāng Hall** (金刚殿, Jīngāng Diàn). Initialement construit en 1284, celui-ci est l'unique vestige du temple Hùguó auquel le *hútòng* doit son nom.

OÙ SORTIR

Centre national des arts du spectacle — Musique classique

(国家大剧院, Guójiā Dàjùyuàn ; carte p. 58 ; 010 6655 0000 ; www.chncpa.org/ens ; 2 Xichang'an Jie, 西长安街2号 ; billets 80-880 ¥ ; concerts 19h30 ; Ligne 1 jusqu'à Tian'anmen West, sortie C). Parfois appelé Grand Théâtre national et surnommé "l'œuf d'Alien" par les Pékinois, le dôme spectaculaire de Paul Andreu attire autant les amateurs d'architecture que les mélomanes. Il s'agit du haut lieu de la musique classique dans la capitale. Opéras, ballets et spectacles de danse chinoise sont aussi au programme.

RENSEIGNEMENTS

Bank of China (中国银行, Zhōngguó Yínháng ; carte p. 58 ; ☎010 6513 2214 ; 19 Dong'anmen Dajie, 东城区东安门大街19号). À côté du marché de nuit de Dōnghuámén, c'est l'une des dizaines d'agences de cette banque dans la capitale. Change les devises.

Běijīng Museum Pass (博物馆通票, Bówùguǎn Tōngpiào ; ☎010 6222 3793 ; www.bowuguan.com.cn ; pass annuel 120 ¥). Une carte annuelle permet d'accéder à plus de 112 sites, dont 61 musées. Un bon investissement.

Offices du tourisme de Běijīng (北京旅游咨询, Běijīng Lǚyóu Zīxún Fúwù Zhōngxīn ; ⏲9h-17h). Également des bureaux à la **gare ferroviaire de Běijīng** (carte p. 58 ; ☎010 6528 4848 ; 16 Laoqianju Hutong ; circuits 260-400 ¥ ; ⏲8h30-18h ; **S** Ligne 2 jusqu'à Beijing Railway Station, sortie B) et à l'**aéroport de Běijīng Capital** (☎010 6459 8148 ; Terminal 3). Les offices du tourisme s'adressent aux voyageurs chinois : le personnel parle très peu anglais et les renseignements sont limités, mais vous pourrez vous procurer un plan gratuit et des brochures. Certaines bureaux possèdent un guichet de vente de billets de train.

Poste (Zhōngguó Yóuzhèng ; ☎010 6512 8114 ; Jianguomen Beidajie ; 建国门北大街 ; ⏲8h30-18h ; **S** Lignes 1, 2 jusqu'à Jianguomen, sortie B)

Peking Union Medical College Hospital (PUMCH ; 协和医院, Xiéhé Yīyuàn ; carte p. 58 ; ☎010 6915 6699, urgences 010 6915 9180 ; www.pumch.cn ; 1 Shuaifuyuan, 东城区 王府井帅府园1号 ; ⏲24h/24 ; **S** Lignes 1, 5 jusqu'à Dongdan, sortie A)

DEPUIS/VERS BĚIJĪNG (PÉKIN)

Běijīng est accessible en avion, train, bus, voiture ou par une combinaison de bateau et train, mais la plupart des voyageurs venant de l'étranger arrivent par voie aérienne.

AVION

Le principal aéroport de Běijīng est l'**aéroport international de Běijīng Capital** (北京首都国际机场, Běijīng Shǒudū Guójì Jīchǎng, PEK ; ☎010 6454 1100 ; www.en.bcia.com.cn). Si vous arrivez d'une autre ville en Chine, vous atterrirez peut-être au petit **aéroport Nányuàn** (南苑机场, Nányuàn Jīchǎng, NAY ;

Centre national des arts du spectacle (p. 67)

CHRIS LEE / 500PX ©

010 6797 8899 ; Jingbeixi Lu, Nányuàn Zhèn, Fēngtái District ; 丰台区南苑镇警备西路，警备东路口).

L'aéroport international de Běijīng Capital comporte 3 terminaux. Le Terminal 3 (三号航站楼, *sān hào hángzhànlóu*) accueille la majorité des vols long-courriers, mais certains vols internationaux utilisent aussi le Terminal 2 (二号航站楼, *èr hào hángzhànlóu*). Tous deux sont reliés à l'**Airport Express** (机场快轨, Jīchǎng Kuàiguǐ ; aller 25 ¥ ; S Lignes 2, 13 jusqu'à Dongzhimen, sortie B), parfois appelé ABC (Airport Běijīng City), rapide et moderne, qui assure la connexion avec le métro de Běijīng aux stations Sanyuanqiao (ligne 10) et Dongzhimen (lignes 2 et 13).

Plus petit, le Terminal 1 (一号航站楼, *yī hào hángzhànlóu*), se situe à 10 minutes de marche du Terminal 2. Des bus gratuits circulent 24h/24 entre les 3 terminaux.

Outre l'Airport Express, un **bus de l'aéroport** (机场巴士, jīchǎng bāshì ; aller 15,50-30 ¥) dessert 17 itinéraires différents. Un taxi entre l'aéroport et le centre-ville coûte 90 à 120 ¥ ; comptez 40 minutes à 1 heure.

BUS

Běijīng possède de nombreuses gares routières longue distance, mais elles n'assurent pas de liaisons internationales.

Gare routière longue distance de Liùlǐqiáo (六里桥长途站 ; Liùlǐqiáo *chángtúzhàn*). Au sud-ouest de la ville, à côté de la station de métro éponyme. Parmi les destinations desservies : Dàtóng (大同 ; 133-150 ¥, 4 heures 30 (départs réguliers 7h10-18h) et Xī'ān (西安 ; 278 ¥, 12 heures ; 17h45 tlj).

Gare de Zhàogōngkǒu (赵公口汽车站, Zhàogōngkǒu Qìchēzhàn). Dans le sud, à 10 min de marche à l'ouest de la station de métro Liujiayao. Elle dessert notamment Shànghǎi (上海 ; 340 ¥, 16 heures, 16h30 tlj).

TRAIN

La capitale chinoise compte 3 grandes gares ferroviaires longue distance : Běijīng, Běijīng Ouest et Běijīng Sud. Citons aussi Běijīng Nord, beaucoup moins utilisée.

GARE FERROVIAIRE DE BĚIJĪNG

La gare de Běijīng (北京站, Běijīng *zhàn*), la plus centrale des quatre, possède sa propre station de métro. Elle concerne essentiellement les trains de classe T (*tèkuài*), véhicules lents et en direction du nord-est ; la plupart des trains rapides vers le sud partent des gares de Běijīng Sud et Běijīng Ouest. Ils desservent notamment Dàtóng (大同 ; classe K, assis dur 99 ¥, 6 heures, 3/jour) et Shànghǎi (上海 ; classe T, couché mou 476-879 ¥, 14 heures, tlj).

GARE FERROVIAIRE DE BĚIJĪNG OUEST

La gigantesque gare ferrvoviaire de Běijīng Ouest (西站, *Xī zhàn*) accueille les trains rapides de classe Z, dont ceux pour Xī'ān (西安 ; classes Z et T, couché dur 214-268 ¥, 11-12 heures, 6/jour) et Kowloon, Hong Kong (九龙 ; couché mou 707-738 ¥, 24 heures, tlj). Parmi les autres destinations desservies figurent Chéngdū (成都 ; classes Z, T et K, couché dur 399-456 ¥, 26-31 heures, 5/jour) et Chóngqìng (重庆 ; classes T et K, couché dur 381-389 ¥, 25-30 heures, 4/jour).

GARE FERROVIAIRE DE BĚIJĪNG SUD

Ultramoderne et desservie par la ligne 4 du métro, la **gare de Běijīng Sud** (北京南站, Běijīng Nánzhàn) accueille les trains à grande vitesse couvrant notamment les villes de Tiānjīn, Shànghǎi, Hángzhōu et Qīngdǎo.

COMMENT CIRCULER

BUS

Nombreux et bon marché (à partir de 2 ¥), les bus de Běijīng (公共汽车 ; *gōnggòng qìchē*) sont désormais plus faciles à emprunter par des non sinophones grâce à des cartes magnétiques, des annonces en anglais et des panneaux en pinyin aux arrêts. Toutefois, se rendre d'un point A à un point B relève encore du défi, et les véhicules sont bondés. Les étrangers montent rarement à bord.

Une carte de transport réduit de 50% le prix de tous les trajets.

TAXI

Les taxis (出租车 ; *chūzūchē*) sont omniprésents, mais il peut être difficile d'en trouver un aux heures de pointe, en cas d'averse et entre 20h et 22h, lorsque les gens rentrent chez eux après avoir dîné au restaurant. La prise en charge coûte 13 ¥ et couvre 3 km. Ensuite, le tarif est de 2 ¥/km. Les tarifs augmentent légèrement le soir.

MÉTRO

L'immense **réseau métropolitain de Běijīng** (地铁, Dìtiě ; www.bjsubway.com ; 3-8 ¥/trajet ; ⏲5h-23h30) allie modernité, sécurité, tarifs bas et facilité d'utilisation. En expansion constante, il devrait mettre en service 12 lignes supplémentaires en 2021. Le trajet coûte entre 3 et 8 ¥ selon la distance.

Il est intéressant de se procurer une **carte de voyage** (一卡通, yīkǎtōng ; caution 20 ¥), distribuée gratuitement dans toutes les stations de métro et les arrêts de bus importants. Cela évite de faire la queue pour acheter des tickets et permet d'économiser 60% sur tous les trajets en bus, y compris pour se rendre à la Grande Muraille.

Vous pourrez la recharger dans la plupart des stations de métro (mais pas toutes) et aux kiosques des arrêts de bus.

VÉLO

Il s'agit du moyen de locomotion le plus agréable pour circuler dans Běijīng, une ville entièrement plate dont les rues comportent presque toujours une piste cyclable (même si les voitures l'envahissent). C'est idéal dans les *hútòng*, tranquilles et arborés.

LOCATION DE VÉLOS

Voici quelques prestataires fiables pour louer des vélos (租自行车, *zū zìxíngchē*) :

Bike Běijīng (康多自行车租赁, Kāngduō Zìxíngchē Zūlìn ; carte p. 58 ; ☎010 6526 5857 ; www.bikebeijing.com ; 81 Beiheyan Dajie, 北河沿大街81号 ; ⏲8h-20h ; Ⓢ Lignes 6, 8 jusqu'à Nanluoguxiang, sortie B ou ligne 5 jusqu'à Zhangzizhonglu, sortie D)

Giant (捷安特, Jié'āntè ; carte p. 58 ; ☎010 6403 4537 ; 4-18 Jiaodaokou Dongdajie, 交道口东大街4-18号 ; ⏲9h-19h ; Ⓢ Ligne 5 jusqu'à Beixinqiao, sortie A)

Natooke (耍 (自行车店), Shuǎ (Zìxíngchē Diàn) ; carte p. 58 ; ☎010 8402 6925 ; www.natooke.com ; 19-1 Wudaoying Hutong, 五道营胡同19—1号 ; ⏲11h-19h ; Ⓢ Lignes 2 et 5 jusqu'à Yonghegong-Lama Temple, sortie D)

Des stands autour des lacs Hòuhái louent aussi des vélos (10 ¥/heure). Les auberges de jeunesse facturent généralement 30-50 ¥/jour pour un vélo de ville standard.

Où se loger

Bien équipées et avec un personnel anglophone, les auberges de jeunesse sont la meilleure option. Les Courtyard hôtels (avec cour intérieure) ont du cachet et permettent de s'immerger dans l'ambiance des hútòng, mais ils n'ont pas les équipements des grands hôtels.

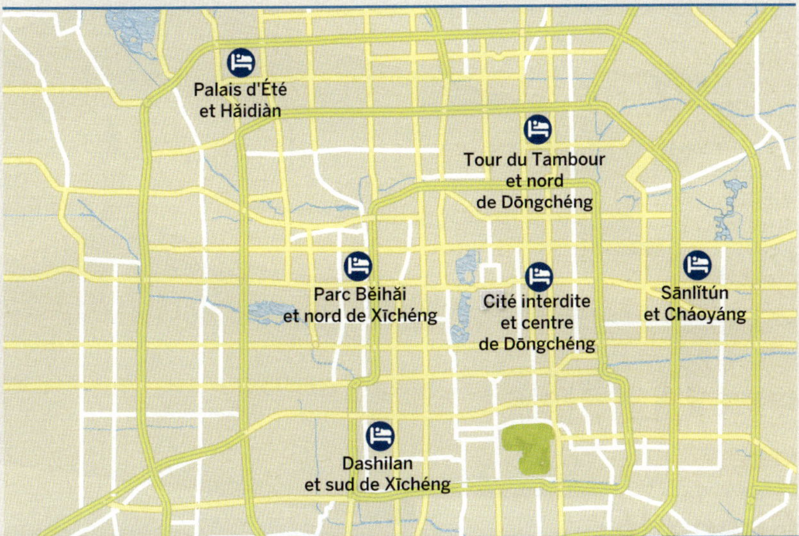

Quartier	Atmosphère
Cité interdite et centre de Dōngchéng	Véritable immersion dans le passé et plus forte concentration de sites et monuments de la capitale. Bon mélange d'hôtels classiques et d'hébergements dans les *hútòng*. Certains secteurs moins résidentiels sont très, voire trop calmes le soir.
Tour du Tambour et nord de Dōngchéng	Quartier le plus attrayant de Běijīng, parfait pour plonger au cœur des *hútòng*. Nombreux Courtyard hôtels (hôtels à cour intérieure), parfois trop chers pour les voyageurs à petit budget. Des cafés, des bars et des concerts sur le pas de votre porte.
Parc Běihǎi et nord de Xīchéng	Beaucoup d'animation dans les *hútòng*. Avec peu de circulation à proximité des lacs, le secteur peut être paisible, mais les bars-karaokés sont parfois très bruyants le soir. Moins touristique que Dōngchéng.
Dashilan et sud de Xīchéng	Le quartier des voyageurs sac au dos, avec un excellent choix d'auberges de jeunesse. Les *hútòng* sont encore authentiques à Dashilan ; de gros travaux de reconstruction ont un peu entaché le charme du secteur (surtout autour de Qiánmén) et fait grimper les prix des restaurants.
Sānlǐtún et Cháoyáng	Nombreux restaurants, lieux de sorties nocturnes et boutiques. Excellent choix d'hôtels de catégories moyenne et supérieure, mais le quartier manque d'histoire et de caractère.
Palais d'Été et Hǎidiàn	Moins touristique que les quartiers du centre. Vie nocturne animée et importante population estudiantine, mais assez loin du centre-ville.

Un palais de Chéngdé

Chéngdé

Entourée de collines boisées, Chéngdé est une ville plaisante, au passé extraordinaire. Elle a été le lieu de villégiature estivale des empereurs Qing qui y fuyaient la chaleur étouffante dans la Cité interdite.

Pour ceux qui aiment...

☑ Ne ratez pas

Les murs du Bìshǔ Shānzhuāng (Villa impériale) enserrent les plus grands jardins royaux de Chine.

Bìshǔ Shānzhuāng

(避暑山庄, Villa impériale ; Lizhengmen Dajie, 丽正门大街 ; été/hiver 145/90 ¥ ; ⏲7h-17h30 avr-oct, 8h-16h30 nov-oct). Le Bìshǔ Shānzhuāng (Villa de montagne qui fuit la chaleur) était une résidence impériale d'été. Composé d'un ensemble palatial et de vastes jardins, le tout est ceint d'un beau mur de 10 km de long. Le prix d'entrée en pleine saison est élevé (comme c'est le cas des principaux sites de Chéngdé), et les touristes sont nombreux en été, mais les jardins se prêtent à de splendides promenades loin des foules.

Un immense mur aux esprits protège l'entrée de la villégiature des mauvais esprits à Lizhengmen Dajie. La **porte Lìzhèng** donne sur le **palais principal**, une enfilade de 9 cours et 5 belles salles rustiques, que dominent d'immenses pins.

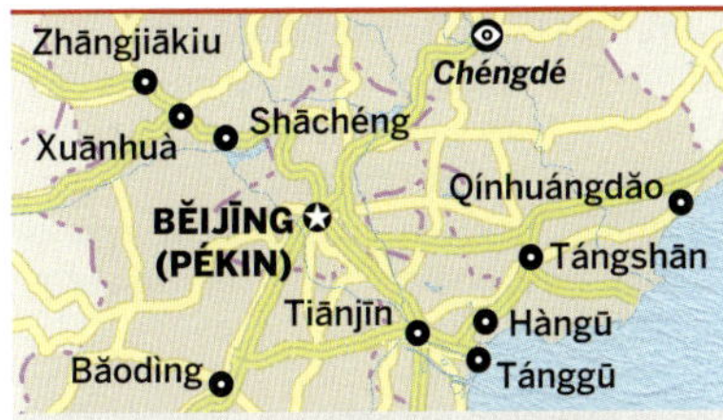

Infos pratiques

Bureau de la sécurité publique (PSB ; 公安局, Gōng'ānjú ; 0314-202 2352 ; 9 Wulie Lu, 武烈路9号 ; 8h30-17h lun-ven)

Une petite faim ?

Dà Qīng Huā (大清花 ; Lizhengmen Dajie, 丽正门大街 ; plats à partir de 20 ¥ ; 10h30-21h30 ;). Excellent restaurant réputé pour son choix de savoureux *jiǎozi* (raviolis cuits à l'eau ; 14-28 ¥ la portion). Un autre restaurant (241 Chezhan Lu, 车站路241号) est situé près de la gare ferroviaire.

★ À savoir

Vous pouvez opter pour un circuit en bus dans le domaine ((环山车, huánshān chē ; 50 ¥/pers ; 1 heure, avec 3 courts arrêts). Départ juste après le palais principal.

Les ailes de chaque cour accueillent une vitrine (porcelaine, vêtements, armes) et les salles contiennent des meubles d'époque.

La toute première, la **salle de la Simplicité et de la Sincérité**, construite dans un bois de cèdre aromatique, le *nánmù*, abrite un trône sculpté drapé de soie jaune. Parmi les autres salles d'importance figurent le cabinet de l'empereur (cabinet des Quatre Savoirs) et les appartements (salle des Brumes et des Vagues rafraîchissantes). La chambre impériale est à gauche de cette dernière. Deux ailes résidentielles partent de là : le **palais de la Grue et des Pins** (松鹤斋, Sōnghè Zhāi) de la veuve de l'empereur, à l'est ; et les **appartements de l'ouest**, plus petits, où résidaient les concubines (y compris la jeune Cixi).

En sortant du palais principal, on accède aux jardins et aux domaines de chasse boisés, où les paysages empruntent autant aux plaines mongoles qu'aux jardins de Hángzhōu, de Sūzhōu et de Jiāxīng.

Située sur le côté nord-ouest du lac principal, la **tour du Brouillard et de la Pluie** (烟雨楼, Yānyǔ Lóu), sur deux niveaux, servait autrefois de cabinet impérial. Plus au nord, le **pavillon Wénjīn** (文津阁, Wénjīn Gé) date de 1773. Ne manquez pas, au nord-ouest de l'ensemble, la **pagode Yǒngyòusì** (永佑寺塔, Yǒngyòusì Tǎ), une construction élégante, âgée de 250 ans. Elle se dresse au milieu des ruines du temple disparu.

Lacs, collines, bosquets et plaines occupent l'essentiel de l'espace. Du mur nord on découvre une superbe vue sur plusieurs des temples alentour.

Presque toute la zone boisée est fermée de novembre à mai par crainte des incendies. Mais vous pourrez vous balader à loisir dans le reste du parc.

L'entrée (billetterie) s'effectue à la porte Lìzhèng, mais on peut sortir par n'importe quelle porte.

Les 8 temples extérieurs

Le long des murs nord et est du Bìshǔ Shānzhuāng se dressent les **8 temples extérieurs** (外八庙, wài bā miào). Chose peu commune, ils furent édifiés pour des raisons plus diplomatiques que spirituelles. Certains sont des répliques de monastères tibétains. L'apparence prime ici sur le contenu et les façades tibétaines aux fenêtres peintes cachent souvent des intérieurs chinois traditionnels. Les temples et les monastères conservés furent édifiés entre 1713 et 1780. La prépondérance du bouddhisme tibétain s'explique autant par la visite des Mongols (fervents lamaïstes) que par celle des dirigeants tibétains.

Temple Pǔníng

(普宁寺, Pǔníng Sì ; Puningsi Lu, 普宁路 ; 80 ¥ avr-oct, 60 ¥ nov-mars ; 8h-17h30 avr-oct, 8h30-17h nov-mars). Le grincement des moulins à prières et les psalmodies des moines s'élèvent du seul sanctuaire en activité de Chéngdé. Conçu sur le modèle du plus ancien monastère bouddhique tibétain (Samye), il fut édifié en 1755 en vue de la victoire de Qianlong sur les tribus mongoles dans le Xīnjiāng. Sa première partie est toutefois manifestement chinoise ; les bâtiments tibétains se situent à l'arrière.

Sur la propriété, sur le côté est de l'ensemble, le **temple Pǔyòu** (普佑寺, Pǔyòu

La tour Jinshan, à Chéngdé

Sì ; ⌚8h-18h) est en mauvais état et n'a plus sa salle principale. Les ailes ont conservé de nombreux *luóhàn* (bouddhistes ayant atteint le nirvana) dorés, hilares, rescapés de l'incendie qui dévasta les lieux en 1964.

Comme dans les autres sites religieux, il convient de faire preuve de calme et de respect dans le temple Pǔníng, entretenu par de sympathiques lamas.

Temple Pǔtuózōngchéng

(普陀宗乘之庙, Pǔtuózōngchéng Zhīmiào ; Shiziyuan Lu, 狮子园路 ; 80 ¥ avr-oct, 60 ¥ nov-mars ; ⌚8h-18h avr-oct, 8h30-17h nov-mars). Le temple le plus vaste de Chéngdé est une réplique en moins grand du Potala de Lhassa et bénéficie de la présence nébuleuse d'Avalokiteshvara (Guanyin). Par temps clair, les immenses murs rouges du temple se détachant sur les montagnes offrent une vision merveilleuse. À l'entrée, un grand pavillon des stèles est suivi d'une triple arcade coiffée de 5 stupas (rouge, vert, jaune, blanc et noir).

Temple de Sumeru, du Bonheur et de la Longévité

(须弥福寿之庙, Xūmífúshòu Zhīmiào ; Shiziyuan Lu, 狮子园路 ; 80 ¥ avr-oct, 60 ¥ nov-mars ; ⌚8h-17h avr-oct, 8h30-17h nov-mars). Ce temple fut édifié en l'honneur du sixième panchen-lama, qui y résida en 1781. Il mêle des éléments architecturaux chinois et tibétains, imitant en cela le monastère de Tashilhunpo – siège du panchen-lama – à Shigatse (Tibet). Huit gigantesques dragons étincelants (chacun pèserait plus d'une tonne) ornent le toit de la salle principale. Le billet inclut l'entrée au temple Pǔtuózōngchéng.

COMMENT S'Y RENDRE ET CIRCULER

Des bus pour Chéngdé partent toutes les heures de Běijīng (gare routière de Liùlǐqiáo ; 85 ¥, 3 heures 30, 5h40-18h40). De Chéngdé, les départs pour Běijīng (85 ¥, 3 heures 30, 6h20-18h40) ont lieu toutes les demi-heures depuis la place de la gare ferroviaire.

D'autres liaisons existent au départ de la **gare routière Est** (汽车东站, *qìchē dōngzhàn*), à 8 km au sud de la ville, dont :

Běijīng 85 ¥, 3 heures 30, ttes les 30 min (6h-18h)

Tiānjīn 120 ¥, 4 heures, 2/jour (8h50 et 14h)

Depuis la gare ferroviaire de Běijīng, les 2 trains les plus rapides rallient Chéngdé en 4 heures 30 ou 5 heures (assis dur 35-40 ¥). Départs à 7h56 et 12h20. Au retour, départs de Chéngdé à 5h45, 13h13 (Běijīng Est) et 19h15.

Un taxi entre la gare ferroviaire et le Bìshǔ Shānzhuāng coûte environ 10 ¥. De la gare routière au centre-ville, il vous en coûtera entre 20 et 25 ¥.

Les bus n[os]13, 24 et 29 relient la gare routière Est à la gare ferroviaire ; les n[os]13 et 29 poursuivent jusqu'au temple Guāndì.

GRANDE MURAILLE, JÌNSHĀNLǏNG (P. 80) : BOBBY CHEN / 500PX ©

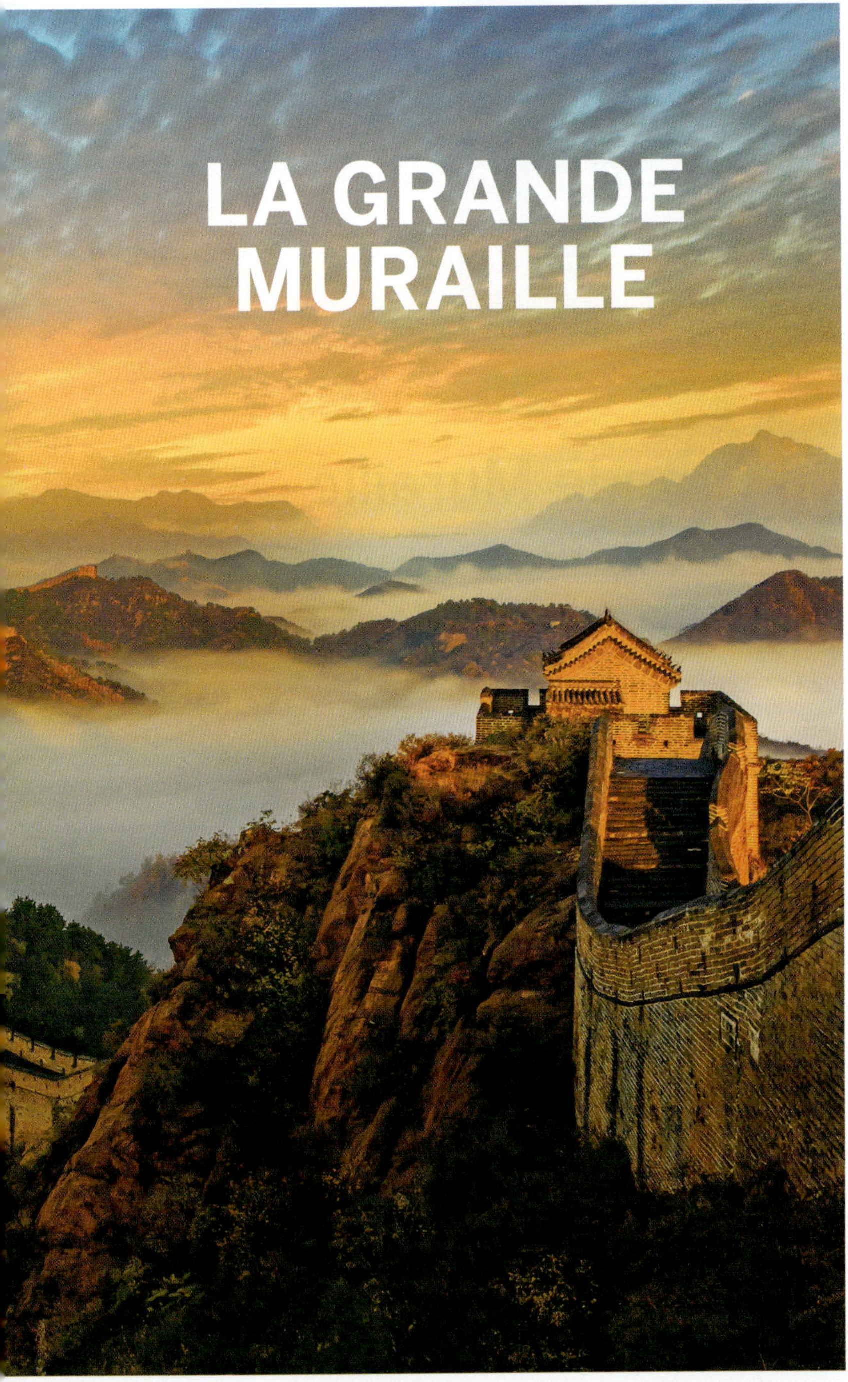
LA GRANDE
MURAILLE

Dans ce chapitre

La Grande Muraille

Extraordinaire réalisation et site incontournable du pays, la Grande Muraille (万里长城, Wànlǐ Chángchéng) serpente à l'infini, à l'état de tronçons plus ou moins restaurés dans le Liáoníng, de décombres érodés par le vent dans le désert de Gobi et de faibles traces dans les sables du Xīnjiāng. Les sections les plus connues et les mieux conservées – abordées ici – ondulent sur les collines de l'agglomération de Běijīng (Pékin), mais vous pourrez aussi découvrir la Grande Muraille dans de nombreuses provinces du nord de la Chine.

La Grande Muraille en deux jours

Le premier jour, si vous êtes pressé par le temps, commencez par **Mùtiányù** (p. 85). Le lendemain, gagnez **Jiànkòu** (p. 83), pourquoi pas à pied si vous avez passé la nuit à Mùtiányù et souhaitez relever le défi. Le tronçon non restauré de Jiànkòu court sur une crête dans les collines, donnant sur de remarquables panoramas sauvages.

La Grande Muraille en quatre jours

Dédiez le troisième jour à **Bādálǐng** (p. 86), tronçon en grande partie restauré mais facilement accessible depuis la ville et offrant de superbes points de vue sur la fortification qui serpente dans les collines. Le dernier jour, partez en excursion à **Jīnshānlǐng** (p. 84), site reculé apprécié des randonneurs.

Comment s'y rendre

Bādálǐng Accessible en bus, en train ou en taxi.

Jīnshānlǐng, Jiànkòu et Mùtiányù Changez plusieurs fois de bus ou prenez un bus, puis un taxi ou un minibus.

Plusieurs compagnies de taxi proposent des excursions à la Grande Muraille, de même que des chauffeurs de taxi ordinaires. Convenez du prix à l'avance.

Où se loger

On peut loger sur les sites proches de Běijīng, mais la plupart des pensions et hôtels sont regroupés autour des tronçons les plus reculés, où passer la nuit permet de consacrer plus de temps à l'exploration. Jiànkòu propose de bonnes adresses. Notez que la plupart des établissements ferment de novembre à mars.

Visiter la Grande Muraille

La Grande Muraille, qui n'a jamais été une structure continue, serpente à travers 17 provinces. Toutefois, Běijīng est le meilleur endroit pour se lancer à l'assaut de ses plus célèbres bastions.

Si les exemples les plus célèbres et solides de la Muraille ondulent majestueusement au-dessus des sommets et collines de la municipalité de Běijīng, d'autres parties sont à découvrir dans nombre de provinces du nord de la Chine.

Pour ceux qui aiment...

☑ **Ne ratez pas**

La vue à couper le souffle qu'offre Jiànkòu, tronçon non restauré de la Grande Muraille.

Histoire de la Grande Muraille

L'histoire officielle chinoise aime souligner l'unité de la muraille à travers les époques. En réalité, il existe au moins 4 murs distincts. La construction du mur "d'origine" débuta sous la dynastie Qin (221-207 av. J.-C.), lors de la première unification de la Chine par l'empereur Qin Shihuang. Des centaines de milliers d'ouvriers, des prisonniers politiques pour beaucoup, s'échinèrent pendant 10 ans pour le construire. On estime que

Bādálǐng (p. 86)

LEONID ANDRONOV / SHUTTERSTOCK ©

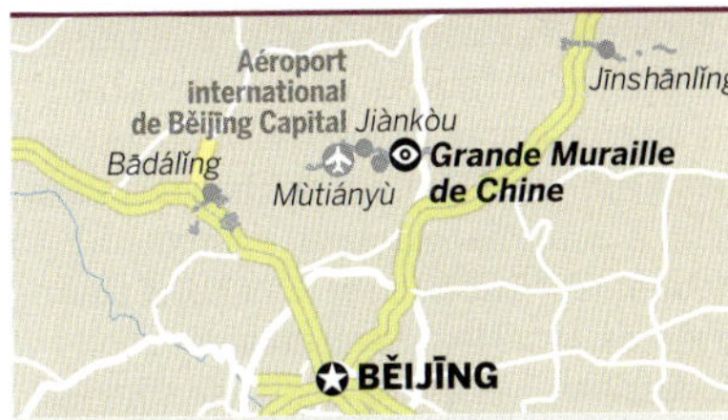

Infos pratiques

Prévoyez des chaussures antidérapantes et un sac à dos pour avoir les mains libres.

Une petite soif/faim ?

Si vous randonnez dans des régions reculées, dépourvues de restaurants, emportez suffisamment d'eau et de nourriture.

★ Bon à savoir

Les meilleures saisons pour randonner sur la Grande Muraille sont le printemps et l'automne, lorsqu'il ne fait ni trop chaud ni trop froid.

180 millions de mètres cubes de pisé furent utilisés pour constituer sa fondation, et selon la légende, les os des travailleurs décédés étaient également utilisés comme matériaux de construction.

Après la chute de la dynastie Qin, les travaux se poursuivirent sous les Han (206 av. J.-C.-220). Les choses évoluèrent assez peu durant 1 000 ans, mais sous la dynastie Jin (1115-1234), la menace imminente de Genghis Khan entraîna l'intensification du rythme des travaux. La forme finale de la muraille, et celle que la plupart des visiteurs voient aujourd'hui, fut réalisée durant la dynastie Ming (1368-1644). Elle fut alors renforcée avec de la pierre, de la brique et des remparts ; ces travaux s'étalèrent sur 100 ans et impliquèrent une main-d'œuvre colossale (2 à 3 millions d'ouvriers).

Si le mur était loin d'être efficace sur le plan militaire, il était très utile pour transporter personnes et équipements à travers un terrain montagneux, à la manière d'une autoroute surélevée. Son système de tours-phares, d'où étaient envoyés des signaux de fumée produits en brûlant des crottes de loup, permettait de prévenir rapidement la capitale en cas de mouvements ennemis. Mais lorsque les Mandchous s'installèrent à Běijīng (dynastie Qing, 1644-1911) et que la menace mongole disparut, la muraille devint inutile et fut abandonnée.

Visiter la Grande Muraille

Largement reconstruit, le tronçon de Bādálǐng est la partie la plus touristique de la muraille. Mùtiányù et Jīnshānlǐng sont aussi des portions rénovées. Si ces parties manquent d'authenticité, elles ont l'avantage d'être bien plus accessibles (téléphériques, mains courante, etc.). Huánghuā Chéng et Zhuàngdàokǒu sont rénovés à certains endroits, et plus "sauvages" à d'autres. Là, il est possible de faire des randonnées, courtes mais difficiles. Parmi les tronçons non restaurés de la muraille "à l'état brut" figurent notamment Gǔběikǒu et Jiànkòu, et bien d'autres. Les sites susmentionnés sont accessibles par les transports en commun (Bādálǐng est même relié par le train), mais certains voyageurs préfèrent louer une voiture (voir ci-contre) pour aller plus vite. Il est conseillé de loger près de la muraille.

Les circuits organisés par les auberges de jeunesse ou les tour-opérateurs spécialisés sont préférables à ceux des hôtels ordinaires ou des agences de voyages généralistes. Non seulement ils répondent aux besoins des voyageurs occidentaux intrépides, mais ils ne comportent pas d'extras dissimulés, comme une excursion aux tombeaux Ming ou un détour fatigant par une fabrique de pierres précieuses ou un centre de médecine chinoise traditionnelle. Voilà des associations et prestataires réputés dont nous avons apprécié les excursions.

Bespoke Běijīng (☎010 6400 0133 ; www.bespoketravelcompany.com ; B510, 107 Dongsi Beidajie ; 东四北大街107号B510楼 ; ⏰9h-18h ; Ⓢ Beixinqiao). Excursions et circuits haut de gamme.

Great Wall Hiking (www.greatwallhiking.com). Randonnées à pied avec des guides locaux.

China Hiking (☎156 5220 0950 ; www.chinahiking.cn). Circuits randonnée et camping abordables gérés par un couple sino-belge.

Běijīng Hikers (☎010 6432 2786 ; www.beijinghikers.com ; Galaxy Building, bât. A, bureau 4012, 10 Jiuxianqiao Zhonglu ; 星科大厦A座4012室, 酒仙桥中路10号 ; à partir de 380 ¥/pers ; ⏰9h-18h). Belles excursions hors de la ville.

Camping sur la Grande Muraille

Bike Běijīng (☎010 6526 5857 ; www.bikebeijing.com ; 81 Beiheyan Jie ; 北河沿大街81号 ; ⊙8h-20h ; Ⓢ Nanluoguxiang). Excursions à vélo.

Běijīng Sideways (☎139 1133 4947 ; www.beijingsideways.com ; Xingfu Cun Zhonglu, Jieizuo Dasha Xibian, Lishihongye Zhiyeyouxiangongsi Duimian ; 幸福村中路杰座大厦西边利世鸿业置业有限公司对面 ; ⊙9h-21h ; Ⓢ Dongsishitiao). Circuits en side-car.

Camper sur la Grande Muraille

Officiellement, il est interdit de camper sur la Grande Muraille, même si beaucoup de visiteurs le font. Certaines tours de guet constituent des bases idéales pour installer une tente ou un sac de couchage. Quelques consignes toutefois : ne faites pas de feu et ne laissez rien derrière vous. Vous trouverez des lieux agréables pour camper à Zhuàngdàokǒu, Jiànkòu et Gǔběikǒu.

À Běijīng, les boutiques vendant du matériel de camping sont légion, mais **Sanfo** (三夫户外, Sānfū Hùwài ; ☎010 6201 5550 ; www.sanfo.com/en ; 3-4 Madian Nancun, 北三环中路马甸南村4之3-4号 ; ⊙9h-21h ; Ⓢ Ligne 10 jusqu'à Jiandemen, sortie D) est l'une des meilleures concernant la qualité et le choix. Il y a des succursales dans toute la ville, mais cette adresse, dans une rue secondaire du tronçon central du 3e périphérique Nord (North 3rd Ring Rd), se distingue car elle compte 3 magasins attenants. En outre, d'autres enseignes plus petites, à proximité, vendent du matériel de camping à des prix moins élevés. Prenez la sortie D à la station de métro Jiandemen (ligne 10), tournez à droite et marchez vers le sud sur environ 800 m. Passez ensuite sous le 3e périphérique ; les magasins de camping seront sur votre droite.

Une **succursale** (9-4 Fuchengmen Dajie, 阜城门大街9-4号 ; ⊙10h-20h30 ; Ⓢ Ligne 2 jusqu'à Fuchengmen, sortie C) plus petite et plus facile d'accès est située à 200 m au sud de la station de métro de Fuchengmen.

AZEMDEGA / GETTY IMAGES ©

Jiànkòu

Pour de fabuleuses randonnées le long de la plus belle section de "mur à l'état brut" des environs de Běijīng, rejoignez le tronçon arrière de Jiànkòu (后箭扣长城, Hòu Jiànkòu Chángchéng), accessible depuis le village de Xīzhàzi (西栅子村, Xīzhàzi Cūn), via la ville de Huáiróu. De là, on découvre un beau panorama : l'édifice en brique délabré serpente le long d'une arête de montagne, dans un cadre sublime. Toutefois, il est dangereux et officiellement

Excursion depuis Běijīng

Ce chapitre est consacré aux excursions à la Grande Muraille au départ de Běijīng, mais le nord de la Chine compte de nombreux autres tronçons. Pour les adresses de la capitale, consultez le chapitre *Běijīng* (p. 36).

illégal de marcher sur cette partie de la muraille, qui n'a pas été restaurée. Les week-ends d'été, en raison de l'affluence, le risque de chute est encore plus important. Portez des chaussures aux semelles "agrippantes" et ne tentez jamais de traverser ce tronçon sous la pluie, et encore moins en cas d'orage.

SE RENDRE À JIÀNKÒU

Prenez le bus n°916快 de la gare routière de Dōngzhímén jusqu'à son terminus, l'**arrêt de Huáiróu** (怀柔汽车站, *Huáiróu qìchēzhàn* ; 12 ¥, 1 heure 30, 6h30-19h30). Au sortir de la gare, tournez à gauche, puis à droite au carrefour et prenez le bus n°862 au premier arrêt pour Yújiāyuán (于家园 ; 2 ¥ ; 5 arrêts). Prenez ensuite le H25 jusqu'à Xīzhàzi (西栅子 ; 8 ¥, 1 heure 10). Notez que le H25 ne circule que deux fois par jour (à 11h30 et 16h30). Le bus H25 retour quitte Xīzhàzi à 6h30 et 13h15 ; il est donc impossible de faire cette excursion dans la journée par les transports en commun uniquement.

En taxi, comptez 700-900 ¥ l'excursion aller-retour depuis Běijīng.

PASSER LA NUIT À JIÀNKÒU

On compte un nombre croissant de pensions dans le village de Xīzhàzi, mais Jiànkòu étant aujourd'hui une destination très prisée des visiteurs chinois, mieux vaut réserver pour le week-end, en particulier en été. Une chambre avec sdb coûte 120 ¥ ou plus.

Jīnshānlǐng

Le tronçon de la Grande Muraille à **Jīnshānlǐng** (金山岭长城 ; Jīnshānlǐng Chángchéng ; ☎0314 883 0222 ; avr-oct 65 ¥, nov-mars 55 ¥ ; ⏲8h-17h ; 🚍Luánpíng) a beau avoir été entièrement restauré, il est très escarpé par endroits et si éloigné de Běijīng qu'il reçoit beaucoup moins de touristes que d'autres sections. Il arbore certaines caractéristiques inhabituelles telles que des remparts intérieurs. En outre, chacune des tours de guet comporte une inscription, en anglais, détaillant la signification historique de cette partie de la muraille. Une exigeante randonnée de 6 heures 30 depuis Gǔběikǒu se termine ici.

SE RENDRE À JĪNSHĀNLǏNG

D'avril à novembre, des bus directs circulent de la station de métro Wàngjīng West (ligne 13) à la billetterie de Jīnshānlǐng. Au sortir du métro (sortie C), regardez derrière vous à droite pour repérer le panneau rouge indiquant "Tourist Bus to Jīnshānlǐng Great Wall" (金山岭长城旅游班车, Jīnshānlǐng Chángchéng lǚyóu bānchē), de l'autre côté de la route. Le bus part à 8h et regagne Běijīng à 15h (32 ¥, 1 heure 40).

En taxi, comptez environ 1 000-1 200 ¥ l'excursion aller-retour depuis Běijīng.

Mùtiányù

Mùtiányù

Récemment restaurée et réputée pour ses 26 tours de guet et ses beaux points de vue, cette section de mur de 3 km a été édifiée sous la dynastie Ming sur un ancien rempart des Qi du Nord. Le mur imposant reste accessible malgré les nombreux touristes, et les vendeurs ambulants se cantonnent surtout dans sa partie basse.

Depuis la billetterie de Mùtiányù, des bus (15 ¥ aller-retour, 7h20-19h avr-oct, 8h20-18h nov-déc) effectuent les 3 km jusqu'à la muraille, où 3 ou 4 parcours ponctués de marches mènent au mur lui-même. Le **téléphérique** (缆车, Lǎn Chē ; aller/aller-retour 80/100 ¥, enfants demi-tarif), le **télésiège** (索道, Suǒdào ; billet combiné avec le toboggan 80 ¥), indiqué "ropeway" sur les panneaux, et le **toboggan** (滑道, Huá Dào ; aller 80 ¥) sont parfaits pour les enfants ou les personnes qui ne peuvent pas emprunter les marches.

SE RENDRE À MÙTIÁNYÙ

De l'arrêt de bus Dōngzhímén Wai à Běijīng, le bus n°867 fait un détour spécial par Mùtiányù deux fois chaque matin (16 ¥, 2 heures 30, à 7h et 8h30, 15 mars-15 nov uniquement). Dans l'autre sens, il repart de Mùtiányù deux fois dans l'après-midi (14h et 16h).

En taxi, comptez 600-700 ¥ l'excursion aller-retour depuis Běijīng.

PASSER LA NUIT À MÙTIÁNYÙ

En descendant 500 m depuis l'entrée de Mùtiányù, on trouve une demi-douzaine de

EMAD ALJUMAH / GETTY IMAGES ©

pensions de village (environ 100 ¥ pour une chambre simple), toutes indiquées en anglais.

Bādálǐng

La simple évocation de **Bādálǐng** (八达岭长城 ; Bādálǐng Chángchéng ; avr-oct 45 ¥, nov-mars 35 ¥ ; 6h-19h avr-oct, 7h-18h nov-mars ; 877, depuis Běijīng Nord) fait frémir les amoureux de la muraille authentique, mais c'est le tronçon le plus facile d'accès – on peut même s'y rendre en train. Vous devrez endurer la foule des touristes et les vendeurs de souvenirs, pour un tronçon de muraille entièrement rénové dans les années 1980. Il est cependant très escarpé et photogénique, dispose de bonnes infrastructures (restaurants, accessibilité, téléphériques, etc.) et peut être visité en une demi-journée depuis Běijīng.

SE RENDRE À BĀDÁLǏNG

Le train est l'option la plus économique et la plus agréable. La gare ferroviaire de Bādálǐng est à environ 1 km en contrebas du parking ouest ; au sortir de la gare, tournez à gauche (il reste environ 1 km avant d'arriver à la muraille).

Les trains (6 ¥, 1 heure 10 à 1 heure 20) partent de la gare ferroviaire Nord à Běijīng, reliée à la station de métro Xīzhímén.

Le bus n°877 (12 ¥, 1 heure, 6h-17h) part pour Bādálǐng depuis le côté nord de la porte Déshèngmén (p. 58), à 400 m à l'est de la station de métro Jīshuǐtán. Il dessert le parking est de Bādálǐng. De là, marchez un peu en montée, tournez à gauche pour traverser un alignement, couvert, de boutiques de souvenirs, puis prenez à gauche en arrivant au bout. Grimpez jusqu'à la billetterie, aménagée entre deux grandes arches fortifiées. Pour le retour, les bus pour Běijīng partent au sud de l'endroit où ils vous déposent : vous verrez une file d'attente. Dernier bus à 17h (16h30 nov-mars).

Comptez environ 600 à 700 ¥ pour l'aller-retour en taxi.

Trois randonnées à la Grande Muraille

De Jiànkòu à Mùtiányù

⚬ 2 heures (plus 1 heure d'ascension jusqu'à la muraille). Imbattable dans la catégorie "mur à l'état brut", le tronçon de Jiànkòu est très difficile à appréhender. Cette courte partie, qui traverse un virage à 180° appelé la Corne de bœuf, est tout aussi effrayante, mais elle rejoint rapidement la section restaurée et plus facile de Mùtiányù. Accédez à la muraille par le hameau n°1 dans le village de Xīzhàzi (西栅子村一队, Xīzhàzi Cūn Yīduì). Du village, comptez 1 heure pour arriver au mur. Depuis le panneau indiquant "*This section of the Great Wall is not open to the public*" ("Fermé au public"), gravissez la colline sur un étroit chemin de terre à travers une jolie forêt de pins. Une fois à la clairière, continuez tout droit (et un peu en descente), plutôt que de monter sur la droite. Puis, au mur, prenez à gauche. Vous allez grimper (voire escalader) jusqu'à la Corne de bœuf et en faire le tour, avant de redescendre (le chemin est très glissant) jusqu'à Mùtiányù, où vous attendent téléphérique, télésiège, toboggan et transports vers Běijīng.

De Zhuàngdàokǒu à Shuǐ Chángchéng

⚬ 2 heures (plus 20 minutes d'ascension jusqu'à la muraille). Au départ du village de Zhuàngdàokǒu, montez jusqu'à la muraille. Quand vous l'aurez atteinte, tournez à gauche. Vous découvrirez un tronçon fabuleux mais dangereux car très délabré. Lorsque le mur se scinde au niveau d'une tour d'angle, prenez à gauche. Peu après, vous atteindrez une autre tour d'où l'on voit le barrage, loin en contrebas. À cet endroit, le mur tombe en ruine et il est impossible d'avancer. Par prudence, mieux vaut emprunter le chemin qui descend sur la gauche, juste avant la tour. Ce sentier finit par rejoindre la muraille, mais si vous le descendez entièrement jusqu'à la route,

CHRIS LEE / 500PX ©

Randonnée sur la Grande Muraille, près de Jīnshānlǐng (p. 84)

vous pourrez prendre le bus H21 pour rentrer à Huáiróu depuis le plus bas des deux grands parkings.

La boucle du Dragon enroulé

⊙ 2 heures 30. Cette belle randonnée, relativement facile, commence et s'achève dans le bourg de Gǔběikǒu. Elle suit un tronçon de la muraille appelé le Dragon enroulé. Au départ du "Folk Customs Village" (la moitié sud de Gǔběikǒu), montez jusqu'à la porte de Gǔběikǒu (古北口关, Gǔběikǒu Guǎn), récemment reconstruite. Juste avant la porte, empruntez un chemin de terre à droite. Vous devriez voir des marques de peinture jaune, traces d'un parcours de marathon qui s'est couru ici. Suivez-les. La première section que l'on atteint est un tronçon en pierre très rare de mur de la dynastie Qi du Nord (vieux de 1 500 ans). Celui-ci rejoint bientôt la section en brique datant de la dynastie Ming, sur laquelle se poursuit l'itinéraire (bien qu'à un moment donné, il faille suivre les flèches jaunes pour descendre de la muraille sur la gauche, avant de la rejoindre plus tard). Environ 1 heure 30 après le départ, on atteint un vaste virage que décrit la muraille sur la droite (l'enroulement), surmonté de 3 tours. La première et la troisième, assez bien conservées, ont encore des murs, des fenêtres et une partie de toit (l'idéal pour camper). À hauteur de la troisième tour (appelée tour Jiangjun), prenez à gauche, contournez-la par la droite, puis descendez les marches avant de prendre à droite à un endroit marqué d'un "X" jaune (là, le marathon continuait tout droit). Suivez ce chemin tout le long pour regagner Gǔběikǒu (30 min) et tournez à droite une fois la route atteinte.

SHĀNXĪ

Dans ce chapitre

Shānxī

Riche d'une passionnante histoire, le Shānxī (山西) compte une foule de sites incontournables. La ville fortifiée de Píngyáo ne manque pas d'atouts, entre temples patinés par les ans, architecture à cour carrée, typique de la dynastie Qing et des habitants comptant parmi les plus chaleureux du pays. On ne saurait manquer Dàtóng, une cité dynamique, riche de sa vieille ville et de ses remparts reconstruits. Hors de la ville, les extraordinaires sculptures des grottes de Yúngāng renvoient au riche héritage bouddhique de la province.

Le Shānxī en deux jours

Rejoignez **Píngyáo** (p. 96) et passez-y au moins une nuit. Grimpez sur les remparts, passez sous la Tour de la ville et admirez le mur des Neuf Dragons. Visitez ensuite le **temple Shuānglín** (p. 93), dînez au **Déjūyuán** (p. 96) et prenez un verre dans la cour de votre hôtel traditionnel ou baladez-vous dans les ruelles tranquilles de la ville.

Le Shānxī en quatre jours

Après Píngyáo, prenez le train pour **Dàtóng** (p. 99) et passez l'après-midi à explorer la vieille ville et à parcourir le **rempart** (p. 99) reconstruit. Dînez au **Fènglín Gé** (p. 101) et passez la nuit en ville. Visitez les **grottes de Yúngāng** (p. 94) tôt le lendemain et gagnez les ruines de l'église de **Bā Táizi** (p. 100) l'après-midi, avant de dîner au **Tónghé Dàfàndiàn** (p. 101).

Comment s'y rendre

Gare ferroviaire de Píngyáo Gǔchéng Prenez le bus n°108 (1 ¥), un cyclopousse (10 ¥) ou un taxi (30 ¥) pour la vieille ville. Notez que les taxis ne sont pas autorisés à entrer dans la vieille ville ; ils déposent les clients devant les portes des remparts.

Aéroport de Dàtóng Yúngāng Rejoignez Dàtóng en taxi (50 ¥).

Où se loger

Il n'est pas difficile de trouver une chambre à Píngyáo, où nombre de maisons à cour traditionnelles de la vieille ville ont été converties en hôtels, les meilleurs de toute la province. Dàtóng offre un bon choix d'hôtels de catégorie moyenne à prix raisonnables, ainsi que quelques auberges de jeunesse. Les hôteliers de la région sont de plus en plus conscients des besoins des voyageurs occidentaux : ils parlent un peu anglais et peuvent préparer un petit-déjeuner occidental correct.

Píngyáo

Ville historique de Píngyáo

Avec ses ruelles éclairées de lanternes rouges se découpant contre l'imposante silhouette des remparts, ses belles cours traditionnelles, ses tours anciennes et ses temples séculaires, Píngyáo (平遥) est la ville fortifiée la mieux conservée de Chine.

Pour ceux qui aiment...

☑ À ne pas rater

Une promenade sur les magnifiques remparts qui dominent Píngyáo.

Si l'histoire, la culture ou l'architecture chinoises vous intéressent, vous passerez facilement 2 jours à flâner dans les étroites ruelles de Píngyáo.

Remparts

Commencez par les magnifiques **remparts** (城墙 ; *chéng qiáng*), de 1370, qui figurent parmi les plus complets du pays. Hauts de 10 m, d'une circonférence de plus de 6 km, ils possèdent 72 tours de guet portant chacune un paragraphe de *L'Art de la guerre* de Sunzi (Xunzi ou Sun Tzu). On admire la vieille ville en contrebas.

Tour de la ville de Píngyáo

La **Tour de la ville** (市楼 ; Shì Lóu ; Nan Dajie ; 南大街), l'édifice le plus emblématique de Píngyáo, est le plus haut bâtiment de la vieille ville ; prenez une photo, avant de passer sous

Pavillon des Mille Bouddhas, temple Shuānglín

la structure pour découvrir les autres sites. On ne peut hélas plus en gravir l'escalier en pierre pour admirer la cité. Un antiquaire occupe la boutique juste à côté de la tour.

Mur des Neuf Dragons

Le vieux théâtre de Píngyáo (大戏堂 ; Dàxì Táng) est devenu la salle de banquets d'un hôtel. Devant lui se dresse le magnifique **mur des Neuf Dragons** (九龙壁 ; Jiǔlóng Bì ; Chenghuangmiao Jie ; 城隍庙街).

Temple Shuānglín

Facilement accessible depuis Píngyáo, ce **temple bouddhique** (双林寺 ; Shuānglín Sì ; 40 ¥ ; ⏲8h30-18h30) conserve de rares statues finement sculptées et peintes, datant des Tang, des Song et des Yuan. Reconstruit en 1571, l'ensemble architectural est impressionnant : les intérieurs du pavillon de Sakyamuni et des bâtiments adjacents sont sublimes. Les Quatre Rois célestes datent de la dynastie Tang. Le pavillon des Mille Bouddhas renferme une incroyable Guanyin aux 1 000 bras. Des statues du Bouddha au visage noirci sont dissimulées dans le pavillon du Grand Trésor ; de jeunes sculpteurs viennent en modeler des copies d'argile.

L'aller-retour en cyclopousse ou en taxi coûte 50 ¥. Les 7 km se parcourent facilement à vélo.

Infos pratiques

On peut se promener à loisir dans les rues, mais il faut acheter un billet (150 ¥) pour visiter les remparts ou entrer dans les 18 principaux bâtiments historiques.

Une petite faim ?

Vous pourrez manger un morceau à la **Tianyuankui Guesthouse** (p. 96).

★ À savoir

La plupart des hébergements proposent de venir vous chercher à la gare routière ou ferroviaire. Posez la question au moment de la réservation.

Musée Rìshēngchāng de la maison des finances

(日升昌 ; Rìshēngchāng ; 38 Xi Dajie ; 西大街38号 ; ⏲8h-19h). Une modeste teinturerie de la fin du XVIIIe siècle qui devint la première banque de Chine (1823), avec 57 succursales dans tout le pays. Le musée compte près de 100 salles, dont des bureaux, des appartements et une cuisine. On peut y voir des chèques anciens.

Slogans de la Révolution culturelle

Remarquez au 153 Xi Dajie, dans la cour, les 2 virulents slogans hérités de la Révolution culturelle. Celui de gauche, 工业学大庆, signifie "L'industrie devrait apprendre de Dàqìng". L'autre, 认真搞好斗批改, plus rare, proclame "Engagez-vous avec ardeur dans la lutte, la critique et la réforme". Ils intéressent peu les Chinois, malgré leur valeur historique.

Grottes de Yúngāng

CORLAFFRA / SHUTTERSTOCK ©

Grottes de Yúngāng

Les magnifiques grottes de Yúngāng sont l'un des meilleurs exemples d'art rupestre bouddhique en Chine. Ornées de 51 000 statues antiques et créatures célestes, elles éclipsent pratiquement tous les autres sites du Shānxī.

Pour ceux qui aiment...

☑ **À ne pas manquer**

Le superbe intérieur de la grotte 6.

Sculptées par les Tuoba (peuple turcophone), les grottes de Yúngāng du Vᵉ siècle dénotent un style influencé par l'Inde, la Perse et même la Grèce, qui se propagea le long de la route de la soie. Les travaux commencèrent en 460. Il fallut 60 ans pour achever les 252 grottes, qui forment le plus ancien ensemble de sculptures bouddhiques du pays.

Grottes 5 et 6

Huit grottes contiennent d'immenses bouddhas. Dans la grotte 5, le plus grand, haut de 17 m, représente Sakyamuni assis, au visage doré. Comme beaucoup d'autres sur le site, les fresques murales de cette grotte sont éraflées et vandalisées, mais admirez celles des voûtes du plafond. Très colorée, la grotte 6, ou grotte de Sakyamuni, est tout aussi saisissante,

Une partie des plus anciennes sculptures bouddhiques de Chine

GREIR / SHUTTERSTOCK ©

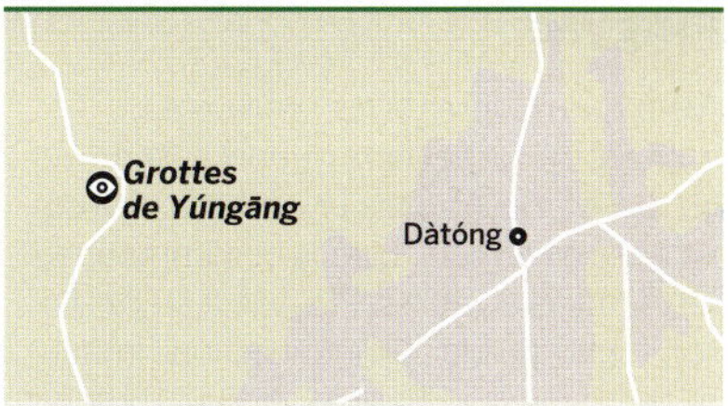

Infos pratiques

云冈石窟 ; Yúngāng Shíkū ; 0352 302 6230 ; déc-fév 80 ¥, mars-nov 125 ¥ ; 8h30-17h30 1er avr-15 oct, 8h30-16h50 16 oct-31 mars

Une petite pause ?

Il n'y a pas de restaurant près des grottes ; retournez à Dàtóng pour vous sustenter et vous désaltérer.

À savoir

Pour rejoindre le site, prenez le bus n°603 (3 ¥, 45 min, ttes les 10-15 min) à la gare ferroviaire de Dàtóng jusqu'au terminus.

emplie de légions d'anges bouddhiques, bodhisattvas et autres figures célestes. Au centre de la grotte, une pagode carrée (ou une colonne) rejoint le plafond, encadrée de bouddhas sur 2 niveaux.

Grotte 9

La double grotte 9, ou grotte du Bouddha Aksokhya, fascine également, avec son gigantesque bouddha assis, au visage doré.

Grottes 16 à 20

Les grottes 16 à 20, sculptées sous la direction du moine Tanyao (Tan Yao), sont les plus anciennes de l'ensemble. La grotte 16, ou grotte du Bouddha debout, contient un énorme bouddha dont la partie du milieu est fortement érodée. Les murs de la grotte sont percés de petites niches abritant des bouddhas. La grotte 17 renferme un colossal bouddha Maitreya (15,6 m). Les œuvres de la grotte 18 sont exceptionnelles, surtout dans la représentation de certains visages. La grotte 19 recèle un grand Sakyamuni de 16,8 m de haut.

Grotte 20

Entièrement exposée aux intempéries, la grotte 20 (460-470) ressemble à la grotte du bouddha Losana de Lóngmén ; elle représentait à l'origine une trinité de bouddhas (du Passé, du Présent et du Futur). Le gigantesque bouddha assis au milieu est le plus représentatif de Yúngāng ; celui de gauche a quasiment disparu.

Musée

Au-delà des dernières grottes, vous pourrez vous écarter du sentier et descendre au **musée** (9h30-17h), sophistiqué et très instructif, qui présente le royaume Wei et les œuvres d'art des grottes. Les explications en anglais sont très limitées.

Píngyáo

Alors que d'autres villes "anciennes" mettent en scène leurs murailles, temples ou ruelles, noyés dans une mascarade de façades à carreaux blancs et d'immeubles résidentiels austères, Píngyáo a su garder son remarquable patrimoine quasi intact.

À VOIR

Temple de Confucius Temple confucéen

(文庙, Wén Miào ; Wenmiao Jie, 文庙街 ; 8h-19h). Plus vieux bâtiment de Píngyáo, le **pavillon Dàchéng** (大成殿, Dàchéng Diàn) date de 1163. Il fait partie du temple de Confucius, un immense ensemble où les futurs fonctionnaires passaient les examens impériaux. Dans le pavillon, le sage se tient assis au milieu de ses disciples, sous les pigeons qui roucoulent sur leur perchoir.

Résidence de la famille Wang Demeure à cour carrée

(王家大院, Wángjiā Dàyuàn ; 55 ¥ ; 8h-19h). Évoquant volontiers un château, cette demeure de la période Qing impressionne par sa taille et son état de conservation (remarquez les galeries en bois ornant toujours de nombreux bâtiments sur les cours). La succession de cours (123 en tout) paraît interminable et se révèle un peu répétitive, mais l'ensemble est vraiment très beau et ponctué de jardins.

Quatre bus directs (17 ¥, 1 heure, 7h10, 8h40, 12h40 et 14h20) partent de la gare routière de Píngyáo ; ils rentrent respectivement à 10h50, 12h30, 15h50 et 17h20.

Château souterrain de Zhāngbì Grotte

(张壁古堡, Zhāngbì Gǔbǎo ; 60 ¥ ; 8h-18h30). Ce réseau de tunnels défensifs est le plus ancien et le plus long (il se prolonge sur 10 km) de tels ouvrages dans toute la Chine. Aménagé il y a 1 400 ans, à la fin de la dynastie Sui, il ne servit jamais et fut laissé à l'abandon. Aujourd'hui, 1 500 m de galeries sur 3 niveaux ont été restaurées.

Vous descendrez, à certains endroits, jusqu'à une profondeur de 26 m et découvrirez d'étroites salles voûtées, vouées à servir d'entrepôts, de salles de garde et de chambres. Des trous, pratiqués sur le côté de puits conduisant à la surface, indiquaient le chemin pour s'enfuir et la place des sentinelles.

On ne peut rejoindre ce site que dans le cadre d'une excursion ou en louant une voiture (350 ¥/jour). Renseignez-vous auprès de votre hôtel à Píngyáo.

CIRCUITS ORGANISÉS

La plupart des hôtels et auberges de jeunesse organisent le transport jusqu'aux sites des environs. Des excursions d'une journée à la résidence de la famille Wang et au château souterrain de Zhāngbì (80 ¥/pers, sans le prix d'entrée ni le repas) démarrent à 8h30 pour un retour en fin d'après-midi. On peut aussi louer une voiture (350 ¥/jour).

OÙ SE RESTAURER

Déjūyuán Shānxī ¥

(德居源 ; Petit Resto ; 82 Nan Dajie, 南大街82号 ; plats à partir de 25 ¥ ; 8h30-22h ;). Petit restaurant chaleureux, apprécié localement, où les étrangers sont bien accueillis. Le menu (en anglais) est simple et la nourriture savoureuse, avec des spécialités du Nord comme les raviolis (25 ¥) et d'autres mets régionaux, à l'exemple du célèbre bœuf de Píngyáo (45 ¥), des nouilles de montagne (15 ¥) ou des crevettes frites au poivre vert (48 ¥). Peut-être devrez-vous partager une table, car l'adresse est souvent bondée.

Tianyuankui Guesthouse Shānxī ¥¥

(天元奎客栈, Tiānyuánkuí Kèzhàn ; 0354 568 0069 ; 73 Nan Dajie ; 南大街73号 ; plats 10-68 ¥ ; 7h30-22h ;). Alliant chaleureux mobilier en bois, coussins fleuris, personnel avenant, Wi-Fi

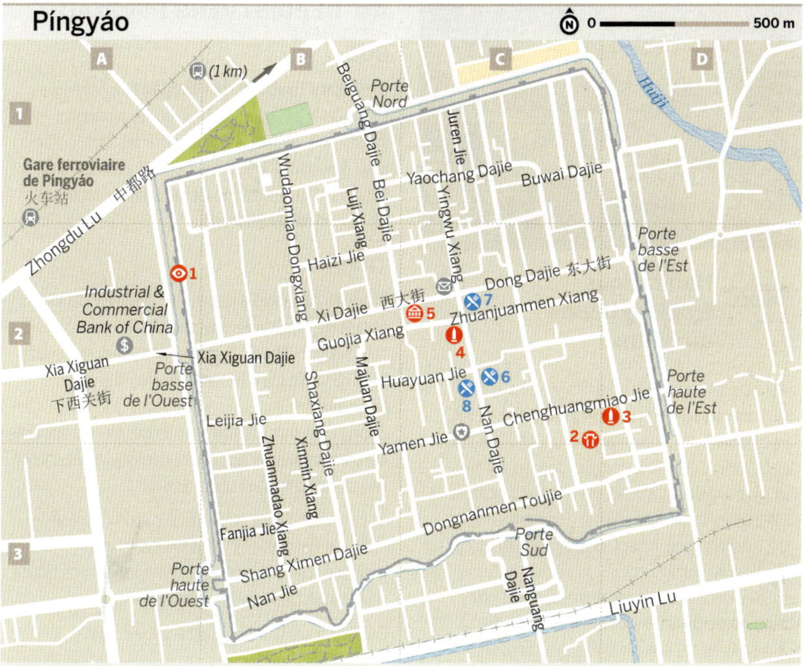

Píngyáo

À voir

1 Remparts de la ville A2
2 Temple de Confucius C2
3 Mur des Neuf Dragons D2
4 Tour de la ville C2
5 Musée Rìshēngchāng de la maison des finances C2

Où se restaurer

6 Déjūyuán C2
7 Sakura Cafe C2
8 Tianyuankui Guesthouse C2

gratuit et musique douce, et ambiance décontractée, le lieu invite les voyageurs à s'attarder. La carte en anglais, affichée sur tablette avec photos des plats – des classiques appréciés comme le bœuf à la mode de Píngyáo ou les spécialités de viande, de légumes et de tofu habituels – facilite la commande.

Sakura Cafe Café ¥¥

(樱花屋西餐酒吧, Yīnghuāwū Xīcān Jiǔbā ; 6 Dong Dajie, 东大街6号 ; plats à partir de 30 ¥ ; 8h-23h ;). Ce café-bar plaît aussi bien aux habitants qu'aux étrangers, tous séduits par ses plats et boissons du jour. Au menu : pizzas, correctes mais un peu chères (à partir de 65 ¥), burgers, sandwichs, omelettes, petits-déjeuners, café, bière (à partir de 15 ¥) et cocktails. Le personnel est accueillant. L'autre enseigne, au 86 Nan Dajie, est aussi populaire mais plus dévolue à une clientèle de Chinois.

RENSEIGNEMENTS

Poste (中国邮政, Zhōngguó Yóuzhèng ; Xi Dajie, 西大街 ; 8h-18h). Emplacement pratique, au cœur de la vieille ville.

Industrial & Commercial Bank of China (ICBC ; 工商银行, Gōngshāng Yínháng ; Xia Xiguan Dajie, 下西关大街). DAB juste à l'ouest des remparts.

Habitations troglodytiques du Shānxī

Au Shānxī, des habitants vivent dans des **demeures troglodytiques** (窑洞, *yáodòng*) depuis près de 5 000 ans ; on estime qu'à une époque, un quart de la population logeait dans des grottes. Les campagnes sont encore émaillées de *yáodòng*, en particulier aux abords du fleuve Jaune.

Si nombre de ces demeures sont aujourd'hui abandonnées, près de 3 millions de personnes continuent d'y vivre au Shānxī (et 30 millions dans toute la Chine). Qui pourrait leur donner tort ? Moins chères que les maisons modernes, elles offrent une meilleure isolation contre les températures glaciales en hiver et torrides en été et contre le bruit, ainsi qu'une meilleure protection face aux catastrophes naturelles comme les tremblements de terre et les feux de forêt. De plus, le nombre limité de matériaux de construction employés les rend bien plus écologiques. Alors, pourquoi ne sont-elles pas toutes habitées ? Beaucoup sont raccordées au réseau électrique, mais la plupart ne disposent ni d'eau courante ni de système d'assainissement, ce qui complique la vie quotidienne et rend tout de suite plus attractif le plus vilain des immeubles.

Demeures troglodytiques
BAMBOOME / GETTY IMAGES ©

DEPUIS/VERS PÍNGYÁO

BUS

De la **gare routière de Píngyáo** (汽车新站, Qìchēxīnzhàn ; ☎0354 569 0011 ; Zhongdu Dongjie, 中都东街) démarrent des bus pour Tàiyuán (26 ¥, 2 heures, fréquents, 6h30-19h40) et la résidence de la famille Qiao (13 ¥, 45 min, ttes les 30 min).

TRAIN

Píngyáo possède 2 gares ferroviaires : la plus ancienne, la gare ferroviaire de Píngyáo (平遥站, Píngyáo Zhàn), juste au nord des remparts, et la récente gare ferroviaire de Píngyáo Gǔchéng (平遥古城站, Píngyáo Gǔchéng Zhàn) plus loin au sud ; cette dernière concerne surtout les trains à grande vitesse. Vérifiez bien de quelle gare part votre train.

Les billets sont difficiles à obtenir en été (surtout pour Xī'ān) ; réservez le plus tôt possible. Votre hôtel/auberge pourra sans doute vous aider. Destinations desservies :

Běijīng train D 2e/1re classe 183/255 ¥, 4 heures 30, 2/jour

Běijīng train G 2e/1re classe 226/323 ¥, 4 heures, 1/jour

Dàtóng assis dur/couché 61/122 ¥, 6 à 8 heures, 4/jour

Tàiyuán 18 ¥, 1 heure 30, trains fréquents

Xī'ān train D 2e/1re classe 150/188 ¥, 3 heures, 6/jour

COMMENT CIRCULER

Maints hôtels et auberges de jeunesse viennent chercher les voyageurs à la gare ferroviaire. Vous gagnerez donc à jeter un coup d'œil à la sortie.

BUS

De la gare ferroviaire de Píngyáo Gǔchéng, prenez le bus n°108 (1 ¥) jusqu'à la vieille ville.

TAXI

Un cyclopousse entre les gares routière ou ferroviaire de Píngyáo et la vieille ville coûte 10 ¥. Un taxi de la gare ferroviaire de Píngyáo Gǔchéng à la vieille ville revient à 30 ¥.

Sachez que les taxis ne sont pas autorisés à pénétrer dans la vieille ville (afin de limiter la circulation), et que l'on vous déposera à l'extérieur des remparts.

VÉLO

Píngyáo s'explore facilement à pied ou à vélo (10 ¥/jour). La plupart des petits hôtels louent des vélos et l'on en trouve aussi facilement en ville, surtout dans Nan Dajie et Xi Dajie.

Dàtóng

Dàtóng (大同) joue désormais de ses attraits. De fait, le charme vespéral de la vieille ville, tout en lanternes rouges oscillant dans la brise et carillons tintinnabulant sur les remparts, est indéniable. Un maire ambitieux a été à l'origine de cette transformation, laquelle impliqua de colossaux investissements (environ 50 milliards de yuans) et des travaux en regard. Dàtóng est, de surcroît, la porte d'accès aux grottes de Yúngāng, l'un des plus grands trésors bouddhiques de Chine.

À VOIR

Remparts de Dàtóng Mur d'enceinte
(大同城墙, Dàtóng Chéngqiáng ; 30 ¥ ; ⏲8h-21h30). La reconstruction intégrale de cet incroyable mur d'enceinte fut sans doute le plus gros projet d'ingénierie mené à bien à Dàtóng depuis des siècles. Jadis, ces remparts, dépouillés de leurs briques, se résumaient à des monticules de terre. Dorénavant, on peut marcher le long de 3 côtés du mur – la porte Ouest est encore en travaux. Tout récent qu'il soit, l'ensemble est sublime.

Mur des Neuf Dragons Mur aux esprits
(九龙壁, Jiǔlóng Bì ; 大东街, Da Dongjie ; 10 ¥ ; ⏲8h-18h30). Long de 45 m, haut de 8 m et épais de 2 m, ce sublime mur aux Neuf Dragons sinueux et multicolores fut érigé en 1392. Il s'agit du plus grand *yǐngbì* (影壁 ; mur aux esprits) en

La reconstruction de la vieille ville de Dàtóng

Une grande partie de la **vieille ville** (老城区, Lǎochéngqū) de Dàtóng, comprenant les fabuleux remparts, a été reconstruite dans le cadre d'un ambitieux programme lancé par l'ancien maire de la ville Geng Yanbo, qui souhaitait lui redonner sa splendeur et son charme d'antan. Si le chantier était presque terminé lors de notre passage, d'autres rénovations étaient en cours, notamment le colossal palais Dài Wángfǔ. Ces travaux ont certes embelli Dàtóng, mais ils ont hélas entraîné la disparition d'une immense partie de la ville d'origine.

Parmi les reconstructions, citons la **mosquée** (清真大寺, Qīngzhēn Dà Sì ; 10 ¥ ; ⏲8h-20h), un temple taoïste et quantité de maisons à cour traditionnelles. Des tronçons de Huayan Jie, Da Beijie et Da Nanjie ont été transformés en rues commerçantes piétonnes.

La rénovation de la vieille ville a nécessité des dépenses considérables – en partie répercutées sur le prix d'entrée des principaux sites touristiques (certains ont plus que doublé) – et le relogement de dizaines de milliers d'habitants. Depuis que Geng Yanbo (surnommé "Geng Chai Chai" : "Geng le démolisseur") est devenu maire de Tàiyuán, en 2013, le rythme des transformations a ralenti. Une partie occidentale des remparts doit encore être reconstruite et le chantier du palais Dài Wángfǔ progresse moins vite, mais approche de la fin.

Porte de la ville reconstruite, Dàtóng

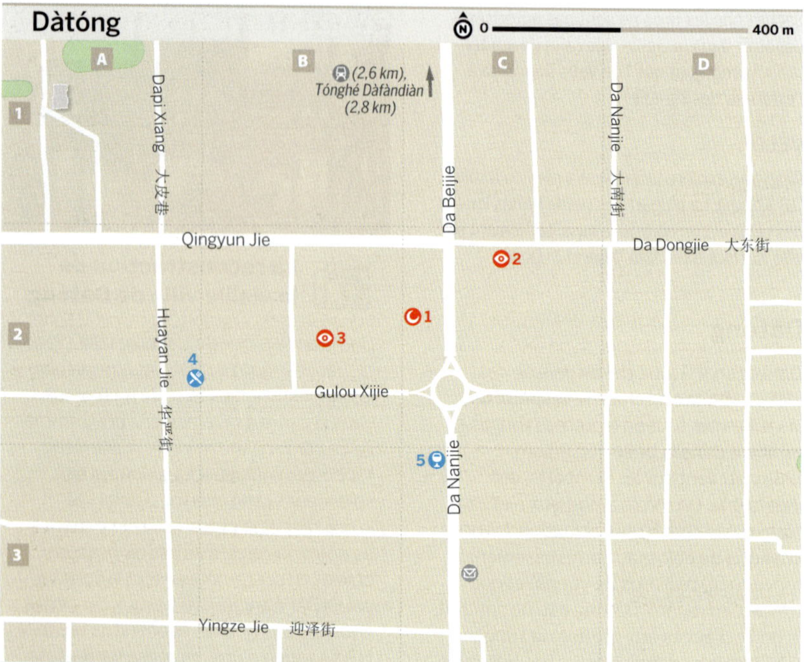

Dàtóng

À voir

1 Mosquée de Dàtóng C2
2 Mur des Neuf Dragons C2
3 Vieille ville B2

Où se restaurer

4 Fènglín Gé A2

Où prendre un verre et faire la fête

5 Garden Hotel C3

carreaux vernissés de Chine et l'un des plus beaux (deux autres sont à Běijīng). Le palais qu'il protégeait, propriété du 13e fils d'un empereur Ming, a brûlé en 1644, mais, bonne nouvelle, il est en cours de reconstruction, sur une vaste partie de la ville.

Bā Táizi — Ruines

(八台子, Bā Táizicūn ; 八台子村 ; 24h/24). GRATUIT Ici, une ruine néogothique se dresse à côté de tronçons délabrés de la Grande Muraille, désormais de simples tas de terre qui disparaissent de l'autre côté de la montagne de la Tête de cheval (马头山, Mǎtóu Shān). De l'**église de la Sainte-Mère** (圣母堂, Shèngmǔ Táng), édifiée en 1876, il ne reste que la porte principale et un clocher surmonté d'une flèche. Le panneau d'explication sur le côté ne mentionne ni les causes de la destruction, ni la raison de la présence de cette église dans un lieu aussi isolé.

Ce secteur est très proche de la frontière avec la Mongolie intérieure. Pour gagner Bā Táizi, prenez un bus (18 ¥, départ régulier 6h15-18h20, 1 heure 20) à la principale gare routière de Dàtóng jusqu'à Zuǒyún (左云), puis négociez avec un chauffeur de taxi le trajet jusqu'à Bā Táizicūn (八台子村), à 20 km. Comptez 80 à 100 ¥ l'aller-retour ; le chauffeur vous attendra environ 30 minutes.

Le dernier bus pour Dàtóng part de Zuǒyún à 18h30.

OÙ SE RESTAURER

Dàtóng compte d'excellentes adresses, allant des échoppes à nouilles populaires aux élégants restaurants de style traditionnel.

Fènglín Gé Chinois ¥

(风临阁 ; ☎0352 205 9799 ; près de l'angle Gulou Xijie et Huayan Jie, 鼓楼西街华严街路口 ; plats à partir de 25 ¥ ; ⏲6h30-9h30, 11h30-14h et 17h30-21h ; ❄📶). Les sublimes *shāomai* (raviolis à la vapeur, semblables à des *dim sum*) sont les vedettes de ce restaurant traditionnel, établi au cœur de la vieille ville. Commandez un panier-vapeur (笼, *lóng*) ou un demi-panier. Les *shāomai* au crabe sont splendides et succulents mais assez onéreux (15 ¥/pièce, demi-panier 45 ¥). Il existe une version à l'agneau (7 ¥/pièce, demi-panier 26 ¥) et d'autres garnitures appétissantes.

Tónghé Dàfàndiàn Chinois ¥

(同和大饭店, Zhanqian Jie ; plats 16-40 ¥ ; ⏲11h-14h et 18h-21h). Ce restaurant très couru, voisin du Hongqi Hotel, peut, tout lumineux qu'il soit, se révéler intimidant, avec ses grandes tables rondes plutôt adaptées aux groupes. Les voyageurs solitaires peuvent toutefois également s'y attabler. La carte (avec photos) affiche un vaste choix de mets savoureux, à tous les prix.

OÙ PRENDRE UN VERRE ET FAIRE LA FÊTE

Dàtóng, qui n'a pas vraiment la culture des bars et des clubs, est plutôt tranquille à la nuit tombée. Le bar-lounge du **Garden Hotel** (花园大饭店, Huāyuán Dàfàndiàn ; ☎0352 586 5888 ; www.gardenhoteldatong.com ; 59 Da Nanjie ; 大南街59号) est un lieu paisible pour prendre un verre.

RENSEIGNEMENTS

Poste (Da Nanjie). À quelques encablures au sud du Garden Hotel.

Industrial & Commercial Bank of China (ICBC ; 工商银行 ; Gōngshāng Yínháng ; Weidu Dadao)

DEPUIS/VERS DÀTÓNG

AVION

À 20 km à l'est de la ville, le petit aéroport de Dàtóng Yúngāng assure des vols pour Běijīng (450 ¥, 1 heure), Shànghǎi (1 450 ¥, 2 heures 30) et Guǎngzhōu (1 650 ¥, 4 heures 30). Achetez les billets sur www.ctrip.com ou www.elong.net.

BUS

Les bus démarrant de la gare routière Sud (新南站, *xīnnán zhàn*), à 9 km de la gare ferroviaire, desservent Běijīng (120 ¥, 4 heures, ttes les heures, 8h-17h30) et Tàiyuán (100 ¥, 3 heures 30, 4/jour). Des minibus pour plusieurs destinations partent aussi de la gare ferroviaire.

TRAIN

Parmi les destinations desservies depuis Dàtóng, citons Běijīng (assis dur/couché 48/108 ¥, 6 heures, 11/jour), Píngyáo (assis dur/couché 63/122 ¥, 7 à 8 heures, 4/jour), Tàiyuán (assis dur/couché 44/98 ¥, 4 heures, 7/jour) et Xī'ān (assis dur/couché 114/223 ¥, 16 heures 30, tlj).

COMMENT CIRCULER

Les itinéraires des bus étant réaménagés en fonction des chantiers qui émaillent la ville, attendez-vous à des changements. Les bus n^{os}4 et 15 relient la gare ferroviaire à la gare routière principale. Le bus n°30 relie en 30 minutes la gare ferroviaire à la nouvelle gare routière Sud. Les bus n°27 et 35 rallient la vieille ville depuis Weidu Dadao. La prise en charge en taxi est de 7 ¥.

FOSSE N°1, SOLDATS DE TERRE CUITE (P 106) : CRAFTVISION / GETTY IMAGES

XĪ'ĀN ET L'ARMÉE DES SOLDATS DE TERRE CUITE

Dans ce chapitre

Xī'ān et l'Armée des soldats de terre cuite

À l'extrémité orientale de la route de la soie, Xī'ān (西安 – prononcez "si-ane"), plus exactement l'ancienne Cháng'ān, a connu un âge d'or jusqu'au début du Xe siècle. Réceptacle de toutes les cultures et religions, elle a accueilli empereurs, courtisanes, poètes, moines, marchands et guerriers. Tout un passé qui resurgit à de nombreux endroits. Les remparts de l'époque Ming restent intacts, toutes sortes de marchands se bousculent dans le dédale de ruelles du quartier musulman et les sites sont assez nombreux pour occuper l'amateur d'histoire le plus exigeant.

Xī'ān en deux jours

Prenez un bus pour sortir de la ville et allez admirer les **soldats de terre cuite** (p. 106), puis marchez sur les fantastiques **remparts** (p. 111) de Xī'ān dans l'après-midi pour une vue d'ensemble sur la ville. Dînez au **Hǎiróng Guōtiēdiàn** (p. 115) ou au **Sānjiěmèi Jiǎozi** (p. 116). Le deuxième jour, promenez-vous dans le **quartier musulman** (p. 111) et explorez l'époustouflante **Grande Mosquée** (p. 111) avant d'aller percer les secrets du **musée de la Forêt de stèles** (p. 112).

Xī'ān en quatre jours

Prévoyez quelques victuailles et prenez un bus tôt le matin pour Huá Shān. Gravissez la montagne, explorez les temples et passez la nuit sur place ou prenez le dernier bus pour rentrer à Xī'ān. Consacrez la matinée du lendemain au **musée d'Histoire du Shaanxi** (p. 112), puis découvrez les différents temples de Xī'ān : la **grande pagode de l'Oie sauvage** (p. 111), la **petite pagode de l'Oie sauvage** (p. 112) et le **temple Guǎngrén** (p. 113), un édifice bouddhique tibétain.

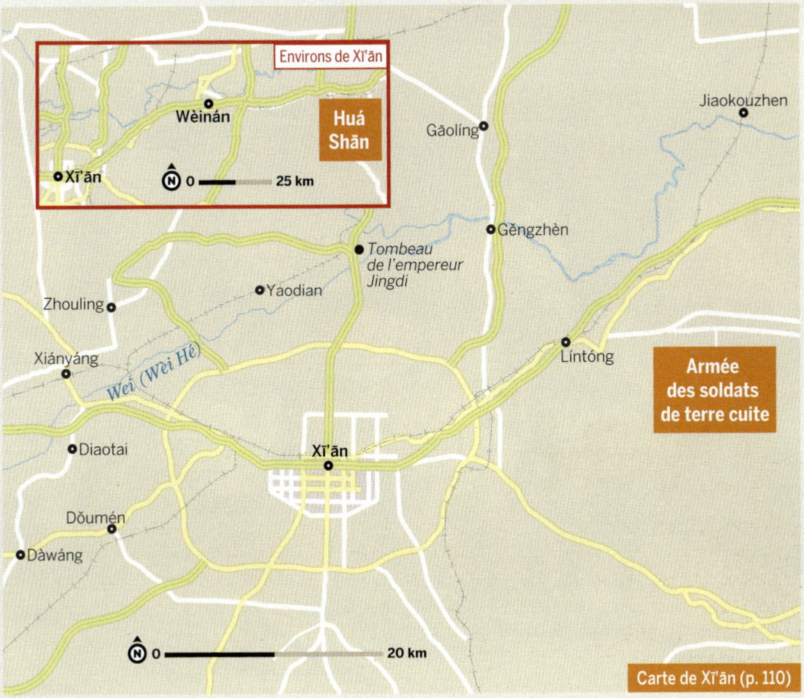

Comment s'y rendre

Aéroport Xiányáng Des bus circulent entre l'aéroport et la ville toutes les 20 à 30 minutes de 5h40 à 20h. Les taxis avec compteur demandent plus de 100 ¥ pour cette course.

Gare ferroviaire principale Juste à l'extérieur des remparts nord ; Xī'ān est bien reliée au reste du pays.

Gare routière des bus longue distance En face de la gare ferroviaire ; des bus desservent toute la région.

Où se loger

Xī'ān offre un très bon choix d'hébergements pour tous les budgets, des adresses les plus rudimentaires aux plus luxueuses. Toutes les auberges de jeunesse de la ville assurent des prestations similaires, telles que location de vélos, Wi-Fi, blanchisserie, restaurant et agence de voyages. Renseignez-vous sur les transferts gratuits depuis la gare ferroviaire et réservez pour les établissements les plus prisés.

Sur le Huá Shān, vous pourrez séjourner au village de Huá Shān ou sur l'un des pics. Les hôtels de montagne sont rustiques, avec des sanitaires communs et pas de douches.

Chevaux et chariots

L'Armée des soldats de terre cuite

L'Armée des soldats de terre cuite est le site le plus renommé de Xī'ān, mais également l'une des découvertes archéologiques les plus célèbres du XXe siècle.

Pour ceux qui aiment...

☑ Ne ratez pas

La paire de chariots et de chevaux en bronze dans le hall d'exposition de l'empereur Qin Shi Huang.

Ces légions de soldats enterrés, grandeur nature, veillèrent en silence pendant plus de 2 millénaires sur le repos éternel du premier empereur qui unifia la Chine. Il existe 2 hypothèses : Qin Shi Huang aurait craint les esprits vengeurs qui l'attendaient dans l'au-delà ou, option privilégiée par la plupart des archéologues, il aurait espéré continuer à régner dans le monde des morts.

La découverte de cette armée fut fortuite. En 1974, des paysans qui creusaient un puits mirent au jour un souterrain dissimulant des milliers de soldats et de chevaux en terre cuite, en formation de combat. Au fil des années, le site est devenu si célèbre que nombre de ses caractéristiques sont désormais familières au grand public, notamment le fait que les soldats ont tous des visages (et donc des expressions) différents.

Soldats de terre cuite

Infos pratiques

兵马俑 ; Bīngmǎyǒng ; www.bmy.com.cn ; tarif plein/étudiant mars-nov 150/75 ¥, déc-fév 120/60 ¥ ; 8h30-17h30 mars-nov, 8h30-17h déc-fév

Une petite faim ?

Un café correct est situé dans le bâtiment du théâtre. Des restaurants sont situés après la sortie, en direction du parking.

★ À savoir

Le site est facilement accessible en bus public n°914 ou 915 (8 ¥, 1 heure) ; départ de la gare ferroviaire de Xī'ān toutes les 4 minutes de 6h à 19h.

Fosses n°3 et n°2

Débutez par la fosse n°3, la plus petite, qui contient 72 guerriers et chevaux ; étant donné le nombre d'officiers supérieurs, cela laisse à penser qu'il s'agit de l'état-major de l'armée. Il est intéressant de noter que la salle au nord devait être utilisée pour les offrandes sacrificielles précédant une bataille.

La fosse n°2 renferme environ 1 300 guerriers et chevaux. Vous pourrez observer 5 soldats de près : un archer agenouillé, un archer debout, un cavalier et sa monture, un officier de rang intermédiaire et un général. La précision des détails – les expressions des visages, les coiffures, les armures et même les lacets des chaussures – tous uniques, laisse pantois.

Fosse n°1

Protégée par un immense hangar, la fosse n°1, la plus vaste et la plus impressionnante, contiendrait quelque 6 000 soldats et chevaux (seuls 2 000 sont présentés), tous face à l'est et prêts pour le combat. Derrière l'avant-garde, composée de 3 rangs d'archers et d'arbalétriers, se tient la troupe, équipée à l'origine de lances, épées, haches et armes à longue hampe. L'infanterie était accompagnée de 35 chariots en bois, qui n'ont pas survécu aux outrages du temps.

Hall d'exposition du tombeau de l'empereur Qin Shi Huang

La paire de chariots et les chevaux en bronze exhumés quelque 20 m à l'ouest du tombeau de Qin Shi Huang sont désormais exposés aux côtés d'un officier gradé et de pièces d'armes originales dans un imposant **musée** moderne (秦始皇帝陵文物陈列厅, Qínshǐhuángdìlíng Chénliètīng).

Huá Shān

Huá Shān

Ermites, sages et mystiques taoïstes se retiraient sur les hauteurs granitiques du Huá Shān (华山), l'une des 5 montagnes sacrées du taoïsme.

Les routes de montagne longent des crêtes acérées, jalonnées de pins noueux surgissant des anfractuosités ou accrochés aux saillies. Au sommet, le regard plonge à l'horizon sur les monts verdoyants et, en bas, la campagne. Un panorama sublime.

Route des pics

Trois itinéraires mènent au **pic Nord** (北峰, Běi Fēng ; tarif plein/réduit 180/90 ¥), le premier des 5 sommets. Deux parcours débutent à la base est de la montagne, à la station du téléphérique du pic Nord. Sur le premier itinéraire, un **téléphérique** (北峰索道 ; Běifēng Suǒdào ; aller/aller-retour 80/150 ¥ ; 7h-19h) vous hissera au sommet du pic Nord en 8 minutes d'un trajet panoramique. On peut attendre plus de 1 heure à certains horaires.

Autre solution : grimper pendant 2 heures par un sentier cheminant sous

Pour ceux qui aiment...

Ne ratez pas

Le vertigineux chemin de planches, pour une montée d'adrénaline.

Chemin de planches

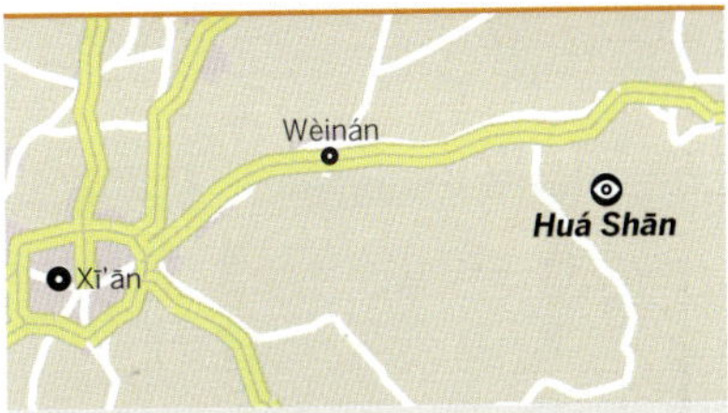

Infos pratiques

L'entrée coûte 180 ¥ (étudiants 90 ¥).

Une petite soif ?

À la fin de votre périple, prenez un café et profitez du superbe panorama au **Huá Shān Coffee** (华山咖啡, Huàshān Kāfēi ; North Peak Hotel ; café à partir de 38 ¥ ; 8h30-17h, 24h/24 en été).

★ Bon plan

Des touristes chinois font l'ascension de nuit avec une lampe-torche et certains sentiers sont éclairés. En partant vers 23h, ils arrivent au pic Est à l'aube.

le téléphérique. Sachez que 2 sections d'environ 50 m sont quasi verticales, avec pour toute aide une chaîne en acier et des encoches taillées dans le roc ! Cet itinéraire est appelé : le "sentier des soldats".

La troisième option, fréquentée mais ardue, nécessite 3 à 5 heures de montée (6 km) au départ du village de Huà Shān, au pied de la montagne (sur le versant opposé à celui du téléphérique). Les premiers 4 km sont sans difficulté, puis des marches abruptes mènent jusqu'au sommet.

Crête du Dragon bleu

Le long de la **crête du Dragon bleu** (苍龙岭, Cānglóng Lǐng), qui relie le **pic Nord** au **pic Est** (东峰, Dōng Fēng), au **pic Sud** (南峰, Nán Fēng) et au **pic Ouest** (西峰, Xī Fēng), le sentier est taillé dans une étroite arête rocheuse avec des à-pics de chaque côté.

Chemin de planches

Au pic Sud, les amateurs de sensations fortes se lanceront sur une via ferrata un peu particulière appelée le **chemin de planches** (长空栈道, Chángkōng Zhàndào ; 30 ¥), qui consiste en une échelle métallique menant à un sentier de planches de bois accrochées depuis des siècles à la paroi rocheuse verticale. Et, sous vos pieds, 2 000 m de vide. En dépit du harnais et des mousquetons à glisser dans les câbles de la '"ligne de vie", la traversée est particulièrement effrayante.

Depuis/vers Huà Shān

Devant la gare ferroviaire de Xī'ān, montez à bord d'un des bus privés à destination du Huà Shān (36 ¥, 2 heures, 6h-20h) : ils partent quand ils sont pleins. Vous descendrez à l'arrêt sur Yuquan Lu. C'est de cette même rue que partent les bus qui retournent à Xī'ān de 7h30 à 19h : vous les trouverez sur le parking en face du bureau de poste.

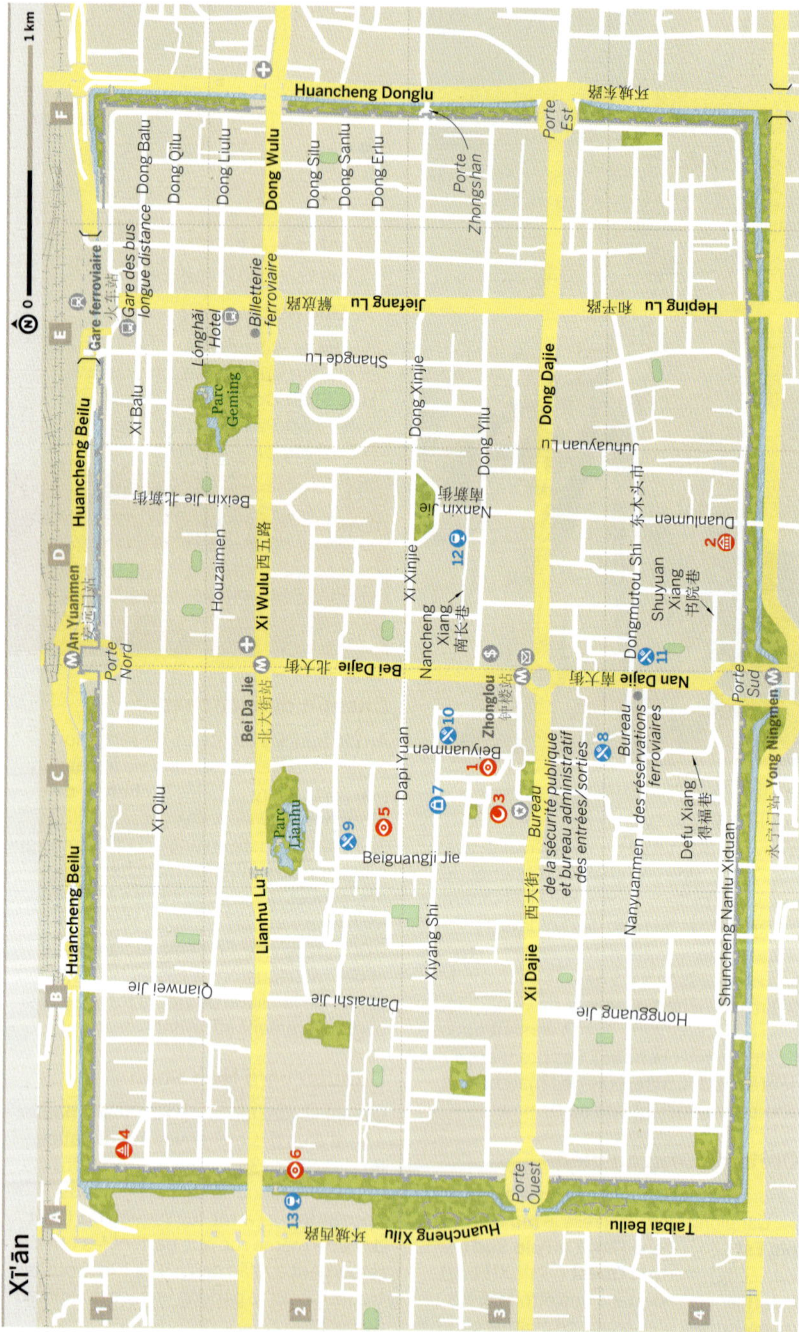
Xī'ān
0
1 km
Huancheng Donglu
环城东路
Huancheng Beilu
Huancheng Xilu
环城西路
Taibai Beilu
Heping Lu
和平路
Jiefang Lu
解放路
Gare ferroviaire
火车站
Gare des bus longue distance
Lónghǎi Hotel
Billetterie ferroviaire
Dong Balu
Dong Qilu
Dong Liulu
Dong Wulu
Dong Silu
Dong Sanlu
Dong Erlu
Porte Zhongshan
Porte Est
Shangde Lu
Parc Geming
Xi Balu
Dong Xinjie
Dong Yilu
Dong Dajie
Juhuayuan Lu
Beixin Jie 北新街
Nanxin Jie 南新街
Houzaimen
Xi Wulu 西五路
Xi Xinjie
Nancheng Xiang 南长巷
Dongmutou Shi 东木头市
Duanlumen
Shuyuan Xiang 书院巷
An Yuanmen 安远门站
Porte Nord
Bei Dajie 北大街
Nan Dajie 南大街
Porte Sud
Yong Ningmen 永宁门站
Bei Da Jie 北大街站
Zhonglou 钟楼站
Beiyuanmen
Dapi Yuan
Bureau des réservations ferroviaires
Bureau de la sécurité publique et bureau administratif des entrées/sorties
Xi Qilu
Parc Lianhu
Lianhu Lu
Beiguangji Jie
Xiyang Shi
Xi Dajie 西大街
Nanyuanmen
Defu Xiang 得福巷
Shuncheng Nanlu Xiduan
Qianwei Jie
Damaishi Jie
Hongguang Jie
Porte Ouest
A
B
C
D
E
F
1
2
3
4
5
6
7
8
9
10
11
12
13

Xī'ān

Xī'ān

À VOIR

Les plaines et les terres agricoles ocre qui entourent Xī'ān sont constellées des plus anciens tombeaux impériaux, dont beaucoup restent à fouiller. À moins d'avoir une passion particulière pour les nécropoles impériales, la visite de deux ou trois sépultures devrait suffire à satisfaire votre curiosité.

Remparts de Xī'ān — Édifice historique

(西安城墙 ; Xī'ān Chéngqiáng ; 54 ¥ ; 8h-20h30 avr-oct, 8h-19h nov-mars). Xī'ān est l'une des rares cités chinoises à avoir conservé son enceinte. Édifiée en 1370 sous la dynastie Ming, la muraille de 12 m de haut dessine un immense rectangle de 14 km de long bordé de douves asséchées. Comptez 4 heures à pied ou quelque 2 heures à vélo ou à petites foulées pour en faire le tour. De larges parties ont été restaurées ou reconstruites, mais la muraille est accessible en intégralité. Pour avoir une idée de la grandeur passée de Xī'ān, il faut savoir que l'enceinte Tang d'origine protégeait un espace de 83 km², soit 7 fois la superficie actuelle du centre-ville.

Quartier musulman — Site historique

(回族区 ; M Zhonglou-tour de la Cloche). Depuis la dynastie Ming et peut-être même avant, les Hui (Chinois musulmans non ouïgours) habitaient les ruelles qui courent au nord de la **tour du Tambour** (鼓楼, Gǔ Lóu ; Beiyuanmen ; 35 ¥, billet combiné tour du Tambour 50 ¥ ; 8h30-21h30 mars-oct, 8h30-18h30 nov-fév dernière entrée 30 min avant la fermeture ; M Zhonglou-tour de la Cloche). Échoppes de bouchers, fabriques d'huile de sésame et petites mosquées cachées derrière de lourdes portes en bois jalonnent ces rues étroites, où l'on croise des hommes portant une calotte blanche et des femmes coiffées de foulards colorés. C'est un quartier plein de charme où il fait bon se promener, surtout en soirée.

Grande Mosquée — Édifice religieux

(清真大寺, Qīngzhēn Dàsì ; Huajue Xiang, 化觉巷 ; mars-nov 25 ¥, déc-fév 15 ¥, gratuit pour les musulmans ; 8h-19h30 mars-nov, 8h-17h30 déc-fév ; M Zhonglou-tour de la Cloche). Assez unique par sa taille comme par son décor, la Grande Mosquée mêle délicieusement architectures chinoise et islamique. Si les bâtiments actuels datent pour la plupart des périodes Ming et Qing, la mosquée a été fondée au VIIIe siècle. L'influence arabe est claire dans le minaret central (astucieusement déguisé en pagode) comme dans l'immense salle de prières à toit turquoise (fermée aux visiteurs) au fond du complexe, d'époque Ming.

Grande pagode de l'Oie sauvage — Pagode

大雁塔, Dàyàn Tǎ ; Yanta Nanlu, 雁塔南路 ; accès au site 50 ¥, pagode 40 ¥ ; 8h-19h avr-oct, 8h-18h nov-mars). Monument emblématique de Xī'ān dominant les bâtiments modernes alentour, cette pagode située à 4 km au sud-est de la porte Sud se trouvait autrefois dans l'immense enceinte de la dynastie Tang. On la compte au nombre des plus belles pagodes de style Tang. Achevée en 652, elle accueillit le moine Xuan Zang à

Les mille et une saveurs du quartier musulman

Qui veut faire un bon repas prend la direction du quartier musulman. Entre autres plats courants, citons le *májiàng liángpí* (麻酱凉皮 ; nouilles froides à la sauce au sésame), le *fěnzhēngròu* (粉蒸肉 ; morceaux de mouton sautés au wok avec du blé concassé), le "hamburger chinois" *ròujiāmó* (肉夹馍 ; porc ou bœuf dans un pain plat, parfois accompagné de poivrons verts et de cumin), le *càijiāmó* (菜夹馍 ; version végétarienne du *ròujiāmó*) et les *ròuchuàn* (肉串 ; brochettes).

Cela dit, rien ne vaut le délicieux *yángròu pàomó* (羊肉泡馍), un bouillon avec du mouton et des nouilles dans lequel on émiette un pain plat ; découvrez-le au **Lǎo Sūn Jiā** (老孙家 ; ☎029 8240 3205 ; 5e niv, 364 Dong Dajie, 东大街364号5层 ; plats 12-49 ¥ ; ⏲8h-21h30 ; Ⓜ Zhonglou-tour de la Cloche).

Vous vous régalerez d'alléchants desserts, tels les *huāshēnggāo* (花生糕, gâteaux aux cacahuètes) et les *shìbǐng* (柿饼, kakis séchés), en vente au marché ou dans les boutiques du quartier musulman.

Sur le marché alimentaire de Xiyangshi Jie (西羊市街), on peut goûter de tout : brochettes d'agneau, noix, gâteaux, jus de grenade, pains plats de toutes sortes, pommes de terre frites, tofu parfumé et bien d'autres choses.

son retour d'Inde où il était allé recueillir à la source les sutras bouddhiques. Il passa les 19 dernières années de sa vie à les traduire, assisté d'une équipe de moines linguistes ; la plupart de ces traductions sont encore utilisées aujourd'hui.

Petite pagode de l'Oie sauvage — Pagode

(小雁塔, Xiǎoyàn Tǎ ; jardins gratuits, pagode 30 ¥ ; ⏲8h30-19h mer-lun ; Ⓜ Nanshaomen).

Située dans les agréables jardins du temple Jiànfú construit en 684 pour le repos de l'âme de l'empereur Gaozong, la petite pagode de l'Oie sauvage a perdu son sommet lors d'un séisme au milieu du XVIe siècle, mais le reste de l'édifice (43 m de hauteur) demeure intact.

Édifié entre 707 et 709, cet ouvrage délicat de 15 niveaux décroissants abritait des textes bouddhiques rapportés d'Inde par un pèlerin nommé Yi Jin.

Musée de la Forêt de stèles — Patrimoine bouddhique

(碑林博物馆, Bēilín Bówùguǎn ; www.beilin-museum.com ; 15 Sanxue Jie, 三学街15号 ; mars-nov 75 ¥, déc-fév 50 ¥ ; ⏲8h-18h45 mars-nov, 8h-17h45 déc-fév, dernière entrée 45 min avant la fermeture). Aménagé dans le temple de Confucius, ce musée rassemble plus de mille stèles en pierre, gravées, entre autres, des 9 textes confucéens majeurs et de superbes calligraphies. La fabuleuse galerie de sculptures (face à la boutique de souvenirs) justifie la visite : y sont exposées diverses statues d'animaux gardiens des tombeaux de la dynastie Tang, des stèles funéraires illustrées et des statues bouddhiques. La 2e salle présente une stèle nestorienne de 781, témoignage de la présence ancienne du christianisme en Chine. La collection de cartes anciennes et de portraits exposée dans la 4e salle sert de toile de fond aux ateliers d'estampage. Pour vous rendre au musée, empruntez Shuyuan Xiang vers l'est depuis la porte Sud.

Musée d'Histoire du Shaanxi — Histoire provinciale

(陕西历史博物馆, Shǎnxī Lìshǐ Bówùguǎn ; 91 Xiaozhai Donglu, 小寨东路91号 ; ⏲8h30-18h mar-dim avr-oct, dernière entrée 16h30, 9h30-17h mar-dim nov-mars, dernière entrée 16h). GRATUIT Ce musée couvre à la fois l'ancienne Cháng'ān et les sites extérieurs à la ville. La plupart des collections comportent des explications très claires en anglais. Au rez-de-chaussée, vous découvrirez 4 statues originales de l'Armée des soldats de terre cuite. La section Sui et

Vendeurs de cuisine de rue, Xī'ān

Tang expose des fresques uniques en leur genre représentant un match de polo, ainsi qu'une série de figurines en terre cuite, aux tenues et coiffures élaborées, dont des étrangers barbus et des musiciens, ainsi que des chameaux qui blatèrent.

Arrivez tôt et attendez-vous à patienter au moins 30 minutes.

Temple Guǎngrén Site bouddhique

(广仁寺, Guǎngrén Sì ; Guangren Si Lu, 广仁寺路 ; 20 ¥ ; ⏲8h-17h30 ; Ⓜ Sajinqiao ou Yuxiangmen). Unique temple bouddhique tibétain du Shaanxi, ce sanctuaire du début du XVIIIe siècle a été en grande partie reconstruit au XXe. Il émane de ce lieu sacré tibétain une ferveur et une énergie assez prenantes. La dernière salle abrite un objet précieux entre tous : une représentation du Bouddha reposant sur un piédestal de la dynastie Tang qui n'a de comparable que celle du temple de Jokhang à Lhassa.

Tombeau de l'empereur Jingdi Nécropole

(汉阳陵, Hàn Yánglíng ; mars-nov 90 ¥, déc-fév 65 ¥ ; ⏲8h30-19h mars-nov, 8h30-18h déc-fév). Situé à environ 20 km au nord de Xī'ān, ce tombeau, aussi appelé mausolée de Han Jing, mausolée de Liu Qi et mausolée de Yangling, est la dernière demeure de l'empereur Jingdi (188-141 av. J.-C.) de la dynastie Han. C'est probablement le site le plus sous-estimé de Xī'ān. Si vous n'avez le temps de voir que 2 sites à l'extérieur de Xī'ān, optez pour l'Armée des soldats de terre cuite et cet impressionnant tombeau doublé d'un musée. Un site préservé de la foule dont on apprécie pleinement la découverte.

Très influencé par les préceptes taoïstes, l'empereur Jingdi établit son règne sur le concept de *wúwéi* (无为, non-action ou non-ingérence) et fit beaucoup pour améliorer la vie de ses sujets : il réduisit fort les impôts, privilégia la diplomatie plutôt que les expéditions militaires, allégea les châtiments imposés aux criminels.

Le contenu de sa tombe se révèle particulièrement intéressant, car il renseigne plus sur la vie quotidienne que sur l'art de la guerre. Le site se divise en 2 sections, le musée et la zone de fouilles.

Le **musée** présente une vaste collection d'expressives figurines en terre cuite (plus de 50 000 furent enterrées ici) représentant entre autres des eunuques, des serviteurs, des animaux domestiques et même des cavalières sur leur monture. Ces figurines avaient à l'origine des bras en bois articulés et portaient des habits de soie colorés.

Le **tombeau** présente à ce jour 21 fosses étroites, dont certaines couvertes d'une dalle de verre permettant de voir les vestiges comme les fouilles en cours. On estime à 81 l'ensemble des fosses funéraires.

Pour venir, prenez la ligne 2 du métro de Xī'ān à la station Shitushuguan. En quittant la sortie D, prenez le bus n°4 (1 ¥) jusqu'au tombeau (8h30, 9h30, 10h30, 12h, 13h30, 15h, 16h et 17h ; retours à la station de métro Xī'ān à 9h, 12h, 16h et 17h).

Sinon, vous pouvez participer à un circuit (environ 160 ¥), comme en organisent souvent les pensions. Le tombeau est à 20 minutes de l'aéroport, ce qui en fait une escale facile d'accès en taxi.

CIRCUITS ORGANISÉS

La plupart des auberges de jeunesse organisent leurs propres circuits, mais ne vous engagez pas avant d'avoir demandé ce qui est inclus (entrées aux sites, déjeuner, guide anglophone) et l'itinéraire exact. Vous éviterez ainsi les mauvaises surprises. Les circuits comportent parfois des étapes qui ne vous intéresseront pas, comme des ateliers de fabrication de figurines de soldats en terre cuite, où l'on vous forcera peut-être la main pour acheter des objets.

ACHATS

Marché de Xīyáng — Marché

(西羊市, Xīyáng Shì). Cette rue étroite au nord de la Grande Mosquée est parfaite pour acheter des souvenirs. Les vendeurs donnent de la voix et le marchandage est de mise. Vous y trouverez de tout : des soldats en terre cuite, des marionnettes d'ombres chinoises, des lampions, des services à thé, des "antiquités", des jades, des T-shirts, des peintures, des

De gauche à droite : statue du Bouddha doré ; musée d'Histoire du Shaanxi (p. 112) ; Grande Mosquée (p. 111)

VLADJ55 / SHUTTERSTOCK ©

IMAGEMORE CO. LTD. / GETTY IMAGES ©

"souvenirs" de la Révolution culturelle... La qualité est très variable (attention aux défauts), mais on peut y faire de bonnes affaires.

SE RESTAURER

Les restaurants très variés de Xī'ān permettent de déguster des plats de toutes les régions de Chine, sans compter la cuisine internationale. Le quartier musulman est parfait pour manger sur le pouce, tandis que Dongmutou Shi, à l'est de Nan Dajie, possède des restaurants chinois plus typiques.

Hǎiróng Guōtiēdiàn Raviolis ¥

(海荣锅贴店 ; 67 Zhubashi, 竹笆市67号 ; plats à partir de 12 ¥ ; 10h30-22h). Moderne et calme, ce restaurant a pour spécialité les *guōtiē* (锅贴), de délicieux raviolis frits "colle au pot". Vous pourrez choisir entre 6 variétés, dont une végétarienne. Également d'autres plats comme le succulent *tiáozi ròu* (条子肉 ; 32 ¥), de tendres morceaux de porc à glisser dans des petits pains blancs.

Mǎ Hóng Xiǎochǎo Pàomóguǎn Musulman ¥

(马洪小炒泡馍馆 ; 133 5918 5583 ; 46 Hongbu Jie, 红埠街46号 ; 17 ¥ ; M Bei Da Jie). Pour savourer l'excellent agneau ou bœuf *pàomó*, il est conseillé d'arriver tôt (avant 11h) si vous voulez un siège, sinon il vous faudra jouer des coudes. Payez votre plat, asseyez-vous, puis effritez le pain rond en une pluie de minuscules morceaux (la taille est essentielle) à tremper dans votre assiette. Attendez que l'on vous serve votre bouillon de viande, parsemez-le de miettes et savourez un repas délicieux et copieux. Commandez-le doux (清淡, *qīngdàn*) ou épicé (辣, *là*).

Muslim Family Restaurant Chinois, musulman ¥

(回文人家, Huiwen Renjia ; Beiyuanmen, 北院门 ; plats 10-98 ¥ ; 9h-22h30 ; M Zhonglou-tour de la Cloche). Au cœur du quartier musulman, cette table chic de Beiyuanmen concocte les classiques musulmans tels que *ròujiāmó* (bœuf dans un pain plat, 15 ¥), brochettes d'agneau (10 ¥ chaque), *xiàbǐng* garni au bœuf

CHRISTIAN KOBER / GETTY IMAGES ©

L'homme derrière l'Armée

L'histoire retient le nom de Qin Shi Huang (秦始皇), premier empereur de Chine, comme étant celui d'un effroyable tyran. En effet, il interdit le confucianisme, exigea que presque tous ses textes écrits fussent brûlés, et selon la légende, fit enterrer vivants 460 de ses fidèles les plus érudits.

Il réduisit en esclavage des centaines de milliers de personnes pour mener à bien ses réalisations monumentales, au cours des 36 années de son règne (qui débuta alors qu'il était âgé de 13 ans).

Ces dernières années, le Parti Communiste Chinois (PCC) a tenté de réhabiliter ce personnage, en soulignant à la fois ses efforts pour unifier la Chine et le caractère clairvoyant de sa politique. Véritable surdoué, il créa un gouvernement central efficace, qui devint un modèle pour les dynasties ultérieures. Par ailleurs, il normalisa le système de mesures, la monnaie, et plus important encore, l'écriture. Il fit construire plus de 6 400 km de routes et canaux et conquit 6 grands royaumes avant d'avoir atteint l'âge de 40 ans.

Il reste néanmoins une figure historique très controversée, même si son empreinte est indéniable dans la culture populaire. Le premier empereur apparaît dans des jeux vidéo, dans la littérature et dans des programmes télévisés. Il a récemment été le sujet de films de Chen Kaige et Zhang Yimou (*L'Empereur et l'Assassin* et *Hero*).

ou à l'agneau (pain frit et croustillant, 18-20 ¥), raviolis (15-18 ¥) et délicieux collybies (champignons) à pied velouté grillés (18 ¥).

Sans enseigne en anglais, mais reconnaissable à ses serveuses voilées à l'entrée.

Sānjiěmèi Jiǎozi Raviolis ¥
(三姐妹饺子 ; raviolis des Trois Sœurs ; ☎029 8725 2129 ; 140 Dongmutou Shi, 东木头市 140号 ; raviolis à partir de 14 ¥ ; ⏲10h30-14h30 et 17h-21h30). Les gourmets lassés des raviolis seront inspirés par les Trois Sœurs, restaurant rustique constitué de deux salles, qui revisite les classiques avec succès. Goûtez aux succulents raviolis à l'agneau et aux carottes roulés dans des cacahuètes croquantes et de la ciboulette frite. Ou bien, si vous êtes végétarien, optez pour les raviolis au tofu sec et mariné (2 variétés) avec une pointe de coriandre pour le côté acidulé, et du piment en quantité.

OÙ PRENDRE UN VERRE ET FAIRE LA FÊTE

ParkQin Bar
(秦吧, Qínbā ; 2 Shuncheng Nanlu Xiduan ; Ⓜ Yongningmen). Au tréfonds du sous-sol de la Shūyuàn Youth Hostel, un bar musical qui déménage et vous assure une belle soirée entre statues de soldats de terre cuite, blues, ballons et délicieux en-cas gourmands servis à votre table. Le personnel est aux petits soins.

Le lieu est éclairé aux bougies en soirée et un chanteur assure l'animation tous les soirs sauf le mardi. Hoegaarden à la pression (55 ¥ la pinte).

Jamaica Blue Bar
(蓝色牙买加, Lánsè Yámǎijiā ; Nanchang Xiang ; Ⓜ Zhonglou-tour de la Cloche). Bonne table en journée, le dynamique Jamaica Blue se métamorphose à la nuit tombée en un bar où se donnent tous les soirs des concerts vers 21h. Gracieusement offerts par des serveurs charmants et efficaces, les appétissants en-cas salés sont de terribles tentations.

Le Jamaica Blue occupant une mezzanine carrée qui surplombe le hall d'une auberge de jeunesse, la musique prend fin vers 23h, pour laisser un peu de repos aux résidents de l'auberge.

Temple Guǎngrén (p. 113)

King Garden Bar Bar
(老城根, Lǎo Chénggēn ; ☎029 8797 3366 ; ⏲19h-2h ; 📶 ; Ⓜ Yuxiangmen). Juste derrière la porte de Yuxiang Men, ce bar chic est l'endroit tout indiqué pour approcher les flambeurs de Xī'ān. Le cadre est moderne : lumières au-dessus du bar, barmans élégants, lumière tamisée, musique d'ambiance. À l'extérieur, un agréable jardin invite à profiter des mois les plus chauds. Les consommations sont chères : pas moins de 55 ¥ pour une petite bière Tsingtao.

OÙ SORTIR

Tang Dynasty Dîner-spectacle
(唐乐宫, Tángyuè Gōng ; ☎029 8782 2222 ; www.xiantangdynasty.com ; 75 Chang'an Beilu, 长安北路75号 ; spectacle avec/sans dîner 500/220 ¥). La salle la plus célèbre pour les dîners-spectacles accueille d'excellentes représentations de danse, des concerts de musique et de chants traditionnels, doublés en anglais. Tarifs réduits si vous réservez en ligne. Des bus conduisent au besoin jusqu'à la salle, à 1,5 km au sud de la porte Sud. Sinon, il faut marcher 5 minutes au sud depuis la station de métro South Shaomen.

RENSEIGNEMENTS

Bank of China (中国银行, Zhōngguó Yínháng ; 29 Nan Dajie, 南大街29号 ; ⏲8h-18h). DAB et change d'espèces.

Poste (中国邮政, Zhōngguó Yóuzhèng ; Bei Dajie ; ⏲8h-20h). Juste en face de la tour de la Cloche ; au même endroit que Western Union.

Xī'ān Central Hospital (西安市中心医院, Xī'ān Shì Zhōngxīn Yīyuàn ; www.xaszxyy.com ; 161 Xi Wulu, 西五路161号 ; Ⓜ Bei Da Jie). Situé dans le centre, à quelques pas de la station de métro Bei Da Jie.

DEPUIS/VERS XĪ'ĀN

AVION

L'**aéroport Xiányáng** de Xī'ān (西安咸阳国际机场, Xī'ān Xiányáng Guójì Jīchǎng ; ☎029 96788 ; www.xxia.com) est l'un des mieux

En partant de la gauche : sur les remparts de Xī'ān (p. 111), près de la porte Ouest ; la sérénité d'un temple ; l'animation autour d'un monument de Xi'an

desservis du pays ; des vols rallient presque toutes les grandes villes chinoises et plusieurs destinations internationales. La plupart des auberges de jeunesse et des hôtels, ainsi que les agences de voyages vendent des billets d'avion.

L'aéroport se situe à environ 40 km au nord-ouest de Xī'ān. Des bus (26 ¥, 1 heure) circulent toutes les 20 à 30 minutes, de 5h40 à 20h, entre l'aéroport et plusieurs lieux en ville, dont le **Lónghǎi Hotel** (龙海大酒店, Lónghǎi Dàjiǔdiàn ; 306 Jiefang Lu, 解放路306好). Un taxi avec compteur facture plus de 100 ¥ pour la course entre l'aéroport et le centre-ville.

BUS

Lieu plutôt chaotique, la **gare des bus longue distance** (长途汽车站, Chángtú Qìchēzhàn) fait face à la gare ferroviaire de Xī'ān. Notez que les bus pour Huà Shān (6h-20h) ont leur départ devant la gare ferroviaire.

Voici les destinations desservies depuis la gare des bus longue distance : Huá Shān (aller 36 ¥, 2 heures, 1/heure, 7h30-19h) et Píngyáo (160 ¥, 6 heures, 8h, 5/jour).

TRAIN

Toujours bondée, la gare ferroviaire principale (*huǒchē zhàn*) se situe juste à l'extérieur des remparts nord. Arrivez tôt en raison de la cohue, des files d'attente et de l'absence de signalétique. Si vous comptez poursuivre le voyage en train, achetez vos billets dès votre arrivée.

La plupart des hôtels et des auberges de jeunesse peuvent vous procurer des billets (40 ¥ de commission). Vous pouvez aussi les acheter à la **billetterie ferroviaire en prévente** (代售火车票, Dàishòu Huǒchēpiào ; Nan Dajie, 南大街 ; ⏲8h50-12h et 13h30-16h30) se trouvant à l'entrée sud de l'ICBC Bank ou encore à la **billetterie ferroviaire** (代售火车票, Dàishòu Huǒchēpiào ; Xiwu Lu, 西五路 ; ⏲8h-17h et 17h30-minuit) sur Xiwu Lu, juste à l'ouest de la station de métro Wulukou (5 ¥ de commission).

Les trains Z "deluxe" assurent les liaisons de nuit entre Xī'ān et Běijīng ouest (couché dur/mou 273/416 ¥, 11 heures 30), derniers départs de Xī'ān à 19h21 et 19h27 et de Běijīng à 20h12 et 20h40. Le Z94 pour Shànghǎi part à 16h46 et arrive à 7h53 (couché dur/mou 332/51 ¥, 15 heures).

WX-BRADWANG/GETTY IMAGES ©

Au départ de la gare ferroviaire Nord (*běi huǒchē zhàn*) de Xī'ān, des trains G à grande vitesse rallient la gare de Běijīng Ouest (2e/1re classe 516/825 ¥, 5 heures 30, 10/jour). Parmi les autres destinations desservies figurent Guìlín (couché dur/mou 377/582 ¥, 28 heures), Píngyáo (2e/1re classe 150/188 ¥, 2 heures 30, 7/jour), Shànghǎi (assis 2e classe/couché mou 338/834 ¥, 11 heures, tlj à 20h35), Tàiyuán (2e/1re classe 179/222 ¥, 3 heures 30, plusieurs par jour) et Ürümqi (couché dur/mou 497/768 ¥, 25 à 35 heures).

COMMENT CIRCULER

Les bus touristiques desservent presque tous les sites depuis la principale gare ferroviaire de Xī'ān, à l'exception notable du tombeau de l'empereur Jingdi.

MÉTRO

Le réseau de métro de Xī'ān (西安地铁, Xī'ān *dìtiě*) a ouvert en 2011 avec la ligne 2, suivie par la ligne 1 en 2013 et la ligne 3 fin 2016 ; d'autres lignes sont prévues ou en construction. Le trajet coûte 2 à 5 ¥ selon la distance. Les stations utiles sur la ligne 2 sont Beihuoche Zhan (gare ferroviaire Nord) et Xiaozhai (près du musée d'Histoire du Shaanxi). La ligne 1 marque l'arrêt au village néolithique de Bànpō. Les métros circulent de 6h10 à 23h15 environ.

TAXI

La prise en charge est de 9 ¥. Trouver un taxi en fin d'après-midi, lors du changement d'équipe des conducteurs, peut être compliqué. Le vélo est une bonne alternative.

SHÀNGHĂI

Dans ce chapitre

Shànghǎi

En passe de devenir une influente métropole mondiale, Shànghǎi incarne la Chine moderne tout en ne ressemblant à aucun autre endroit du pays. Façonnée par l'argent, l'ambition et la vitalité économique, Shànghǎi est véritablement, pour les acteurs du monde des affaires, l'endroit où il faut être. En dépit de son caractère avant-gardiste et cosmopolite, Shànghǎi fait partie intégrante de la République populaire de Chine, et les défis que la ville doit relever se multiplient aussi vite que les cocktails sophistiqués servis sur le Bund.

Shànghǎi en deux jours

Plutôt que de faire la grasse matinée, allez arpenter le **Bund** (p. 124) pour observer les adeptes du tai-chi. Réservez une table pour déjeuner au **M on the Bund** (p. 141), puis partez à la découverte des gratte-ciel de Pǔdōng ; terminez la journée par un cocktail au **Flair** (p. 143). La matinée suivante sera consacrée au fabuleux **Shànghǎi Museum** (p. 135) et l'après-midi à une séance de shopping à Xīntiāndì, Tiánzǐfáng et dans le secteur de l'**ancienne concession française** (p. 130). Le soir, prenez un verre au **Long Bar** (p. 143).

Shànghǎi en quatre jours

Baladez-vous tôt le matin au **jardin et bazar Yùyuán** (p. 128), puis enchaînez avec une promenade le long de **Yuanmingyuan Rd** (p. 134). Dirigez-vous vers l'ouest le long d'**East Nanjing Road** (p. 134) jusqu'à la place du Peuple pour visiter le **Centre d'exposition de la planification urbaine de Shànghǎi** (p. 135), puis dînez au **Dī Shuǐ Dòng** (p. 141). Le lendemain, visitez le **temple du Bouddha de jade** (p. 135), dénichez des trésors artistiques au **M50** (p. 135) et explorez le nouveau **Muséum d'histoire naturelle de Shànghǎi** (p. 135).

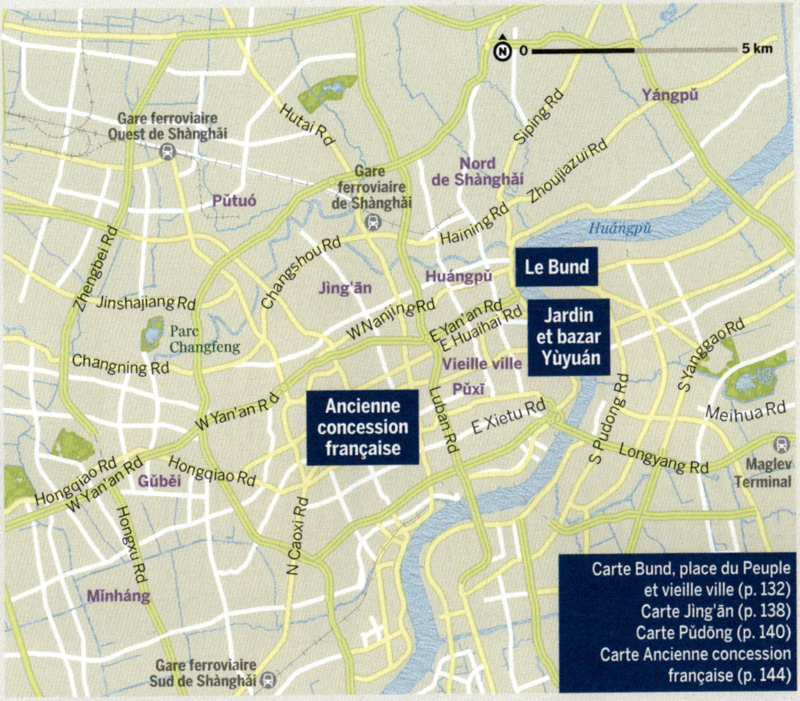

Comment s'y rendre

Aéroport international de Pŭdōng
Connecté à la ville par le Maglev, le métro (ligne 2), les bus de l'aéroport et les taxis (160 ¥).

Aéroport international de Hóngqiáo
Relié au reste de la ville par le métro, les bus et les taxis.

Gare ferroviaire Hóngqiáo de Shànghăi La plus grande des 3 gares ferroviaires ; toutes sont reliées au réseau du métro.

Où se loger

L'époque est propice à se loger à Shànghăi. Depuis les chambres design ultra-chics et au bilan carbone neutre jusqu'aux somptueux gratte-ciel cinq étoiles, en passant par les magnifiques demeures historiques et les repaires de baroudeurs, le choix d'hébergements est à la mesure de la ville : divers et pléthorique.
Pour plus de détails, voir la section Où se loger p. 149.

Bund

OSTILL / SHUTTERSTOCK ©

Explorer le Bund

Emblématique du Shànghǎi de l'époque des concessions, le Bund était autrefois le Wall Street de la ville, lieu de transactions frénétiques et de fortunes faites et perdues en un clin d'œil. Aujourd'hui, la foule est attirée par ses bars, ses restaurants et sa vue sur les gratte-ciel de Pǔdōng.

Pour ceux qui aiment...

☑ **Ne ratez pas**

En soirée, la vue époustouflante sur le Huángpǔ et, au-delà, sur Pǔdōng.

Peace Hotel

Dominant l'angle formé par East Nanjing Rd et East Zhongshan Rd, l'édifice le plus célèbre du Bund, l'emblématique **Peace Hotel** (费尔蒙和平饭店, Fèi'ěrméng Hépíng Fàndiàn ; ☎021 6321 6888 ; www.fairmont.com ; 20 East Nanjing Rd, 南京东路20号 ; Ⓜ Lignes 2, 10 jusqu'à East Nanjing Rd) fut édifié entre 1926 et 1929. Initialement appelé Sassoon House, il abritait le fameux Cathay Hotel de Victor Sassoon, du 4e au 7e niveau, où descendirent des hôtes prestigieux comme Charlie Chaplin, George Bernard Shaw ou Noël Coward, qui y écrivit *Les Amants terribles* en 4 jours, en 1930, alors qu'il souffrait de la grippe. Sassoon lui-même occupait en semaine sa suite personnelle au dernier étage, juste en-dessous de la pyramide verte. L'édifice fut renommé Peace Hotel en 1956.

Peace Hotel

JON ARNOLD / GETTY IMAGES ©

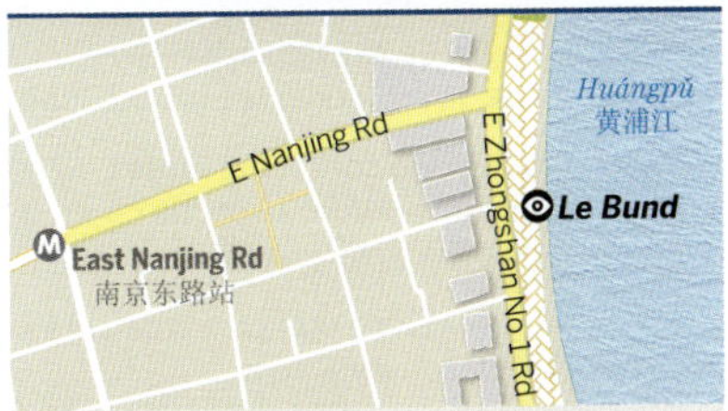

Infos pratiques

Le Bund doit son nom anglo-indien aux digues édifiées pour contenir les inondations (le mot *band* signifie digue en hindi).

Une petite faim ?

Dans l'édifice Five on the Bund, vous trouverez **M on the Bund** (p. 141) et le **Glam** (p. 142).

Bon plan

Arrivez avant 7h30 pour observer les habitants s'adonner à leurs activités physiques matinales, comme le tai-chi.

Maison des Douanes

La néoclassique **Maison des Douanes** (Customs House ; 自订的房子, Zì Dìng De Fángzi ; carte p. 134 ; 13 East Zhongshan No 1 Rd, 中山东一路13号 ; Ⓜ Lignes 2, 10 jusqu'à East Nanjing Rd, sortie 1), construite en 1857 et rebâtie en 1927, est un bâtiment majeur du Bund. Elle est coiffée de Big Ching, une tour d'horloge semblable à celle de Big Ben, à Londres. Les horloges n'étaient pas une nouveauté en Chine, mais Shànghăi est la première ville où elles furent largement acceptées et où un emploi du temps commun et standardisé s'imposa dans la vie des habitants.

Hongkong & Shanghai Bank Building

À côté de la Maison des Douanes, le bâtiment de la **Hongkong & Shanghai Bank** (HSBC Building, 汇丰大厦 ; carte p. 134 ; 12 East Zhongshan No 1 Rd, 中山东一路12号 ; Ⓜ Ligne 2, 10 jusqu'à East Nanjing Rd) date de 1923. La banque, établie en 1864 à Hong Kong et en 1865 à Shànghăi, avait pour but de financer le commerce, et devint rapidement l'une des plus riches de la ville, au point d'avoir assumé l'indemnité versée après la révolte des Boxers. Le superbe plafond du hall en mosaïque, mis au jour lors d'une rénovation en 1997 est, depuis, soigneusement préservé.

Promenade

Le Bund offre de multiples activités, mais la plupart des visiteurs se dirigent directement vers la promenade au bord du fleuve pour prendre des *selfies* avec en arrière-plan la géométrie futuriste des gratte-ciel de Pŭdōng. Le secteur est animé presque 24h/24, mais le mieux est de venir au petit matin, voir les habitants pratiquer le tai-chi, ou en début de soirée, quand les berges du fleuve s'illuminent et que l'effervescence va crescendo au bord de l'eau.

Le Bund

Le meilleur moyen de se familiariser avec Shànghǎi est de se promener le long du Bund.

Sur cette double page sont représentés les monuments qui bordent sa partie centrale, à l'intersection d'East Nanjing Road.

Le Bund s'étire sur 1 km ; comptez à peu près 1 heure pour le découvrir à pied.

Dans le quartier situé au sud de la Hongkong & Shanghai Bank, vous trouverez un vaste choix de bars et de restaurants en vue.

QUELQUES CHIFFRES

» Nombre d'édifices historiques préservés sur le Bund : 22

» Date de construction du premier bâtiment érigé sur le Bund : 1851

» Ouverture du M on the Bund, premier restaurant haut de gamme : 1999

» Quantité approximative de piliers en bois soutenant le Fairmont Peace Hotel : 1600

Hongkong & Shanghai Bank (1923)

Le superbe plafond en mosaïques de cette immense banque représente les 12 signes du zodiaque et les 8 (anciens) centres financiers du monde.

Maison des Douanes (1927)

C'est l'un des édifices les plus importants du Bund : la maison des Douanes est surmontée de la plus grosse horloge d'Asie, la "Big Ching", inspirée de la célébrissime Big Ben de Londres.

OSTILL / SHUTTERSTOCK ©

Ancienne Bank of Communications (1947)

Centre des services publics du Bund (2010)

SEAN PAVONE / SHUTTERSTOCK ©

CONSEIL

La promenade est accessible 24h/24, mais elle est très agréable tôt le matin, lorsque les habitants y pratiquent le tai-chi, ou en début de soirée, lorsque les deux rives du fleuve sont éclairées et que la vue est particulièrement belle.

Immeuble du North China Daily News (1924)

Surnommée la "vieille dame du Bund", le News fut de 1864 à 1951 le principal quotidien en anglais du pays. Tachez d'apercevoir la devise du journal, au-dessus des fenêtres centrales.

GREG ELMS / GETTY IMAGES ©

Ancien immeuble de la Chartered Bank (1923)

Hébergeant un complexe de loisirs haut de gamme, le Bund 18, cet édifice a rouvert en 2004. Au dernier étage : le fameux Bar Rouge.

Fairmont Peace Hotel (1929)

Dénommé Cathay Hotel à l'origine, ce chef-d'œuvre Art déco était "le" lieu où séjourner à Shànghǎi et le joyau de l'empire immobilier de Sassoon.

JON ARNOLD / GETTY IMAGES ©

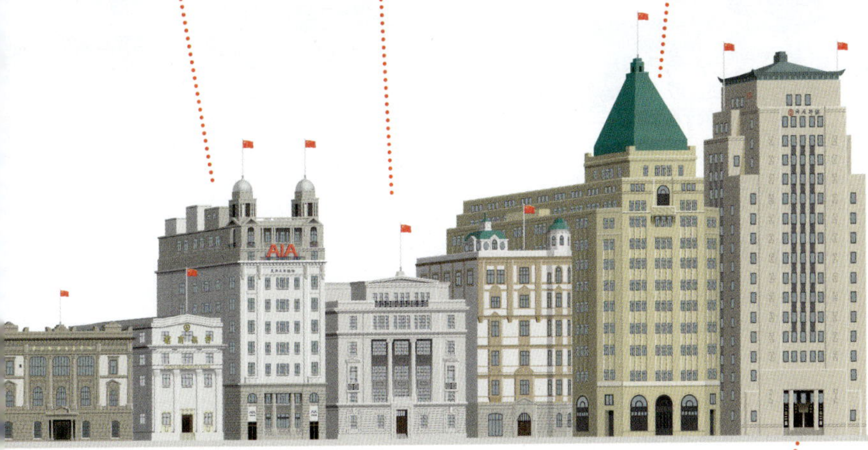

Russo-Chinese Bank (1902)

Ancienne Bank of Taiwan (1927)

PHILIPPE LOPEZ / AFP/ GETTY IMAGES ©

Ancien Palace Hotel (1906)

C'est dans ce bâtiment achevé en 1908, aujourd'hui connu comme le Swatch Art Peace Hotel (une résidence d'artistes et galerie d'art, avec bar et restaurant au dernier étage), que Sun Yatsen y célébra son élection au poste de premier président de la République de Chine, en 1911.

Bank of China (1942)

Cet édifice insolite devait à l'origine être le plus haut de Shànghǎi mais, sous l'influence de Victor Sassoon, qui voulait que son Cathay Hotel reste le fleuron du Bund, il finit par mesurer 1 m de moins que son voisin…

Bazar Yùyuán

Jardin et bazar Yùyuán

Recoins ombragés, bassins scintillants et murmure du vent dans les bambous : le jardin Yùyuán offre une délicieuse escapade loin de la modernité de verre et d'acier de Shànghǎi.

Pour ceux qui aiment...

☑ Ne ratez pas

La scène délicatement décorée du jardin intérieur.

Jardin

Créé par la famille Pan, riches dignitaires de la dynastie Ming, la réalisation du jardin Yùyuán demanda près de 18 ans (1559-1577). Il fut anéanti par un bombardement durant la guerre de l'opium en 1842 – les officiers britanniques y étaient installés –, puis saccagé par les troupes françaises en représailles aux attaques des Taiping contre la concession française.

Pavillon des Trois épis et rocailles

Le jardin restauré illustre le style Ming. En arrivant, on aperçoit le **pavillon des Trois épis** (三穗堂, Sānsuìtáng), le plus grand du site. Les **rocailles** (假山, *jiǎshān*) visent à recréer un cadre de montagne au sein de l'étendue plane du jardin ; combinées aux **étangs** (池塘, *chítáng*), elles suggèrent

Jardin Yùyuán

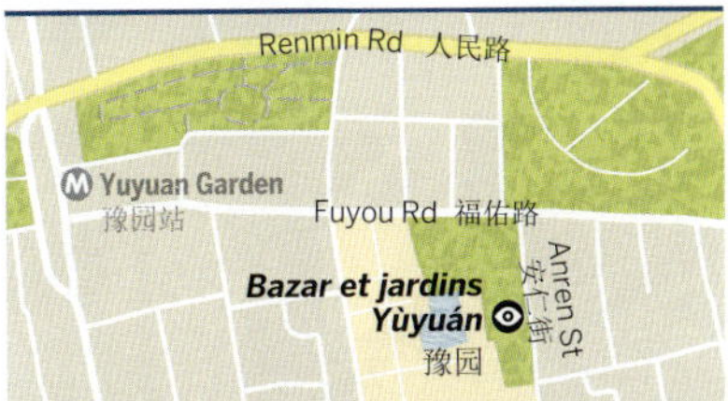

Infos pratiques

豫园、豫园商城, Yùyuán et Yùyuán Shāngchéng ; carte p. 132 ; Anren St ; 安仁街 ; haute/basse saison 40/30 ¥ ; 8h30-17h15 ; Ligne 10 jusqu'à Yuyuan Garden

Une petite faim ?

Commandez un plateau de raviolis au célèbre **Nánxiáng Steamed Bun Restaurant** (南翔馒头店, Nánxiáng Mántou Diàn ; 12 raviolis au 1er niv 22 ¥ ; 1er niv 10h-21h, 2e ét 7h-20h, 3e ét 9h30-19h), dans le bazar.

À savoir

Essayez d'arriver à 8h30 ; à partir de 10h, la foule est de plus en plus dense.

les "collines et rivières" (*shānshuǐ*) des paysages chinois.

Pavillon de l'Annonce du printemps et jardin intérieur

À l'est des jardins, repérez le **pavillon de l'Annonce du printemps** (点春堂, Diǎnchūn Táng) qui, en 1853, fut le quartier général de la société des Petites Épées, un groupe rebelle associé aux Taiping. Au sud, l'**Exquis Rocher de jade** (玉玲珑, Yù Línglóng) devait être amené à la cour impériale de Běijīng, mais le bateau qui le transportait coula au large de Shànghǎi.

Au sud de l'Exquis Rocher de jade, le **jardin intérieur** (内园, *nèiyuán*) abrite une belle **scène** (古戏台, *gǔxìtái*) datant de 1888, bénéficiant d'une bonne acoustique et ornée d'un plafond doré et sculpté, ainsi que le charmant **Pavillon pour admirer les vagues** (观涛楼, Guāntāo Lóu).

Bazar

À côté de l'entrée du jardin Yùyuán, la **maison de thé du Pavillon du milieu du lac** (湖心亭, Húxīntíng ; thé 50 ¥ ; 8h-21h ; Ligne 10 jusqu'à Yuyuan Garden) faisait jadis partie du jardin ; c'est désormais l'une des plus célèbres maisons de thé en Chine. Tout autour, dans le bazar restauré, des boutiques spécialisées et des restaurants jalonnent des ruelles étroites et de petites places ; l'ensemble imite une atmosphère d'antan un peu kitsch. Vous trouverez dans les boutiques de souvenirs de idées de cadeaux, des tabatières peintes aux cerfs-volants chinois. Au cœur du bazar, au sud de la sortie du jardin Yùyuán, le vénérable **temple du Dieu de la Ville** (城隍庙, Chénghuáng Miào ; près de Middle Fangbang Rd, 豫园商城方浜中路 ; 10 ¥ ; 8h30-16h30 ; Ligne 10 jusqu'à Yuyuan Garden) est consacré au dieu tutélaire de Shànghǎi.

Tiánzǐfáng

Ancienne concession française

Pour des commerces typiques, arpentez les ruelles verdoyantes comme Nanchang Rd, Changle Rd, Fumin Rd ou Xinle Rd. Xīntiāndì concentre des marques haut de gamme, tandis que Tiánzǐfáng abrite plusieurs boutiques de cadeaux branchées.

Pour ceux qui aiment...

☑ **Ne ratez pas**

Les ruelles labyrinthiques de Tiánzǐfáng où l'on aime se perdre.

Tiánzǐfáng

Secteur commercial aménagé dans un dédale de minuscules allées, Tiánzǐfáng se distingue par son charme et son authenticité. Ce réseau de studios de design, de cafés et de boutiques est un bel antidote aux centres commerciaux et aux gratte-ciel de Shànghǎi.

Les 3 ruelles principales orientées nord-sud (nos 210, 248 et 274) sont traversées par des allées orientées est-ouest – un tracé qui désoriente le piéton. Parmi les galeries d'art, **Beaugeste** (比极影像, Bǐjí Yǐngxiàng ; carte p. 144 ; ☎021 6466 9012 ; www.beaugeste-gallery.com ; 5e niv, No 5, Lane 210, Taikang Rd, 泰康路210弄5号520室田子坊 ; ⏲10h-18h sam-dim ; Ⓜ Dapuqiao) GRATUIT accueille des expositions de photos contemporaines poussant à la réflexion.

En périphérie de Tiánzǐfáng, au n°25 Taikang Rd, une énorme pivoine

Xīntiāndì

ALAN COPSON / GETTY IMAGES ©

Infos pratiques

Pour Xīntiāndì, prenez la ligne 1 du métro jusqu'à South Huangpi Rd ou la ligne 10 jusqu'à Xintiandi. Pour Tiánzĭfáng, prenez la ligne 9 jusqu'à Dapuqiao.

Une petite faim ?

Rendez-vous à **East** (carte p. 146 ; 021 6467 0100 ; www.east-eatery.com ; No 39, Lane 155, Middle Jianguo Rd, Tiánzĭfáng, 建国中路155弄39号田子坊 ; bao 1/3 pièces 12/30 ¥, plats à partir de 50 ¥ ; 11h-23h ; ; Dapuqiao Rd) pour de savoureux *bao* (petits pains farcis cuits à la vapeur).

À savoir

Faites vos emplettes en semaine, car l'affluence est grande le week-end.

couvre la façade du **musée de la Pâte de verre de Liúli** (琉璃艺术博物馆 ; Liúli Yìshù Bówùguǎn ; carte p. 144 ; 021 6461 3189 ; www.liulichinamuseum.com ; adulte/- 18 ans 20 ¥/gratuit ; 10h-17h mar-dim ; Dapuqiao), dédié à l'art de la sculpture en pâte de verre.

Xīntiāndì

Disposant d'une station de métro éponyme, Xīntiāndì est une icône de Shànghǎi depuis une décennie. Avec ses boutiques calquées sur le modèle des maisons de *lòngtáng* (ruelles) traditionnelles, il fut le premier projet en ville à témoigner du potentiel commercial de l'architecture historique.

Le cœur du complexe, divisé en 2 zones, avec un secteur piétonnier au nord, se compose de traditionnelles *shíkùmén* (maisons aux arches de pierre) largement reconstruites, avec une touche d'élégance et de modernité. Si l'extérieur suggère un parfum d'antan, ne vous attendez pas à une quelconque magie historique ou à un véritable attrait culturel.

Les adeptes de gastronomie et de shopping s'orienteront vers les centres commerciaux à l'extrémité sud du secteur sud. Après la première **galerie marchande** (Xīntiāndì South Block, 2e niv, Bldg 6 ; 兴业路123弄新天地南里6号楼2楼 ; South Huangpi Rd), qui compte 3 restaurants haut de gamme au 2e niveau – **Din Tai Fung** (鼎泰丰, Dǐng Tài Fēng ; 021 6385 8378 ; www.dintaifung.com.cn ; 10 raviolis 60-96 ¥ ; 10h-minuit), **Crystal Jade** (翡翠酒家 ; Fěicuì Jiǔjiā ; 021 6385 8752 ; dim sum 20-42 ¥ ; 11h-22h30) et **Shànghǎi Min** (小南国, Xiǎo Nán Guó ; 400 820 9777 ; plats 35-198 ¥ ; 11h-22h), la **Xīntiāndì Style** (新天地时尚, Xīntiāndì Shíshàng ; carte p. 144 ; 245 Madang Rd, 马当路245号 ; 10h-22h ; Xintiandi) vend des marques locales et des pièces chics à l'avant-garde de la mode locale.

Bund, place du Peuple et vieille ville

0
500 m
Tiantong Rd
Tiantong Rd
N Suzhou Rd
Synagogue Ohel Moishe et musée des Réfugiés juifs (2,2 km)
Pont Wàibáidù (Garden Bridge)
N Henan Rd
Huqiu Rd
Parc Huángpǔ
E Beijing Rd
Tunnel touristique du Bund (Bund Sightseeing Tunnel)
Middle Henan Rd
Middle Jiangxi Rd
Middle Sichuan Rd
Dianchi Rd
HUÁNGPǓ
Ningbo Rd
S Shanxi Rd
E Nanjing Rd
Le Bund
LE BUND
Huángpǔ
East Nanjing Rd
Tianjin Rd
Hankou Rd
E Zhongshan No 1 Rd
Shanxi Rd
Middle Shandong Rd
Fuzhou Rd
Hubei Rd
Middle Fujian Rd
Tunnel d'East Yan'an Rd
Sijing Rd
Sichuan Rd
Guangdong Rd
E Yan'an Rd
S Sichuan Rd
E Zhongshan No 2 Rd
E Jinling Rd
E Yan'an Rd
Hubei Rd
Yong'an Rd
Xinyongan Rd
Renmin Rd
Anren St
E Ninghai Rd
Yongshou Rd
S Fujian Rd
S Yunnan Rd
VIEILLE VILLE
Yuyuan Garden
Fuyou Rd
Jardin et bazar Yùyuán
Jiujiaochang Rd
Dashijie
Renmin Rd
Chenxiangge Rd
New Yuyuan Rd
Anren St
Wutong Rd
E Huaihai Rd
Changsheng St
Houjia Rd
Zihua Rd
Middle Fangbang Rd
Qinglian St
Dajing Rd
S Henan Rd
Zhoujin Rd
Liulin Rd
S Xizang Rd
E
F
G
H
1
2
3
4
5
6
1
2
3
4
6
10
11
12
13
16
17
18
19
20
21
22
23

Bund, place du Peuple et vieille ville

À voir

1 Maison des Douanes ... G3
2 East Nanjing Road ... E3
3 Hongkong & Shanghai Bank Building ... G3
4 Parc Huángpǔ ... G2
5 Parc de sculptures de Jìng'ān ... A3
6 Rockbund Art Museum ... G2
7 Shànghǎi Museum ... D5
8 Museum d'histoire naturelle de Shànghǎi A3
9 Centre d'exposition de la plannification urbaine de Shànghǎi ... D4
10 Le Bund ... G3
11 Yuanmingyuan Rd ... G2
12 Jardins et Bazar Yùyuán ... H6

Activités

13 Huángpǔ River Cruise ... H4

Achats

14 Shànghǎi No 1 Department Store ... C3
15 Shànghǎi No 1 Food Store ... D3
16 Sūzhōu Cobblers ... G3

Où se restaurer

17 Lost Heaven ... G4
18 M on the Bund ... G4
19 Mr & Mrs Bund ... G3
20 Nánxiáng Steamed Bun Restaurant ... H6

Où prendre un verre et faire la fête

Glam ... (voir 18)
21 Long Bar ... H4
22 Mid-Lake Pavilion Teahouse ... H6

Où sortir

23 Fairmont Peace Hotel Jazz Bar ... G2
24 Opéra de Shànghǎi ... C5

À VOIR

Le Bund et la place du Peuple

À l'ouest du Bund, la place du Peuple est le centre névralgique de Shànghǎi pour visiter ses centres d'intérêt, avec des musées de classe internationale, des galeries d'art et un superbe parc.

East Nanjing Road — Site

(南京东路, Nánjīng Dōnglù ; carte p. 132 ; M Ligne 2, 10 jusqu'à East Nanjing Rd). Entre le Bund et la place du Peuple, s'étend East Nanjing Rd, autrefois appelée Nanking Rd. Si elle n'est plus le summum du shopping à Shànghǎi, cette forêt de néons reste pourtant l'une des rues piétonnes les plus célèbres et les plus fréquentées de Chine.

Rockbund Art Museum — Musée

(RAM, 上海外滩美术馆, Shànghǎi Wàitān Měishùguǎn ; carte p. 132 ; www.rockbundartmuseum.org ; 20 Huqiu Rd, 虎丘路20号 ; tarif plein/réduit 30/15 ¥ ; 10h-18h mar-dim ; M Lignes 2, 10 jusqu'à East Nanjing Rd). Aménagé dans le bâtiment grandiose de l'ancienne Royal Asiatic Society (1932) – lequel fut le premier musée de Shànghǎi – le Rockbund Art Museum, de renommée mondiale, est dédié à l'art contemporain chinois et international, avec des expositions qui tournent toute l'année, et aucune collection permanente. La façade et l'intérieur de ce bâtiment, l'un des plus beaux musées d'art moderne de la ville, sont sublimes. Ne manquez pas la fenêtre Art déco à *bāguà* (trigramme) de la façade, synthèse évocatrice du style moderniste occidental et du design chinois traditionnel.

Yuanmingyuan Rd — Site

(圆明园路, Yuánmíngyuán Lù ; carte p. 132 ; M Lignes 2, 10 jusqu'à East Nanjing Rd). Sorte de condensé du Bund, la rue pavée piétonne de Yuanmingyuan est ponctuée d'un méli-mélo d'architecture coloniale. Parallèle au Bund, dont elle est distante d'un pâté de maisons, elle compte quelques beaux exemples de bâtiments des années 1900 restaurés, en pierre et brique rouge. Ne manquez pas celui, Art déco, de la YWCA (le pendant féminin des célèbres YMCA ; n°133) et celui de la Chinese Baptist Publication (n°209), ainsi que le remarquable bâtiment en brique rouge de la légation du Panama, datant de 1907 (n°97) et l'édifice néoclassique de 1927 du théâtre du Lyceum.

Shànghǎi Museum Art, histoire

(上海博物馆, Shànghǎi Bówùguǎn ; carte p. 132 ; www.shanghaimuseum.net ; 201 Renmin Ave, 人民大道201号 ; ⌚9h-17h, dernière entrée 16h ; 👪 ; Ⓜ Lignes 1, 2, 8 jusqu'à la place du Peuple). GRATUIT Ce musée incontournable présente des œuvres millénaires qui vous permettront d'aborder l'histoire de la Chine. Il abrite l'une des collections les plus impressionnantes du pays, et l'on y passe de la patine verte des objets exposés dans la galerie des bronzes de la Chine ancienne au solennel silence de la galerie des sculptures, à l'exquise beauté des céramiques de la galerie Zande Lou ou aux fioritures intemporelles présentées dans la galerie de la calligraphie.

Centre d'exposition de la planification urbaine de Shànghǎi Musée

(上海城市规划展示馆, Shànghǎi Chéngshì Guīhuà Zhǎnshìguǎn ; carte p. 132 ; www.supec.org ; 100 Renmin Ave, entrée sur Middle Xizang Rd, 人民大道100号 ; tarif plein/réduit 30/15 ¥ ; ⌚9h-17h mar-dim, dernière entrée 16h ; Ⓜ Lignes 1, 2, 8 jusqu'à la place du Peuple, sortie 2). Aménagé sur 5 niveaux, ce musée moderne retrace l'histoire de l'aménagement urbain de Shànghǎi, depuis ses origines de simple village de pêcheurs, jusqu'à la mégapole actuelle. La visite, assez ludique, mêle photographies, maquettes et éléments multimédias interactifs. Le premier niveau est consacré à l'essor de la ville, avec notamment la création de la concession internationale, et y sont évoqués aussi bien son architecture coloniale que ses *shíkùmén* (石库门 ; maisons aux arches de pierre). L'élément-phare, au 3e niveau, est un plan-maquette détaillé de la mégapole en devenir, ainsi qu'une visite complète virtuelle en 3D.

Jing'an

Temple du Bouddha de jade Temple bouddhique

(玉佛寺, Yùfó Sì ; carte p. 138 ; angle Anyuan Rd et Jiangning Rd, 安远路和江宁路街口 ; haute/basse saison 20/10 ¥ ; ⌚8h-16h30 ; Ⓜ Lignes 7, 13 jusqu'à Changshou Rd, sortie 5). Ce temple, bâti entre 1918 et 1928, figure parmi les rares sanctuaires bouddhiques en activité de Shànghǎi. Son principal intérêt réside dans un bouddha transcendant, taillé dans du jade pur, l'un des 5 rapportés en Chine par le moine Hui Gen au début du XXe siècle.

M50 Galerie

(M50创意产业集聚区, M50 Chuàngyì Chǎnyè Jíjùqū ; carte p. 138 ; www.m50.com.cn/en ; 50 Moganshan Rd, 莫干山路50号 ; Ⓜ Lignes 3, 4 jusqu'à Zhongtan Rd, sortie 5, lignes 1, 3, 4 jusqu'à Shànghǎi Railway Station, sortie 3). GRATUIT Certes renommée pour ses paillettes, Shànghǎi n'en compte pas moins une culture underground audacieuse. Le complexe industriel M50, dédié aux arts, en est un excellent exemple, avec ses galeries aménagées dans des filatures de coton et des usines désaffectées. Des artistes chinois contemporains, aussi bien émergents qu'établis, tirent le meilleur de ce vaste espace. Il y a beaucoup à voir, prévoyez donc une demi-journée pour faire le tour du site.

Muséum d'histoire naturelle de Shànghǎi Musée

(上海自然博物馆, Shànghǎi Zìrán Bówùguǎn ; ☎021 6862 2000 ; www.snhm.org.cn ; 510 West Beijing Rd, 北京西路510号 ; tarif plein/adolescent/- 13 ans 30/12 ¥/gratuit ; ⌚9h-17h15 mar-dim ; Ⓜ Lignes 2, 12, 13 jusqu'à West Nanjng Rd). S'il n'est pas du niveau d'un Smithsonian, ce nouveau lieu, très épuré, n'en serait pas moins un cadre parfait pour *La Nuit au musée*. Aussi ludique qu'instructif, il associe nombre d'expositions, où se mèlent animaux empaillés, dinosaures et éléments interactifs. Son architecture, non moins remarquable, s'insère dans le cadre du **Parc de sculptures de Jìng'ān** (静安雕塑公园, Jìng'ān Diāosù Gōngyuán ; 128 Shimen 2nd Rd, 石门二路128号 ; ⌚6h-20h30) GRATUIT.

Pǔdōng

Shànghǎi Tower — Édifice remarquable

(上海中心大厦, Shànghǎi Zhōngxīn Dàshà ; carte p. 140 ; www.shanghaitower.com.cn ; angle Middle Yincheng Rd et Huayuanshiqiao Rd ; 160 ¥ ; ⏲9h-21h ; Ⓜ Lujiazui). Le plus haut édifice de Chine s'enroule vers le ciel depuis le firmament. La Shànghǎi Tower, haute de 121 étages et de 632 m, imaginée par Gensler, a été érigée en août 2013 et a ouvert en juillet 2016. La terrasse panoramique du 118e niveau est la plus haute du monde.

Jīnmào Tower — Édifice remarquable

(金茂大厦, Jīnmào Dàshà ; carte p. 140 ; ☎021 5047 5101 ; 88 Century Ave ; 世纪大道88号 ; adulte/étudiant/enfant 120/90/60 ¥ ; ⏲8h30-22h ; Ⓜ Lujiazui). Cet édifice cristallin, aux allures de pagode Art déco, est de toute beauté. Il est essentiellement constitué de bureaux et du **Grand Hyatt** (金茂君悦大酒店, Jīnmào Jūnyuè Dàjiǔdiàn ; ☎021 5049 1234 ; www.shanghai.grand.hyatt.com ; d à partir de 1 500-2 000 ¥ ; ❄@📶🏊 ; Ⓜ Lujiazui), qui loue des chambres entre les 53e et 87e niveaux. L'ascenseur conduit à la plateforme d'observation du 88e niveau (accès par le bâtiment bas sur le côté de la tour principale) – venez au crépuscule pour une vue de jour et de nuit.

Shànghǎi World Financial Center — Édifice remarquable

(上海环球金融中心, Shànghǎi Huánqiú Jīnróng Zhōngxīn ; carte p. 140 ; ☎021 5878 0101 ; www.swfc-observatory.com ; 100 Century Ave, 世纪大道100号 ; terrasses panoramiques 94e niv. tarif plein/réduit 120/60 ¥, 97e et 100e niv. 180/90 ¥ ; ⏲8h-23h, dernière entrée 22h30 ; Ⓜ Lujiazui). S'il n'est pas aussi haut que la Shànghǎi Tower voisine, le Shànghǎi World Financial Center (SWFC), qui culmine tout de même à 492 m, est impressionnant, surtout le soir lorsque son sommet en "décapsuleur" semble danser dans la lumière. Il comporte 3 terrasses panoramiques (aux 94e, 97e et 100e niveaux) – l'accès est assez onéreux, mais les ascenseurs conduisent à une vue spectaculaire.

Aurora Museum — Musée

(震旦博物馆, Zhèn Dàn Bówùguǎn ; carte p. 140 ; ☎021 5840 8899 ; www.auroramuseum.cn ;

Muséum d'histoire naturelle de Shànghǎi (p. 135)

AUGUST_0802 / SHUTTERSTOCK ©

Aurora Bldg, 99 Fucheng Rd, 富城路99号震旦大厦 ; 60 ¥ ; ⏲10h-17h mar-dim, jusqu'à 21h ven, dernière entrée 1h avant la fermeture ; Ⓜ Lujiazui). Conçu par Andō Tadao, architecte japonais de renom (qui a également travaillé sur le Palazzo Grassi de Venise, et réaménagera la Bourse de commerce de Paris), le musée Aurora occupe 6 niveaux de l'immeuble du même nom et abrite une superbe collection de trésors chinois. Les objets et antiquités exposés comprennent des céramiques de la dynastie Han, des pièces de jade allant du néolithique à la dynastie Qing, de la porcelaine bleue et blanche des dynasties Yuan, Ming et Qing, ainsi que des sculptures bouddhiques du Ghandara et de l'époque de la dynastie Wei du Nord. Ne manquez pas l'armure funéraire composée de 2 903 plaques de jade assemblées au moyen de fil d'or.

Shànghǎi History Museum — Musée d'histoire

(上海城市历史发展陈列馆, Shànghǎi Chéngshì Lìshǐ Fāzhǎn Chénlièguǎn ; carte p. 140 ; ☎021 5879 8888 ; 1 Century Ave, 世纪大道1号, sous-sol de la tour Perle de l'Orient ; 35 ¥, visite audio anglais 30 ¥ ; ⏲8h-21h30 ; Ⓜ Lujiazui). Toute la famille appréciera l'amusante présentation du vieux Shànghǎi, qui raconte comment la ville a prospéré grâce au commerce du coton et aux jonques, à l'époque où elle était surnommée la "Petite Sūzhōu", une ville du Jiāngsū sillonnée de canaux (voir p. 159). Des maquettes de boutiques traditionnelles sont peuplées de personnages de cire réalistes, et les vestiges historiques sont nombreux. On peut voir notamment une borne provenant de la concession internationale et l'un des lions en bronze qui surveillaient jadis l'entrée de la banque HSBC sur le Bund.

China Art Palace — Art

(中华艺术宫 ; Zhōnghuá Yìshùgōng ; carte p. 140 ; 205 Shangnan Rd ; 上南路205号 ; ⏲9h-17h mar-dim ; Ⓜ China Art Museum). GRATUIT Ce musée d'art moderne propose sur 160 000 m² et 5 niveaux des expositions internationales revigorantes, dans un bâtiment en forme de pyramide rouge inversée, véritable icône moderne de

Shànghǎi Disneyland

Après une décennie de préparation et de luttes diplomatiques, le Magic Kingdom est enfin arrivé dans l'Empire du Milieu en 2016, offrant une dose spectaculaire de **Disney** (上海迪士尼乐园, Shànghǎi Díshìní Lèyuán ; ☎021 3158 0000 ; www.shanghaidisneyresort.com ; Shànghǎi Disney Resort, Pǔdōng ; adulte/enfant 1-1,40 m et senior 499/375 ¥ ; ⏲9h-21h ; Ⓜ Disney Resort) mâtinée d'une touche de culture chinoise. "Main Street USA" devient le "Jardin de l'Imagination", d'inspiration locale mais pas fantastique, et partout dans le parc des vendeurs proposent des petits pains au porc à la vapeur en forme de Mickey.

Beaucoup de visiteurs dénoncent les files d'attente interminables ; si vous voulez vraiment faire tous les grands manèges en une journée, vous devrez arriver au moins 30 minutes avant l'ouverture du parc et utiliser votre Fast Pass stratégiquement (les queues les plus longues sont pour les attractions Roaring Rapids, Soaring Over the Horizon et TRON). Sinon, pour les groupes jusqu'à 6 personnes, un forfait "Premier Tour" à 12 500 ¥ vous garantira un accès rapide à tous les manèges.

Avec des enfants en bas âge, vous pourrez adopter un rythme plus tranquille et profiter sans file d'attente des nombreux spectacles musicaux, des rencontres avec les personnages, de la magnifique parade (15h30) et des feux d'artifice (20h30).

Feux d'artifice, Enchanted Storybook Castle
VCG / CONTRIBUTOR / GETTY IMAGES ©

Jìng'ān

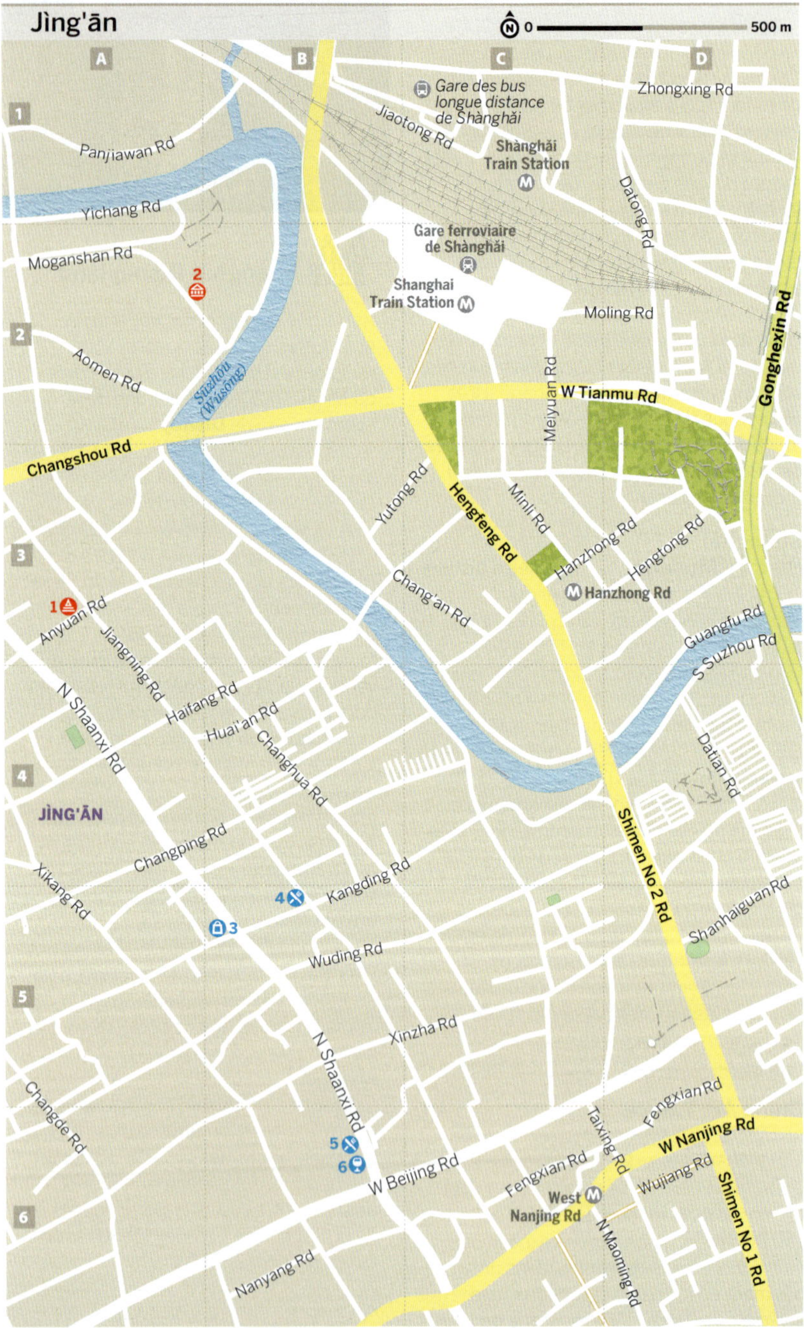
N
0
500 m
A
B
C
D
1
2
3
4
5
6
Gare des bus longue distance de Shànghăi
Zhongxing Rd
Jiaotong Rd
Shànghăi Train Station
Panjiawan Rd
Yichang Rd
Datong Rd
Gare ferroviaire de Shànghăi
Moganshan Rd
Shanghai Train Station
Moling Rd
Gonghexin Rd
Aomen Rd
Suzhou (Wúsōng)
Meiyuan Rd
W Tianmu Rd
Changshou Rd
Yutong Rd
Hengfeng Rd
Minli Rd
Hanzhong Rd
Hengtong Rd
Hanzhong Rd
Chang'an Rd
Anyuan Rd
Jiangning Rd
Guangfu Rd
S Suzhou Rd
N Shaanxi Rd
Haifang Rd
Huai'an Rd
Changhua Rd
Datian Rd
JÌNG'ĀN
Shimen No 2 Rd
Changping Rd
Xikang Rd
Kangding Rd
Shanhaiguan Rd
Wuding Rd
Xinzha Rd
N Shaanxi Rd
Changde Rd
Taixing Rd
Fengxian Rd
W Nanjing Rd
W Beijing Rd
Fengxian Rd
Wujiang Rd
West Nanjing Rd
Shimen No 1 Rd
N Maoming Rd
Nanyang Rd

Jìng'ān

À voir

Achats

Où se restaurer

Où prendre un verre et faire la fête

Shànghǎi. Cependant, la collection d'art chinois permanente est assez prosaïque et la propagande omniprésente. Quelques trésors se distinguent, comme la *Vierge*, (初潮的处女) de Xiang Jing, œuvre sculpturale touchante dépeignant l'éveil de la sexualité. La galerie Shànghǎi et Paris évoque l'influence de l'impressionnisme sur Shànghǎi.

Ancienne concession française

Centre artistique de l'affiche de propagande Galerie d'art

(宣传画年画艺术中心, Xuānchuánhuà Niánhuà Yìshù Zhōngxīn ; carte p. 144 ; ☎021 6211 1845 ; www.shanghaipropagandaart.com ; Room B-OC, President Mansion, 868 Huashan Rd, 华山路868号B-OC室 ; 20 ¥ ; ⊙10h-17h ; Ⓜ Shanghai Library). Quiconque s'intéresse à l'art de l'affiche mis au service du régime ne saurait manquer cette petite galerie donnant au cœur d'un quartier résidentiel. La collection compte 3 000 affiches originales des années 1950 à 1970, âge d'or de la propagande maoïste. Le centre est divisé en un espace d'expositions et une boutique où sont vendues affiches et cartes postales.

Hóngkǒu et nord de Shànghǎi

Synagogue Ohel Moishe et musée des Réfugiés juifs Musée

(摩西会堂, Móxī Huìtáng ; ☎021 6512 6669 ; 62 Changyang Rd, 长阳路62号 ; 50 ¥ ; ⊙9h-17h, dernière entrée 16h30 ; Ⓜ Tilanqiao). Édifiée en 1927 par la communauté des juifs russes ashkénazes, cette synagogue se trouve au cœur de ce qui fut le ghetto juif dans les années 1940. Elle renferme aujourd'hui le musée des Réfugiés juifs de Shànghǎi, lequel témoigne de la vie des quelque 20 000 juifs d'Europe centrale qui s'étaient réfugiés à Shànghǎi pour échapper aux nazis. Visites guidées en anglais toutes les heures (9h30-11h30 et 13h-16h).

ACTIVITÉS

Croisière sur le Huángpǔ Croisière

(黄浦江游览, Huángpǔ Jiāng Yóulǎn ; carte p. 132 ; 219-239 East Zhongshan No 2 Rd, 中山东二路219-239号 ; billets 120 ¥ ; ⊙11h-21h30 ; Ⓜ Lignes 2, 10 jusqu'à East Nanjing Rd). Du fleuve Huángpǔ, la vue sur le Bund, Pǔdōng et l'agitation des rives est intéressante à observer. Les croisières à la nuit tombée sont plus impressionnantes, mais le trafic des bateaux est plus intense en journée. Durée moyenne de 50 minutes.

ACHATS

Spin Céramiques

(旋, Xuán ; www.spinceramics.com ; 360 Kangding Rd ; 康定路360号 ; ⊙11h-20h ; Ⓜ Ligne 7 jusqu'à Changping Rd, sortie 2). Cette boutique très créative réinvente la céramique chinoise avec ses tasses à thé oblongues, ses services à saké aux formes brutes et une foule d'assiettes originales, de porte-baguettes et de vases "kung fu" ou "pilier explosé". Sobres, géométriques et fantaisistes, des pièces bien pensées et élégantes.

Sūzhōu Cobblers Mode et accessoires

(上海起想艺术品, Shànghǎi Qǐxiǎng Yìshùpǐn ; carte p. 132 ; www.suzhou-cobblers.com ; Unit 101, 17 Fuzhou Rd, 福州路17号101室 ; ⊙10h-18h30 ; Ⓜ Lignes 2, 10 jusqu'à East Nanjing Rd). Tout près du Bund, cette charmante boutique vend d'exquis chaussons de soie

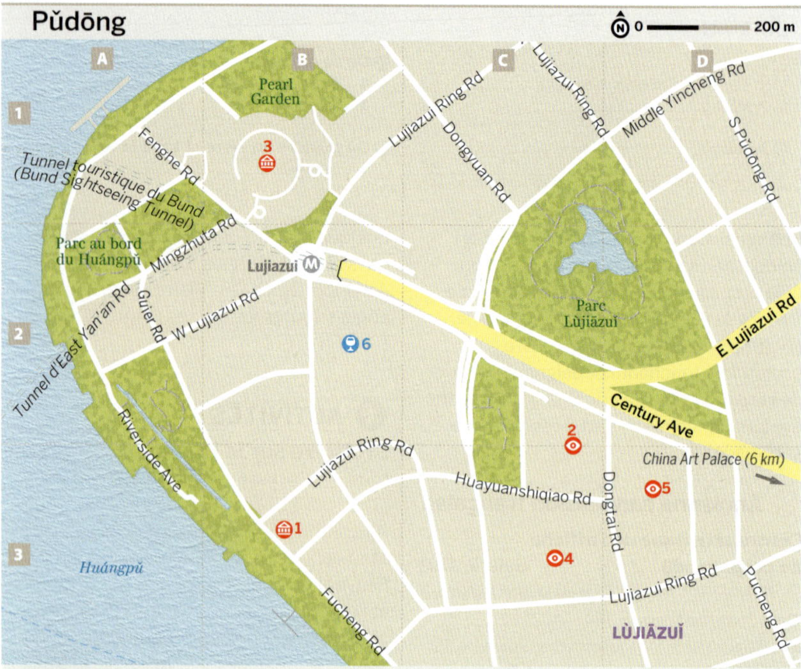

Pŭdōng

À voir

1	Aurora Museum	B3
2	Jīnmào Tower	C2
3	Shànghăi History Museum	B1
4	Shànghăi Tower	C3
5	Shànghăi World Financial Center	D3

Où prendre un verre et faire la fête

	100 Century Avenue	(voir 5)
	Cloud 9	(voir 2)
6	Flair	B2

brodés à la main, des sacs, des chapeaux et des vêtements. Motifs et couleurs sont basés sur la mode des années 1930, et la propriétaire, Huang 'Denise' Mengqi, vous garantira que ses produits sont uniques. Premier prix pour des chaussons : 650 ¥. Confection sur mesure.

Pīlìngpālāng – Anfu Lu — Céramiques

(噼呤啪啷 ; carte p. 144 ; www.pilingpalang.com ; 183 Anfu Rd, 安福路183号 ; 10h-21h30 ; Changshu Rd). Vous trouverez ici de magnifiques céramiques aux couleurs vives, en cloisonné ou laquées, ainsi que des pièces de formes traditionnelles chinoises avec une touche moderne et design. Les boîtes à thé et les plateaux décoratifs font de superbes cadeaux ou souvenirs.

Lolo Love Vintage — Vintage

(carte p. 144 ; 2 Yongfu Rd, 永福路2号 ; 12h-21h ; Shanghai Library, Changshu Rd). À l'extérieur trônent un lapin blanc géant, un paon empaillé et un cactus en plastique. Mais, derrière la porte bleue métallique donnant sur Yongfu Rd, se cache un temple déjanté consacré aux vêtements vintage des années 1940 et 1950. La boutique déborde de costumes, blouses, hauts, chaussures, broches et vêtements en tous genres empilés sur des cintres, des étagères et dans de vieilles valises.

OÙ SE RESTAURER

Aussi bien ancrée dans les traditions culinaires chinoises, que prisée de chefs talentueux venus du monde entier, Shànghǎi a rang de destination gastronomique la plus en vue de Chine.

Le Bund et la place du Peuple

Lost Heaven Yunnanais ¥¥

(花马天堂, Huāmǎ Tiāntáng ; carte p. 132 ; 021 6330 0967 ; www.lostheaven.com.cn ; 17 East Yan'an Rd, 延安东路17号 ; plats 50-160 ¥ ; 11h30-15h et 17h30-22h30 ; M Lignes 2, 10 jusqu'à East Nanjing Rd). Lost Heaven ne bénéficie peut-être pas du point de vue qui assure le succès de ses concurrents, mais il est dommage de se rendre dans de sempiternels restaurants occidentaux quand on peut découvrir la cuisine traditionnelle sophistiquée des minorités Bai, Dai et Miao, originaires du sud-ouest du pays. Les spécialités sont les fleurs (de bananier et de grenadier), les champignons sauvages, les piments, les currys birmans, le poulet Bai et les succulents thés *pǔ'ěr*, le tout servi dans un cadre somptueux au croisement entre le Yúnnán et Shànghǎi. Le bar-lounge sur le toit-terrasse est très prisé.

Mr & Mrs Bund Français ¥¥¥

(先生及夫人外滩, Xiānshēng Jí Fūrén Wàitān ; carte p. 132 ; 021 6323 9898 ; www.mmbund.com ; 6e niv, Bund 18, 18 East Zhongshan No 1 Rd, 中山东一路18号6楼 ; plats 160-800 ¥, menu déj 2/3 plats 200/250 ¥ ; 17h30-22h30 lun-mer, 17h30-2h jeu-ven, 11h30-14h30 et 17h30-2h sam, 11h30-14h30 et 17h30-22h30 dim ; M Lignes 2, 10 jusqu'à East Nanjing Rd). Le chef français Paul Pairet évolue dans un espace bien plus ludique que celui, raffiné, des autres restaurants du Bund. La carte, éclectique, s'appuie sur des plats de bistrot relevés par l'imagination et la créativité de Pairet. On n'y vient pas que pour les plats, mais aussi pour le menu d'après minuit (repas 2/3 plats 250/300 ¥), les soirées loto et l'ambiance un peu folle. Sonnez pour entrer.

M on the Bund Européen ¥¥¥

(米氏西餐厅, Mǐshì Xīcāntīng ; carte p. 132 ; 021 6350 9988 ; www.m-restaurantgroup.com/mbund/ ; 7e niv, 20 Guangdong Rd, 广东路20号7楼 ; plats 200-400 ¥, menu déj 2 plats 188 ¥, brunch 2/3 plats le week-end 268/298 ¥ ; 11h30-14h30 et 18h-22h30 ; M Lignes 2, 10 jusqu'à East Nanjing Rd). Un restaurant intemporel dont le niveau de sophistication éclipse le clinquant de nombreux établissements haut de gamme de Shànghǎi. Rien de radical au menu, celui-ci misant sur des valeurs traditionnelles, comme le porcelet croustillant ou le tajine de poulet au safran, délicieux et très simple.

Ancienne concession française

Jian Guo 328 Shanghaïnais ¥

(建国, Jiànguó ; carte p. 144 ; 021 6471 3819 ; 328 West Jianguo Rd, 建国西路328号 ; plats 22-58 ¥ ; 11h-14h et 17h-21h30 ; M Jiashan Rd). Souvent plein à craquer, ce restaurant bruyant et étroit occupe 2 étages sur Jianguo Rd. Il doit son succès à une excellente cuisine shanghaïenne, sans gluten et à prix doux. Impossible de se tromper avec le menu : les incontournables comprennent des cuisses de canard frites, de la fondue d'aubergines, des nouilles à l'huile d'échalote et des rouleaux de printemps au tambour brésilien jaune (poisson). Réservez.

Dī Shuǐ Dòng Hunanais ¥¥

(滴水洞 ; carte p. 144 ; 021 6253 2689 ; 2e niv, 56 South Maoming Rd ; 茂名南路56号2层 ; plats 25-128 ¥ ; 11h-1h ; M South Shaanxi Rd). En attendant que soient servies vos bières, la brise soulevée par la nappe qu'installe votre serveur sera la dernière sensation de fraîcheur que vous ressentirez à Dī Shuǐ Dòng, sanctuaire de la cuisine volcanique du Húnán. Prisés tant des gens du cru que des expatriés, les plats sont servis par un personnel en costume campagnard à des convives enthousiastes.

Œuvre de Xu Zhen, M50 (p. 135)

Jìng'ān

Commune Social Tapas ¥¥

(食社, Shíshè ; www.communesocial.com ; 511 Jiangning Rd, 江宁路511号 ; tapas 38-198 ¥, menu déj 3/5 plats 178/218 ¥ ; 12h-14h30 et 18h-22h30 mar-ven, 12h-15h et 18h-22h30 sam, jusqu'à 15h dim ; M Ligne 7 jusqu'à Changping Rd). Projet du chef vedette britannique Jason Atherton, ce restaurant de grande classe, décoré par Neri & Hu, sert, dans un cadre alliant chic et décontraction, des plats mémorables, présentés avec art par le chef, Scott Melvin. Il est divisé en plusieurs parties, avec, à l'étage, un bar à cocktails ainsi qu'une terrasse et, en bas, un bar à tapas ouvert sur la cuisine et un bar à desserts. Toute la ville en parle. Pas de réservations : attendez-vous à patienter.

Fù 1088 Shanghaïnais ¥¥¥

(福1088 ; carte p. 144 ; 021 5239 7878 ; 375 Zhenning Rd, 镇宁路375号 ; 11h-14h et 17h30-23h ; M Lignes 2, 11 jusqu'à Jiangsu Rd). Occupant une demeure des années 1930, l'exceptionnel Fù 1088 comprend 17 salles remplies d'objets anciens chinois. Les salles sont privatives, avec service en gants blancs et cuisine shanghaïenne relevée d'une touche de modernité, comme en témoignent la chair de crabe et le poulet flambé. Tarif minimum de 300 ¥ par personne pour le déjeuner et 400 ¥ pour le dîner, boissons non comprises.

OÙ PRENDRE UN VERRE ET FAIRE LA FÊTE

Le Bund et la place du Peuple

Glam Bar lounge

(魅力, Mèilì ; carte p. 132 ; 7e niv, 20 Guangdong Rd, 广东路20号7楼 ; cocktails 80-100 ¥ ; 17h-tard le soir ; M Ligne 2, 10 jusqu'à East Nanjing Rd). Le cadre joue ici la carte bohème, entre art et insolite, et son ambiance agréable, mélange de rétro et de modernité, en fait l'un des lieux les plus sympathiques du Bund pour prendre un verre. Les cocktails sont à prix raisonnable, tout comme le menu du bar, lequel va des tartines chaudes au fromage truffé, aux crèmes glacées.

Long Bar Bar

(廊吧, Láng Bā ; carte p. 132 ; ☎021 6322 9988 ; 2 East Zhongshan No 1 Rd, 中山东一路2号 ; boissons à partir de 70 ¥ ; 16h-1h lun-sam, 14h-1h dim ; Wi-Fi ; M Ligne 2, 10 jusqu'à East Nanjing Rd). Pour retrouver un peu le décor du Shànghǎi de l'époque coloniale, nul établissement ne vaut le superbe Long Bar. Naguère nommé Shànghǎi Club et ouvert à ses seuls membres, il était doté d'un bar en bois long de 34 m. Les hommes d'affaires étrangers, appelés *tai-pan*, s'y installaient en fonction de leur rang et de leur fortune ; l'influence se mesurait à la proximité d'avec la vue sur le Bund. Boissons à partir de 70 ¥.

Ancienne concession française

Boxing Cat Brewery Brasserie

(拳击猫啤酒屋, Quánjīmāo Píjiǔwū ; carte p. 146 ; www.boxingcatbrewery.com ; 82 West Fuxing Rd, 复兴西路82号 ; 17h-minuit lun-mer, 17h-2h jeu, 15h-2h ven, 10h-minuit sam-dim ; Wi-Fi ; M Shanghai Library, Changshu Rd). Un succès mérité pour cette microbrasserie sur 3 niveaux proposant une sélection tournante de bières de grande qualité, de la Standing 8 Pilsner à la Right Hook Helles. Mais ce n'est pas tout : la célèbre restauratrice Kelley Lee a associé cuisine familiale du Sud (gombo, tacos au poisson grillé), burgers et en-cas pour accompagner les boissons. Venez pour une pinte, restez pour dîner.

Jìng'ān

Dogtown Bar

(狗镇, Gǒu Zhèn ; carte p. 138 ; 409 N Shaanxi Rd, 陕西北路409号 ; 16h-22h lun-ven, 12h-23h sam-dim ; M Ligne 2, 7 jusqu'à Jing'an Temple, ligne 2, 12, 13 jusqu'à West Nanjing Rd). Géré par l'équipe du **Sumerian** (苏美尔人, Sū Měi Ěr Rén ; carte p. 138 ; www.sumeriancoffee.com ; 415 North Shaanxi Rd, 陕西北路415号 ; plats à partir de 20 ¥ ; 7h-20h ; Wi-Fi ; M Ligne 2, 12, 13 jusqu'à West Nanjing Rd, sortie 1) voisin, ce bar minuscule est littéralement une cabane de bord de rue avec quelques tabourets et un comptoir. La plupart des clients sont debout, bière à la main, sur le trottoir. C'est l'endroit idéal pour lier conversation avec des étrangers. Pour qui arrive tôt le week-end, un fût de bière Asahi est installé à midi et l'on peut s'y faire servir gracieusement jusqu'à ce qu'il soit vide.

> ### Interdit aux chiens et aux Chinois
>
> Selon la rumeur, une pancarte installée au **parc Huángpǔ** (黄浦公园, Huángpǔ Gōngyuán ; carte p. 132 ; M Ligne 2, 10 jusqu'à East Nanjing Rd), alors appelé Jardins Publics, annonçait "Interdit aux chiens et aux Chinois". En réalité, ce panneau n'a jamais existé, mais l'idée véhiculée a marqué les esprits. Le règlement du parc était bien affiché à l'entrée, et la première règle indiquait que "Les jardins [étaient] réservés à la communauté étrangère" tandis que la quatrième signalait que "Les chiens et les vélos [étaient] interdits". Il est donc vrai que les Chinois ne pouvaient accéder au parc, une injustice qui fit naître la légende.
>
> Désormais, la prétendue pancarte est fermement ancrée dans la conscience chinoise. Dans le film *La Fureur de vaincre*, Bruce Lee détruit un panneau "Interdit aux chiens et aux Chinois" dans un parc de Shànghǎi, et les livres d'histoire chinois citent cet affront comme étant une preuve supplémentaire des humiliations infligées aux Chinois par les étrangers. Pour un point de vue universitaire sur ce sujet, consultez l'article : *Shanghai's 'Dogs and Chinese not Admitted' Sign: Legend, History and Contemporary Symbol*, de Robert A. Bickers et Jeffrey N. Wasserstrom, publié dans la revue *China Quarterly*, n°142 (juin 1995).

Pǔdōng

Flair Bar

(carte p. 140 ; 58e niv, Ritz-Carlton Shanghai Pudong, 8 Century Ave ; 世纪大道8号58楼 ; cocktails 95 ¥ ; 5h30-tard ; Wi-Fi ; M Lujiazui). Propice à la romance, voici la vue nocturne

Ancienne concession française

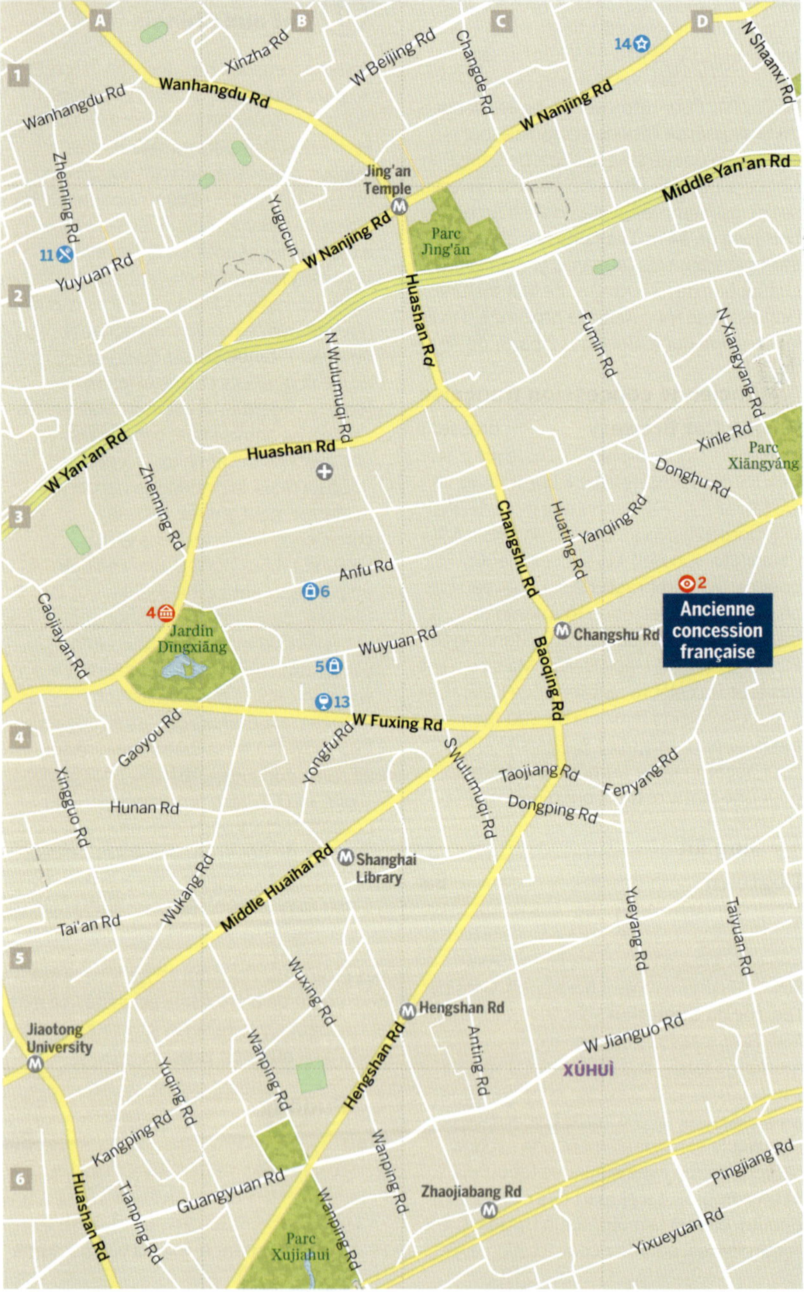

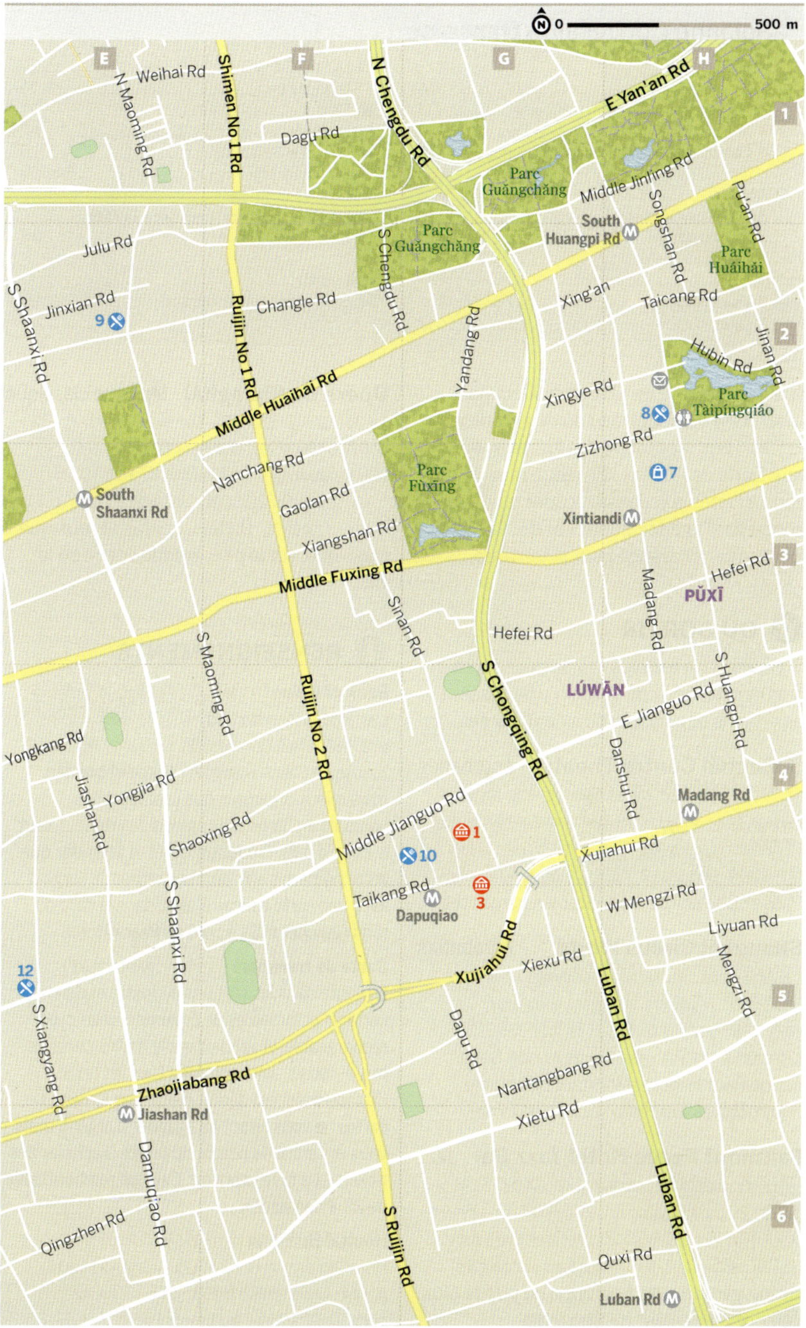
0
500 m
E
F
G
H
1
2
3
4
5
6
Weihai Rd
N Maoming Rd
Shimen No 1 Rd
N Chengdu Rd
E Yan'an Rd
Dagu Rd
Parc Guǎngchǎng
Middle Jinling Rd
South Huangpi Rd
Songshan Rd
Pu'an Rd
Parc Huáihǎi
Julu Rd
S Chengdu Rd
Jinxian Rd
Changle Rd
Ruijin No 1 Rd
Xing'an
Taicang Rd
Yandang Rd
Hubin Rd
Jinan Rd
S Shaanxi Rd
Middle Huaihai Rd
Xingye Rd
Parc Tàipíngqiáo
Zizhong Rd
Nanchang Rd
Parc Fùxīng
Gaolan Rd
South Shaanxi Rd
Xintiandi
Xiangshan Rd
Middle Fuxing Rd
Hefei Rd
PŬXĪ
Madang Rd
Sinan Rd
S Maoming Rd
Ruijin No 2 Rd
S Chongqing Rd
LÚWĀN
E Jianguo Rd
S Huangpi Rd
Yongkang Rd
Jiashan Rd
Yongjia Rd
Danshui Rd
Madang Rd
Middle Jianguo Rd
Shaoxing Rd
Xujiahui Rd
Taikang Rd
Dapuqiao
W Mengzi Rd
Liyuan Rd
S Shaanxi Rd
Xujiahui Rd
Xiexu Rd
Mengzi Rd
S Xiangyang Rd
Luban Rd
Dapu Rd
Zhaojiabang Rd
Jiashan Rd
Nantangbang Rd
Xietu Rd
Damuqiao Rd
Qingzhen Rd
S Ruijin Rd
Quxi Rd
Luban Rd
1
3
7
8
9
10
12

Ancienne Concession française

la plus enivrante de Shànghǎi. Occupant la terrasse au 58e niveau du Ritz-Carlton, le Flair vous rapproche des lumières de la tour Perle de l'Orient. S'il pleut, retranchez-vous à l'intérieur, dans un cadre tendance conçu par l'agence Super Potato. Réservez longtemps à l'avance pour la terrasse.

OÙ SORTIR

Si Shànghǎi n'est plus la ville décadente de naguère, les lieux de sortie n'y fleurissent pas moins depuis une dizaine d'années.

Shànghǎi Centre Theatre Acrobaties
(上海商城剧院, Shànghǎi Shāngchéng Jùyuàn ; carte p. 144 ; 021 6279 8948 ; Shànghǎi Centre, 1376 West Nanjing Rd, 南京西路1376号 ; billets 120-300 ¥ ; M Ligne 2, 7 jusqu'à Jing'an Temple). Passez une soirée à admirer les acrobates.

Shànghǎi Circus World Acrobaties
(上海马戏城, Shànghǎi Mǎxìchéng ; 021 6652 7501 ; www.era-shanghai.com/era/en/ ; 2266 Gonghexin Rd, 共和新路2266号 ; 120-600 ¥ ; M Shanghai Circus World). Salle accueillant l'impressionnant spectacle d'acrobaties *Era: Intersection of Time*.

Fairmont Peace Hotel Jazz Bar Jazz
(爵士吧, Juéshì Bā ; carte p. 132 ; 021 6138 6883 ; 20 East Nanjing Rd, 南京东路20号费尔蒙和平饭店 ; 17h30-2h, musique live à partir de 19h ; M Ligne 2, 10 jusqu'à East Nanjing Rd). Swing garanti avec le groupe de jazz le plus célèbre (et ancien) de Shànghǎi.

Opéra de Shànghǎi Musique classique
(上海大剧院, Shànghǎi Dàjùyuàn ; carte p. 132 ; 021 6386 8686 ; www.shgtheatre.com ; 300 Renmin Ave, 人民广场人民大道300号 ; billetterie 9h-20h ; M Ligne 1, 2, 8 jusqu'à People's Square). Ballets, opéras et musique classique, sur la plus grande scène de la ville.

RENSEIGNEMENTS

Bank of China (中国银行, Zhōngguó Yínháng ; East Zhongshan No 1 Rd, 中山东一路 ; 9h-12h et 13h30-16h30 lun-ven, 9h-12h sam ; M Ligne 2, 10 jusqu'à East Nanjing Rd). Souvent bondée, mais mieux organisée que la plupart des banques en Chine (son splendide intérieur vaut le coup d'œil). Prenez un ticket et attendez que votre numéro s'affiche. Pour retirer de l'argent avec une carte bancaire, allez dans la salle du fond (guichet n°2). À côté du Peace Hotel.

Carte de transport (交通卡, *jiāotōng kǎ*). En vente dans les stations de métro et dans certains commerces de proximité, celle-ci est rechargeable, et valide dans le métro, certains bus et ferrys, ainsi que dans tous les taxis. Chaque trajet est déduit électroniquement. Les cartes ne vous feront pas gagner d'argent, mais vous éviteront de perdre du temps à acheter des tickets et à faire l'appoint. Caution remboursable de 20 ¥ demandée.

Hôpital Huàshān (华山医院国际医疗中心, Huàshān Yīyuàn Guójì Yīliáo Zhōngxīn ; carte p. 144 ; 021 5288 9998 ; www.sh-hwmc.com.cn ; 12 Middle Wulumuqi Rd, 乌鲁木齐中

路12号 ; MChangshu Rd). Soins hospitaliers et consultations de jour sont assurés à la clinique pour étrangers (8e niveau), le **Huashan Worldwide Medical Center** (华山医院国际医疗中心, Huáshān Yīyuàn Guójì Yīliáo Zhōngxīn ; ☎021 6248 3986 ; ⏰8h-22h). Service d'urgences 24h/24 au 15e niveau du bâtiment 6.

Poste (中国邮政, Zhōngguó Yóuzhèng ; carte p. 144 ; Xingye Lu ; 兴业路). En face du site du premier Congrès national du PCC, à Xīntiāndì.

DEPUIS/VERS SHÀNGHǍI

AVION

L'**aéroport international de Pǔdōng** (PVG, 浦东国际机场, Pǔdōng Guójì Jīchǎng ; ☎021 6834 7575, renseignements sur les vols 96990 ; www.shairport.com) est situé à 30 km au sud-est de Shànghǎi, près de la mer de Chine orientale. Il accueille la plupart des vols internationaux (et quelques vols domestiques). Si vous avez une correspondance domestique depuis l'aéroport international de Pǔdōng, renseignez-vous impérativement pour savoir si le vol domestique décolle de Pǔdōng ou d'Hóngqiáo, car il faut au moins 1 heure pour traverser la ville.

Situé à 18 km à l'ouest du Bund, l'**aéroport international de Hóngqiáo** (SHA ; 虹桥国际机场, Hóngqiáo Guójì Jīchǎng ; ☎021 5260 4620, renseignements sur les vols 021 6268 8899 ; www.shairport.com ; MHongqiao Airport Terminal 1, Hongqiao Airport Terminal 2) possède deux terminaux : le terminal 1 (terminal est ; halls A et B), le plus ancien et le moins utilisé, et le terminal 2 (terminal ouest ; relié à la gare ferroviaire Hóngqiáo de Shànghǎi), plus récent et sophistiqué, où arrivent la plupart des vols.

BUS

La gigantesque **gare routière longue distance de Shànghǎi Sud** (上海长途客运南站, Shànghǎi Chángtú Kèyùn Nánzhàn ; ☎021 5436 2835 ; www.ctnz.net ; 666 Shilong Rd ; MShanghai South Railway Station) a des liaisons en bus avec la majorité des destinations du sud de la Chine.

Même si à première vue la **gare routière longue distance de Shànghǎi** (上海长途汽车客运总站, Shànghǎi Chángtú Qìchē Kèyùn Zǒngzhàn ; carte p. 138 ; ☎021 6605 0000 ; www.kyzz.com.cn ; 1666 Zhongxing Rd, 中兴路1666号 ; MShanghai Railway Station) semble proche

Néons sur Nanjing Road (p. 134)

SEAN PAVONE/SHUTTERSTOCK ©

de la gare ferroviaire de Shànghăi, elle n'est pas facile d'accès, mais elle a des liaisons en bus pour toutes les destinations.

Les bus pour Hángzhōu, Sūzhōu et de nombreuses autres destinations partent aussi de la **gare routière longue distance d'Hóngqiáo** (长途客运虹桥站, Hóngqiáo *chángtú kèyùn zhàn*), au terminal 2 de l'aéroport de Hóngqiáo.

TRAIN

La **gare ferroviaire Hóngqiáo de Shànghăi** (上海虹桥站, Shànghăi Hóngqiáo Zhàn ; Ⓜ Hongqiao Railway Station), neuve et sophistiquée, est la plus grande gare d'Asie. Elle se trouve au terminus ouest de la ligne de métro n°10 et sur la ligne n°2, près de l'aéroport international d'Hóngqiáo. C'est le terminus des trains G à grande vitesse et d'autres trains, avec des liaisons vers Pékin (à partir de 555 ¥, très régulier), Hángzhōu (à partir de 73 ¥, très régulier), Nánjīng South (à partir de 95 ¥, fréquent) et Sūzhōu (à partir de 25 ¥, régulier).

La grande **gare ferroviaire de Shànghăi** (上海火车站, Shànghăi Huŏchē Zhàn ; ☎ en chinois 12306 ; 385 Meiyuan Rd, 梅园路385号 ; Ⓜ Shanghai Railway Station), tentaculaire et en effervescence, est située dans le nord de la ville et desservie par les lignes de métro 1, 4 et 3. Les trains G, D et les trains express font la liaison avec Pékin (309 ¥, 3/jour), Hángzhōu (95 ¥, 4/jour), Hong Kong (226 ¥, 18h20), Huángshān (93 ¥, 2/jour), Nánjīng (144 ¥, fréquent), Sūzhōu (40 ¥, fréquent) et Xī'ān (180 ¥, fréquent).

La **gare ferroviaire de Shànghăi Sud** (上海南站, Shànghăi Nánzhàn ; ☎ 021 9510 5123 ; 200 Zhaofeng Rd), moderne, est aisément accessible via les lignes de métro 1 et 3. Ses trains desservent surtout les destinations du Sud et du Sud-Ouest, notamment Guìlín (190 ¥, 4/jour) et Hángzhōu (29 ¥, fréquent).

ℹ COMMENT CIRCULER

Métro En extension rapide, le réseau du métro et du tramway fonctionne à merveille : il est rapide, efficace et bon marché. Toutefois, aux heures de pointe, le métro est littéralement bondé.

Taxi Omniprésents et bon marché, mais héler un véhicule aux heures de pointe ou durant une averse peut être plus difficile.

Bus Avec un vaste réseau d'itinéraires, le bus peut sembler tentant, mais il faut réussir à déchiffrer le nom de la ligne et de l'arrêt, et surtout réussir à se glisser à bord aux heures de pointe. Les bus subissent aussi la circulation de Shànghăi et sont parfois désespérément lents.

Vélo Pratique pour les petits quartiers, mais lorsqu'il s'agit de traverser la ville les distances sont trop colossales.

À pied Possible uniquement au sein d'un même quartier. Mais dans ce cas, les distances sont parfois longues et fatigantes.

Où se loger

Mieux vaut réserver votre hébergement bien à l'avance pour dénicher une pépite. Soyez préparé à ce que le personnel parle très peu anglais, sauf dans les hôtels les plus luxueux et les auberges de jeunesse.

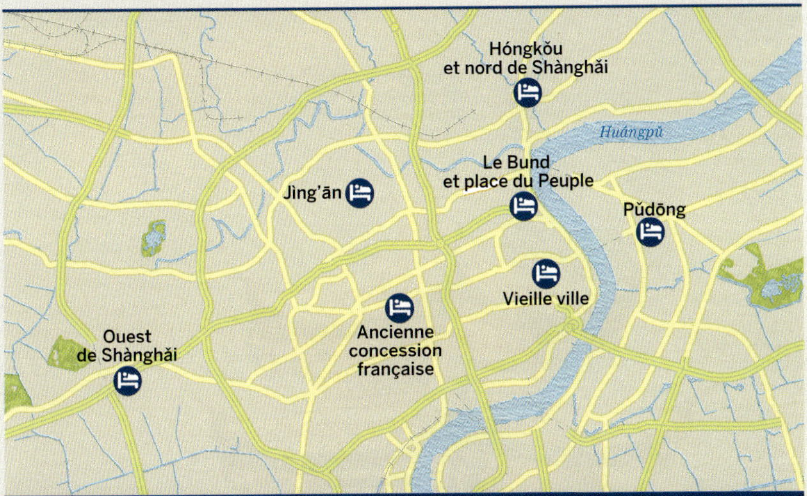

Quartier	Atmosphère
Bund et place du Peuple	Hôtels de luxe sur le Bund, panoramas exceptionnels et restaurants prestigieux. Emplacement ultra central et bien desservi par les transports. Quartier très affairé et cher.
Vieille ville chinoise	La partie traditionnelle de la ville. Belle vue sur le fleuve depuis le secteur sud du Bund, raffiné et très animé. Transports en commun limités et quartier délabré par endroits.
Ancienne concession française	Architecture historique, quartier soigné, animé, verdoyant et central. Excellent choix d'hôtels et de restaurants, aux tarifs parfois élevés. Très bien desservi par les transports.
Jìng'ān	Bon réseau de transports, bon choix d'hébergements et concentration de boutiques. Emplacement central et cadre élégant, mais peu de sites à visiter.
Pǔdōng	Restaurants fantastiques et hôtels luxueux, raffinés et haut perchés dans les gratte-ciel. Bien desservi, mais les distances sont longues. Peu de charme.
Hóngkǒu et nord de Shànghǎi	Établissements élégants et chargés d'histoire proposant des séjours longs. Bien desservi par les transports. Certains secteurs sont proches du centre. Quartier moins branché et plus délabré.
Ouest de Shànghǎi	Proche de l'aéroport international d'Hóngqiáo. Certains établissements offrent un bon rapport qualité/prix, mais le quartier manque un peu de caractère.

LAC DE L'OUEST (P. 156) : ZHAOJIANKANG / ADOBESTOCK.COM ©

VILLES DE CANAUX ET LAC DE L'OUEST

Dans ce chapitre

Villes de canaux et lac de l'Ouest

Terre parmi les plus fertiles du pays, le Jiāngsū (江苏), proche de Shànghǎi, est réputé pour ses jolies cités traditionnelles sillonnées de canaux, telles Sūzhōu et Tónglǐ. À quelques kilomètres, dans le Zhèjiang, Hángzhōu s'étend au bord du lac de l'Ouest, dont les rives sont plantées de saules et ponctuées de pagodes, de temples et d'hôtels de tout premier ordre. Peu de panoramas sont aussi apaisants. La beauté du lac se révèle tout particulièrement la nuit, lorsque les couples se promènent au bord de l'eau.

Les villes de canaux et le lac de l'Ouest en deux jours

Depuis Shànghǎi, prenez un bus jusqu'à **Zhūjiājiǎo** (p. 158), ville pittoresque de canaux toute proche, pour une excursion d'une journée. Passez la nuit à Zhūjiājiǎo, puis reprenez le bus jusqu'à la ravissante ville de **Tónglǐ** (p. 164) dans la province du Jiāngsū, où vous pourrez passer la nuit. Visitez la vieille ville et le musée de la Culture sexuelle chinoise, faites un tour en bateau sur le canal, admirez le jardin Tuìsì et la Gēnglè Táng, vaste domaine de la dynastie Ming.

Les villes de canaux et le lac de l'Ouest en quatre jours

Après Zhūjiājiǎo et Tónglǐ, prenez le bus pour **Sūzhōu** (p. 159) pour une journée de visite des plus beaux sites, notamment le remarquable musée de Sūzhōu, le jardin du Maître des filets, le jardin de l'Humble Administrateur, ainsi que le temple du Jardin de l'Ouest. Ne ratez pas la promenade sur les canaux. Prenez ensuite le train pour **Hángzhōu** (p. 168), un terminus ravissant qui promet des visites paisibles autour du beau lac de l'Ouest et dans la région alentour.

Comment s'y rendre

Gare Sud des bus longue distance de Sūzhōu (汽车南站, Qìchē Nánzhàn ; angle Yingchun Lu et Nanhuan Donglu, 迎春路南环东路的路口). Des bus pour Hángzhōu ou Shànghǎi.

Gare Nord des bus longue distance de Sūzhōu (汽车北站, Qìchē Běizhàn ; ☎0512 6577 6577 ; 29 Xihui Lu, 西汇路29号). Des bus pour Hángzhōu, Tónglǐ ou Wūzhèn.

Gare ferroviaire Est de Hángzhōu (杭州东站, Hángzhōu Dōngzhàn ; Dongning Lu, 东宁路). Trains pour Běijīng (gare Sud), Shànghǎi (gare Hóngqiáo) ou Sūzhōu.

Où se loger

Séjourner à Sūzhōu coûte assez cher, mais les adresses sont nombreuses. Tónglǐ se visite généralement à la journée, mais nombre de pensions proposent des chambres basiques à partir de 100 ¥ environ. À Wūzhèn, les hébergements se concentrent à Xīzhà. Quant à Hángzhōu, la ville propose une vaste gamme d'hébergements allant des hôtels haut de gamme aux bonnes auberges de jeunesse au bord du lac de l'Ouest. D'une façon générale, réservez longtemps à l'avance en été, le week-end et pendant les vacances.

Vieille ville de Sūzhōu

Vieille ville de Sūzhōu

Synonyme de culture et de raffinement, Sūzhōu la belle séduisit la haute société chinoise, ainsi que des générations d'artistes, d'écrivains et de lettrés, notamment grâce à la beauté de ses jardins.

Pour ceux qui aiment...

☑ À ne pas rater

Le ravissant jardin du Maître des filets (p. 159) et le musée de Sūzhōu (p. 159).

Fondée il y a quelque 2 500 ans, Sūzhōu est l'une des plus anciennes cités du bassin du Yangzi. L'achèvement du Grand Canal sous la dynastie Sui la transforma en centre de transport fluvial et de stockage des céréales, peuplé de marchands et d'artisans.

Au XIVe siècle, Sūzhōu était devenue la première ville productrice de soie du pays. Riches marchands, aristocrates, érudits, acteurs et peintres célèbres vinrent s'y installer, faisant construire villas et jardins.

Son image de "cité-jardin" ou de "Venise de l'Orient" provient d'un mélange médiéval fait de bâtiments en bois de guildes d'imprimeurs et de sociétés de broderie, de maisons blanchies à la chaux, de rues pavées, d'avenues bordées d'arbres et de canaux. Ses femmes étaient réputées les plus belles de Chine, une beauté que renforçait la douceur de l'accent local.

Sur les canaux de Sūzhōu

ELEONORE H0RIOT / STOCK.ADOBE.COM ©

En 1860, les troupes Taiping s'emparèrent de la ville sans coup férir. En 1896, Sūzhōu fut ouverte au commerce étranger, sous la forme de concessions japonaises notamment. Depuis 1949, la majeure partie de la cité historique, y compris ses remparts, a disparu. La ville fait l'objet d'un embellissement depuis une décennie environ, et des zones comme Pingjiang Lu et le site pittoresque de la porte Pán évoquent le Sūzhōu d'antan.

Pingjiang Lu

(平江路 ; Ⓜ Lindun Lu ou Xiangmen). Si la plupart des canaux ont été transformés en rues, l'artère piétonnière Pingjiang Lu donne un aperçu du Sūzhōu d'autrefois. Dans la partie est de la ville, au bord d'une voie d'eau, beaucoup de maisons blanchies à la chaux ont été transformées en pensions, maisons de thé ou cafés branchés. Il suffit de s'enfoncer dans les ruelles latérales pour découvrir le quotidien plus tranquille des habitants.

Infos pratiques

Office du tourisme de Sūzhōu (苏州旅游咨询中心, Sūzhōu Lǚyóu Zīxún Zhōngxīn ; ☎6530 5887 ; 101 Daichengqiao Lu, 带城桥路101号). Bureaux un peu partout en ville.

Une petite faim ?

Vous pourrez manger un morceau à la **Yǎba Shēngjiān** (p. 162).

★ À savoir

Les jardins n'ont pas été conçus pour les circuits en groupe, aussi n'allez pas y chercher la sérénité.

Porte de Pán

(盘门, Pán Mén ; 1 Dong Dajie, 东大街1号 ; porte Pán seulement/avec pagode Ruìguāng 40/46 ¥ ; 7h30-18h ; Y2). Cette section de remparts couverte de végétation, qui enjambe la douve extérieure à l'angle sud-ouest de la ville, conserve la seule porte d'origine de la cité, datant de 1355. Avec sa double muraille envahie par la végétation et ses nombreux postes défensifs, l'ouvrage érigé sur le canal servait à surveiller les voies navigables. De là, on aperçoit à l'est le ravissant **pont Wúmén** (Wúmén Qiáo) en demi-lune, la douve et la **pagode Ruìguāng** (瑞光塔, Ruìguāng Tǎ ; Dong Dajie, 东大街 ; 6 ¥). On peut grimper en haut de cette pagode délabrée construite en 1004.

La porte est reliée à 300 m de **remparts anciens de la ville**, qu'il est possible de longer à pied, en passant devant de vieilles dames cueillant des pissenlits. Elle donne aussi sur un espace absolument charmant, avec des salles anciennes, des clochers, des ponts, des pavillons et un lac, sans oublier le petit **temple Wǔxiàng** (Wǔxiàng Cí). Bien moins fréquenté que les jardins de Sūzhōu, c'est un lieu plus séduisant sous bien des angles. Le bus touristique Y2 vous y conduira, à moins d'opter pour un taxi.

Le lac de l'Ouest

Lac de l'Ouest

Quintessence de la beauté chinoise classique, cette étendue lacustre continue d'exercer sa magie. Des collines couronnées de pagodes dominent ses rives ombragées par des saules, tandis que des bateaux glissent lentement sur ses eaux.

Pour ceux qui aiment...

☑ À ne pas manquer

Autour du lac, chemins, bancs, parcs et jardins offrent aux promeneurs de superbes points de vue.

Le lac fut créé au VIIIe siècle, à l'emplacement d'une lagune contiguë au fleuve Qiántáng, quand le gouverneur de Hángzhōu fit draguer cette étendue marécageuse. Au fil du temps, on procéda à son embellissement, avec la plantation de jardins, la construction de pagodes et l'aménagement d'îles et de chaussées.

Le célèbre poète Su Dongpo contribua à l'aménagement du lac en faisant construire la **chaussée Sū** (苏堤, Sūdī) durant son mandat de gouverneur, au XIe siècle. Il imitait en cela Bo Juyi (ou Bai Juyi), également poète et gouverneur, qui avait fait édifier la **chaussée Bái** (白堤, Báidī), deux siècles plus tôt. Bordées de saules, de pruniers et de pêchers, ces chaussées piétonnes aux ponts en demi-lune font d'agréables promenades.

Reliée à la rive nord par la chaussée Bái, l'**île Gūshān** (孤山岛, Gūshān Dǎo),

Sur le lac de l'Ouest

Infos pratiques

Informations à l'**office du tourisme de Hángzhōu** (p. 175).

Une petite pause ?

Le **Carbon** (10 Beishan Lu, 北山路10号 ; plats 130-250 ¥ ; 11h-23h) vaut plus pour son cadre que pour sa cuisine, mais sa situation au bord du lac en fait une superbe adresse pour dîner. Après le repas, prenez un dernier verre sur la terrasse pour profiter de la fraîcheur du soir.

★ À savoir

Pour éviter les foules, en particulier les jours fériés, arrivez tôt le matin ; le meilleur moment également pour observer une session de tai-chi.

la plus vaste, abrite le **Musée provincial du Zhèjiāng** (浙江省博物馆, Zhèjiāng Shěng Bówùguǎn ; 25 Gushan Lu, 孤山路25号 ; audioguide 10 ¥ ; 9h-17h mar-dim) GRATUIT et le **parc Zhōngshān** (中山公园, Zhōngshān Gōngyuán). Au XVIIIe siècle, les bâtiments et les jardins de l'île faisaient partie du palais d'Été de l'empereur Qianlong. Également sur l'île, l'intéressante **Société des graveurs de sceaux** (西泠印社, Xīlíng Yìnshè ; 9h-17h30) GRATUIT est dédiée à l'art antique de la gravure de sceaux personnels.

Au nord-ouest, les charmants **jardins Qūyuàn** (曲院风荷, Qūyuàn Fēnghé) s'étendent sur plusieurs îlots et sont renommés pour leurs fleurs de lotus, qui embaument au printemps. Près du pont Xīlíng (Xīlíng Qiáo) se trouve le **tombeau de Su Xiaoxiao** (苏小小墓, Sū Xiǎoxiǎo Mù), une courtisane du Ve siècle, morte de chagrin en attendant le retour de son amant. Son fantôme hanterait les lieux et, la nuit, on pourrait entendre tinter les clochettes de sa robe.

De la petite **île Xiǎoyíng** (小瀛洲, Xiǎoyíng Zhōu), on découvre les **Trois Bassins reflétant la Lune** (三潭印月, Sāntán Yìnyuè), 3 petites tours construites dans l'eau du côté sud de l'île ; chacune est percée de 5 trous qui laissent filtrer la lumière des bougies la nuit de la fête de la Mi-Automne. Sur cette île, l'**étang de la Carpe rouge** (花港观鱼, Huāgǎng Guānyú) est peuplé de milliers de carpes.

Opéras, danses de salon et autres activités culturelles ont souvent lieu autour du lac. Par temps clair, profitez du superbe coucher de soleil depuis la rive orientale. Des spectacles de fontaines dansantes sont donnés près du Lakeview Park.

Faites de préférence le tour du lac à vélo ou à pied.

Zhūjiājiǎo

À 30 km à l'ouest de Shànghǎi, **Zhūjiājiǎo** (朱家角) est pleine de charme, pour peu qu'on évite la foule des visiteurs. Cette ville de canaux compose un charmant tableau avec son architecture datant des dynasties Ming et Qing, visible dans ses allées, sur ses ponts et dans sa vieille ville (古镇 ; *gǔzhèn*), dont les ruelles baignent dans les effluves du *chòu dòufu* ("tofu puant").

Si vous prévoyez de consacrer une journée entière à la visite, vous pourrez acheter différents forfaits auprès de l'**office de tourisme de Zhūjiājiǎo** (旅游办事处, Lǚyóu Bànshì Chù ; ☎021 5924 0077 ; www.zhujiajiao.com/en ; Xinfeng Lu, 新丰路 ; guide anglophone demi-journée/journée 120/200 ¥ ; ⏲8h30-16h30), ainsi qu'une carte, fort utile.

Auparavant situé à Xuějiābāng, le **temple du Dieu de la Ville** (城隍庙, Chénghuáng Miào ; 69 Caohe Jie, 漕河街 ; 10 ¥ ; ⏲7h30-16h) se dresse depuis 1769 à l'ouest du pont éponyme, récemment construit. Plus au nord, dans la rue Caohe (漕河街) qui longe le canal, le **monastère bouddhique Yuánjīn** (圆津禅院, Yuánjīn Chányuàn ; 193 Caohe Jie, 漕河街 ; 10 ¥ ; ⏲8h-16h) jouxte le **pont Tài'ān** (泰安桥 ; Tài'ān Qiáo), à l'architecture caractéristique. Ne manquez pas le **bureau de poste de la dynastie Qing** (清王朝邮局, Qīng Wángcháo Yóujú ; 35 Xihu Rd, 西湖路35号 ; 5 ¥ ; ⏲8h30-16h30) et le remarquable **pont Fàngshēng** (放生桥, Fángshēng Qiáo), le plus photogénique de Zhūjiājiǎo. Construit en 1571, ce pont de 5 arches fut bâti grâce aux oboles récoltées pendant 15 ans par un moine. Vous pouvez faire un **tour complet de la ville en bateau** depuis plusieurs embarcadères, dont celui du pont Fàngshēng. Comptez 80/150 ¥ par embarcation pour le petit/grand circuit, d'une capacité de 6 passagers maximum.

Si vous décidez de passer la nuit ici, la charmante auberge **Cǎo Táng Inn** (草堂客栈, Cǎotáng Kèzhàn ; ☎021 5978 6442 ; 31 Dongjing Jie, 东井街31号 ; dort 80-100 ¥, d 300-320 ¥ ; ❄@📶) n'est pas loin du pont Fàngshēng. Mieux vaut réserver.

Pour rejoindre Zhūjiājiǎo depuis Shànghǎi, prenez le bus direct rose et blanc

Zhūjiājiǎo

Hùzhū Gāosù Kuàixiàn (沪朱高速快线 ; 12 ¥, 1 heure, ttes les 20 min 6h-22h, moins fréquent en basse saison) de la **gare routière de Pu'an Rd** (普安路汽车站, Pǔ'ān Lù Qìchē Zhàn ; Pu'an Lu ; 普安路 ; Ⓜ Dashijie) juste au sud de la place du Peuple.

Zhūjiājiǎo est également accessible depuis la gare routière de Tónglǐ (15 ¥, 1 heure 30).

Sūzhōu

☎ 0512 / 1,3 million d'habitants

Sūzhōu (苏州 ; prononcer "*soudjo*") a longtemps attiré la haute société chinoise, ainsi que des générations d'artistes, d'écrivains et de lettrés. Son attrait réside dans ses jardins classiques, gracieuse combinaison de rochers, d'eau, d'arbres et de pavillons reflétant le goût des Chinois pour l'équilibre et l'harmonie.

Elle conserve aujourd'hui assez de charme pour qu'on lui consacre 2 ou 3 jours ; vous passerez des heures agréables à flâner dans les jardins, visiter les musées et découvrir les canaux, les pagodes et les ponts en demi-lune.

À VOIR

Musée de Sūzhōu — Arts

(苏州博物馆, Sūzhōu Bówùguǎn ; 204 Dongbei Jie ; 东北街204号 ; audioguide 30 ¥ ; ⌚ 9h-17h ; 🚌 Y5). GRATUIT Triomphe architectural, ce musée conçu par I. M. Pei (qui est également l'auteur de la pyramide du Louvre à Paris) est une interprétation moderne d'un jardin, associant eau, bambou et géométrie parfaite. Il renferme d'impressionnantes collections de jades, de céramiques, de sculptures sur bois ou de tissus, toutes légendées en anglais. Remarquez la statue en buis d'Avalokiteshvara (Guanyin), qui date de la période républicaine. Tongs interdites.

Jardin du Maître des filets — Jardin classique

(网师园, Wǎngshī Yuán ; haute/basse saison 30/20 ¥ ; ⌚ 7h30-17h). Près de Shiquan Jie, ce tout petit jardin est l'un des mieux préservés de la ville. Tracé au XIIe siècle puis laissé à l'abandon, il fut restauré au XVIIIe siècle par un fonctionnaire à la retraite devenu pêcheur (d'où son nom). La caractéristique la plus frappante du jardin est l'utilisation de l'espace, qui donne l'illusion d'une superficie beaucoup plus vaste. De mars à novembre, des spectacles musicaux (100 ¥) ont lieu chaque soir à partir de 19h30. Deux voies bordées de stands de souvenirs et de panneaux en anglais, conduisent à l'entrée : l'allée partant de Shiquan Jie et celle de Kuojiatou Xiang (阔家头巷), proche de Daichengqiao Lu.

Jardin de l'Humble Administrateur — Parc

(拙政园, Zhuōzhèng Yuán ; 178 Dongbei Jie ; 东北街178号 ; haute/basse saison 90/70 ¥, audioguide gratuit ; ⌚ 7h30-17h30). Datant de 1509, ce jardin de 5,2 ha comporte des fontaines et des étangs, un musée, une maison de thé, et plus d'une dizaine de pavillons, comme celui de "l'Écoute du son de la pluie" ou "du Regard lointain". C'est le plus grand de tous les jardins, et il est considéré par beaucoup comme le plus impressionnant. Avec ses ponts en zigzag, ses pavillons, ses bosquets de bambous et ses bassins à lotus, il ferait un lieu de flânerie idéal... sans la foule qui s'y presse en haute saison.

Temple du Jardin de l'Ouest — Sanctuaire

(西园寺, Xīyuán Sì ; Xiyuan Lu ; 西园路 ; 25 ¥ ; ⌚ 8h-17h ; 🚌 Y1, Y3). Ce superbe temple, avec ses murs couleur moutarde et ses avant-toits gracieusement recourbés, fut entièrement brûlé durant la révolte des Taiping et reconstruit à la fin du XIXe siècle. Dès l'entrée, on s'extasie devant la salle des Arhats (罗汉堂 ; Luóhàn Táng) et son étonnante statue de Guanyin aux quatre visages et aux mille bras. Derrière, se dressent quelque 500 *luóhàn* scintillants (arhats, ou moines ayant atteint l'Éveil et le nirvana à leur mort), chacun unique et quasi grandeur nature.

Sūzhōu

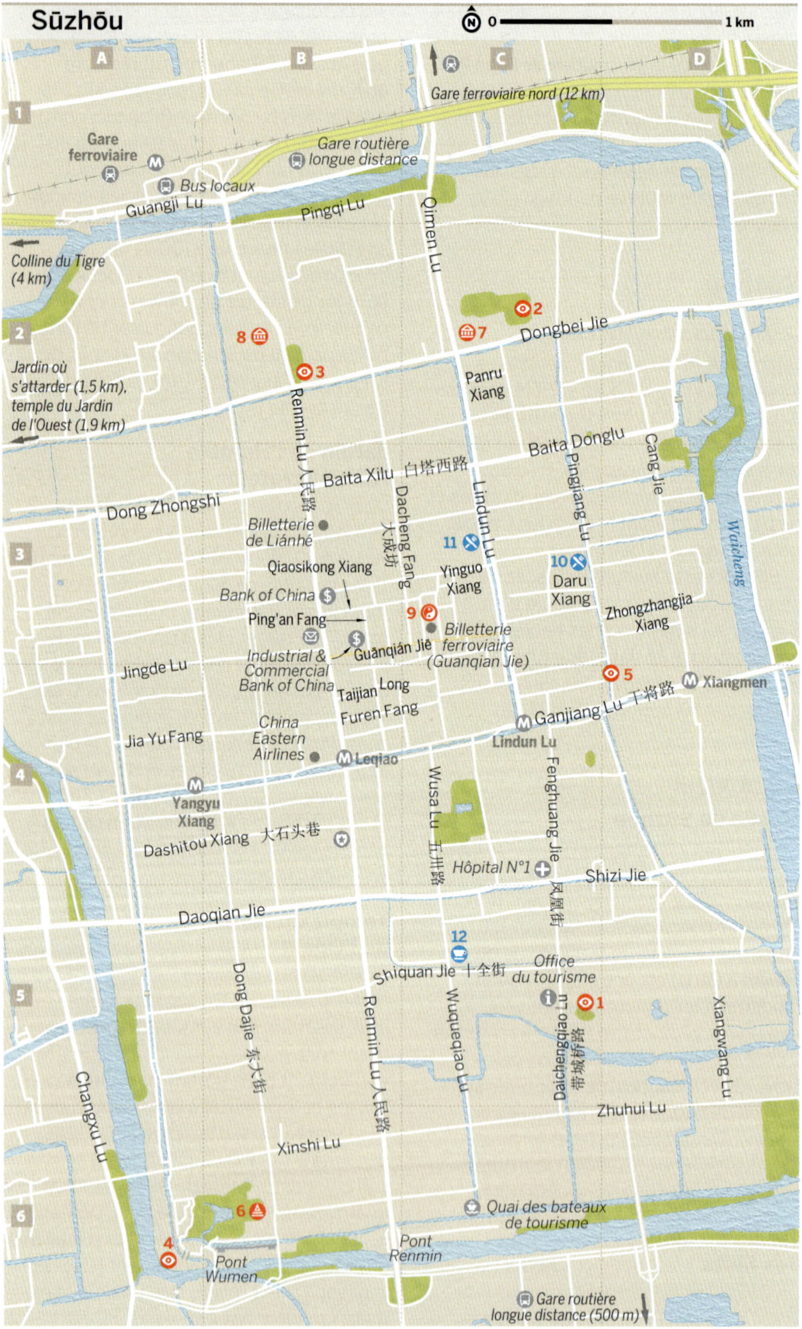
0
1 km
A
B
C
D
1
2
3
4
5
6
Gare ferroviaire nord (12 km)
Gare ferroviaire
Gare routière longue distance
Bus locaux
Guangji Lu
Pingqi Lu
Qimen Lu
Colline du Tigre (4 km)
Jardin où s'attarder (1,5 km), temple du Jardin de l'Ouest (1,9 km)
8
3
7
2
Dongbei Jie
Panru Xiang
Renmin Lu 人民路
Baita Xilu 白塔西路
Baita Donglu
Cang Jie
Pingjiang Lu
Lindun Lu
Dong Zhongshi
Dacheng Fang 大成坊
Billetterie de Liánhé
11
10
Qiaosikong Xiang
Yinguo Xiang
Daru Xiang
Waicheng
Bank of China
Zhongzhangjia Xiang
Ping'an Fang
9
Billetterie ferroviaire (Guanqian Jie)
Industrial & Commercial Bank of China
Guānqián Jiē
Jingde Lu
5
Xiangmen
Taijian Long
Furen Fang
Ganjiang Lu 干将路
Lindun Lu
Jia Yu Fang
China Eastern Airlines
Leqiao
Wusa Lu 五卅路
Fenghuang Jie 凤凰街
Yangyu Xiang
Dashitou Xiang 大石头巷
Hôpital N°1
Shizi Jie
Daoqian Jie
12
Office du tourisme
Shiquan Jie 十全街
1
Dong Dajie 东大街
Renmin Lu 人民路
Wuqueqiao Lu
Daichengqiao Lu 带城桥路
Xiangwang Lu
Changxu Lu
Zhuhui Lu
Xinshi Lu
6
4
Quai des bateaux de tourisme
Pont Renmin
Pont Wumen
Gare routière longue distance (500 m)

Sūzhōu

À voir

Musée de la Soie de Sūzhōu — Artisanat

(苏州丝绸博物馆, Sūzhōu Sīchóu Bówùguǎn ; 2001 Renmin Lu ; 人民路2001号 ; 9h-17h mar-dim ; Sūzhōu Train Station). GRATUIT Au XIIIe siècle, Sūzhōu était un centre de production et de tissage de soie. Ces 4 000 ans d'histoire sont magnifiquement racontés par le musée de la Soie de Sūzhōu. Une section est réservée aux techniques de tissage et à la mode d'une dynastie à l'autre, et dehors, on peut se promener au milieu des mûriers. Vous aurez l'occasion de voir des métiers à tisser et des artisans au travail.

Pagode du Temple du Nord — Sanctuaire

(北寺塔 ; Běisì Tǎ ; 1918 Renmin Lu ; 人民路1918号 ; 25 ¥ ; 7h45-17h). Cette pagode à 9 niveaux, la plus haute au sud du Yangzi, domine l'extrémité nord de Renmin Lu. Elle fait partie intégrante du temple Bào'ēn (报恩寺 ; Bào'ēn Sì). Montez dans la pagode (塔 ; tǎ) pour admirer la Sūzhōu moderne. La fondation du temple, qui était à l'origine une résidence, remonte à 1 700 ans ; les bâtiments actuels datent du XVIIe siècle. Sur un côté, le pavillon Nanmu Guanyin (楠木观音殿 ; Nánmù Guānyīn Diàn) fut rebâti sous la dynastie Ming et agrémenté de quelques éléments importés.

Jardin où s'attarder — Jardin classique

(留园, Liú Yuán ; 79 Liuyuan Lu ; haute/basse saison 55/45 ¥ ; 7h30-17h ; Y1). L'un des plus grands de Sūzhōu avec ses 3 ha, ce jardin fut créé sous la dynastie Ming par un médecin désireux d'offrir un lieu de détente à ses patients. Les galeries sinueuses sont ornées de calligraphies de maîtres célèbres, leurs fenêtres et leurs portes donnent sur des rochers aux formes curieuses, des étangs et des bosquets de bambous. Sur les murs, des tablettes de pierre portent les impressions des malades sur le jardin.

La maison de thé permet de se détendre devant une tasse de *lóngjǐng* (龙井, thé puits du dragon ; 15 ¥). Le jardin est à 3 km à l'ouest du centre-ville ; prendre le bus touristique Y2 à la gare ferroviaire ou dans Renmin Lu.

Colline du Tigre — Parc

(虎丘山, Hǔqiū Shān ; 0512 6723 2305 ; Huqiu Lu, 虎丘路 ; haute/basse saison 80/60 ¥ ; 7h30-18h, 7h30-17h l'hiver ; Y1, Y2). À l'extrémité nord-ouest de la ville, cette colline est très prisée des touristes chinois pour la **pagode du Rocher des nuages** (云岩塔, Yúnyán Tǎ) qui trône, penchée, à son sommet. Cet édifice octogonal à 7 niveaux fut construit entièrement en briques au Xe siècle, une innovation dans l'architecture chinoise de l'époque. Elle commença à pencher il y a plus de 400 ans et son sommet a bougé de plus de 2 m par rapport à sa position initiale.

La colline, en fait une butte artificielle, abrite la sépulture de He Lu, père fondateur de Sūzhōu, mort au VIe siècle av. J.-C. L'homme est entouré de légendes : il aurait été enterré avec 3 000 épées, et un tigre blanc garderait son tombeau. Prenez à la gare ferroviaire le bus touristique Y1 ou Y2.

Sūzhōu

Temple du Mystère Temple taoïste

(玄妙观, Xuánmiào Guàn ; Guanqian Jie ; 观前街 ; 10 ¥ ; 7h30-17h ; M Lindun Lu ou Leqiao). À portée d'oreille de la musique électronique diffusée par les boutiques alentour, le temple du Mystère se dresse dans ce qui fut autrefois le bazar de Sūzhōu, quartier de divertissement, peuplé de forains, d'acrobates et d'acteurs. L'édifice actuel date de 1181 et constitue le seul exemple d'architecture Song à Sūzhōu. Il comprend plusieurs salles au décor élaboré, dont le **Sānqīng Diàn** (三清殿 ; pavillon des Trois Puretés), soutenu par 60 piliers et couvert d'un double toit aux avant-toits recourbés.

CIRCUITS ORGANISÉS

Des bateaux (120 ¥ ; 18h-20h30) parcourent le canal extérieur tous les soirs (circuit de 55 min, départ ttes les 30 min). Les billets sont en vente au quai des bateaux touristiques (游船码头, Yóuchuán Mǎtóu), dans la petite rue à l'est du pont Rénmín, qui partage les mêmes locaux que la billetterie des bateaux du Grand Canal (划船售票处 ; Huáchuán Shòupiàochù).

OÙ SE RESTAURER

De nombreux restaurants jalonnent Guanqian Jie, plus particulièrement après le temple du Mystère.

Pingvon Maison de thé $

(品芳, Pǐnfāng ; 94 Pingjiang Lu ; plats à partir de 6 ¥). Une ravissante petite maison de thé perchée à côté de l'une des rues au bord du canal les plus prisées de Sūzhōu. On y sert d'excellents raviolis et autres bouchées à la vapeur. Les salles à l'étage ont plus de cachet. Essayez aussi la soupe de pignons et citrouille (6 ¥) et le crabe xiǎolóngbāo (à la vapeur, 10 ¥ la portion). Carte avec photos.

Yǎba Shēngjiān Raviolis $

(哑巴生煎 ; 12 Lindun Lu ; 8 raviolis 13 ¥ ; 5h30-18h30). Cette institution vieille de 60 ans, aux grands nuages de vapeur émanant de la cuisine, concocte principalement des nouilles, mais ses *shēngjiān bāo* (生煎包 ; raviolis frits), farcis au porc, sont remarquables. À l'heure du déjeuner, il faut faire la queue pendant 30 minutes pour commander. Prenez un ticket, rejoignez la file, installez-vous et dégustez.

OÙ PRENDRE UN VERRE

Bookworm Café, bar

(老书虫, Lǎo Shūchóng ; 77 Gunxiu Fang ; 滚绣坊77号 ; 11h-1h lun-ven, 10h-1h sam-dim). Le Bookworm de Běijīng a ouvert une succursale juste à côté de Shiquan Jie, mais sa carte n'est pas aussi alléchante. La cuisine plaît néanmoins (beaucoup de plats occidentaux) et s'accompagne de bières fraîches, Tsingtao et Erdinger entre autres. Manifestations culturelles à l'occasion, livres à emprunter ou à acheter.

OÙ SORTIR

Jardin du Maître des filets Spectacles

(网师园, Wǎngshī Yuán ; billets 100 ¥). De mars à novembre, des spectacles musicaux à l'intention des groupes de touristes ont lieu chaque soir de 19h30 à 21h30. N'escomptez pas quelque chose de vraiment authentique.

RENSEIGNEMENTS

Les grands hôtels offrent un service de change.

Bank of China (中国银行, Zhōngguó Yínháng ; 1450 Renmin Lu, 人民路1450号). Service de change. La plupart des succursales disposent de DAB acceptant les cartes internationales.

Bureau de la sécurité publique (PSB, 公安局, Gōng'ānjú ; 0512 6522 5661, poste 20593 ; 1109 Renmin Lu, 人民路1109号). En cas d'urgence et de problème de visa. Le service des visas est à 200 m, au bout de la ruelle Dashitou Xiang (大石头巷).

Industrial & Commercial Bank of China (工商银行, Gōngshāng Yínháng ; 222 Guanqian Jie, 观前街222号). DAB 24h/24.

N°1 Hospital (苏大附一院, Sūdà Fùyīyuàn ; 96 Shizi Jie, 十梓街96号). Au cœur de Sūzhōu.

Office du tourisme de Sūzhōu (苏州旅游咨询中心, Sūzhōu Lǚyóu Zīxún Zhōngxīn ; 6530 5887 ; 101 Daichengqiao Lu, 带城桥路101号). Succursale au nord du Garden Hotel ; il y en a d'autres en ville, notamment aux gares routières.

Poste (中国邮政, Zhōngguó Yóuzhèng ; angle Renmin Lu et Jingde Lu). Centrale.

DEPUIS/VERS SŪZHŌU

AVION

Il n'y a pas d'aéroport à Sūzhōu, mais on peut réserver des vols au départ de Shànghǎi sur www.english.ctrip.com. Des services réguliers sont assurés, entre 6h et 17h30, de la gare Nord des bus longue distance de Sūzhōu pour l'aéroport Hóngqiáo (53 ¥) et l'aéroport international Pǔdōng (84 ¥) de Shànghǎi.

BUS

Sur les 3 gares de bus longue distance de Sūzhōu, celles mentionnées ici sont les plus pratiques. Les billets pour tous les bus s'achètent également à la **billetterie Liánhé** (联合售票处, Liánhé Shòupiàochù ; 0512 6520 6681 ; 1606 Renmin Lu, 人民路1606号 ; billets de bus 8h30-11h30 et 13h-17h, billets de train 7h30-11h et 12h-17h).

La **gare Nord des bus longue distance** (汽车北站, Qìchē Běizhàn ; 0512 6577 6577 ; 29 Xihui Lu, 西汇路29号) jouxtant la gare ferroviaire à l'extrémité nord de Renmin Lu,

Où se loger

Si séjourner à Sūzhōu coûte assez cher, les adresses sont nombreuses : auberges de jeunesse au bord du canal, boutique-hôtels confortables, cinq-étoiles, etc. Le week-end, les prix s'envolent et il peut être difficile d'obtenir une chambre ; si possible, prévoyez votre séjour entre le dimanche et le jeudi.

est la gare routière principale. Elle dessert notamment :

Hángzhōu 74 ¥, 2 heures, départs réguliers, 6h35-19h

Tónglǐ 8 ¥, 30 min, ttes les 30 min, 6h-19h

Wūzhèn 36 ¥, 90 min, départs réguliers, 8h15-17h20

De la **gare Sud des bus longue distance** (汽车南站, Qìchē Nánzhàn ; angle Yingchun Lu et Nanhuan Donglu, 迎春路南环东路的路口), des bus desservent :

Hángzhōu 74 ¥, 2 heures, ttes les 20 min, 7h35-19h05

Shànghǎi 34 ¥, 1 heure 30, ttes les 30 min, 6h50-19h40

Les bus pour Lùzhí partent de l'**arrêt de bus local**, juste à l'est de la gare ferroviaire.

TRAIN

Les trains express G Nánjīng-Shànghǎi s'arrêtent à la gare ferroviaire de Sūzhōu (苏州站, Sūzhōu Zhàn), dans le centre, ou à la gare ferroviaire Nord de Sūzhōu (苏州北站, Sūzhōu Běizhàn), à 12 km au nord de la ville. Réservez vos billets au 2e niveau de la billetterie Liánhé. Il y a aussi une **billetterie** (Guanqian Jie, 观前街) dans Guanqian Jie, en face du temple du Mystère, et un autre **bureau** (⌚8h-20h) à côté du temple confucéen. Un guichet est par ailleurs installé en face de la gare Sud des bus longue distance. On peut aussi réserver des billets sur www.english.ctrip.com.

Parmi les destinations au départ de la gare ferroviaire Nord de Sūzhōu :

Běijīng (gare Sud) 1re/2e classe 884/524 ¥, 5 heures, 17/jour

Parmi les destinations au départ des 2 gares ferroviaires :

Shànghǎi 1re/2e classe 60/40 ¥, 26-46 min, fréquents

ℹ COMMENT CIRCULER

VÉLO

On peut louer des vélos dans la plupart des auberges de jeunesse.

TRANSPORTS PUBLICS

Pratiques, les bus touristiques passent par la gare ferroviaire et permettent de visiter tous les sites (2 ¥).

Bus Y5 Circule dans les secteurs ouest et est de la ville. Marque l'arrêt au musée de Sūzhōu.

Bus Y2 Passe par la colline du Tigre, la porte Pán et longe Shiquan Jie.

Bus Y1 et **Y4** Suivent Renmin Lu tout du long.

Bus 80 Relie les 2 gares ferroviaires.

La ligne 1 du métro de Sūzhōu longe Ganjiang Lu et relie Mùdú, au sud-ouest, à Zhongnan Jie à l'est, en traversant le Culture & Expo Centre et Times Square, dans le parc industriel de Sūzhōu. La ligne 2 nord-sud relie la gare ferroviaire Nord de Sūzhōu à Baodaiqiaonan, au sud, en passant par la gare ferroviaire de Sūzhōu. Les lignes 3 et 4 étaient en cours d'aménagement lors de nos recherches.

TAXI

La course commence à 12 ¥ et les chauffeurs utilisent généralement leur compteur. Le trajet de Guanqian Jie à la gare ferroviaire de Sūzhōu devrait coûter 15-20 ¥. De la gare ferroviaire Nord au centre-ville, comptez 50-60 ¥. Les cyclopousses sont nombreux dans les quartiers touristiques et peuvent se montrer insistants (le prix moyen d'un court trajet est de 5-10 ¥).

Tónglǐ

☎0512 / 60 000 HABITANTS

À 18 km au sud-est de Sūzhōu, cette séduisante **ville ancienne** (老城区, Lǎochéngqū ; ☎0512 6333 1140 ; 100 ¥, gratuit après 17h30), est sillonnée de canaux aux quais bordés de saules et de ruelles pavées. Elle dégage un charme délicieusement suranné. Accessible de Sūzhōu ou de Shànghǎi, Tónglǐ est plus agréable à visiter durant la semaine.

Le droit d'entrée à la vieille ville inclut les meilleurs sites, à l'exception du musée de la Culture sexuelle chinoise.

La ville ancienne de Tónglǐ

À VOIR

Musée de la Culture sexuelle chinoise — Musée

(中华性文化博物馆, Zhōnghuá Xìngwénhuà Bówùguǎn ; 20 ¥ ; 9h-17h30). Ce musée privé occupe le campus paisible d'une ancienne école de filles pourvu d'une ravissante cour-jardin. Malgré quelques commentaires didactiques et affirmations inexactes, il suscite la curiosité avec sa collection d'objets punitifs (bâtons servant à battre les prostituées, ceintures de chasteté), sexuels (godemichés de la dynastie Qing), innocents (statuettes de la déesse de la Miséricorde) ou absolument charmants (représentations en porcelaine de couples se courtisant).

Fondé par les professeurs de sociologie Liu Dalin et Hu Hongxia, le lieu n'a pas pour but d'émoustiller mais d'éduquer et de réintroduire un aspect de la culture chinoise banni depuis sa "libération" en 1949. Ce musée fascinant est par ailleurs l'un des rares endroits du pays où l'homosexualité est ouvertement reconnue comme faisant partie de la culture chinoise. Le cadre, avec son adorable jardin et sa cour, est magnifique. Seul bémol : il n'est pas inclus dans le droit d'entrée à la vieille ville.

Jardin Tuìsī — Jardin classique

(退思园, Tuìsī Yuán ; 9h-17h30). Ce remarquable jardin classique, dans la partie est de la vieille ville, a été réalisé à la fin du XIXe siècle. Son nom signifie "jardin de la Retraite et de la Réflexion", car il aurait été conçu par un ancien fonctionnaire impérial de la dynastie Qing pour y passer sa retraite. La "tour du Délice aéré" servait de résidence ; le jardin proprement dit, propice à la méditation, comprend un bassin rempli de carpes koï au centre, agrémenté de rocailles et de pavillons au bord de l'eau, le tout bercé de musique chinoise traditionnelle.

Gēnglè Táng Patrimoine
(耕乐堂 ; ⌚9h-17h30). Parmi 3 demeures anciennes devant lesquelles vous passerez sans doute à Tónglǐ, la plus jolie est un vaste domaine de la dynastie Ming connu sous le nom de Gēnglè Táng. Il se compose de 52 pavillons répartis autour de 5 cours, dans l'ouest de la ville. Les bâtiments ont été minutieusement restaurés et décorés à l'aide de peintures, de calligraphies et de meubles anciens pour recréer l'ambiance d'origine. Les sentiers pavés de briques noires, les oliviers de Chine (ou oliviers odorants) et les couloirs frais, ornés de lanternes chinoises *mǎdēng* traditionnelles, lui donnent un charme incomparable.

Pagode de la Perle Patrimoine
(珍珠塔, Zhēnzhū Tǎ ; ⌚9h-17h30). Située dans le nord de la ville, cette demeure de la dynastie Qing compte, en plus d'un ensemble résidentiel meublé d'antiquités Qing, un temple des ancêtres, une scène d'opéra et un grand jardin classique. Elle doit son nom à une minuscule pagode couverte de perles.

CIRCUITS ORGANISÉS

Des **bateaux** de 6 places (90 ¥ les 25 min) sillonnent lentement les canaux de Tónglǐ.

OÙ SE RESTAURER

Les restaurants ne manquent pas, mais ils pratiquent des prix bien plus élevés qu'à Sūzhōu. Parmi les spécialités locales, citons le *méigāncàishāoròu* (梅干菜烧肉 ; viande cuite à l'étouffée avec des légumes secs), le *yínyúchǎodàn* (银鱼炒蛋 ; omelette à la petite friture) et le *zhuàngyuángtí* (状元蹄 ; ragoût de pieds de porc).

Où se loger

On visite généralement Tónglǐ à la journée, mais si vous souhaitez passer la nuit sur place, nombre de pensions proposent des chambres basiques à partir de 100 ¥ environ. Une fois les touristes partis en fin d'après-midi, la bourgade devient extrêmement calme.

DEPUIS/VERS TÓNGLǏ

On peut se rendre à Tónglǐ depuis Sūzhōu ou Shànghǎi, de préférence en semaine pour échapper à l'affluence, dans le bus et en ville.

Des bus (8 ¥, 50 min, ttes les 30 min) desservent Tónglǐ depuis les gares routières longue distance Sud ou Nord de Sūzhōu. Des voiturettes électriques (5 ¥) partent près de la gare routière de Tónglǐ, direction la vieille ville, trajet qui se parcourt à pied en 15 minutes.

Des bus quittent régulièrement la gare routière de Tónglǐ en direction de Sūzhōu (8 ¥), de Shànghǎi (34 ¥) et de Zhōuzhuāng (7 ¥, 30 min). Un bus dessert chaque jour Nánjīng (70 ¥) et Hángzhōu (55 ¥). Le bus public n°263, très pratique, dessert Zhōuzhuāng (2 ¥).

Wūzhèn

☎0573 / 59 000 HABITANTS

Comme nombre d'autres villes célèbres du Grand Canal, Wūzhèn (乌镇) prospéra grâce au commerce et à la production de la soie. La beauté de cette destination touristique majeure se révèle à l'écart des foules et des boutiques de souvenirs, avec des ponts en pierre anciens qui enjambent les canaux et des rangées de maisons en bois défraîchies datant de la dynastie Qing. Dotée d'un bon réseau de transport et de nombreuses explications en anglais, la ville s'explore facilement.

À VOIR

La vieille ville est divisée en 2 "quartiers pittoresques" : **Dōngzhà** (东栅 ; 100 ¥ ; ⌚7h-17h30, 7h-18h en été) et **Xīzhà** (西栅 ; 120 ¥, après 17h 80 ¥ ; ⌚9h-22h, 9h-22h30 en été). Le billet combiné pour les 2 zones coûte 150 ¥. La plupart des maisons des 2 quartiers ont été transformées en musées, ateliers d'artisans (avec boutiques de souvenirs), magasins d'alimentation et restaurants. On

Les maisons en bois le long des canaux de Wūzhèn

y accède gratuitement, mais il faut parfois présenter son billet d'accès au village.

Le bus n°305 s'arrête d'abord à Xīzhà, zone plus étendue que Dōngzhà. On y trouve le centre d'accueil des visiteurs. Si vous êtes à Wūzhèn pour la journée, commencez par Xīzhà, puis empruntez la navette gratuite pour Dōngzhà, avant de prendre un *sānlúnchē* dans Xinhua Lu (新华路), perpendiculaire à l'artère principale Dong Dajie, pour retourner à la gare routière. Si vous prévoyez de passer la nuit à Xīzhà, commencez plutôt par Dōngzhà. Le droit d'entrée n'est valable que pour la journée, mais si vous séjournez sur place, vous n'aurez pas besoin de billet pour le lendemain.

Quartier de Dōngzhà (Est)

L'artère principale de la zone est, Dongda Jie (东大街), est une étroite rue dallée que bordent des bâtiments en bois. On y trouve notamment des ateliers de teinture indigo et de tissage de bambous. La plupart des sites sont ouverts de 8h à 17h. Dōngzhà semble plus vivante que Xīzhà, mais ses rues peuvent être un peu oppressantes lorsqu'elles sont bondées.

Musée de la Sculpture sur bois de Jiāngnán — Musée

(江南木雕陈列馆, Jiāngnán Mùdiāo Chénlièguǎn ; 420 Dong Dajie, 东大街420号 ; ⏲8h-17h). Une belle collection de sculptures sur bois de la région. Petit bémol : aucune date, ni explication du symbolisme des œuvres n'est donnée.

Musée des Lits anciens — Musée

(百床馆, Bǎichuǎngguǎn ; 212 Dong Dajie, 东大街212号 ; ⏲8h-17h). Même si très peu de lits exposés ici peuvent être qualifiés d'anciens, on y trouve de beaux exemples de lits traditionnels finement travaillés, accompagnés d'explications sur les motifs gravés (le raisin symbolise par exemple un désir de nombreux enfants et petits-enfants).

Maison de prêts sur gages Huìyuán — Bâtiment historique

(汇源当铺, Huìyuán Dàngpù ; Changfeng Jie, 常丰街 ; ⏲8h-17h). Cet ancien mont-depiété réputé qui avait des succursales à Shànghǎi est vide aujourd'hui, à l'exception du haut comptoir d'où le propriétaire dominait la clientèle venue mettre ses biens en gage.

Quartier de Xīzhà (Ouest)

Avec sa rue principale – Xizha Dajie (西栅大街) – jalonnée de ponts donnant sur les canaux, Xīzhà est la plus photogénique des deux zones et la plus prisée des touristes.

Musée de la Tradition chinoise du bandage des pieds Musée
(三寸金莲馆, Sāncùn Jīnlián Guǎn ; 349 Xizha Dajie, 西栅大街349号 ; 8h-17h). Ce fascinant musée aux nombreuses explications en anglais relate l'histoire millénaire des pieds bandés en Chine à travers des exemples de chaussures qui, comme on peut le lire sur place, représentaient "la tradition des Lotus d'or, née des étranges fantasmes de la gent masculine de l'époque". Interdit à plusieurs reprises, le bandage des pieds fut l'objet d'une nouvelle abolition – toujours effective – au XXe siècle.

Temple Yuèlǎo Site bouddhique
(月老庙, Yuèlǎo Miào). Célibataires et couples viennent ici s'attirer les faveurs du dieu de l'Amour (représenté par un vieil homme) en allumant de l'encens et en attachant des porte-bonheur aux arbres environnants avec des ficelles rouges.

Où se loger

Wūzhèn peut se visiter en une journée au départ de Shànghǎi ou de Hángzhōu, mais il peut être agréable d'y passer la nuit. Les hébergements, notamment des auberges de jeunesse et des boutique-hôtels, se concentrent à Xīzhà. On peut effectuer les réservations au centre d'accueil des visiteurs, mais mieux vaut réserver bien à l'avance pour les week-ends et les jours fériés.

Pagode du Lotus blanc Site bouddhique
(白莲塔, Báilián Tǎ ; 8h-17h). Cette pagode de 7 niveaux se dresse à l'extrémité ouest de Xīzhà. Grimpez jusqu'au 3e niveau pour jouir d'une excellente vue sur le Grand Canal.

OÙ SE RESTAURER

On trouve nombre de restaurants et de stands d'en-cas. Les prix, fixes, ne sont pas exorbitants ; les restaurants bordant Xinhua Lu, qui coupe en deux Dōngzhà, offrent les meilleurs prix. Tout ferme à 17h à Dōngzhà ; les restaurants et stands de Xīzhà restent ouverts jusqu'à 21h ou 22h.

OÙ SORTIR

Des spectacles d'arts martiaux de 10 minutes se tiennent 8 fois par jour sur le **Kungfu Boat** (拳船, *quán chuán*), dans l'entrée principale de Dōngzhà. D'autres spectacles, notamment d'ombres chinoises (*píyǐngxì*), se donnent dans diverses salles des deux quartiers ; repérez les panneaux ou demandez le programme de la journée au centre d'accueil des visiteurs.

RENSEIGNEMENTS

On trouve des DAB à l'entrée principale des deux quartiers.

Centre d'accueil des visiteurs de Wūzhèn
(乌镇游客服务中心, Wūzhèn Yóukè Fúwù Zhōngxīn ; 0573 8873 1088 ; www.wuzhen.com.cn ; Hongqiao Lu, 虹桥路 ; 8h-17h30). À l'entrée de Xīzhà. Consigne et réservation d'hébergements.

Poste (中国邮政, Zhōngguó Yóuzhèng ; 500 Xizha Dajie, 西栅大街500号 ; 8h-17h). Au milieu de Xizha Dajie.

DEPUIS/VERS WŪZHÈN

De la gare routière Sud de Shànghǎi, des bus partent pour Wūzhèn toutes les 30 minutes

Les canaux de Wūzhèn

environ (61 ¥, 2 heures) ; dernier bus retour à 18h. Huit bus circulent également entre Wūzhèn et la gare ferroviaire de Sūzhōu (35 ¥, 1 heure 50).

Des bus réguliers pour Wūzhèn partent de la gare routière principale de Hángzhōu (31 ¥, 1 heure 15, ttes les heures entre 7h et 18h20). Le dernier bus retour part à 18h25.

COMMENT CIRCULER

Au départ de la gare routière de Wūzhèn, le bus n°350 (2 ¥, 7h-17h30, réguliers) dessert Xīzhà et Dōngzhà avant de retourner à la gare routière. Une navette gratuite (7h40-17h20, ttes les 20 min) circule entre les entrées principales des deux quartiers.

On peut prendre des *sānlúnchē* (cyclopousses) à la gare routière de Wūzhèn et dans Xinhua Lu (新华路), à l'extrémité ouest de Dōngzhà. La course entre les deux zones ou pour la gare routière coûte 10 ¥. Pour vous rendre à pied d'une zone à l'autre, comptez 20 minutes.

Hángzhōu

0571 / 9 MILLIONS D'HABITANTS

Hángzhōu (杭州), dont le succès en tant que destination de vacances ne se dément pas, vous retient facilement avec son merveilleux lac de l'Ouest (voir p. 156) et ses splendides vallons verdoyants. Loué par les poètes et vanté par les empereurs, le lac occupe depuis des siècles une place importante dans l'imaginaire chinois.

Au-delà de son atout touristique phare, Hángzhōu est une ville animée et pleine de caractère, aux larges trottoirs qui invitent à la flânerie, aux restaurants sans prétention mais enthousiasmants, à la vie nocturne dynamique et à la population de plus en plus cosmopolite.

À VOIR

Temple Língyǐn Temple bouddhique

(灵隐寺, Língyǐn Sì ; Lingyin Lu, 灵隐路 ; parc 45 ¥, temple 30 ¥ ; 7h-17h). C'est le temple bouddhique le plus célèbre de Hángzhōu.

Construit en 326, il fut détruit et rebâti à 16 reprises. À l'époque des Cinq Dynasties (907-960), quelque 3 000 moines y vivaient. La remarquable salle des Quatre Rois célestes renferme quatre grandes effigies de ces derniers, et un autel ouvragé où trône une statue de Milefo, le bouddha du Futur. Le **grand pavillon** renferme une magnifique statue de Siddharta Gautama (Sakyamuni), haute de 20 m. Sculptée en 1956 dans 24 blocs en bois de camphre, elle est inspirée d'un original de la dynastie Tang.

Derrière la statue géante, un ensemble saisissant montre Guanyin entourée de 150 figurines, parmi lesquelles de nombreux *luóhàn* (arhat), dans diverses attitudes. La salle d'origine s'est effondrée en 1949, écrasant toutes les statues d'art bouddhique qu'elle renfermait. Elle a été reconstruite et ornée de cette nouvelle effigie. La salle du Bouddha de la Médecine se trouve au-delà.

La montée jusqu'au temple longe les flancs du **pic Fēilái** (飞来峰, Fēilái Fēng ; "pic volant depuis l'Afar") qui fut, selon la légende, transporté par magie depuis l'Inde. Les 470 sculptures bouddhiques qui jalonnent les berges de la rivière et les versants de la montagne ou qui sont remisées dans des grottes, datent du Xe au XIVe siècle. Pour voir de près les plus belles sculptures, dont le célèbre bouddha Maitreya "riant", suivez les chemins de l'autre côté (rive est) de la rivière.

Plusieurs autres sanctuaires s'élèvent à proximité du temple Língyǐn, dont les temples Yǒngfú et Tāoguāng.

Derrière le temple, le **pic Nord** (Běi Gāofēng), que l'on atteint en téléphérique (montée/descente/aller-retour 30/20/40 ¥) offre une vue panoramique sur le lac et la ville.

Temple Jìngcí — Temple bouddhique

(净慈寺, Jìngcí Sì ; Nanshan Lu ; 南山路 ; 10 ¥ ; ⏲6h-17h15 l'été, 6h30-16h45 l'hiver). Ce paisible temple chan (zen) en activité, construit en 954, a été entièrement restauré. La première salle, splendide, contient de gigantesques statues menaçantes des Rois célestes, ainsi qu'une somptueuse niche rouge et or renfermant des représentations de Milefo (le bouddha du Futur) et du bodhisattva Weituo (protecteur des temples et des enseignements bouddhiques). La salle principale, appelée **salle du Grand Trésor**, contient une grande effigie assise de Shakyamuni, le Bouddha historique.

Jardin botanique de Hángzhōu — Parc

(杭州植物园, Hángzhōu Zhíwùyuán ; www.hzbg.cn ; 1 Taoyuan Ling, 桃源岭1号 ; 10 ¥ ; ⏲7h-17h). De gigantesques massifs de bambous vertigineux, des magnolias en fleur et toute une profusion d'arbres et de plantes magnifiques : cet immense jardin constitue un ravissant cadre de promenade, au nord-ouest du lac. Ses 245 ha sont parfaitement bien entretenus, comme on peut s'y attendre dans une ville qui tire sa fierté de son magnifique environnement.

Bǎoshí Shān — Colline

(宝石山). Bǎoshí Shān (colline Bǎoshí) compte parmi les plus jolis endroits de Hángzhōu pour randonner. De nombreux sentiers bien entretenus serpentent à travers la forêt et gravissent des pentes abruptes, menant à des pagodes, à des points de vue sur le lac et à un temple. Un lieu idéal pour échapper à l'agitation de la ville.

Parc Tàizǐwān — Espace vert

(太子湾公园, Tàizǐwān Gōngyuán ; Nanshan Lu ; 南山路 ; ⏲24h/24). Au sud de la chaussée Sū qui traverse le lac de l'Ouest, ce joli parc alternant bois verdoyants, bassins, étangs, pelouses et roseraies, est l'occasion d'une paisible promenade. Le parc est sublime au printemps, avec ses arbres en fleurs et de somptueux massifs de tulipes et de jonquilles.

Musée de la Soie de Chine — Musée

(中国丝绸博物馆, Zhōngguó Sīchóu Bówùguǎn ; www.chinasilkmuseum.com, 73-1 Yuhuangshan Lu, 玉皇山路73-1号 ; ⏲9h-17h mar-dim, 12h-17h lun). GRATUIT Ce grand et très complet musée sur la soie aborde entre autres thèmes

Les gratte-ciel de Hángzhōu et le lac de l'Ouest (p. 156)

la mode, l'artisanat et la route de la soie historique. Ses vastes salles présentent l'évolution du *qípáo* (robe chinoise) à partir des années 1920, ainsi que des robes européennes superbement ornées (XVIIe-XIXe siècle).

Musée de la Médecine chinoise Húqìngyú Táng Musée

(中药博物馆, Zhōngyào Bówùguǎn ; 95 Dajing Xiang, 大井巷95号 ; 10 ¥ ; 8h30-17h). Ce musée est contigu à un dispensaire-clinique en activité. Établies à l'origine en 1874 par le marchand de la dynastie Qing Hu Xueyan, la fabrique et la boutique de médicaments ont conservé le style typique de cette période. Le musée lui-même occupe un joli bâtiment ancien à l'odeur de moisi, doté d'une cour lumineuse aux plantes médicinales variées.

La collection comprend de vieux objets intéressants, tels qu'un manuel de fabrication de médicaments et des instruments médicaux, ou des pièces surréalistes, comme une reproduction géante de rhinocéros.

Pagode Léifēng Sanctuaire

(雷峰塔, Léifēng Tǎ ; Nanshan Lu ; 南山路 ; tarif plein/enfant 40/20 ¥ ; 8h-20h30 mars-nov, 8h-17h30 déc-fév). Surmontée d'une flèche dorée, cette pagode attire l'œil ; on peut rejoindre son sommet pour contempler le lac. Érigée en 977, elle s'effondra en 1924. Lors de sa dernière rénovation en 2001, divers trésors, dont des écrits bouddhiques sur soie, furent découverts dans ses fondations. Un ascenseur et un escalier mécanique aident le public à atteindre le sommet.

Pagode des Six Harmonies Sanctuaire

(六和塔, Liùhé Tǎ ; 16 Zhijiang Lu, 之江路16号 ; parc 20 ¥, parc et pagode 30 ¥ ; 6h-18h30). À 3 km au sud-ouest du lac de l'Ouest, un imposant pont routier et ferroviaire enjambe le Qiántáng. À côté, la pagode, octogonale et haute de 60 m, fut érigée à l'origine en 960. De forme robuste, elle servait aussi de phare et on lui attribuait le pouvoir magique d'arrêter le mascaret haut de 6,5 m qui remonte le Qiántáng. D'étroites marches mènent au sommet et

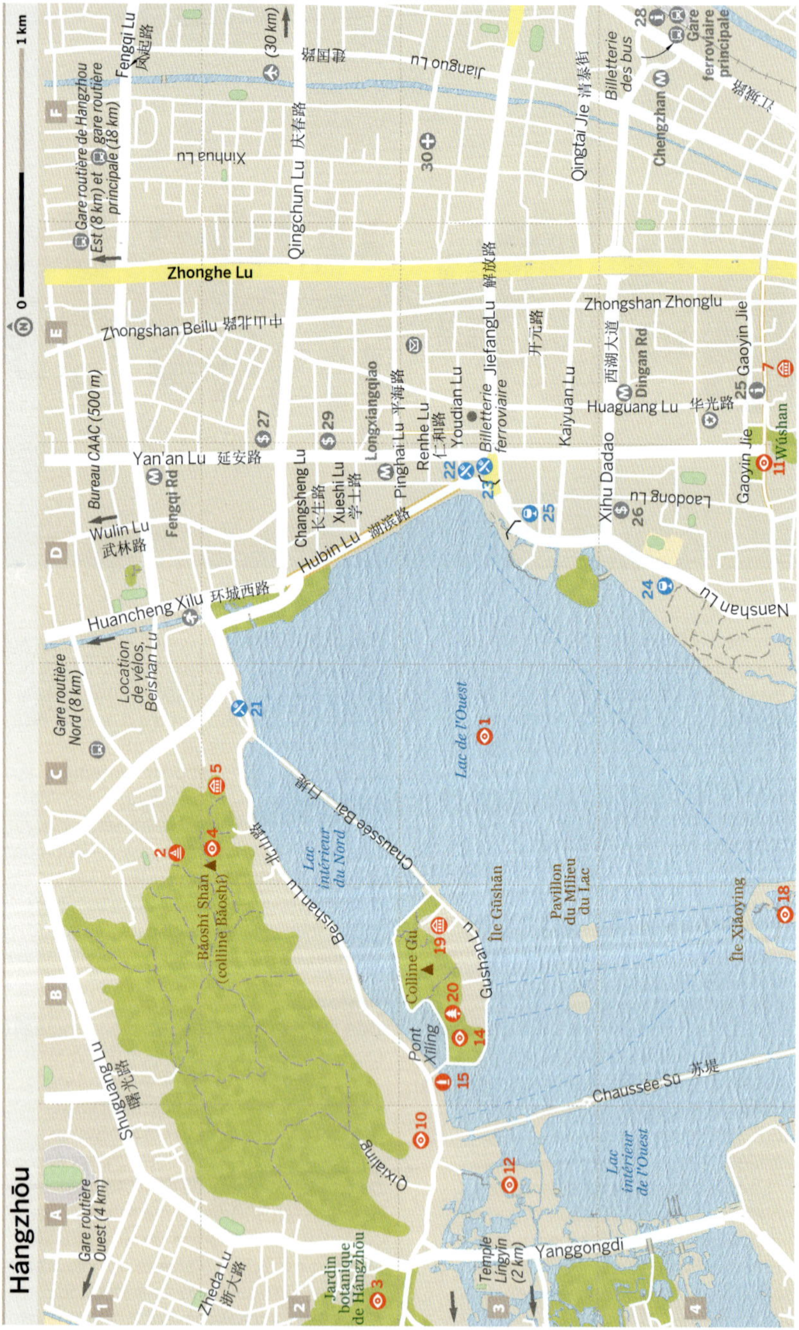
Hángzhōu
0
1 km
Gare routière Ouest (4 km)
Gare routière Nord (8 km)
Gare routière de Hangzhou Est (8 km) et gare routière principale (18 km)
Bureau CAAC (500 m)
(30 km)
Location de vélos, Beishan Lu
Zhonghe Lu
Zhongshan Beilu 中山北路
Zhongshan Zhonglu
Fengqi Lu 凤起路
Xinhua Lu
Qingchun Lu 庆春路
Jianguo Lu
建国路
Qingtai Jie 清泰街
Billetterie des bus
Chengzhan
Gare ferroviaire principale
江城路
Jiefang Lu 解放路
开元路
Kaiyuan Lu
Xihu Dadao 西湖大道
Dingan Rd
Huaguang Lu 华光路
Gaoyin Jie
Wúshan
Yan'an Lu 延安路
Fengqi Rd
Wulin Lu 武林路
Changsheng Lu 长生路
Xueshi Lu 学士路
Longxiangqiao
Pinghai Lu 平海路
Renhe Lu 仁和路
Youdian Lu
Billetterie ferroviaire
Laodong Lu
Hubin Lu 湖滨路
Huancheng Xilu 环城西路
Nanshan Lu
Lac de l'Ouest
Chaussée Bai 白堤
Lac intérieur du Nord
Beishan Lu 北山路
Bǎoshí Shān (colline Bǎoshí)
Colline Gū
Gushan Lu
Île Gūshān
Pavillon du Milieu du Lac
Île Xiǎoyíng
Pont Xīlíng
Chaussée Sū 苏堤
Lac intérieur de l'Ouest
Shuguang Lu 曙光路
Qixialing
Zheda Lu 浙大路
Jardin botanique de Hángzhōu
Temple Língyǐn (2 km)
Yanggongdi
A
B
C
D
E
F
1
2
3
4
1
2
3
4
5
7
10
11
12
14
15
18
19
20
21
22
23
24
25
26
27
28
29
30

les terrasses à l'arrière sont émaillées de sculptures, de cloches (pour 10 ¥, faites-les sonner 6 fois et recevez un bracelet porte-bonheur), de sanctuaires et d'inscriptions.

Rue de la Culture historique Qīnghéfāng Site touristique

(清河坊历史文化街, Qīnghéfāng Lìshǐ Wénhuà Jiē ; Hefang Jie, 河坊街). À l'extrémité sud de Zhongshan Zhonglu, cette rue piétonne animée, pleine de touristes, est bordée de théâtres de marionnettes improvisés, de maisons de thé et de stands de souvenirs et curiosités proposant notamment des théières en pierre, des boîtes de *lóngxūtáng* (龙须糖, "bonbons à la barbe de dragon"), du ginseng ou de la soie. On y trouve des établissements de médecine traditionnelle, dont le musée de la Médecine chinoise Húqìngyú Táng (voir p. 171), un dispensaire en activité.

Temple du Grand Bouddha Temple bouddhique

(大佛寺, Dàfó Sì). Une immense tête de bouddha en pierre usée, c'est tout ce qui reste de ce temple historique situé sur le versant occidental de Bǎoshí Shān, au nord du lac de l'Ouest. Cachée derrière un bâtiment d'habitation, elle est uniquement visible du haut des marches qui longent le versant de la colline.

Pagode Bǎochù Site bouddhique

(保俶塔, Bǎochù Tǎ). La visite de cette charmante pagode donnant sur le lac est l'occasion d'une agréable promenade dans les collines du nord.

Mausolée du général Yue Fei Temple

(岳庙, Yuè Fēi Mù ; Beishan Lu ; 25 ¥ ; ⌚7h-17h30). À la tête des armées des Song du Sud, le général Yue Fei (1103-1142) remporta une série de victoires contre les Jürchen venus du Nord, au XIIe siècle. En dépit de ses succès initiaux, il fut rappelé à la Cour et exécuté, avec son fils, sur une dénonciation calomnieuse de Qin Hui, un Premier ministre félon. En 1163, l'empereur Song Gao Zong le réhabilita et le fit ensevelir à cet endroit.

Hángzhōu

À voir

1 Lac de l'Ouest C3
2 Pagode Bǎochù C1
3 Jardin botanique de Hángzhōu A2
4 Colline Bǎoshí (Bǎoshí Shān) C2
5 Temple du Grand Bouddha C2
6 Musée de la soie de Chine C6
7 Musée de la Médecine chinoise Húqìngyú Táng E4
8 Temple Jìngcí C6
9 Pagode Léifēng C5
10 Mausolée du général Yue Fei A3
11 Rue de la Culture historique Qīnghéfāng D4
12 Jardin Qūyuàn A3
13 Étang de la Carpe rouge B5
14 Société des graveurs de sceaux B3
15 Tombeau de Su Xiaoxiao B3
16 Parc Tàizǐwān B6
17 Trois Bassins reflétant la lune B5
18 Île Xiǎoyíng B4
19 Musée provincial du Zhèjiāng B3
20 Parc Zhōngshān B3

Où se restaurer

21 Carbon C2
22 Grandma's Home D3
23 Gree n Tea Restaurant D3

Où prendre un verre et faire la fête

24 Eudora Station D4
25 JZ Club D3

Renseignements

26 Bank of China – Laodong Lu D4
27 Bank of China – Yanan Lu E2
28 Office du tourisme de Hángzhōu F4
29 Industrial & Commercial Bank of China E2
30 Zhèjiāng University First Affiliated Hospital F3

OÙ SE RESTAURER

Gaoyin Jie, parallèle à la rue de la Culture historique Qīnghéfāng, est l'artère la plus fréquentée pour la restauration. Elle présente un long alignement d'enseignes clinquantes, destinées aux touristes.

Green Tea Restaurant — Hángzhōu $

(绿茶, Lǜchá ; 250 Jiefang Lu, 解放路250号 ; plats à partir de 20 ¥ ; 10h30-23h ; M Longxiangqiao). Cet excellent restaurant de Hángzhōu est souvent bondé. Sa salle élégante et branchée, à la lumière tamisée, présente des briques apparentes et des rangées de théières en argile. Les prix sont très bas ; à 48 ¥, la tête de poisson – la spécialité de la maison – est le plat le plus cher de la carte. Les aubergines cuites dans une marmite en terre et servies avec du pain cantonais, ainsi que la glace en dessert, sont tout aussi divines. Pour passer commande, scannez le code QR de la table avec votre téléphone et choisissez directement les plats sur la carte qui s'affiche ; en cas de difficultés, le personnel sera ravi de vous aider.

Grandma's Home — Hángzhōu $

(外婆家, Wàipójiā ; 3 Hubin Lu, 湖滨路3号 ; plats 15-35 ¥ ; midi et soir ; M Longxiangqiao). Pris d'assaut par des convives enthousiastes, ce restaurant sert des recettes classiques de Hángzhōu. Goûtez le *hóngshāo dōngpō ròu* (红烧东坡肉 ; porc braisé). Prévoyez un peu d'attente. Plusieurs autres enseignes en ville.

OÙ PRENDRE UN VERRE ET FAIRE LA FÊTE

JZ Club — Club

(黄楼, Huáng Lóu ; 0571 8702 8298 ; www.jzclub.cn ; 6 Liuying Lu, près du 266 Nanshan Lu, 柳营路6号 ; 19h-2h30). Le patron du JZ Club de Shànghǎi domine la scène jazz de Hángzhōu avec ce club sélect sur 3 niveaux, installé dans un bâtiment historique près du lac de l'Ouest. Trois concerts tous les soirs, de 21h15 à 0h30. L'entrée est libre, mais il faut réserver le vendredi et le samedi. Espace fumeurs à l'étage.

Eudora Station — Bar

(亿多瑞站, Yìduōruìzhàn ; 101-107 Nanshan Lu, 南山路101-107号 ; 9h30-2h). Magnifiquement situé au bord du lac de l'Ouest, ce bar accueillant a tout pour plaire : terrasse sur le toit avec soirées barbecue en été, terrasse au rez-de-chaussée, bon choix de bières, concerts et sport à la télévision. Ambiance garantie !

RENSEIGNEMENTS

ARGENT

Bank of China – Yanan Lu (中国银行, Zhōngguó Yínháng ; 320 Yanan Lu, 延安路320号 ; ⏲9h-17h). Change de devises.

Bank of China – Laodong Lu (中国银行, Zhōngguó Yínháng ; 177 Laodong Lu, 劳动路177 ; ⏲9h-17h). Change de devises et DAB 24h/24.

Industrial & Commercial Bank of China (ICBC ; 工商银行, Gōngshāng Yínháng ; 300 Yan'an Lu, 延安路300号). DAB 24h/24.

BUREAU DE LA SÉCURITÉ PUBLIQUE

Bureau de la sécurité publique (PSB ; 公安局, Gōng'ānjú ; ☎0571 8728 0600 ; 35 Huaguang Lu ; ⏲8h30-12h et 14h-17h lun-ven). Prorogation de visa.

OFFICE DU TOURISME

Il peut être pratique de se renseigner de visu ou par téléphone auprès de son lieu d'hébergement.

Office du tourisme de Hángzhōu (杭州旅游咨询服务中心, Hángzhōu Lǚyóu Zīxún Fúwù Zhōngxīn ; ☎0571 8797 8123 ; Léifēng Pagoda, Nanshan Lu, 雷峰塔 南山路 ; ⏲8h-17h). Informations de base, plans gratuits et circuits. Autres antennes à la gare ferroviaire de Hángzhōu et au 10 Huaguang Lu, tout près de la rue de la culture Qīnghéfāng.

POSTE

Poste (中国邮政, Zhōngguó Yóuzhèng ; 284 Fengqi Lu, 鳳起路284號 ; ⏲9h-17h30). Western Union, DAB et service de change.

SERVICES MÉDICAUX

Zhèjiāng University First Affiliated Hospital (浙江大学医学院附属第一医院, Zhèjiāng Dàxué Yīxuéyuàn Fùshǔ Dìyī Yīyuàn ; ☎0571 8723 6114 ; 79 Qingchun Lu, 庆春路79号 ; ⏲8h-16h).

DEPUIS/VERS HÁNGZHŌU

AVION

Au départ de Hángzhōu, des vols relient toutes les grandes villes de Chine (sauf Shànghǎi), ainsi que Hong Kong, Macao, Tokyo, Singapour et d'autres destinations. Plusieurs vols quotidiens desservent Běijīng et Guǎngzhōu.

La plupart des hôtels font des réservations, moyennant une commission de 20-30 ¥. Vous pouvez réserver auprès de la **Civil Aviation Administration of China** (CAAC ; 中国民航, Zhōngguó Mínháng ; ☎0571 8666 8666 ; 390 Tiyuchang Lu ; ⏲7h30-20h) au nord de la ville.

BUS

Les 4 gares routières se situent en dehors du centre-ville. Vous trouverez une **billetterie des bus** (长途汽车售票处, Chángtú Qìchē Shòupiàochù ; Chengzhan Lu ; 城站路 ; ⏲6h30-17h) à la sortie de la gare ferroviaire principale.

Depuis la gare routière Sud de Shànghǎi, des bus fréquents rallient les différentes gares routières de Hángzhōu (68 ¥, 2 heures 30). D'autres partent toutes les 30 minutes, entre 10h et 21h, de l'aéroport Hóngqiáo de Shànghǎi (100 ¥, 2 heures). D'autres encore circulent régulièrement entre l'aéroport international Pǔdōng de Shànghǎi et Hángzhōu (110 ¥, 3 heures).

Destinations desservies au départ de l'immense **gare routière principale Jiǔbǎo** (客运中心站, Kéyùn Zhōngxīn ; ☎0571 8765 0678 ; Jiubao Zhijie, 九堡直街), à l'extrémité nord-est de Hángzhōu (reliée au centre par le métro ; course en taxi environ 65 ¥) :

Níngbō 62 ¥, 2 heures, réguliers

Wūzhèn 27-30 ¥, 1 heure, 16/jour

Xīn'ānjiāng 35-42 ¥, 2 heures, 8/jour

La **gare routière Nord** (汽车北站, Qìchē Běizhàn ; 766 Moganshan Lu) dessert notamment :

Shànghǎi 70 ¥, 2 heures 30, réguliers

Où se loger

L'offre d'hébergement est vaste à Hángzhōu et va des hôtels haut de gamme aux bonnes auberges de jeunesse au bord du lac de l'Ouest. Réservez longtemps à l'avance en été, le week-end et pendant les vacances. Les prix des auberges de jeunesse et de certains hôtels grimpent le week-end.

Les gratte-ciel illuminés de Hángzhōu

Sūzhōu 73 ¥, 2 heures, réguliers

Tónglǐ 64 ¥, 2 heures, réguliers

Destinations desservies depuis la **gare routière Ouest** (汽车西站, Qìchē Xīzhàn ; 357 Tianmushan Lu) :

Wùyuán 140 ¥, 4 heures 30, 9h20 et 13h40

Xīnyè 61 ¥, 2 heures 30, 8h20 et 13h50

TRAIN

Le plus facile pour se rendre de la gare ferroviaire Hóngqiáo de Shànghǎi à Hángzhōu est de prendre un express de classe G ou D pour la **gare ferroviaire Est de Hángzhōu** (杭州东站, Hángzhōu Dōngzhàn ; Dongning Lu, 东宁路). Pour Běijīng, le train de nuit Z10 (couché mou 537 ¥) part de la **gare ferroviaire principale de Hángzhōu** (杭州火车站, Hángzhōu Huǒchēzhàn ; ☎0571 8762 2362 ; Chengzhan Lu, 城站路) à 18h05 et atteint la capitale à 7h40 ; tout aussi pratique, le T32 (couché dur/mou 351/537 ¥) part à 18h20 et arrive à Běijīng à 10h21. La plupart des trains de classe G pour Běijīng partent de la gare ferroviaire Est de Hángzhōu.

Plusieurs trains de classe G partent depuis l'immense nouvelle gare ferroviaire Est de Hángzhōu, accessible en métro depuis le centre-ville. Parmi les villes desservies :

Běijīng (gare Sud) 2e/1re classe 538/907 ¥, 6 heures, réguliers

Shànghǎi (gare Hóngqiáo) 2e/1re classe 73/117 ¥, 1 heure, réguliers

Sūzhōu 2e/1re classe 111/178 ¥, 1 heure 30, 3/jour

Des trains grande vitesse de classe G quittent quotidiennement la gare ferroviaire principale de Hángzhōu pour :

Běijīng (gare Sud) 2e/1re classe 629/1 056 ¥, 6 heures 30, 2/jour

Shànghǎi (gare Hóngqiáo) 2e/1re classe 78/124 ¥, 55 min, réguliers entre 6h10 et 20h26

Sūzhōu 2e/1re classe 118-184 ¥, 1 heure 30, 2/jour

Les trains-couchettes pour Běijīng partent de la **gare ferroviaire principale de Hángzhōu** (杭州火车站, Hángzhōu Huǒchēzhàn ; ☎0571 8762 2362 ; Chengzhan Lu, 城站路) à 17h17, 18h20 et 19h24 (couché mou/dur 583/351 ¥, 16-20 heures).

Une **billetterie** (火车票售票处, Huǒchēpiào Shòupiàochù ; 147 Huansha Lu, 浣纱路147号 ;

8h-17h) est installée au nord de Jiefang Lu, à l'est du lac. Sinon, il existe d'autres bureaux au 72 Baochu Lu (près du croisement avec Shengfu Lu) et au 149 Tiyuchang Lu. Certaines postes, dont celles du 10 Desheng Lu et 60 Fengqi Lu, vendent aussi des billets de train.

COMMENT CIRCULER

DEPUIS/VERS L'AÉROPORT

L'aéroport de Hángzhōu est à 30 km du centre. La course en taxi revient à 100-130 ¥ environ. Des navettes (20 ¥, 1 heure) circulent toutes les 15 minutes, entre 5h et 21h, depuis le bureau de la CAAC (elles s'arrêtent aussi à la gare ferroviaire).

BUS

Hángzhōu possède un réseau de bus efficace et propre, mais les itinéraires sont de plus en plus embouteillés. La lettre "Y" désigne les bus touristiques ; le "K" est l'abréviation de *kōngtiáo* (air conditionné). Les billets coûtent 2-5 ¥. Voici les lignes les plus fréquentées :

K7 Relie la gare ferroviaire principale à la rive ouest du lac et au temple Língyǐn.

Y2 Bus touristique qui part de la gare ferroviaire principale, suit Beishan Lu et rejoint le temple Língyǐn.

15 et K15 De la gare routière Nord à la partie nord-ouest du lac.

27 De Beishan Lu au village du Thé du puits du dragon.

K4 et 334 Du centre-ville à la pagode des Six Harmonies.

MÉTRO

Depuis le sud-est de Hángzhōu, la ligne de métro 1 (tickets 2-8 ¥ ; 6h06-23h32) dessert la gare ferroviaire principale et la rive est du lac de l'Ouest, puis continue sur la gare ferroviaire Est et la gare routière principale, jusqu'au nord-est de la ville. Toutefois, elle ne dessert pas les sites touristiques. La ligne 2 circule vers le sud, entre Qianjiang Road et Chaoyang. La ligne 4 relie Pengbu à Jinjiang, et prochainement vers le sud jusqu'à Puyan. D'autres lignes sont prévues.

TAXI

Les taxis de marque Hyundai avec compteur sont omniprésents (prise en charge : 11 ¥) ; comptez environ 20-25 ¥ de la gare ferroviaire principale (les files d'attente sont un cauchemar) à Hubin Lu.

VÉLO

Le mieux consiste à utiliser le **système de location de vélos de Hángzhōu** (0571 8533 1122 ; caution 200 ¥, crédit 100 ¥ ; 6h30-21h avr-oct, 6h-21h nov-mars). De nombreuses stations (2 700 au total) sont disséminées à travers la ville ; c'est l'un des plus grands réseaux du monde. La première fois, présentez-vous au guichet de l'une des stations situées près du lac de l'Ouest, avec votre passeport. Il suffira de remplir un formulaire pour recevoir une carte magnétique, qu'il faudra valider à l'une des bornes, jusqu'à ce que le voyant cesse de clignoter et devienne vert. Vous n'aurez plus qu'à décrocher le vélo, puis à le rapporter à la station de votre choix (assurez-vous qu'il est bien accroché).

La première heure est gratuite. Si vous changez de vélo durant cette heure, cela reste gratuit. La deuxième heure sur le même vélo coûte 1 ¥, la troisième 2 ¥. Comptez ensuite 3 ¥ par heure supplémentaire. La caution et le crédit restants sont remboursés à la restitution de la carte (renseignez-vous sur le délai de restitution, qui est variable). Vous devez impérativement ramener le vélo aux heures d'ouverture des stations, sous peine de vous voir débiter une nuit complète de location.

HUÁNGSHĀN (P. 182) : OBBCHAO / SHUTTERSTOCK ©

HUÁNGSHĀN ET VILLAGES DU HUĪZHŌU

Dans ce chapitre

Huángshān et villages du Huīzhōu

Les mémorables paysages de montagne et les villages, bien préservés, de l'Ānhuī (安徽) sont le parfait antidote au rythme trépidant des grandes villes chinoises. Site phare de la province, le Huángshān, un ensemble d'escarpements granitiques nimbés de nuages, a inspiré toute une lignée de peintres à l'encre aux XVIIe et XVIIIe siècles. Disséminés au pied de ces chaînes de montagnes, les villages anciens de la province autrefois nommée Huīzhōu, aux murs blanchis à la chaux et aux toits de tuiles noires, comptent parmi les plus beaux du pays.

Le Huángshān et les villages du Huīzhōu en deux jours

Entreprenez tôt le matin l'ascension du **Huángshān** (p. 182) et explorez son sommet, avant d'y passer la nuit. Assistez au lever du soleil et consacrez une journée de randonnée au défilé de la mer de l'Ouest. Redescendez ensuite tranquillement pour passer la nuit à Tángkǒu ou à Túnxī.

Le Huángshān et les villages de Huīzhōu en quatre jours

Visitez les villages de **Hóngcūn** (p. 188), de **Xīdì** (p. 189) et de **Píngshān** (p. 190), avant de passer la nuit à Yīxiàn. Le matin suivant, grimpez le **Qíyún Shān** (p. 192), puis gagnez **Shèxiàn** (p. 190) pour découvrir la ville de **Yúliáng** (p. 193), au bord de l'eau, le village de **Chéngkǎn** (p. 191) et les stupéfiantes arches ornementales de **Tángyuè** (p. 187).

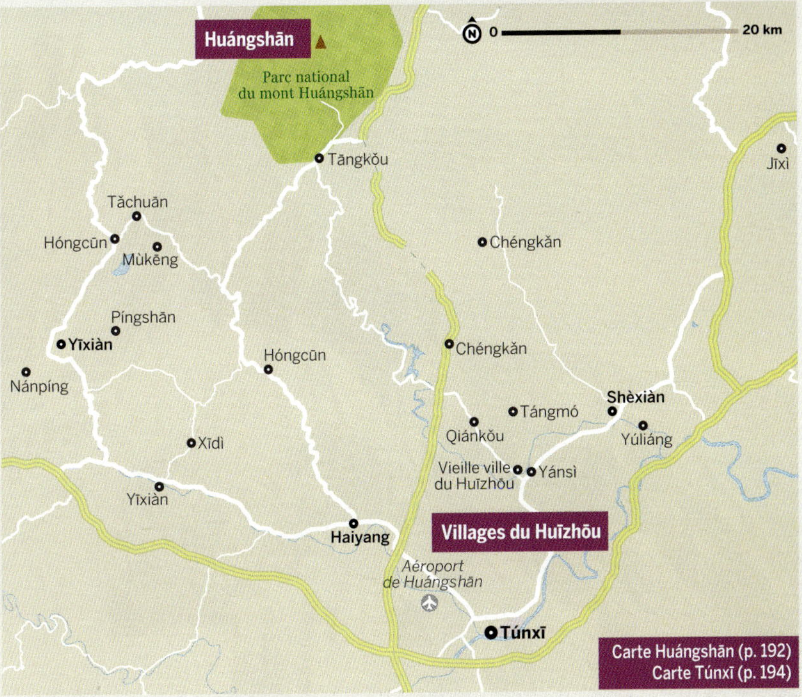

Comment s'y rendre

Aéroport de la ville de Huángshān Prenez un taxi (30 ¥) pour les 5 km jusqu'à Túnxī (ville de Huángshān).

Gare des bus longue distance de Túnxī En périphérie de la ville ; le bus n°2 (2 ¥) dessert Lao Jie ("rue ancienne").

Gare ferroviaire de Huángshān Dans le centre de Túnxī ; le bus n°12 (2 ¥) dessert Lao Jie.

Où se loger

Le Huángshān comprend de nombreux hôtels, allant des adresses bon marché, ternes et sans vue, aux établissements bien équipés et donnant sur des panoramas spectaculaires. Réservez pour être sûr d'avoir un lit, en particulier dans les dortoirs et les établissements du sommet.

Lao Jie compte d'excellents boutique-hôtels et auberges de jeunesse, aménagés dans des maisons en bois restaurées.

Huángshān

APHOTOSTORY / SHUTTERSTOCK ©

Ascension du Huángshān

Lorsque ses pics granitiques et ses pins noueux se drapent d'une brume irréelle, on comprend aisément pourquoi le Huángshān se classe dans le top 5 des sites touristiques chinois.

Pour ceux qui aiment...

☑ À ne pas manquer

Une randonnée dans le défilé de la mer de l'Ouest

Sa beauté emblématique a inspiré des générations de poètes et de peintres. Aux artistes d'hier, désireux d'échapper à l'agitation du monde, ont succédé des foules de touristes. De fait, la montagne est parfois embouteillée, ce qui en dissipe quelque peu la magie, surtout en période de fêtes et les week-ends. Pourtant, le Huángshān réserve toujours aux visiteurs leur content de sérénité et de paysages à couper le souffle.

Orientation

Les bus en provenance de Túnxī s'arrêtent au Centre de distribution touristique (p. 185) du village touristique situé à 2 km au sud de Tāngkǒu, ville au pied du versant sud du Huángshān. Les environs de la gare routière servent de base aux randonneurs ; on peut s'y approvisionner en cartes, vêtements de pluie et nourriture, déposer

Défilé de la mer de l'Ouest (p. 184)

HUANG XIN / GETTY IMAGES ©

ses bagages (10 ¥ par bagage et par jour) et y organiser la suite du voyage. Tangchuan Lu s'étend vers le nord jusqu'à la ville, où l'on trouve des services tels une poste et des banques avec DAB internationaux. Tāngkǒu consiste essentiellement en deux rues, Yanxi Zonglu et Yanxi Xilu, de part et d'autre de la rivière ; repérez l'escalier qui descend du pont dans Tangchuan Lu.

Ascension et descente du Huángshān

Quel que soit le moyen choisi pour gravir le Huángshān, le tarif sera de toute façon vertigineux. Vous pourrez payer aux marches de l'Est, près de la **station de Yúngǔ** (云谷站; Yúngǔ Zhàn ; carte p. 192) , ou à la **station du temple de la Lumière de la miséricorde** (慈光阁站; Cíguānggé Zhàn ; carte p. 192), où commencent les marches de l'Ouest. Des navettes (19 ¥) desservent les deux sites depuis Tāngkǒu.

Trois possibilités s'offrent à vous pour atteindre le sommet : une ascension courte, mais ardue, par les marches de l'Est ; une autre, plus longue et encore plus difficile, par les marches de l'Ouest ; et la dernière, aussi rapide qu'aisée, en téléphérique.

La randonnée idéale consiste à prendre un bus tôt le matin à Túnxī, à grimper par les marches de l'Est, à faire un tour du sommet avant d'y passer la nuit, puis à redescendre par les marches de l'Ouest le lendemain, ce qui permet de prendre un bus pour revenir à Túnxī dans l'après-midi. Une grande partie des voyageurs choisissent de passer plus d'une nuit au sommet afin d'explorer divers sentiers. Ne sous-estimez pas les difficultés : le fort dénivelé et les marches en granit taillé mettent les jambes à rude épreuve, aussi bien en montée qu'en descente.

Infos pratiques

黄山 ; "montagne jaune" ; www.chinahuangshan.gov.cn ; mars-nov 230 ¥, déc-fév 150 ¥, enfant 1,20-1,40 m 115 ¥, - 1,20 m gratuit

Une petite faim ?

Sur la montagne, la plupart des restaurants d'hôtels proposent des buffets (petit-déj 60 ¥, déj et dîner 100-140 ¥)

★ À savoir

Emportez suffisamment à manger si vous montez jusqu'au sommet. L'automne (sept-oct) est la meilleure saison pour en faire l'ascension.

La plupart des touristes se pressent dans l'espace au sommet au-dessus des stations les plus hautes du téléphérique, qui consiste en un réseau de sentiers desservant plusieurs pics ; ne vous attendez pas à y trouver paix et sérénité. Le nombre de visiteurs augmente chaque année et les sentiers sont élargis aux endroits les plus engorgés qui posent problème. Pour nombre de voyageurs indépendants, l'apothéose de cette ascension est la randonnée jusqu'au **défilé de la mer de l'Ouest** (西海大峡谷 ; Xīhǎi Dàxiágǔ), une partie plus escarpée, plus dénudée, où la plupart des groupes ne s'aventurent pas.

Prévoyez de l'eau et des provisions – leur prix augmente ici avec l'altitude car ils sont acheminés par des porteurs –, ainsi que des vêtements imperméables et chauds. Les sentiers sont faciles à suivre dans la montagne et les panneaux en anglais ne manquent pas ; inutile de prendre un guide.

Les porteurs de la montagne

En gravissant le Huángshān, ayez une pensée pour les porteurs (挑山工, *tiāoshāngōng*), la peau tannée par le soleil et éreintés, qui chancellent sous le poids de diverses denrées, de l'eau au riz, en passant par des matériaux de construction, destinés aux hôtels et aux marchands en altitude. C'est chargés de déchets qu'ils redescendent. À la montée, ils gagnent 1,80 ¥ par kilo, 1,50 ¥ à la descente. Ils transportent environ 100 kilos par trajet et ne montent qu'une fois par jour, leur charge accrochée aux deux extrémités d'une perche posée sur leurs épaules. N'oubliez pas de leur céder le passage, dans les deux sens.

Sentier de randonnée, défilé de la mer de l'Ouest

Où se loger

Le Huángshān rassemble de nombreux hôtels, dont les prix et la disponibilité varient selon la saison. Pour les hébergements du sommet, comme les dortoirs, réservez bien à l'avance, surtout en période d'affluence. Les dortoirs du sommet coûtent deux fois plus cher que les doubles en ville. Si votre budget est serré, logez à Tāngkǒu.

Sur la montagne

Les visites du Huángshān doivent idéalement inclure les nuits au sommet. Les prix s'envolent les samedis et dimanches, et atteignent des sommets pendant les principales périodes de vacances.

Il est possible de camper en certains points, sans grand attrait, de la montagne, par exemple sur la place face au **Běihǎi Hotel** (carte p. 192 ; 北海宾馆 ; Běihǎi Bīnguǎn ; ☎0559 558 2555 ; www.hsbeihaihotel.com ; dort/d 300/1 480 ¥ ; ❄@📶). Il faut demander la permission et verser 180 ¥.

Tāngkǒu

Dans le village touristique autour de la gare routière, des chaînes comme 7 Days Inn et Green Tree Inn louent des chambres pour environ 200 ¥. Les hôtels milieu de gamme plutôt médiocres, qui s'alignent dans Tangchuan Lu jusqu'à Tāngkǒu et visent une clientèle de groupes, sont un peu moins chers ; demandez à voir les chambres et essayez d'obtenir un prix avant de vous décider. Nombre d'hôtels en ville assurent le transport depuis/vers le Centre de distribution touristique.

À savoir

Les habitants prétendent qu'il pleut plus de 200 jours par an sur la montagne. L'automne (sept-oct) est généralement la meilleure saison pour visiter la région.

CORNELIA DOERR / GETTY IMAGES ©

Depuis/vers le Huángshān

De Túnxī (Huáng Shān Shì), des bus rejoignent Tāngkǒu depuis la gare des bus longue distance (20 ¥, fréquents 6h-17h) ou la gare ferroviaire (20 ¥, départ quand le bus est plein 6h30-17h30, jusqu'à 20h en été).

Les bus retour vers Túnxī (20 ¥) partent de Tāngkǒu à des horaires similaires ; on peut les arrêter sur la route de Túnxī. Le dernier bus part à 17h30.

Le **Centre de distribution touristique** (新国线客车站, Xīnguóxiàn Kèchēzhàn ; Tangchuan Lu, 汤川路) est la gare routière principale des bus longue distance depuis/vers Tāngkǒu et des bus touristiques autour du Huángshān.

Parmi les destinations : Hángzhōu (110 ¥, 3 heures 30, 7/jour), Shànghǎi (148 ¥, 6 heures 30, 5/jour) et Yīxiàn (17 ¥, 1 heure, 4/jour ; haltes à Hóngcūn et Xīdì).

Un taxi entre Túnxī et la zone panoramique du Huángshān coûte en principe 200 ¥ ; pour une course jusqu'aux villages de Yīxiàn, compter de 110 à 140 ¥.

Arche commémorative, Tángyuè

Villages du Huīzhōu

Avec leurs élégantes maisons se détachant sur des collines verdoyantes plantées de bambous et de pins, les villages du Huīzhōu offrent un merveilleux voyage dans la Chine historique.

Pour ceux qui aiment...

☑ À ne pas manquer

L'arche ornementale Húwénguāng Páifāng à l'entrée de Xīdì.

Le Huīzhōu (徽州), ancien nom de la région englobant le sud-est de l'Ānhuī (nom composé des premières syllabes de "Ānqìng" et "Huīzhōu") et le nord du Jiāngxī, prospéra au XIIIe siècle grâce au commerce du bois, du thé et du sel (et au métier lucratif de prêteurs sur gages à travers l'Empire), devenant un grand centre commerçant et donnant naissance à une culture propre. Mais pour les marchands, réussite était généralement synonyme d'exil. À l'âge de 13 ans, nombre de jeunes garçons étaient envoyés tenter leur chance dans d'autres régions, et ne revenaient dans leur famille qu'une fois par an. Ces marchands, restés attachés à leur village natal, y firent construire résidences opulentes, temples et arches commémoratives, qui font aujourd'hui l'attrait des villages du Huīzhōu, classés parmi les plus beaux de Chine.

Porte en pierre, Xīdì (p. 189)

TRAVELGAME / GETTY IMAGES ©

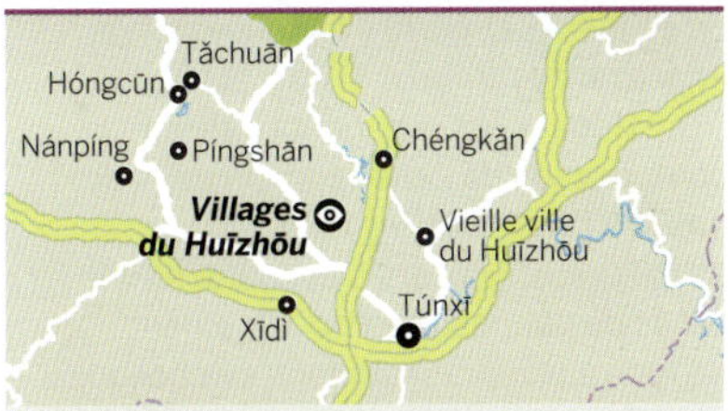

Conseil

Évitez de visiter la région les week-ends et les jours fériés.

Une petite soif ?

Hóngcūn possède quelques cafés qui servent du bon café et se transforment en bar le soir.

★ À savoir

Emportez votre appareil photo pour immortaliser les champs de colza dans les villages autour de Shèxiàn.

Arches commémoratives et prestige social

Les riches marchands investirent aussi dans l'éducation de leurs enfants. Le Huīzhōu donna un nombre important de hauts fonctionnaires impériaux, qui conférèrent à leur tour de l'influence à la région. Ces réussites furent commémorées par des arches, appelées *páifāng* (牌坊). Des arches similaires, les *páilóu* (牌楼), rendaient hommage aux femmes ayant mené une vie d'une chasteté exemplaire. Les routes passaient sous un *páifāng* mais contournaient un *páilóu*, de façon qu'un homme n'ait jamais le sentiment que son statut était inférieur à celui d'une femme.

Les arches commémoratives, édifiées à travers la Chine sur autorisation du gouvernement impérial, revêtaient une importance particulière dans le Huīzhōu, où elles donnaient aux marchands – au bas de l'échelle sociale confucéenne (après les lettrés, les paysans et les artisans) – un prestige très convoité. Les arches ornementales de Tángyuè, en périphérie de Shèxiàn, en sont de beaux exemples.

Avec la chute de la dynastie Qing, les marchands du Huīzhōu perdirent leur influence et leur prestige. Leurs descendants héritèrent cependant de somptueuses constructions riches en symbolisme qui font aujourd'hui leur prospérité, grâce au tourisme.

Architecture caractéristique et sculptures décoratives

Le Huīzhōu se distingue aussi par ses résidences aux murs chaulés, percés de hautes fenêtres étroites et coiffés d'une toiture en ardoise inclinée vers la cour intérieure (pour protéger des voleurs), aux pignons en forme de tête de cheval, à l'origine destinés à empêcher la propagation des incendies à toute une rangée de maisons. L'entrée des demeures les plus somptueuses est surplombée d'un avant-toit et d'un linteau sculpté en brique ou en pierre, et parfois flanquée de pierres en forme de tambour (鼓石 ; *gǔshí*).

L'extérieur est cependant pâle en comparaison de l'intérieur : un puits de lumière (天井 ; *tiānjǐng*) illumine la cour intérieure, et les portes et couloirs sont ornés de panneaux en bois finement sculpté aux représentations symboliques. Une chauve-souris qui ramasse des pièces, par exemple, annonce la fortune, tandis qu'un *qílín* (麒麟 ; chimère) qui lève les yeux vers une pie suggère une bénédiction.

Le mobilier aussi est chargé de signification. Si le maître des lieux est chez lui, les tables semi-circulaires sont rapprochées pour former un cercle ; si elles sont disjointes, l'allusion est claire : aucun visiteur masculin ne doit venir importuner sa femme. L'horloge, le vase et le miroir décorant la cheminée symbolisent la paix et l'harmonie domestiques. Le village de Xīdì possède les demeures les mieux préservées.

Hóngcūn

Hóngcūn (104 ¥ ; ⏲7h-17h30), inscrit au patrimoine mondial de l'Unesco, est l'un des villages les plus visités du Huīzhōu. C'est un bel exemple de l'aménagement feng shui d'antan. Symbolisme et fonctionnalité s'y mêlent, au cœur d'un réseau sophistiqué de voies navigables. Fondé sous la dynastie Song, le village fut remodelé, sous les Ming, suivant les indications d'un géomancien, qui s'inspira de la silhouette d'un bœuf (les canaux représentent les entrailles de l'animal).

En forme de croissant, le **bassin de la Lune** (月沼, Yuè Zhǎo) occupe le cœur de Hóngcūn, ou plutôt son estomac, si l'on considère le plan zoomorphe du village.

Cour carrée, maison de marchand, Hóngcūn

Plus grand, le **lac du Sud** (南湖, Nán Hú), aménagé ultérieurement, est un second estomac, et le **mont Léigǎng** (雷岗山, Léigǎng Shān), au nord, la tête. Près du **pont Hóngjì** (宏际桥, Hóngjì Qiáo), sur le ruisseau de l'Ouest, une place profite de l'ombre de deux arbres séculaires (les "cornes" du bœuf), un peuplier rouge et un ginkgo.

Le **pavillon Chéngzhì** (承志堂, Chéngzhì Táng ; Shangshuizhen Lu, 上水圳路), dans Shangshuizhen Lu (上水圳路) fut construit par un marchand de sel en 1855. Il contient 28 pièces ornées de belles sculptures en bois, de balcons (au 2e niv.) et de puits de lumière. Les œilletons sur les coursives des appartements du haut permettaient aux jeunes filles d'épier les visiteurs masculins, et l'alcôve dans la chambre de mah-jong, à cacher la concubine. Les sculptures dorées à la feuille, aujourd'hui ternies, ont exigé 100 taels d'or et 4 ans de travail.

Le bus touristique n°1 relie le Centre de distribution touristique du Huángshān de Túnxī à Hóngcūn (20 ¥, 1 heure 30) en passant par Xīdì ; départs toutes les heures entre 8h et 16h. En sens inverse, départs toutes les heures entre 8h et 17h. Le trajet entre Hóngcūn et Xīdì (30 min) ou Píngshān (15 min) coûte 6 ¥.

★ À savoir

Les canaux véhiculent les eaux à travers le village, du ruisseau de l'Ouest au bassin de la Lune, puis jusqu'au lac du Sud. Si vous êtes perdu, suivez le courant.

KARL JOHAENTGES / LOOK-FOTO / GETTY IMAGES ©

Xīdì

Emblématiques du style chic du Huīzhōu, les 124 bâtiments subsistant à Xīdì témoignent de la prospérité des marchands de l'âge d'or de la région. Classé au patrimoine mondial de l'Unesco, **Xīdì** (西递 ; 104 ¥ ; 7h-17h) profite d'un tourisme lucratif. Le lieu se révèle néanmoins remarquable, avec d'étroites ruelles, des murs blanc cassé surmontés de pignons en forme de tête de cheval, des toits couverts de tuiles sombres et des portes ornées de linteaux sculptés.

Fondé en 1047, ce village fut, pendant des siècles, le bastion du clan Hu (胡), descendant du fils aîné du dernier empereur Tang, qui se réfugia ici au crépuscule de sa dynastie. À son entrée, le Húwénguāng Páifāng (胡文光牌坊), une belle arche ornementale Ming à 3 niveaux, témoigne de l'importance passée de Xīdì.

Tǎchuān

À 5 km au nord-ouest de Hóngcūn, sur la route du Huángshān, Tǎchuān est une destination prisée des photographes, en particulier au début du printemps, lorsque le colza s'épanouit, et à l'automne, lorsque les arbres séculaires se parent de couleurs. Le reste de l'année, il est agréable de se promener sur le chemin qui traverse le village, passant devant les habitants qui travaillent dans les champs de riz et de thé.

Nánpíng

Ce bourg labyrinthique est fort de 1 100 ans d'histoire. Mais il est surtout cher à un public de cinéphiles. Et pour cause : la tragédie *Judou* (1989) du réalisateur Zhang Yimou, a en grande partie été tournée dans la superbe **salle Xùzhì** (叙秩堂, Xùzhì Táng), bâtiment vieux de 530 ans où sont exposés accessoires et photos du tournage. À côté, la **salle Kuíguāng** (奎光堂, Kuíguāng Táng), datant de la dynastie Ming, a servi de décor à certaines scènes du film *Tigre et Dragon* (1999), d'Ang Lee.

Nánpíng se situe à 5 km à l'ouest de Yīxiàn. Des minibus (3 ¥) partent de Yīxiàn pour Nánpíng toutes les 30 minutes (7h-16h) ; un taxi depuis Xīdì coûte 40 ¥.

Píngshān

Píngshān (屏山 ; 50 ¥ ; 7h30-17h), peuplé depuis la dynastie Tang, était autrefois le plus grand village du district, avec 38 pavillons ancestraux et 13 arches. Son importance lui valut d'être saccagé durant la Révolution culturelle. Il ne subsiste que quelques constructions, ce qui fait que Píngshān reçoit peu de visiteurs. Avec ses canaux bordés de rosiers, ses ruelles pavées sinueuses et ses maisons chaulées, le village attire les étudiants en art, qui posent leur chevalet dans des coins ombragés.

Shèxiàn

Autrefois le grand centre de la culture du Huīzhōu et sa capitale, **Shèxiàn** (歙县) peut se visiter dans la journée depuis Túnxī, à 25 km à l'ouest.

Yánghé Mén (阳和门), porte en bois à double avant-toit datant des Song, marque l'entrée de la vieille ville (appelée "vieille ville du Huīzhōu"). Sur votre gauche se trouvent deux *xièzhì* (獬豸 ; un animal légendaire) et en face de vous, la splendide **arche Xǔguó** (许国石坊, Xǔguó Shífáng).

Continuez dans la même direction jusqu'à la petite rue (à gauche) menant à l'ancienne zone résidentielle de **Doushan Jie** (斗山街古民居 ; Dòushānjiē Gǔmínjū), bordée de maisons du Huīzhōu, dont des résidences à cour carrée aux superbes linteaux sculptés et aux magnifiques intérieurs. Quelques-unes possèdent deux blocs de pierre servant d'appui pour monter à cheval.

Les 5 trains quotidiens pour Shèxiàn partent de la gare du Huángshān de Túnxī (2-9 ¥, 20-40 min, 6h30, 8h05, 10h57, 19h50 et 20h45) ; dernier train retour à 18h36. Des bus réguliers desservent aussi Shèxiàn depuis la gare routière longue distance de Túnxī (7 ¥, 45 min, réguliers 6h-17h). On peut marcher de la gare routière de Shèxiàn à la vieille ville (20 min) : passez le pont et prenez à droite à la fin de la route.

La navette touristique n°2 part à 8h, 10h, 14h et 16h du Centre de distribution touristique de Túnxī (p. 196), gagne Tángmó (5,50 ¥, 45 min), puis Tángyuè (6 ¥, 1 heure) et la vieille ville du Huīzhōu (8 ¥,

Architecture traditionnelle, Chéngkǎn

1 heure 15), avant d'atteindre Yúliáng (9 ¥, 1 heure 30), le dernier arrêt. Dernier bus retour pour Túnxī à 16h.

Chéngkǎn

Chéngkǎn est un village photogénique, doté de ponts en demi-lune enjambant des canaux couverts de nénuphars. Avec ses bâtiments à divers stades de restauration, il est bien moins visité que d'autres villages de la province. Il est aménagé selon le *bāguà* (八卦), les 8 trigrammes du *Yi Jing*, les 8 collines environnantes correspondant aux points cardinaux. Une rivière décrivant un "s" le traverse en son centre, le divisant en yin et yang.

Les visiteurs viennent y admirer le plus grand temple des ancêtres du sud de la Chine, le **temple Luó Dōngshū** (罗东舒祠, Luó Dōngshū Cí). La construction de cet imposant ensemble architectural en bois pourvu de plusieurs cours a exigé 71 ans (1539-1610). Également intéressante, la Yànyì Táng (燕翼堂) est une maison de 3 niveaux vieille de 600 ans.

Le bus touristique n°3 dessert le village au départ du Centre de distribution touristique de Túnxī (p. 196 ; 10 ¥, 40 min, ttes les heures de 8h à 11h et de 13h à 16h). Pour prendre le bus retour à la sortie, remontez la rue commerçante pendant 10 minutes. Dernier bus retour à 16h.

Le saviez-vous ?

Traditionnellement, les habitants de Hóngcūn suivaient un emploi du temps strict : ils allaient chercher de l'eau avant 6h, lavaient les légumes entre 6h et 7h, puis faisaient la lessive.

PINGGR / SHUTTERSTOCK ©

Túnxī

Entourée de basses collines, la vieille cité commerçante de Túnxī (屯溪 ; aussi appelée Huángshān Shì ; 黄山市) est le principal point de départ pour le Huángshān et les villages environnants du Huīzhōu. Comparée à Héféi, capitale de la province, Túnxī se révèle une bien meilleure base pour explorer la région. Lao Jie ("rue ancienne") compte d'excellents boutiques-hôtels et auberges de jeunesse, aménagés dans des maisons en bois restaurées.

À VOIR

Lao Jie (老街), la "rue ancienne" restaurée, constitue le cœur historique de Túnxī. Il n'y a pas grand-chose d'autre à voir, hormis à gagner les villages voisins ou le Qíyún Shān, un centre taoïste.

Lao Jie ("rue ancienne") Rue
(屯溪老街, Túnxī Lǎojiē). À une rue du fleuve, la "rue ancienne" est bordée de bâtiments restaurés dans le style Ming du Huīzhōu. Le lieu est certes touristique – le moindre pâté de maisons y est festonné de boutiques de thé et de stands de nourriture –, mais se prête, le soir, à d'agréables balades.

Musée Wàncuìlóu Musée
(万粹楼博物馆, Wàncuìlóu Bówùguǎn ; 143 Lao Jie, 老街143号 ; 50 ¥ ; ⏲8h30-21h30). Cette fascinante collection privée de céramiques, de peintures sur rouleaux et de sculptures religieuses ne pouvait trouver meilleur écrin que cette belle maison de marchand à 3 niveaux, dont la cour intérieure donne autour d'un bassin à poissons.

Qíyún Shān Montagne
(齐云山 ; mars-nov 75 ¥, déc-fév 55 ¥ ; ⏲8h-17h lun-ven, 7h30-17h30 sam-dim). Qíyún Shān signifie littéralement la "montagne aussi haute que les nuages". Elle n'est certes

pas si haute (seulement 585 m), mais son sommet accroche les basses nappes de brume qui enveloppent souvent la région. Depuis longtemps révéré par les taoïstes, ce mont de grès rouge est jalonné de temples en activité, pour beaucoup aménagés dans la montagne elle-même. Situé à l'ouest de Túnxī, le Qíyún Shān est accessible en 45 minutes en bus.

CIRCUITS ORGANISÉS

Les auberges de jeunesse proposent des excursions aux villages de Xīdì et Hóngcūn (environ 250 ¥, transport, entrée et déjeuner compris) et au Huángshān (350 ¥ environ). Elles peuvent aussi réserver des billets pour la navette entre Lao Jie et le Huángshān (22 ¥, 1 heure, 6h15), et préparer des paniers-repas.

Le **Centre de distribution touristique du Huángshān** (黄山市旅游集散中心, Huángshān Lǚyóu Jísàn Zhōngxīn ; ☎0559 255 8358 ; 31 Qiyun Lu, 齐云路31号 ; ⏲8h30-17h30), installé dans la gare routière longue distance, organise des excursions en navette touristique vers les villages alentour, et vend des billets à prix réduit.

ACHATS

Xiè Yù Dà Tea Thé, alimentation

(谢裕大茶行, Xiè Yù Dàchāháng ; 149 Lao Jie, 老街149号). Se démarquant des nombreuses autres boutiques de thé de Lao Jie, le Xiè Yù Dà Tea a été fondé par Xie Zhengan (1838-1910), le premier à avoir commercialisé le célèbre *máofēng* (毛峰) du Huángshān, thé vert aux subtiles notes florales qui doit son nom – littéralement "cime duveteuse" – à son duvet, quasi imperceptible.

Si les 50 g de grand cru coûtent plus cher qu'un billet d'avion, le thé "ordinaire" de première qualité est plus abordable (à partir de 85 ¥ les 150 g). Du *qímén hóngchá* (祁门红茶) local, thé noir très réputé au goût riche et malté, et du *júhuāchá* (菊花茶 ; thé de chrysanthème) sont aussi disponibles, conditionnés dans de belles boîtes en fer-blanc.

Yúliáng, hors des sentiers battus

Rarement visité, **Yúliáng** (渔梁 ; 30 ¥, enfant et senior gratuit ; ⏲9h-17h) est un petit port anciennement établi au bord du Liàn (练江, Liàn Jiāng). La ruelle pavée Yuliang Jie (渔梁街) est jalonnée de vieux entrepôts, auparavant destinés au transfert des marchandises (bois, sel et thé) acheminées par bateau ; le magasin de thé au n°87 en est l'exemple typique. Vous remarquerez les murs pare-feu séparant les maisons de la rue. Sur l'autre rive, le barrage Yúliáng (渔梁坝, Yúliáng Bà), fait de granit et long de 138 m, est le site historique le plus important ; il aurait 1 400 ans.

On peut faire d'agréables promenades en barque sur la rivière (20 min l'aller/retour, 20 ¥). Un cyclopousse pour Yúliáng depuis la gare routière de Shèxiàn ou la vieille ville du Huīzhōu coûte 10 ¥.

Village et barrage de Yúliáng
XIA YUAN / GETTY IMAGES ©

OÙ SE RESTAURER

Lao Jie ("rue ancienne") est bordée de restaurants et de stands vendant des en-cas locaux classiques comme les *xièké huáng* (蟹壳黄, littéralement "carapaces de crabes jaunes"), à savoir de petits pains au four, farcis à la viande ou aux légumes.

On trouve aussi de la cuisine de rue à prix doux et des fast-foods juste à l'est de l'entrée est et dans Binjiang Xinlu, le long de la rivière.

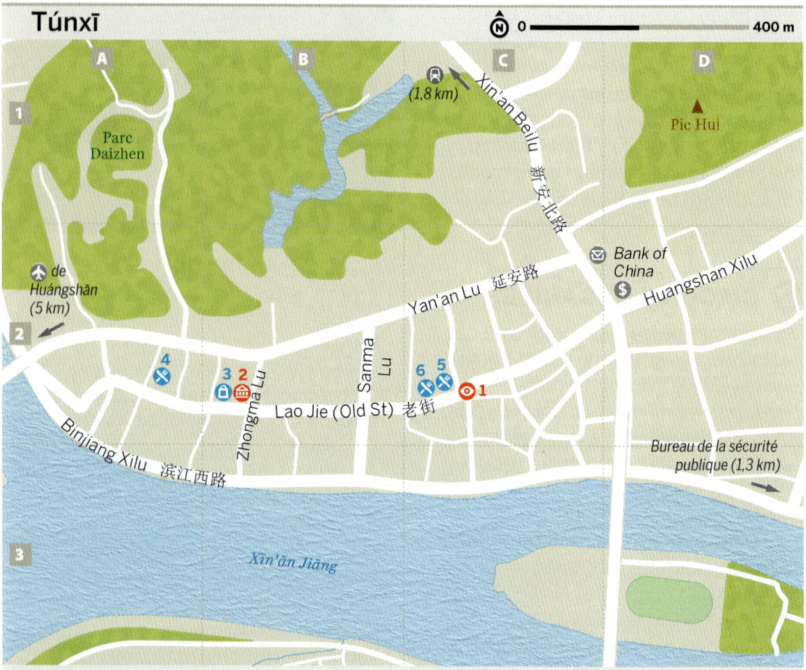

Túnxī

À voir

1 Lao Jie "rue ancienne" de Túnxī C2
2 Musée Wàncuìlóu B2

Achats

3 Xiè Yù Dà Tea B2

Où se restaurer

4 Gāotāng Húndūn A2
5 Lao Jie Yīlóu Shíyè C2
6 Měishí Rénjiā C2

Gāotāng Húndūn — Raviolis ¥

(高汤馄饨 ; 1 Haidi Xiang, 海底巷1号 ; húndūn 10 ¥ ; 7h-22h ;). Dans la ruelle, face au 120 Lao Jie, on rejoint ce qui tient, pour l'essentiel, d'un vénérable chariot de nourriture, installé dans une maison Qing encore plus ancienne et tenu par la 12e génération d'une famille de vendeurs de *húndūn* (raviolis). Si ces derniers – à la pâte ultrafine et préparés à la commande – sont la spécialité, on y propose d'autres plats, tels les *jiǎozi* (autre sorte de raviolis) frits.

Měishí Rénjiā — Huizhou ¥

(美食人家 ; 245 Lao Jie, 老街245号 ; plats 5-108 ¥ ; 10h30-14h et 17h-22h30). Pour se régaler de spécialités locales comme le *chòu guìyú* (臭鳜鱼 ; poisson-mandarin fermenté ; 108 ¥), remplir un petit creux sans se ruiner avec divers *bāozi* (petits pains farcis à la viande ou aux légumes ; à partir de 5 ¥) ou se réchauffer avec une bonne marmite (25-40 ¥), le Měishí Rénjiā est la bonne adresse. Les plats sont exposés ; prenez un bloc et un stylo pour noter ce que vous désirez.

Lao Jie Yīlóu Shíyè — Huizhou ¥¥¥

(老街一楼食业 ; 0559 235 9999 ; 247 Lao Jie, 老街247号 ; plats 28-88 ¥ ; 11h-13h30 et 17h-20h30). Tenu pour la meilleure table de Lao Jie, ce restaurant sert d'excellentes spécialités du Huīzhōu telles que les *tiánluó*

(田螺 ; limnées), ici braisées dans une délicieuse préparation sauce soja et épices, ou le *wēisānbǎo* du Huīzhōu (徽州煨三宝), ragoût aux "trois trésors" : porc salé, fines lamelles de tofu arrangées en jolis nœuds et feuilletés de tofu frit farcis à la viande. Carte avec photos.

OÙ PRENDRE UN VERRE ET FAIRE LA FÊTE

Zhongma Lu, près de Lao Jie, tire avantage d'une série de jolis cafés et bars, tous avec Wi-Fi gratuit (café et bière à partir de 20 ¥ environ). La plupart ouvrent vers 10h et ferment aux alentours de 22h.

RENSEIGNEMENTS

Bank of China (中国银行, Zhōngguó Yínháng ; angle Xin'an Beilu et Huangshan Xilu, 新安北路黄山西路的路口 ; 8h-17h30). Change les chèques de voyage et les principales devises ; le DAB 24h/24 accepte les cartes étrangères.

Poste (中国邮局, Zhōngguó Yóuqū ; angle Xin'an Beilu et Yan'an Lu, 新安北路延安路的路口 ; 8h-17h)

DEPUIS/VERS TÚNXĪ

AVION

De l'aéroport de la ville de Huángshān (黄山市飞机场 ; Huángshānshì Fēijīchǎng), à 5 km à l'ouest du centre, des vols quotidiens desservent entre autres Běijīng (1 140 ¥, 2 heures 30) et Shànghǎi (630 ¥, 1 heure). Les départs ont généralement lieu tard le soir.

En taxi, le trajet de 5 km entre l'aéroport et Lao Jie coûte en principe 30 ¥.

BUS

La **gare des bus longue distance** (客运总站, Kèyùn Zǒngzhàn ; 0559 256 6666 ; 31 Qiyun Dadao, 齐云大道31号 ; 5h45-17h50) est à 2 km à l'ouest de la gare ferroviaire, en périphérie de la ville. Des bus desservent Hángzhōu (85 ¥, 3 heures, 1/heure, 7h10-17h50), Jǐngdézhèn (61 ¥, 3 heures 30, 3/jour), Nánjīng (122 ¥, 5 heures 30, 4/jour), Shànghǎi

Une montagne sacrée

Lorsqu'ils décidèrent que le **Jiǔhuá Shān** (九华山 ; Jiǔhuá Mountain ; "montagne des Neuf Splendeurs" ; mars-nov 190 ¥, déc-fév 140 ¥) était la demeure sur terre du bodhisattva Dizang (Ksitigarbha), le roi des Enfers, les bouddhistes de la dynastie Tang n'auraient pu mieux choisir. Souvent enveloppé d'un brouillard qui s'engouffre par les fenêtres de ses temples à flanc de falaise, le Jiǔhuá Shān – l'une des 4 montagnes sacrées de Chine – est empreint d'une charge spirituelle rendue encore plus sensible par la dévotion des fidèles venus ici prier pour l'âme des défunts. Ses dizaines de temples en activité abritent une population de plus de 500 bonzes et bonzesses.

Si le lieu (parcouru de marchands ambulants, occupés à vendre, à prix d'or, bâtonnets d'encens et babioles en jade) n'a pas échappé à certains à-côtés du tourisme de masse, l'ocre de ses monastères, les bougies vacillantes et les litanies bouddhiques ininterrompues, distillées par les baladeurs des pèlerins, lui composent une atmosphère propice à la contemplation.

Les bus (depuis Túnxī 70 ¥, 3 heures 30, 7h20 et 13h30 ou Huángshān 54 ¥, 3 heures, 7h20 et 14h30) vous déposent à la gare routière du Jiǔhuáshān (九华山气车站, Jiǔhuàshān qìchēzhàn), qui vend les billets pour la montagne. Vous devrez acheter un billet aller-retour pour la navette (50 ¥, 20 min, ttes les 30 min) aux comptoirs installés à gauche des guichets. La navette dessert le village de Jiǔhuá (九华镇), à mi-pente environ du sommet. La navette s'arrête à la gare routière, juste avant la porte (大门, *dàmén*) menant à la bourgade.

La cuisine du Huīzhōu

Cette cuisine est l'une des 8 grandes traditions culinaires du pays, même si elle est moins connue que celle du Sìchuān. Dans cette région montagneuse du sud-est de l'Ānhuī, où de grandes parties de terres restent incultivées, pousses, racines, champignons et herbes occupent une place de choix, telles les fougères (蕨菜 ; juécài), belles-d'un-jour (黄花菜 ; huánghuācài), pousses de bambou (竹笋 ; zhúsǔn) et oreilles de Judas (黑木耳 ; hēi mù'ěr). Une longue tradition végétarienne se perpétue au Jiǔhuá Shān, l'une des 4 montagnes bouddhiques de Chine. La viande est souvent mijotée ou braisée, et les techniques de conservation traditionnelles, comme la fermentation et le séchage, sont toujours utilisées.

Máo dòufu (毛豆腐) Tofu "poilu", affiné jusqu'à ce que de longs filaments de moisissures germent à la surface.

Chòu guìyú (臭鳜鱼) Poisson mandarin "puant" (mais pas tant que ça), conservé plusieurs jours dans l'eau salée, puis braisé à la sauce soja.

Jìxī yīpǐn guō (绩溪一品锅) Ragoût de légumes de saison, avec de savoureux morceaux de jambon, poulet ou bœuf, préparé dans "une marmite".

Làbā dòufu (腊八豆腐) Tofu suspendu pour être séché le 8e jour du 12e mois lunaire (*làbā*) jusqu'à devenir brun doré ; une spécialité de Yīxiàn.

Chǎo tiánluó (炒田螺) Limnées (gastéropodes) tendres sautées à la sauce soja ; meilleures au printemps.

Dòufu

(135 ¥, 5 heures, 10/jour, dernier bus 16h20), Sūzhōu (132 ¥, 6 heures, 3/jour) et Wùyuán (45 ¥, 2 heures, 1/jour).

Au sein de l'Ānhuī, des bus se rendent à Héféi (114 ¥, 4 heures, ttes les heures, 7h30-16h), Shèxiàn (7 ¥, 45 min, fréquents, 6h-17h) et Yīxiàn (13 ¥, 1 heure, fréquents, 6h-17h).

Les bus pour Huángshān s'arrêtent à la gare routière de Tāngkǒu (20 ¥, 1 heure, ttes les 20 min, 6h-17h), puis à la porte Nord, à Tàipíng (20 ¥, 2 heures).

Par ailleurs, des minibus pour Tāngkǒu (20 ¥) partent de la gare ferroviaire une fois pleins (6h30-17h).

Dans la gare routière (à droite en entrant), le **Centre de distribution touristique du Huángshān** (黄山市旅游集散中心 ; Huángshān Lǚyóu Jísàn Zhōngxīn ; ☎0559 255 8358 ; 31 Qiyun Lu ; 齐云路31号 ; ⏲8h30-17h30) propose 3 itinéraires en bus touristique vers des sites réputés :

Bus n°1 Qíyún Shān (10 ¥, 45 min), Xīdì (14 ¥, 1 heure) et Hóngcūn (18 ¥, 1 heure 30) ; départs ttes les heures entre 8h et 16h, dernier bus retour à 17h.

Bus n°2 Tángmó (5,50 ¥, 45 min), Tángyuè (6 ¥, 1 heure), vieille ville de Huīzhōu (8 ¥, 1 heure 15) et Yúliáng (9 ¥, 1 heure 30) ; départs à 8h, 10h, 14h et 16h, dernier bus retour à 16h.

Bus n°3 Chéngkǎn (10 ¥, 40 min) ; départs ttes les heures de 8h à 11h et de 13h à 16h, dernier bus retour à 16h.

TRAIN

Lors de nos recherches, un train à grande vitesse direct partait à 14h33 de la gare Nord de Huángshān (黄山北站, Huángshān Běizhàn) pour la gare Est de Hángzhōu (304 ¥, 3 heures 30) et Shànghǎi (549 ¥, 6 heures 30). Sinon, il faut prendre l'un des trains fréquents pour Shàngráo (上饶 ; 74 ¥, 1 heure), puis une correspondance. Une fois la ligne Huángshān-Hángzhōu achevée, le trajet entre les 2 points prendra seulement 1 heure 30.

Des trains réguliers partent de la vieille gare du Huángshān, dans le centre de Túnxī pour Běijīng (couché dur/mou à partir de 262/489 ¥, 20 heures, 9h et 16h30), Nánjīng (couché dur/mou 100/153 ¥, 6-7 heures,

Le village d'Hóngcūn, l'un des plus visité du Huīzhōu (p. 188)

6/jour) et Shànghǎi (couché dur/mou 163/251 ¥, 12 heures, 8h45 et 22h17).

COMMENT CIRCULER

Le bus n°2 (2 ¥) circule entre la gare routière et Lao Jie, tandis que le n°12 (2 ¥) relie la gare ferroviaire du Huángshān et Lao Jie.

Le prix de la course en taxi débute à 7 ¥, mais la plupart des chauffeurs qui maraudent autour de Lao Jie refusent d'utiliser le compteur. Pour ne pas débourser les prix fixes qu'ils proposent – gare routière longue distance ou gare ferroviaire principale 10 ¥ ; gare des trains à grande vitesse (Huángshān Běizhàn) 50 ¥ –, prenez un taxi dans Binjiang Xilu.

CENTRAL DISTRICT (P. 204), HONG KONG; TUNGCHEUNG / SHUTTERSTOCK ©

HONG KONG ET MACAO

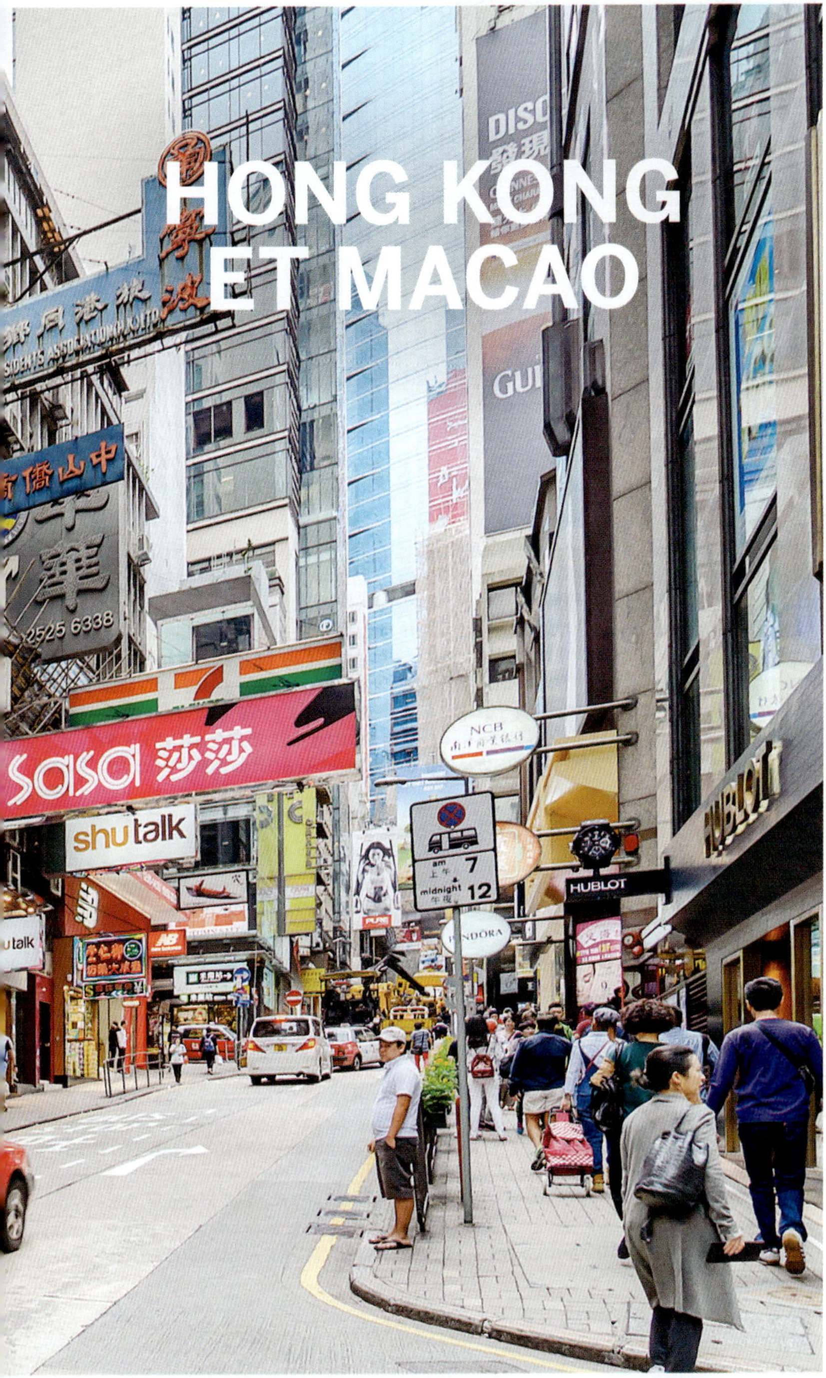

Dans ce chapitre

Hong Kong et Macao

Un festival sensoriel vous attend dans les îles et les quartiers enchanteurs de Hong Kong : prenez un tramway à impériale centenaire, joignez-vous à la foule devant une course hippique en centre-ville ou contemplez la baie magnifique. Un court trajet à l'ouest de Hong Kong vous mènera au "Las Vegas de l'Orient" : la région administrative spéciale de Macao est un eldorado des casinos et des paillettes. Colonie portugaise pendant plus de 3 siècles, la ville est aussi un creuset de la diversité culturelle, où d'anciens temples chinois se dressent dans des rues recouvertes de pavés traditionnels du Portugal.

Hong Kong et Macao en deux jours

Explorez l'impressionnant **Central District** (p. 204) de Hong Kong et ses merveilles architecturales, puis montez à bord du **Peak Tram** (p. 202) pour gravir le **pic Victoria** (p. 202) et profiter de la vue époustouflante sur le territoire. Offrez-vous un dîner bien mérité au **Fortune Kitchen** (p. 217). Le lendemain matin, prenez le **Star Ferry** (p. 204) jusqu'à Kowloon pour marcher le long de la promenade et visiter le **Hong Kong Museum of History** (p. 213).

Hong Kong et Macao en quatre jours

Tôt le matin, prenez un TurboJet pour Macao afin de sillonner son quartier colonial – ne partez pas sans avoir réservé une chambre pour la nuit. Admirez les **vestiges de l'église Saint-Paul** (p. 206) et explorez la **maison du Mandarin** (p. 207) avant d'aller dévorer des *dim sum* à la **Lung Wah Tea House** (p. 222). Le dernier jour, prévoyez un peu de temps pour découvrir les îles de Macao ; le soir, prenez un verre en toute décontraction au **Macau Soul** (p. 222).

Comment s'y rendre

Aéroport international de Hong Kong MTR Airport Express (9-100 $HK), bus de l'aéroport (19-48 $HK) ou taxi (220-360 $HK) jusqu'au centre-ville.

Terminal des ferrys de Hong Kong-Macao MTR (Sheung Wan) jusqu'au centre-ville (4,50-13 $HK).

Aéroport international de Macao Les bus n^os^21 et 26 desservent Coloane. Le bus de l'aéroport AP1 (4,20 $MOP) se rend à Taipa. Un taxi pour le centre-ville coûte environ 65 $MOP.

Où se loger

Hong Kong offre des hébergements de toutes sortes, des chambres minuscules aux suites palatiales. Pour plus de détails, voir p. 227.

L'offre hôtelière de la péninsule de Macao va de l'hôtel d'affaires vieillot, pratique et bon marché aux établissements grand luxe des chaînes internationales. Les hôtels des casinos haut de gamme occupent généralement le sud-est et le centre-ville, tandis que les pensions plus économiques se trouvent dans le centre de Macao, dans la Rua das Lorchas et ses environs et dans l'Avenida de Almeida Ribeiro ; également beaucoup d'adresses dans la Rua da Felicidade.

La Peak Tower

TESTING / SHUTTERSTOCK ©

Pic Victoria

Avec une altitude de 552 m, le pic Victoria est le point culminant de l'île de Hong Kong. Il offre des randonnées faciles mais spectaculaires et une vue imprenable sur la métropole bouillonnante.

Pour ceux qui aiment...

☑ Ne ratez pas

Le vertigineux trajet à bord du Peak Tram jusqu'au sommet du pic Victoria.

Peak Tram

Pour atteindre le pic Victoria, prenez le **Peak Tram** (carte p. 208 ; ✆852 2522 0922 ; www.thepeak.com.hk ; terminus inférieur, 33 Garden Rd, Central ; aller/aller-retour adulte 28/40 $HK, 3-11 ans et + 65 ans 11/18 $HK ; ⏲7h-minuit ; Ⓜ Central, sortie J2), un funiculaire vieux de 125 ans semblant défier les lois de la gravité. Hissé par un câble, il gravit le point culminant de l'île de Hong Kong, le pic Victoria (Victoria Peak), depuis 1888. Il s'arrête à 396 m. C'est une expérience incontournable, offrant des points de vue vertigineux sur la ville.

Explorer le Peak

À 500 m au nord-ouest du terminus supérieur, la très escarpée Mt Austin Rd mène au site de l'ancien lodge d'été du gouverneur, incendié par les soldats

Le Peak Tram

LEUNGCHOPAN / GETTY IMAGES ©

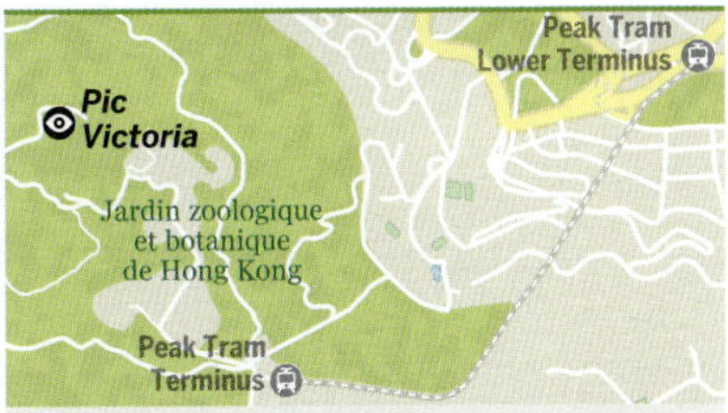

Infos pratiques

Victoria Peak, 維多利亞山頂 ; carte p. 208 ; ☎852 2522 0922 ; www.thepeak.com.hk ; 24h/24 ; bus n°15 depuis Central, sous Exchange Sq, Peak Tram terminus inférieur

Une petite faim ?

Mangez un morceau au **Peak Lookout** (太平山餐廳 ; carte p. 208 ; ☎852 2849 1000 ; www.peaklookout.com.hk ; 121 Peak Rd ; déj/dîner à partir de 250/350 $HK ; 10h30-23h30 lun-ven, 8h30-23h30 sam-dim ; 15, Peak Tram).

★ Bon plan

Du Lion Pavilion, à l'est du terminus du Peak Tram, on profite gratuitement de la vue sur Victoria Harbour.

japonais durant la Seconde Guerre mondiale. Les splendides jardins ont survécu et sont agrémentés de colonnes en pierre et belvédères imitant le style victorien. Ils sont ouverts au public.

Il faut 45 minutes pour parcourir le circuit (3,5 km) formé par Harlech Rd au sud, juste à l'extérieur du Peak Lookout (belvédère), et Lugard Rd sur le versant nord, qu'il traverse. En poursuivant sur 2 km le long de Peak Rd, on atteind Pok Fu Lam Reservoir Rd. Sur le versant ouest, Hatton Rd, accessible via Lugard Rd ou Harlech Rd, descend jusqu'à l'université de Hong Kong. Le Hong Kong Trail (50 km) commence sur le pic.

Peak Tower

Gratte-ciel en forme d'enclume, la **Peak Tower** (凌霄閣 ; carte p. 208 ; ☎852 2849 0668 ; 128 Peak Rd ; 10h-23h lun-ven, 8h-23h sam-dim et jours fériés ; Peak Tram) offre une tribune parfaite pour admirer la ville et la baie. Le niveau P1 accueille un musée de cire, avec des sculptures pas toujours réussies, représentant des célébrités locales et internationales. Une **terrasse panoramique** (adulte/enfant 30/15 $) à ciel ouvert est située au niveau 5.

High West

À l'ouest du pic Victoria, le High West (494 m) est une montagne offrant un panorama époustouflant, la foule en moins. Il faut néanmoins marcher jusqu'au sommet ! Prenez le chemin à l'intersection de Hatton Rd, Harlech Rd et Lugard Rd, et préparez-vous à une montée abrupte. Prévoir de l'eau et des chaussures adaptées : comptez 1 heure à 1 heure 30 pour l'aller-retour.

Hong Kong Maritime Museum

Central District

Centre névralgique de la finance en Asie, ce richissime quartier est émaillé de sièges de grandes entreprises, de vestiges coloniaux et de gigantesques monuments à la gloire du consumérisme. Dynamique en journée, le secteur s'endort juste après le coucher du soleil.

Pour ceux qui aiment…

☑ Ne ratez pas

Un trajet à bord du légendaire Star Ferry entre Tsim Sha Tsui et Central.

Star Ferry

Ne manquez pas une balade à bord d'un **Star Ferry** (天星小輪 ; carte p. 208 ; ☎852 2367 7065 ; www.starferry.com.hk ; adulte 2,50-3,40 $HK, enfant 1,50-2,10 $HK ; ⏱ttes les 6-12 min, 6h30-23h30 ; Ⓜ Hong Kong, sortie A2), une flotte de bateaux fonctionnant au diesel et à l'électricité et portant des noms comme *Morning Star*, *Celestial Star* et *Twinkling Star*. Faites votre premier trajet par une nuit claire, de Kowloon à Central.

Tour HSBC

Conçu par l'architecte britannique Norman Foster en 1985, ce **gratte-ciel** (滙豐銀行總行大廈 ; carte p. 208 ; www.hsbc.com.hk/1/2/about/home/unique-headquarters ; 1 Queen's Rd ; ⏱escalator 9h-16h30 lun-ven, 9h-12h30 sam ; Ⓜ Central, sortie K) GRATUIT est un chef-d'œuvre de précision et d'innovation. Lors de son

Cathédrale St John

inauguration, il s'agissait du bâtiment le plus cher jamais construit. Deux lions en bronze surveillent l'entrée de la tour, côté port.

Hong Kong Maritime Museum

Après un déménagement et un agrandissement, ce **musée** (香港海事博物館 ; carte p. 208 ; ☎852 3713 2500 ; www.hkmaritimemuseum.org ; Central Ferry Pier 8, Central ; adulte/enfant et senior 30/15 $HK ; 🕘9h30-17h30 lun-ven, 10h-19h sam-dim ; 👪 ; Ⓜ Hong Kong, sortie A2) est devenu l'un des plus prestigieux de la ville, avec 15 galeries bien agencées présentant 2 000 ans d'histoire maritime chinoise et le développement du port de Hong Kong. La peinture sur rouleau représentant une scène de piraterie en Chine au début du XIXe siècle constitue l'un des objets antiques les plus importants de Hong Kong.

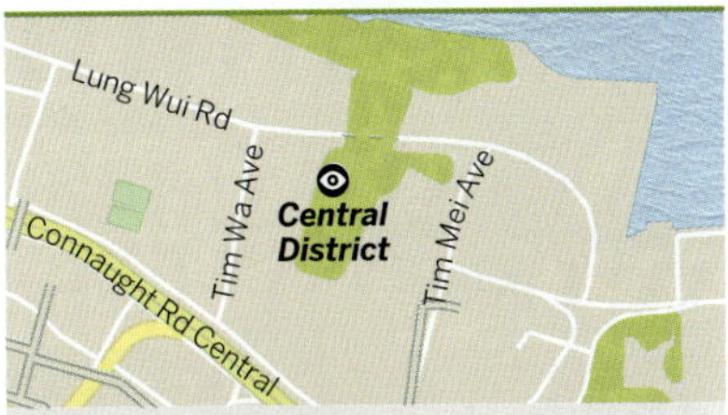

Infos pratiques

Les commerces de Central ferment relativement tôt (18h ou 19h).

Une petite soif ?

Traversez la rue pour un cocktail avec vue au **Sevva** (carte p. 208 ; ☎852 2537 1388 ; www.sevva.hk ; 25e niv, Prince's Bldg, 10 Chater Rd, Central ; 🕘12h-minuit lun-jeu, 12h-2h ven-sam ; 📶 ; Ⓜ Central, sortie H).

★ Bon plan

Pour profiter des excellents restaurants français et italiens de Central sans vider votre compte bancaire, allez-y à midi.

Bank of China Tower

Imaginée par I.M. Pei, la fabuleuse **tour** (中銀大廈, BOC Tower ; 1 Garden Rd, Central ; Ⓜ Central, sortie K) de 70 étages de la Bank of China semble posée sur le sol comme un cube. En s'élevant, elle diminue quart par quart jusqu'à ce que la face sud se dresse seule vers le ciel.

Cathédrale St John's

Cette **cathédrale** anglicane (聖約翰座堂 ; carte p. 208 ; ☎2523 4157 ; www.stjohnscathedral.org.hk ; 4-8 Garden Rd, Central ; 🕘7h-18h ; 🚌12A, 40, 40M, Ⓜ Central, sortie K), consacrée en 1849, n'a suspendu ses fonctions qu'en 1944, année pendant laquelle l'armée japonaise la transforma en club. Elle fut gravement endommagée lors de la Seconde Guerre mondiale, et ses portes furent refaites ultérieurement en utilisant le bois du vaisseau de guerre britannique HMS *Tamar* qui gardait Victoria Harbour. Il s'agit de la seule propriété foncière à perpétuité de Hong Kong. Entrée sur Battery Path.

Maison du Mandarin

KEONGDAGREAT / SHUTTERSTOCK ©

Le Macao colonial

En dépit de sa superficie (seulement 29 km²), Macao compte un nombre étonnant de sites culturels et historiques, avec notamment 8 sites et 22 édifices inscrits au patrimoine mondial de l'Unesco.

Pour ceux qui aiment...

☑ Ne ratez pas

Un moment de contemplation et de réflexion devant les vestiges de l'église Saint-Paul.

Vestiges de l'église Saint-Paul

(大三巴牌坊, Ruinas de Igreja de São Paulo ; Travessa de São Paulo ; 🚌8A, 17, 26, arrêt Luís de Camões Garden). GRATUIT De cette église jésuite du début du XVIIe siècle, emblème révéré de Macao, ne subsistent que la façade baroque et les escaliers. Statues, portails et bas-reliefs forment un véritable "sermon de pierre". Cette *Biblia pauperum* (Bible des pauvres) rappelle que ce prestigieux monument eut pour mission de faciliter aux illettrés la compréhension de la Passion du Christ et de la vie des saints.

Forteresse du Mont

La **Fortaleza do Monte** (大炮台, forteresse du Mont ; ⏲7h-19h ; 🚌7, 8, arrêt Social Welfare Bureau), à l'est des ruines de l'église Saint-Paul, fut érigée par les jésuites entre 1617 et 1626. Elle faisait autrefois partie du collège

Vestiges de l'église Saint-Paul

WIBOWO RUSLI / GETTY IMAGES ©

de la Mère-de-Dieu. Ses casernes et ses entrepôts devaient permettre au fort de résister à un siège de 2 ans. Les canons ne furent tirés qu'une seule fois, lors de la tentative d'invasion avortée des Hollandais en 1622.

Maison du Mandarin

(鄭家大屋, Caso do Mandarim ; ☎853 2896 8820 ; www.wh.mo/mandarinhouse ; 10 Travessa de António da Silva ; 10h-17h30 jeu-mar ; 28B, 18). GRATUIT Construite vers 1869, cette **maison** de plus de 60 pièces était la demeure de Zheng Guanying, écrivain et marchand influent qui compta parmi ses lecteurs empereurs et hommes d'État.

Quartier du Largo do Senado

Face au Largo do Senado se dresse le bâtiment historique le plus important de Macao, le **Sénat Loyal** (Leal Senado, 民政總署大樓 ; ☎853 2857 2233 ; 163 Avenida de Almeida Ribeiro ; 9h-21h mar-dim ; 3, 6, 26A, 18A, 33, arrêt Almeida Ribeiro). Cet édifice du XVIIIe siècle, siège du gouvernement lorsque Macao était une colonie portugaise, abrite l'institut des Affaires civiques et municipales.

Aménagée dans le Sénat Loyal, la plus ancienne **bibliothèque** (民政總署圖書館 ; ☎853 2857 2233 ; 13h-19h mar-sam) GRATUIT de Macao est une belle réplique de la bibliothèque du Convento de Mafra, près de Lisbonne, qui date du XVIIIe siècle. Elle présente le même style baroque et possède quelque 19 000 livres.

L'**église São Domingos** (玫瑰堂, Saint-Dominique ; Largo de São Domingos ; 10h-18h ; 3, 6, 26A), d'un jaune éclatant, a été fondée au XVIe siècle et remaniée au siècle suivant. L'ancien clocher accueille désormais le **Trésor d'art sacré** (聖物寶庫, Tresouro de Arte Sacra ; 10h-18h) GRATUIT, dont les collections d'objets liturgiques et d'art ecclésiastique sont exposées sur 3 niveaux.

Quartier de l'église Saint-Lazare

Ce ravissant **quartier** (瘋堂斜巷, Calcada da Igreja de São Lazaro ; www.cipa.org.mo ; 7, 8), aux maisons coloniales et aux rues pavées, a la faveur des créateurs et autres électrons libres, qui s'y installent et y organisent des manifestations artistiques.

Infos pratiques

L'office des affaires culturelles de Macao (www.icm.gov.mo) dresse chaque mois l'agenda culturel de la ville.

Une petite faim ?

Il y a des restaurants partout dans le centre colonial de Macao. Tentez le **Clube Militar de Macau** (p. 222).

★ Bon plan

Tous les grands casinos assurent des navettes gratuites pour toute personne se déplaçant depuis/vers les terminaux des ferrys, le poste-frontière et l'aéroport.

Sheung Wan, Central et Admiralty

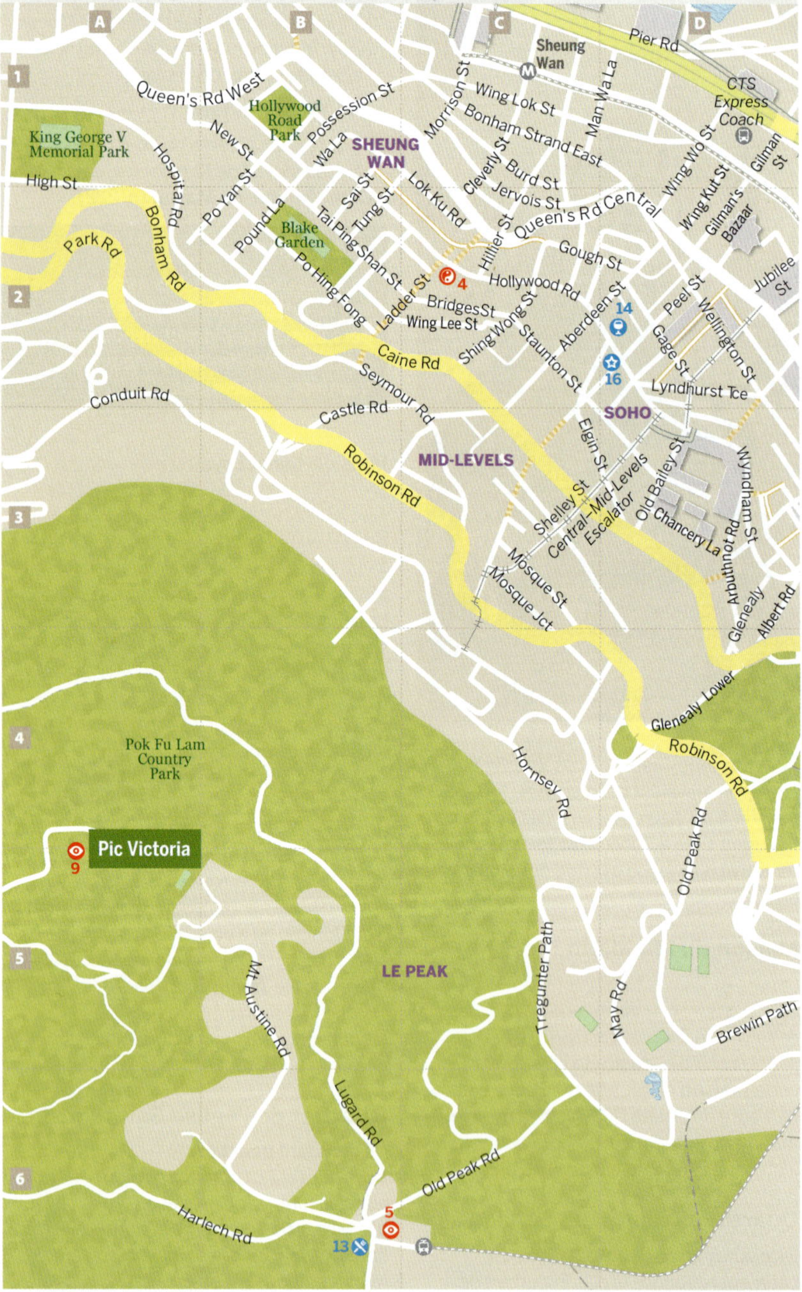

0
500 m
E
F
G
H
1
2
3
4
5
6
Pier 6
Pier 7
Pier 8
Pier 9
8
2
Man Kwong St
12
Finance St
Hong Kong
Airport Express
Station
Man Yiu St
Man Cheung St
Queen Victoria St
Harbour View St
Exchange
Sq
Central District
CENTRAL
Connaught Place
Des Voeux Rd Central
Connaught
Garden
Memorial
Gardens
Lung Wui Rd
Central
Connaught Rd Central
Queen's Rd Central
Pedder
St
11
15
Chater Rd
Jackson Rd
Tim Wa Ave
Harcourt Rd
1
Murray Rd
Wyndham St
LAN
KWAI
FONG
Chater
Garden
Lambeth St
Ice House
St
3
Bank
St
Ice House St
Drake St
Lower Albert Rd
Tramway
Lippo
Centre
Tamar St
Admiralty
Battery
Path
10
Queensway
Plaza
7
Upper Albert Rd
Citibank
Plaza
Queensway
Garden Rd
ADMIRALTY
6
Cotton Tree Dr
Supreme Court Rd
Temple
de Tin Hau
(1 km)
Forsgate
Conservatory
Pacific
Place
Hong Kong
Park
Hong Kong
Visual Arts Centre
Kennedy Rd
Justice Dr
MacDonnell Rd
Peak Tramway
Borrett Rd
Bowen Rd
Bowen Rd
Bowen Dr
Magazine Gap Rd

Sheung Wan, Central et Admiralty

À voir

1 Former Legislative Council Building F3
2 Hong Kong Maritime Museum G1
3 Tour HSBC F3
4 Temple Man Mo C2
5 Peak Tower B6
6 Peak Tram F4
7 Cathédrale St John F4
8 Star Ferry F1
9 Pic Victoria A5
10 Flagstaff House Museum of Tea Ware F4

Où se restaurer

11 L'Atelier de Joël Robuchon E3
12 Lung King Heen E1
13 Peak Lookout B6

Où prendre un verre et faire la fête

14 Club 71 D2
15 Sevva F3

Où sortir

16 Peel Fresco D2

Hong Kong

À VOIR

Île de Hong Kong

Ancien bâtiment du Conseil législatif Édifice historique

(前立法會大樓 ; carte p. 208 ; 8 Jackson Rd, Central ; Central, sortie G). Ce bâtiment à colonnades, surmonté d'une coupole, fut construit vers 1912, avec du granit provenant de l'île de Stonecutters. Il a accueilli le Conseil législatif de 1985 à 2012. Durant la Seconde Guerre mondiale, l'édifice servit de quartier général à la gendarmerie, la version japonaise de la Gestapo, et de nombreuses personnes y furent exécutées. Sur le fronton se dresse une statue de Thémis aux yeux bandés, la déesse grecque de la justice et de la loi naturelle.

Temple Man Mo Temple taoïste

(文武廟 ; carte p. 208 ; 852 2540 0350 ; 124-126 Hollywood Rd, Sheung Wan ; 8h-18h ; 26). GRATUIT Ce temple taoïste, l'un des plus anciens de Hong Kong, honore les dieux de la Littérature ("Man") et de la Guerre ("Mo"), représentés avec un pinceau et une

De gauche à droite : Grand Bouddha de Tian Tan, monastère de Po Lin (p. 213) ; Temple Sik Sik Yuen Wong Tai Sin (p. 213) ; Spirales d'encens, temple Man Mo

EVGENIA BOLYUKH / SHUTTERSTOCK ©

ROMAN BABAKIN / SHUTTERSTOCK ©

épée. Édifié en 1847 sous la dynastie Qing par des marchands chinois, il était au cœur de la vie civile de l'île, faisant à la fois office de lieu de culte et de cour d'arbitrage pour les conflits locaux.

Temple de Tin Hau — Temple

(天后廟 ; 10 Tin Hau Temple Rd, Causeway Bay ; ⌚7h-17h ; Ⓜ Tin Hau, sortie B). Le plus célèbre temple de Tin Hau (déesse de la Mer) de l'île de Hong Kong a donné son nom à tout un quartier, à une station de métro et à une rue. Lieu de culte depuis 370 ans, le temple conserve son aspect ancien en dépit des rénovations, surtout grâce aux sculptures de pierre sophistiquées à côté de l'entrée et aux figurines en céramique de Shiwan qui décorent le toit. L'autel principal abrite une effigie de la déesse au visage noirci.

Flagstaff House Museum of Tea Ware — Musée

(旗桿屋茶具文物館 ; ☎852 2869 0690 ; www.lcsd.gov.hk/CE/Museum/Arts/en_US/web/ma/tea-ware.html ; 10 Cotton Tree Dr, Admiralty ; ⌚10h-18h mer-lun ; Ⓜ Admiralty, sortie C1). GRATUIT Construite en 1846 pour loger le commandant en chef des forces britanniques, la Flagstaff House est le plus vieux bâtiment colonial de Hong Kong, occupant encore son emplacement initial. L'élégant style néo-grec des galeries à colonnades se marie à la délicatesse des accessoires de thé datant du XIe au XXe siècle – bols, plateaux à infusion, tasses à sentir (notamment pour humer le parfum du meilleur thé Oolong de Taïwan) et théières en porcelaine ou en argile violette de Yíxìng.

Le café du rez-de-chaussée est parfait pour reprendre des forces en sirotant un thé. Le musée organise des cours de dégustation. Téléphonez pour plus de détails. La Flagstaff House se trouve à l'extrémité nord du Hong Kong Park.

Aberdeen Promenade — Front de mer

(香港仔海濱公園 ; Aberdeen Praya Rd, Aberdeen). GRATUIT Cette promenade bordée d'arbres s'étend d'ouest en est le long d'Aberdeen Praya Rd, traversant l'eau depuis Ap Lei Chau. À son extrémité ouest, l'immense **marché au poisson en gros d'Aberdeen** (香港仔魚市場),

WIBOWO RUSLI / GETTY IMAGES ©

Stanley

À voir

1 Stanley B2
2 Plage de Stanley C1
3 Cimetière militaire de Stanley C3

Achats

4 G.O.D. A1
5 Marché de Stanley B2

avec ses immenses aquariums grouillant de créatures marines, est un lieu sale et malodorant, mais typique. Avant d'arriver au marché, vous passerez devant des house-boats amarrés et des navires sur lesquels sont transformées les prises. Nous avons aussi remarqué un ou deux bars à karaoké.

Stanley — Village

(赤柱 ; carte p. 212). Pour bien profiter de ce lieu qui attire les foules, mieux vaut venir en semaine. Le **marché de Stanley** (赤柱市集 ; Stanley Village Rd, Stanley ; 9h-18h ; 6, 6A, 6X ou 260) est un dédale de stands de vêtements bon marché (négociez !). La **plage de Stanley** (Stanley Main Beach ; 赤柱正灘 ; 6A, 14) est dédiée aux plaisirs balnéaires et à la planche à voile. À 500 m au sud du marché, le **cimetière militaire de Stanley** (赤柱軍人墳場 ; 852 2557 3498 ; Wong Ma Kok Rd, Stanley ; 8h-17h ; 14, 6A) et ses tombes remontant à 1841 méritent une visite.

Kowloon

Tsim Sha Tsui East Promenade — Port

(尖沙嘴東部海濱花園 ; carte p. 214 ; Salisbury Rd, Tsim Sha Tsui ; M Tsim Sha Tsui, sortie E). Vous aurez d'ici une vue imprenable sur l'île de Hong Kong, l'une des plus belles perspectives urbaines au monde. Agréable en journée, la promenade offre cependant le meilleur d'elle-même lors du spectacle son et lumière **Symphony of Lights** (8h-20h20) englobant 44 édifices.

Hong Kong Museum of History — Histoire

(香港歷史博物館 ; carte p. 214 ; ☎852 2724 9042 ; hk.history.museum ; 100 Chatham Rd South, Tsim Sha Tsui ; tarif plein/réduit 10/5 $HK , mer gratuit ; ⌚10h-18h lun et mer-sam, jusqu'à 19h dim ; 👪 ; Ⓜ Tsim Sha Tsui, sortie B2). Rendez-vous dans ce musée pour un panorama archéologique, historique, ethnographique et naturaliste de Hong Kong, mais aussi pour comprendre comment l'île se raconte au reste du monde.

Temple Sik Sik YuenWong Tai Sin — Temple taoïste

(嗇色園黃大仙祠 ; ☎852 2327 8141, 852 2351 5640 ; www.siksikyuen.org.hk ; 2 Chuk Yuen Village, Wong Tai Sin ; don apprécié 2 $UK ; ⌚7h-17h30 ; Ⓜ Wong Tai Sin, sortie B2). Débauche de piliers et treillis multicolores, de fleurs et d'encens, ce temple animé, dédié au moine Wong Tai Sin, draine toute la société hongkongaise, des retraités aux hommes d'affaires en passant par des familles et de jeunes cadres dynamiques. Certains viennent simplement y prier, d'autres consulter l'avenir en jetant sur le sol des baguettes en bambou appelées *chìm* (disponibles gratuitement à gauche du sanctuaire principal). Tout le secteur, de la station MTR à la résidence proche du sanctuaire, porte son nom.

Îles environnantes

Du simple fait de sa taille, **Lantau** (plus grande île de l'archipel) mérite plusieurs jours d'exploration. La pointe nord de l'île, où se trouvent l'aéroport, Disneyland et le gratte-ciel de Tung Chung, qui renferme à la fois des appartements et un centre commercial, est ultradéveloppée, mais le reste de Lantau est encore très rural. On y trouve des villages de pêcheurs traditionnels, des plages désertes et des montagnes sillonnées de rudes chemins de randonnée.

Construit en 1924, le **monastère de Po Lin** (寶蓮禪寺 ; ☎852 2985 5248 ; île de Lantau ; ⌚9h-18h) constitue un immense ensemble monastique bouddhique. Il attire chaque année des milliers de visiteurs et continue de s'agrandir. La plupart des édifices visibles en arrivant ont été construits récemment, les anciens, moins tape-à-l'œil, se cachant derrière. La star des lieux est la monumentale statue en bronze du Bouddha assis, incontournable de tout voyage à Hong Kong.

Si vous souhaitez faire une brève escapade sur une île depuis le centre-ville de Hong Kong, **Lamma** est empreinte d'une ambiance décontractée et bohème ; de nombreux habitants désirant plus d'espace et de verdure y sont installés et vont travailler à Hong Kong tous les jours. Vous découvrirez de belles plages, des randonnées fantastiques et quelques restaurants.

Le top des randonnées à Hong Kong

Lion Rock Country Park Une montée abrupte à travers des forêts peuplées de singes, jusqu'à un pic escarpé en forme de lion.

Dragon's Back Le plus beau paysage de l'île de Hong Kong.

Morning Trail Un chemin goudronné et ombragé, autour du Pic, avec des vues époustouflante sur la ville.

Sunset Peak Sur Lantau ; le troisième pic le plus haut de Hong Kong.

Lamma Island Family Trail Une balade de 2 heures entre les deux principaux villages de cette île périphérique.

Lion Rock Country Park
STRIPPED PIXEL / SHUTTERSTOCK ©

Kowloon
0
400 m
A
B
C
D
1
2
3
4
5
6
YAU MA TEI
KING'S PARK
Arthur St
Cliff Rd
Public Square St
Kansu St
Ferry St
Canton Rd
Reclamation St
Shanghai St
Temple St
Woo Sung St
Jordan Rd
Jordan
Kwun Chung St
Bowring St
Pilkem St
Tak Hing St
Cox's Rd
Jordan Path
Terrain de sport de King's Park
Chung Hau St
Oi Sen Path
Chatham Rd South
Yuk Choi Rd
Austin Rd
Hillwood Rd
Austin Ave
Cheong Wan Rd
Hong Chong Rd
Concordia Plaza
Science Museum Rd
Observatory Rd
TSIM SHA TSUI
Chinese Garden
Kowloon Park
China Hong Kong City
Nathan Rd
Kimberley Rd
Kimberley St
Carnarvon Rd
Granville Rd
Energy Plaza
Chinachem Golden Plaza
TSIM SHA TSUI EAST
Cameron Rd
Kowloon Park Dr
HARBOUR CITY
Haiphong Rd
Humphreys Ave
Prat Ave
Centenary Gardens
Hart Ave
Hanoi Rd
Tsim Sha Tsui
East Tsim Sha Tsui (KCR East Rail Terminus)
Mody Rd
Salisbury Rd
Ashley Rd
Hankow Rd
Cornwall Ave
Minden Ave
Wing On Plaza
Peking Rd
Eternal East Cross Border Coach
Middle Rd
Minden Row
Victoria Harbour
Salisbury Gardens
Embarcadères du Star Ferry
1
2
3
4
5
6
7
8

Kowloon

À voir

Achats

Où se restaurer

Où sortir

La minuscule **Cheng Chau** est une île très animée, avec des plages idéales pour la planche à voile et des temples dédiés aux divinités de l'eau. Le Bun Festival est un événement annuel à ne manquer sous aucun prétexte.

ACHATS

Comme tout le monde le sait, Hong Kong est un haut lieu du shopping, avec une multitude de centres commerciaux clinquants et de boutiques indépendantes.

Shanghai Street Marché

(上海街 ; carte p. 214 ; Yau Ma Tei ; M Yau Ma Tei, sortie C). Arpentez le "quartier de la cuisine" de Kowloon pour des souvenirs comme les moules à gâteaux de lune en bois, les baguettes, les woks et les théières en céramique.

Marché de nuit de Temple Street Marché

(廟街夜市 ; carte p. 214 ; Temple St, Yau Ma Tei ; 6h-23h ; M Yau Ma Tei, sortie C). Le marché nocturne le plus vivant de Hong Kong se déploie entre Man Ming Lane au nord et Nanking St au sud, séparé en deux par le complexe du temple de Tin Hau. Bien qu'on puisse réaliser de meilleures affaires à New Kowloon, plus au nord, ou à Shēnzhèn, cela reste un endroit pittoresque où les effluves de nourriture des *dai pai dong* (étals de rue) mettent l'eau à la bouche.

Yue Hwa Chinese Products Emporium Grand magasin

(裕華國貨 ; carte p. 214 ; 852 3511 2222 ; www.yuehwa.com ; 301-309 Nathan Rd, Jordan ; 10h-22h ; M Jordan, sortie A). Ce mastodonte de 5 niveaux est l'un des derniers grands magasins chinois à l'ancienne de Hong Kong. On y trouve entre autres des foulards en soie, des pantoufles brodées et des vêtements traditionnels chinois pour bébé, des bijoux bon marché ou onéreux, de jolies baguettes et céramiques, des modèles d'acupuncture en plastique et du matériel de calligraphie. Le dernier étage est dédié au thé ; les vendeurs vous feront déguster différentes variétés. La nourriture est au sous-sol.

G.O.D. Vêtements, articles pour la maison

(Goods of Desire ; 852 2673 0071 ; www.god.com.hk ; boutique 105, Stanley Plaza, 22-23 Carmel Rd, Stanley ; 10h30-20h lun-ven, 10h30-21h sam ; 6, 6A, 6X, 260). L'une des boutiques les plus tendance du moment, G.O.D. interprète de façon facétieuse l'iconographie classique de Hong Kong. Imaginez des coques de téléphone sérigraphiées avec des photos d'immeubles hongkongais, des luminaires ressemblant à ceux des marchés de produits frais traditionnels et des coussins ornés de la carpe koï porte-bonheur. Il y a plusieurs boutiques G.O.D. en ville, mais celle-ci est la plus grande.

OÙ SE RESTAURER

Hong Kong est l'une des villes du monde où l'on mange le mieux. Que vous dépensiez 20 $HK pour un bol de nouilles ou 2 000 $HK pour un festin de fruits de mer, vous trouverez toujours de quoi ravir vos papilles.

NIPON LAICHAROENCHOKCHAI / SHUTTERSTOCK ©

IAN TROWER / GETTY IMAGES ©

De gauche à droite : Plats de *dim sum* ; Bar Ozone ; Tim Ho Wan, the Dim Sum Specialists (ci-dessous)

Tim Ho Wan, the Dim Sum Specialists Dim sum $

(添好運點心專門店 ; ☎852 2332 3078 ; www.timhowan.com ; boutique 12a, Podium niveau 1, 8 Finance St, IFC Mall, Central ; plats 50 $HK ; ⏱9h-20h30 ; Ⓜ Hong Kong, sortie E1). Ouvert par un ancien chef du Four Seasons, Tim Ho Wan fut le premier établissement de *dim sum* à petits prix à obtenir une étoile au Michelin. Maints déménagements et succursales plus tard, l'étoile reste associée aux délicieuses bouchées, dont le best-seller est le petit pain au porc grillé au barbecue. Prévoyez 15 à 40 minutes d'attente pour une table.

Cuisine cantonaise

La cuisine cantonaise domine à Hong Kong, et elle y est plus savoureuse que nulle part ailleurs sur la planète. Bon nombre des meilleurs chefs chinois ont gagné le territoire vers 1949 : c'est donc là que la cuisine cantonaise s'est développée, et non dans sa région d'origine, le Guǎngzhōu.

Ce style de cuisine se caractérise par l'importance de la fraîcheur. Les restaurants de produits de la mer exposent des aquariums pleins de poissons et crustacés encore vivants. Les saveurs délicates et équilibrées sont obtenues grâce à la parfaite maîtrise des assaisonnements et aux techniques simples comme la cuisson à la vapeur ou la cuisson rapide à feu vif.

Choi's Kitchen Cantonais $$

(私房蔡 ; ☎852 3485 0501 ; boutique C, rdc, Hoi Kok Mansion, 9 Whitfield Rd, Tin Hau ; plats à partir de 128 $HK ; ⏱11h-15h et 18h-22h ; Ⓜ Tin Hau, sortie A). Dans cette charmante boutique, les classiques cantonais sont sublimés grâce à des ingrédients frais de grande qualité et à un assaisonnement mesuré. Le riz cuit dans une marmite en argile (spécialité de la maison) est préparé à la demande, uniquement le soir. La décoration aux faux airs rétro rappelle que le restaurant était à l'origine un *dai pai dong* (大牌檔 ; stand de nourriture). Les prix ont bien évolué depuis, mais les

JOE FOX / AGE FOTOSTOCK ©

clients (désormais huppés) sont toujours aussi nombreux. Réservations conseillées (sinon, arrivez tôt).

Fortune Kitchen Cantonais $$

(盈福小厨 ; ☎852 2697 7317 ; 5 Lan Fong Rd, Causeway Bay ; plats 100-500 $HK ; ⌚11h30-17h et 18h-22h30 ; Ⓜ Causeway Bay, sortie A). Décoré comme une vieille maison de thé, le Fortune Kitchen sert une cuisine cantonaise chaleureuse mais sophistiquée, à des prix raisonnables. Le propriétaire était second dans un restaurant étoilé au Michelin et ses talents culinaires sont évidents dans des plats comme le poulet à la vapeur aux Saint-Jacques séchées et riz frit. Réservation conseillée.

Spring Deer Chine du Nord $$

(鹿鳴春飯店 ; carte p. 214 ; ☎852 2366 4012 ; 1er niv, 42 Mody Rd, Tsim Sha Tsui ; repas 80-500 $HK ; ⌚12h-15h et 18h-23h ; Ⓜ East Tsim Sha Tsui, sortie N2). On sert ici l'agneau rôti façon Chine du Nord le plus authentique de Hong Kong. Le canard laqué, plus connu, est également délicieux. Cela dit, le service est parfois aussi glacial qu'un hiver à Běijīng. Réservation obligatoire.

L'Atelier de Joël Robuchon Français moderne $$$

(carte p. 208 ; ☎852 2166 9000 ; http://www.robuchon.hk/latelier/ ; Shop 401, 15 Queen's Rd Central, Landmark, Central ; menu déj 598-858 $HK, menu dîner 2 080 $HK, plats à la carte 440-1 000 $HK ; ⌚12h-14h30 et 18h30-22h30 ; 📶 ; Ⓜ Central, sortie G). Dans son atelier tout en rouge et noir, Joël Robuchon (lauréat de 30 étoiles Michelin) a imaginé un choix de tapas étourdissant (à partir de 350 $HK) et une carte des vins de 70 pages. Pour une ambiance plus formelle, misez sur Le Jardin, juste à côté. Le salon de thé, à l'étage en dessous, propose les meilleurs sandwichs et pâtisseries de la ville, à consommer sur place ou à emporter.

Lung King Heen Cantonais, dim sum $$$

(龍景軒 ; carte p. 208 ; ☎852 3196 8888 ; www.fourseasons.com/hongkong ; 8 Finance St, Four Seasons Hotel, Central ; menu déj 200-500 $HK, dîner 500-2 000 $HK ; ⌚12h-14h30 et 18h-22h30 ; ; Hong Kong, sortie E1). Le premier restaurant chinois au monde à avoir reçu 3 étoiles au guide Michelin a su conserver cette distinction. L'excellente cuisine cantonaise à la présentation soignée, la vue sur le port et le service sans fausse note se conjuguent pour un repas inoubliable. Les raviolis vapeur au homard et aux Saint-Jacques, spécialité de la maison, disparaissent rapidement.

OÙ PRENDRE UN VERRE ET FAIRE LA FÊTE

Ping Pong Gintoneria Bar

(852 9835 5061 ; www.pingpong129.com ; 135 Second St, Sai Ying Pun ; 18h-23h30 ; Sai Ying Pun, sortie B2). Derrière une porte rouge sans indication, un escalier descend à un immense espace, jadis une salle de ping-pong et désormais l'un des bars les plus branchés de Hong Kong. Le gin est à l'honneur, avec plus de 50 marques du monde entier, servies dans des cocktails classiques ou créatifs.

Club 71 Bar

(carte p. 208 ; 67 Hollywood Rd, sous-sol, Soho ; 15h-2h lun-sam, 18h-1h dim, happy hour 15h-21h ; 26, Central, sortie D1). Bar sympathique, fréquenté par une clientèle plutôt bohème. Au programme : bière et jam-sessions. Le jardin à l'avant a été le théâtre d'un complot visant à renverser la dynastie Qing il y a une centaine d'année. Accès par une ruelle près du 69 Hollywood.

Tai Lung Fung Bar

(大龍鳳 ; 852 2572 0055 ; 5-9 Hing Wan St, Wan Chai ; 12h-1h lun-jeu, 12h-1h30 ven-sam, *happy hour* 12h-21h ; Wan Chai, sortie A3). Ce bar rétro doit son nom à une troupe d'opéra cantonais des années 1960. Dans le langage courant, Tai Lung Fung (Phénix du Grand Dragon) signifie "beaucoup de manières" et en effet, la décoration est incroyablement clinquante. Le lieu séduit les bohèmes qui préfèrent son esthétique originale et son calme à une atmosphère festive plus classique. Spécialités de cocktails – moins audacieux que la décoration.

Île de Lamma (p. 213)

SISTERF / SHUTTERSTOCK ©

Ozone Bar

(852 2263 2263 ; www.ritzcarlton.com ; 118e niv, ICC, 1 Austin Rd, Tsim Sha Tsui ; 17h-1h lun-mer, jusqu'à 2h jeu, jusqu'à 3h ven, 15h-3h sam, 12h-minuit dim ; ; M Kowloon, sortie U3). La décoration du bar le plus haut d'Asie, sorte de cyber-paradis, brille par son originalité : piliers aux formes contorsionnées, profusion de miroirs fractals et éclairage aux couleurs changeantes. La carte des vins donne également le tournis, la bouteille la plus coûteuse dépassant les 150 000 $HK. Une expérience unique, à plus d'un titre. Rien que pour s'asseoir, il faut débourser 10 $HK.

OÙ SORTIR

De plus en plus étoffé, l'agenda culturel de la ville annonce des concerts, du théâtre et des spectacles de danse de tous horizons.

Hong Kong Arts Centre Danse, théâtre

(香港藝術中心 ; 852 2582 0200 ; www.hkac.org.hk ; 2 Harbour Rd, Wan Chai ; M Wan Chai, sortie C). Lieu populaire pour des spectacles de danse, de théâtre et de musique, l'Arts Centre comporte des théâtres, un cinéma et une galerie.

Canton Singing House Musique live

(艷陽天 ; carte p. 214 ; 49-51 Temple St, Yau Ma Tei ; 20 $HK ; 15h-19h et 20h-5h ; M Yau Ma Tei, sortie C). Avec ses boules à facettes et ses autels étincelants, le Canton, le plus vieux et le plus pittoresque des salons de chorale, évoque un décor de cinéma. Chaque séance rassemble 20 chanteurs et leurs admirateurs. Les clients donnent 20 $HK minimum (par personne) lorsqu'ils apprécient une chanson.

Peel Fresco Jazz

(carte p. 208 ; 852 2540 2046 ; peel-fresco.com ; 49 Peel St, Soho ; 17h-tard lun-sam ; 13, 26, 40M). Six soirs par semaine à 21h30, des musiciens locaux et étrangers se produisent sur la petite scène spectaculaire de ce charmant club de jazz orné de fausses peintures Renaissance. Arrivez 30 minutes à l'avance pour avoir une place assise.

RENSEIGNEMENTS

American Express (urgences 852 2811 6122, renseignements sur la carte 852 2277 1010 ; www.americanexpress.com/hk)

Discover Hong Kong (www.discoverhongkong.com). Site du gouvernement de Hong Kong dédié au tourisme, très pratique d'utilisation.

Hong Kong Observatory (www.hko.gov.hk). Informations et prévisions météorologiques.

Hôpital Princess Margaret (瑪嘉烈醫院 ; 852 2990 1111 ; www.ha.org.hk ; 2-10 Princess Margaret Hospital Rd, Lai Chi Kok). Hôpital public.

Time Out Hong Kong (www.timeout.com.hk). Tout ce qui se passe à Hong Kong et à Macao (restaurants, bars, activités, etc.).

Urbtix (www.urbtix.hk). Billets pour le cinéma, les spectacles et les expositions.

DEPUIS/VERS HONG KONG

AVION

Conçu par l'architecte britannique Norman Foster, l'**aéroport international de Hong Kong** (HKG ; 852 2181 8888 ; www.hkairport.com) se situe sur Chek Lap Kok, une vaste zone gagnée sur la mer au large de la côte nord de Lantau. Des autoroutes, des ponts (dont le pont Tsing Ma de 2,2 km, l'un des plus longs ponts suspendus au monde) et un train rapide relient l'aéroport à Kowloon et à l'île de Hong Kong.

Parlons d'argent

Hong Kong et Macao n'utilisent pas la même monnaie que dans le reste de la Chine. À Hong Kong, la monnaie est le dollar hongkongais ($HK) et à Macao le *pataca* ($MOP). Le *pataca* est indexé sur le dollar hongkongais et les deux équivalent environ à 0,10 €.

Les deux terminaux disposent d'un large choix de boutiques, restaurants, cafés, DAB et bureaux de change.

La ligne **Airport Express** (☎2852 881 8888 ; www.mtr.com.hk ; aller Central/Kowloon/Tsing Yi 100/90/60 $HK ; ⏰ttes les 10 min) est le moyen le plus rapide (et le plus cher, à l'exception du taxi) pour circuler depuis/vers l'aéroport.

Il y a de bonnes liaisons en bus depuis/vers l'aéroport. Pour plus de détails sur les itinéraires, consultez la rubrique transport du site www.hkairport.com. Les bus circulent toutes les 10 à 30 minutes de 6h environ jusqu'à minuit ou 1h. Il y a aussi quelques bus de nuit (indiqués "N"). Les principaux hôtels et pensions de l'île de Hong Kong sont desservis par les bus A11 (40 $HK) et A12 (45 $HK) ; le bus A21 (33 $HK) couvre les secteurs similaires à Kowloon. Les chauffeurs de bus de Hong Kong ne rendent pas la monnaie : si vous n'avez pas l'appoint, achetez votre billet au centre des transports terrestres à l'aéroport, où sont également vendues les cartes Octopus. Vous pourrez aussi acheter votre billet au comptoir près de l'arrêt de bus de l'aéroport.

BUS

CTS Express Coach (carte p. 208 ; ☎852 2764 9803 ; ctsbus.hkcts.com). Bus pour la Chine continentale.

Eternal East Cross-Border Coach (carte p. 214 ; ☎852 3760 0888, 852 3412 6677 ; www.eebus.com ; 13e niv, Kai Seng Commercial Centre, 4-6 Hankow Rd, Tsim Sha Tsui ; ⏰7h-20h). Dōngguān, Fóshān, Guǎngzhōu, Huìzhōu, Kāipíng, aéroport Bǎoān de Shēnzhèn et Zhōngshān.

TRAIN

Les billets aller et aller-retour pour Guǎngzhōu, Běijīng et Shànghǎi peuvent être réservés 30 à 60 jours à l'avance dans les stations MTR de Hung Hom, Mong Kok East, Kowloon Tong et Sha Tin, et auprès du Tourist Services à la station Admiralty. Les billets pour Guǎngzhōu peuvent aussi être réservés avec une carte bancaire sur le **site Internet du MTR** (www.it3.mtr.com.hk) ou via la **billetterie téléphonique** (☎réservations 852 2947 7888, renseignements 852 2314 7702 ; www.lcsd.gov.hk/en/leisurelink/ls_booking_5.html).

ℹ COMMENT CIRCULER

Le territoire de Hong Kong est petit et très peuplé, et les transports publics sont la seule manière pratique de se déplacer. Ultramoderne, le Mass Transit Railway (MTR) est le moyen le plus rapide de circuler en ville.

BUS

Le vaste réseau de bus de Hong Kong pourra vous amener quasiment partout sur le territoire. Kowloon et la partie nord de l'île de Hong Kong étant très bien desservis par le MTR, la plupart des visiteurs utilisent les bus principalement pour explorer le côté sud de l'île de Hong Kong, les Nouveaux Territoires et l'île de Lantau.

MTR

Le **Mass Transit Railway** (MTR ; ☎852 2881 8888 ; www.mtr.com.hk ; tickets 4-25 $HK) est le réseau ferroviaire de Hong Kong comprenant le métro souterrain, les trains terrestres et le Light Rail (semblable à un tramway mais plus lent). Propre, rapide et sûr, le MTR transporte environ 4 millions de personnes chaque jour.

FERRYS POUR LES ÎLES ENVIRONNANTES

Des ferrys réguliers desservent les principales îles autour de Hong Kong.

Central (embarcadère 6)–Mui Wo sur Lantau Adulte ordinaire/deluxe/ferry rapide 15,20/25,40/29,90 $HK (22,50/37,20/42,90 $HK dim et jours fériés) ; 50 à 55 minutes avec les gros ferrys et 31 minutes en ferry rapide ; départ toutes les 30 minutes environ à partir de 6h10 (à partir de 7h dim et jours fériés). Le dernier ferry pour Central au départ de Mui Wo part à 23h30.

Central (embarcadère 4)–Yung Shue Wan sur Lamma Adulte 17,10 $HK (23,70 $HK dim et jours fériés) ; 30 à 35 minutes ; départ toutes les 30 minutes à 1 heure. Le dernier bateau pour Central au départ de Yung Shue Wan part à 23h30.

Central (embarcadère 4)–Sok Kwu Wan sur Lamma Adulte 21 $HK (29,80 $HK dim et jours fériés) ; 40 minutes ; départ toutes les heures et demi environ de 7h20 à 23h30. Le dernier ferry pour Central depuis Sok Kwu Wan est à 22h40.

Chapelle et phare de Guia, Macao (p. 222)

Central (embarcadère 5)–Cheung Chau Adulte ordinaire/deluxe/ferry rapide 13,20/20,70/25,80 $HK (19,40/30,72/ 27,20 $HK dim et jours fériés) ; 55 minutes à 1 heure avec les gros ferrys et 35 minutes en ferry rapide ; départ toutes les 30 minutes environ à partir de 6h10. Le dernier bateau pour Central au départ de Cheung Chau part à 23h45.

STAR FERRY

Le Star Ferry dessert deux itinéraires, mais le plus populaire est de loin celui qui relie Central (embarcadère 7) et Tsim Sha Tsui. Embarquez pour une traversée unique au monde ! Le Star Ferry relie également Wan Chai et Tsim Sha Tsui.

TAXI

Avec plus de 18 000 taxis sillonnant les rues du territoire, vous n'aurez pas de mal à arrêter un véhicule, sauf aux heures de pointe, lorsqu'il pleut ou au moment du changement de service des conducteurs (tous les jours vers 16h).

Les taxis obéissent à un code couleur :

Rouge à toit argenté Taxis urbains de Kowloon et de l'île de Hong Kong ; ils se rendent partout sauf à Lantau

Vert à toit blanc Taxis des Nouveaux Territoires

Bleu Taxis de Lantau

TRAMWAY

Hauts et étroits, les tramways à impériale de Hong Kong sont centenaires. Gérés par **Hong Kong Tramways** (☎852 2548 7102 ; www.hktramways.com ; billets 2,30 $HK ; ⊙6h-minuit), ils sont lents mais économiques et sont un excellent moyen d'explorer la ville.

CARTE ET PASS

Octopus Card (www.octopuscards.com). Rechargeable, elle peut être utilisé sur le réseau MTR et la plupart des transports publics.

Airport Express Travel Pass (aller/aller-retour 250/350 $HK). Outre le trajet depuis/vers l'aéroport, ce pass permet de voyager de façon illimitée pendant 3 jours consécutifs sur le réseau MTR.

MTR Tourist Day Pass (adulte/enfant 3-11 ans 65/35 $HK). Valable sur le réseau MTR pendant les 24 heures qui suivent la première utilisation.

Tourist Cross-Boundary Travel Pass (1/2 jours consécutifs 85/120 $HK). Trajets illimités sur le réseau MTR et 2 trajets depuis/vers les stations Lo Wu ou Lok Ma Chau.

Macao

À VOIR

Fort de Guia et chapelle de Guia Fort, église

(東望洋炮台及聖母雪地殿聖堂, Fortaleza da Guia e Capela de Guia ; fort 6h-18h, chapelle 10h-17h30 ; 2, 2A, 6A, 12, 17, 18, arrêt Flora Garden). GRATUIT Point culminant de la péninsule, cette forteresse offre une vue panoramique sur la cité et, par temps clair, sur les îles et la Chine. Au sommet, la magnifique chapelle Notre-Dame-de-Guia, édifiée en 1622, est restée presque intacte depuis. Ses fresques intérieures comptent parmi les plus précieuses d'Asie. À côté de la chapelle se dresse le plus ancien **phare** moderne (1865) de la côte chinoise (fermé au public).

Taipa et Coloane Îles

Taipa était autrefois formée de deux îles séparées qui ont lentement fusionné avec l'apport de limon de la rivière des Perles. Taipa et Coloane ont ensuite connu le même processus, cette fois par des travaux de poldérisation. La nouvelle bande de terre qui en résulte s'appelle Cotai. La partie la plus intéressante pour les visiteurs est le quartier formé par le village de Taipa et ses rues authentiques. Repaire de pirates jusqu'au début du XXe siècle, Coloane (路環) couvre une superficie bien supérieure à celles de Taipa et de Cotai. C'est aussi le seul secteur de Macao à ne pas changer à vive allure et l'on y retrouve l'ambiance du Macao d'autrefois, en dépit de la construction de villas de luxe. Tous les bus s'arrêtent au rond-point du village de Coloane.

OÙ SE RESTAURER

Lung Wah Tea House Cantonais $

(龍華茶樓 ; 853 2857 4456 ; 3 Rua Norte do Mercado Aim-Lacerda ; dim sum à partir de 14 $MOP, thé 10 $MOP, repas 50-180 $MOP ; 7h-2h ; ; 23, 32). Charmante maison de thé cantonaise des années 1960, elle a su conserver sa décoration rétro. Les alcôves surplombent le Marché rouge, où l'établissement s'approvisionne chaque jour. Carte en chinois : montrez ce que vous voulez. Lung Wah vend une belle sélection de thés chinois.

Clube Militar de Macau Portugais $$

(陸軍俱樂部 ; 853 2871 4000 ; 975 Avenida da Praia Grande ; repas 150-400 $MOP ; 13h45-14h30 et 19h-22h30 lun-ven, 12h-14h30 et 19h-22h sam-dim ; 6, 28C). Installé dans un élégant bâtiment colonial, où les ventilateurs au plafond tournent à petite vitesse, le club militaire semble figé dans le temps, reflétant la nonchalance du Macao d'autrefois. Plats portugais à la fois simples et délicieux, ainsi qu'un excellent choix de vins et de fromages portugais. Le buffet à volonté (153 $MOP) est une affaire. Réservation nécessaire pour le dîner, et aussi pour le déjeuner le week-end.

OÙ PRENDRE UN VERRE ET FAIRE LA FÊTE

Macau Soul Bar

(澳感廊 ; 853 2836 5182 ; www.macausoul.com ; 31a Rua de São Paulo ; 15h-22h mer et jeu, 15h-minuit ven-dim ; 8A, 17, 26). Un repaire élégant avec boiseries et vitraux. Deux fois par mois, un groupe de jazz joue devant une salle bondée. Mais le plus souvent, la soirée évolue au son des accords de Thelonious Monk, tandis que les clients discutent avec les sympathiques propriétaires et sirotent un vin choisi parmi 430 vins portugais. Vérifiez les heures d'ouverture (variables).

OÙ SORTIR

Live Music Association Concerts

(LMA, 現場音樂協會 ; www.facebook.com/LMA.Macau ; 11b San Mei Industrial Bldg, 50 Avenida do Coronel Mesquita ; 3, 9, 32, 12, 25). Haut lieu de la musique indé à Macao, cette excellente salle située dans un bâtiment industriel a accueilli des musiciens locaux et internationaux, comme Cold Cave, Buddhistson, Mio Myo et Pet Conspiracy.

Le Largo do Senado (p. 207), à Macao

RENSEIGNEMENTS

Hôpital Kiang Wu (鏡湖醫院 ; ☎853 2837 1333 ; Rua de Coelho do Amaral). Hôpital privé avec service d'urgences 24h/24.

Office du tourisme (☎853 8397 1120, hot line tourisme 853 2833 3000 ; www.macautourism.gov.mo ; Edificio Ritz, Largo de Senado ; ⏲9h-13h et 14h30-17h35 lun-ven). La branche centrale de l'office du tourisme du gouvernement de Macao.

Poste (☎853 2872 8079 ; terminal des ferrys de Macao ; ⏲10h-19h lun-sam). Dans le terminal des ferrys.

DEPUIS/VERS MACAO

AVION

Air Macau (澳門航空, NX ; ☎853 8396 5555 ; www.airmacau.com.mo ; rdc, 398 Alameda Doutor Carlos d'Assumpção ; ⏲9h-18h) dessert une dizaine de destinations en Chine, plus des vols en partage sur la Corée du Sud, Taïwan, le Vietnam, la Thaïlande et le Japon. La taxe de départ est fixée à 110 $MOP et s'ajoute au prix du billet. Pour plus de détails, consultez le site Internet de l'**aéroport international de Macao** (☎853 2886 1111 ; www.macau-airport.com), situé sur l'île de Taipa.

Sky Shuttle (☎à Hong Kong 852 2108 9898 ; www.skyshuttlehk.com). Assure des liaisons de 15 minutes en hélicoptère entre l'**héliport** (☎853 2872 7288 ; terminal maritime des ferrys de Macao, Avenida da Amizade ; ⏲8h15-23h) au terminal maritime des ferrys de Macao et Hong Kong (4 500 $HK, ttes les 30 min, de 9h à 23h).

BATEAU

Le principal **terminal maritime des ferrys de Macao** (外港客運碼頭, Terminal Maritimo de Passageiros do Porto Exterior) se situe dans le port extérieur.

CotaiJet (☎853 2885 0595 ; www.cotaijet.com.mo ; tarifs en semaine vers Hong Kong ordinaire/1re classe 154/267 $MOP). Départ toutes les demi-heures de 7h30 à minuit pour la liaison entre le **terminal des ferrys de Hong Kong–Macao** (Shun Tak Centre ; Shun Tak Centre, 200 Connaught Rd, Sheung Wan) et le **terminal temporaire de Taipa** (☎853 2885 0595) ; un bus dessert ensuite les destinations le long du Cotai Strip. Consultez le site Internet

Péninsule de Macao
0
500 m
A
B
C
D
E
F
1
2
3
4
Port intérieur
Qianshan
Lac de retenue
Rua dos Pescadores
Av do Nordeste
Rua do Canal Novo
Burgeon Rent A Car
Jardin Montanha Russa
Estrada de Ferreira do amaral
Travessa de Praia
12
Av do Coronel Mesquita
Av do Almirante Lacerda
9
Av Horta e Costa
Rua de Francisco Xavier Pereira
Rua de Silva Mendes
Av do Conselheiro Ferreira de Almeida
Estrada de Adolfo de Loureiro
Rua do Almirante Costa Cabral
Rua do Coelho do Amaral
Travessa da Corda
Rua de Entre Campos
Estrada de Coelho do Amaral
Hospital Kiang Wu
Rua de Tomás Vieira
Rua da Ribeira do Patane
Praça de Luís de Camões
Travessa do Túnel
Colline de Guia
1
Terminus du téléphérique
Jardin de la Flore
2
Place Tap Seac
Le Macao colonial
7
4
5
11
Rua de São Paulo
8
Rua de Pedro Nolasco da Silva
Av de Almeida Ribeiro
Rua do Campo
Calçada do Gaio
Rua Nova à Guia
Rua de Malaca
Rua de Terminal Marítimo
Héliport
13
14

Quai du Pêcheur
Centre Culturel de Macao
Rua de Roma
Rua de Londres
Rua de Madrid
Av Dr Sun Yat Sen
Rua de Paris
NAPE
Air Macau
Rua de Luís Gonzaga Gomes
Av Sir Anders Ljungstedt
Av do Dr Rodrigo
Rua de Pequim
Estrada de São Francisco
Jardim des Artes
Jardin Sao Francisco
9
Ponte Governador Nobre de Carvalho
Pont Macao-Taipa
MER DE CHINE MÉRIDIONALE
Av do Infante Dom Henrique
Largo do Senado
1
6
Baia da Praia (Lagos de Nam Van)
Rua da Imprensa Nacional
Av Doutor Stanley Ho
Av Dr Sun Yat Sen
Praça de Ponte e Horta
3
Rua da Barra
Temple A-Ma (200 m)
Colline de Penha
Lago Sai Van
Av da República
A
B
C
D
E
F
5
6
7
8

Péninsule de Macao

À voir

1 Jardin de la Flore E3
2 Fort de Guia et chapelle de Guia D4
Sénat Loyal (Leal Senado) .... (voir 6)
3 Maison du Mandarin A6
4 Forteresse du Mont C4
5 Vestiges de l'église Saint-Paul B4
6 Bibliothèque B5
7 Église Saint-Lazare C4
8 Église São Domingos B4

Où se restaurer

9 Clube Militar de Macau C5
10 Lung Wah Tea House C2

Où prendre un verre et faire la fête

11 Macau Soul B4

Où sortir

12 Live Music Association D1

Transports

Avis Rent a Car .... (voir 13)
13 Héliport F4
14 Terminal maritime des ferrys de Macao ... F4
Sky Shuttle .... (voir 12)

de CotaiJet pour les liaisons vers l'aéroport international de Hong Kong.

TurboJet (☎réservations 852 2921 6688, à Hong Kong 852 790 7039, renseignements 852 2859 3333 ; www.turbojet.com.hk ; classe éco/super lun-ven 153/315 $HK, sam-dim 166/337 $HK, traversée de nuit 189/358 $HK). Assure la plupart des traversées ; le trajet d'une heure part du terminal des ferrys de Hong Kong–Macao et arrive au terminal maritime des ferrys de Macao ; voir le site Internet de TurboJet pour les liaisons vers l'aéroport international de Hong Kong.

COMMENT CIRCULER

BUS

Les bus et minibus publics des compagnies **TCM** (www.tcm.com.mo) et **Transmac** (☎853 2827 1122 ; www.transmac.com.mo) circulent de 6h jusqu'à un peu après minuit. On paie son voyage à l'unité en versant l'appoint – 3,20 $MOP sur la péninsule, 4,20 $MOP pour le village de Taipa, 5 $MOP pour le village de Coloane et 6,40 $MOP pour la plage de Hác Sá – dans une boîte à l'entrée du bus ; ou bien on valide le Macau Pass (en vente dans les supermarchés et certaines boutiques). Sachez que les bus sont souvent bondés.

La *Macau Tourist Map* comporte une liste complète des compagnies de bus : n'hésitez pas à récupérer ce plan auprès d'une des annexes de l'office du tourisme du gouvernement de Macao (MGTO).

VÉLO

Vous pourrez louer un vélo, dans le village de Taipa (20 $MOP/heure). Sachez que les vélos sont interdits sur les ponts reliant Macao à Taipa.

Où se loger

La plupart des hôtels de Hong Kong sont entre Central et Causeway Bay ; à Kowloon, ils sont autour de Nathan Rd, avec aussi des adresses pour petit budget. Il vaut mieux réserver en haute saison.

Quartier	Atmosphère
Île de Hong Kong : Central	Proche du Star Ferry, de célèbres gratte-ciel et de luxueux centres commerciaux. Près de nombreux bars et restaurants. Bien desservi par les transports publics. Calme après la fermeture des bureaux.
Île de Hong Kong : Peak et nord-ouest	Vie nocturne et restaurants. Proche du Pic et du secteur historique de Sheung Wan. Les quartiers plus à l'ouest sont plus calmes et loin de l'animation.
Île de Hong Kong : Wan Chai et nord-est	Pratique pour le Hong Kong Park, le Happy Valley Racecourse et de nombreuses boutiques. Bars et restaurants. Excellents transports publics. Wan Chai et Causeway Bay sont parfois bondés.
Île de Hong Kong : Aberdeen et sud	Idéal pour l'Aberdeen Typhoon Shelter, le Stanley Market, Horizon Plaza, la baignade et la randonnée autour de Repulse Bay et Shek O. Peu d'hébergements, restaurants, bars et boutiques.
Kowloon	Pratique pour ses musées, boutiques et restaurants. Vue imprenable sur le port, excellents transports publics. Le secteur de Nathan Rd est bondé. Quartiers touristiques et/ou un peu délabrés.
Nouveaux Territoires	Moins de monde, moins pollué. Sports de plein air, sorties nature, villages fortifiés. Souvent moins cher, mais loin de l'animation. Moins d'hébergements, restaurants, bars et boutiques.
Lamma, Lantau et Cheung Chau	Ambiance décontractée. Produits de la mer à Lamma, planche à voile à Cheung Chau et randonnées sur le Lantau Trail. Belles plages. Plus de trajet et moins d'hébergements, restaurants, bars et boutiques.

Les lumières de Guǎngzhōu

Guǎngzhōu (Canton)

Guǎngzhōu, appelée Canton en Occident, est la troisième ville de Chine et l'un des principaux carrefours de transports et d'échanges commerciaux du pays. Ce comptoir maritime colonial, devenu une métropole gigantesque, mêle gratte-ciel en verre et petites rues ombragées.

Pour ceux qui aiment...

☑ Ne ratez pas

L'église Notre-Dame-de-Lourdes, construite par les Français en 1892, à l'extrémité orientale de l'île de Shāmiàn.

Sa situation stratégique sur la mer de Chine méridionale, son passé colonial et une grande diversité culturelle confèrent à Guǎngzhōu son caractère cosmopolite. Deux fois par an, des milliers de visiteurs étrangers viennent visiter la plus grande foire commerciale du pays, la fameuse foire de Canton ou Foire d'import-export de Chine.

HISTOIRE

L'histoire de l'ancienne Canton est dominée par le commerce et l'activité révolutionnaire. Du fait de sa situation à l'extrémité nord de la rivière des Perles, la ville devint, dès la dynastie Tang (618-907), le principal port de la Chine méridionale et le point de départ d'une voie maritime pour le transport de la soie, de porcelaines, du thé et autres marchandises

à destination de l'Occident. Les Portugais au XVIe siècle, les Britanniques au XVIIe siècle, puis les Français y établirent des comptoirs commerciaux.

Après la chute de la dynastie Qing en 1911, la ville devint un bastion des forces républicaines conduites par Sun Yat-sen, premier président de la République de Chine. Il prit la tête du Guomindang (KMT) à Guǎngzhōu, d'où les républicains lancèrent leurs expéditions contre les seigneurs de la guerre du Nord. La ville fut le siège actif du Parti communiste chinois (PCC) naissant, Mao Zedong et d'autres dirigeants de premier plan étant venus s'y installer dès 1925-1926.

En 2010, Guǎngzhōu a accueilli les Jeux asiatiques, ce qui a entraîné une amélioration significative de son réseau de transports.

Infos pratiques

Office du tourisme (www.visitgz.com ; 325 Zhongshan Liulu ; 9h-18h). Nombreux bureaux en ville, notamment au 325 Zhongshan Liulu, à l'aéroport et à la gare ferroviaire.

Une petite faim ?

Pànxī Restaurant (泮溪酒家, Pànxī Jiǔjiā ; 020 8172 1328 ; 151 Longjin Xilu, 龙津西路 151号 ; plats à partir de 40 ¥ ; 7h30-minuit ; M Ligne 1, Chángshòu Lù). Ce restaurant-jardin, situé au cœur d'un majestueux espace paysager doublé d'un jardin intérieur, sert de copieux *dim sum*. Après 20h30, on attend pour avoir une table.

★ À savoir

Traverser en ferry la rivière des Perles est agréable, pratique pour éviter les changements de métro et peu onéreux (2 ¥ l'aller).

À VOIR

Nouveau musée du Guǎngdōng

(广东省博物馆新馆, Guǎngdōngshěng Bówùguǎn Xīnguǎn ; 020 3804 6886 ; www.gdmuseum.com ; 2 Zhujiang Donglu, Zhūjiāng New Town ; 9h-16h mar-dim ; ; M Ligne 3, Zhūjiāng Xīnchéng, sortie B1). GRATUIT Les riches collections de ce musée ultramoderne illustrent l'histoire humaine et naturelle du Guǎngdōng, ainsi que la littérature, l'architecture et l'art cantonais (ne ratez pas les sculptures sur bois de Cháozhōu).

Opéra de Guǎngzhōu

(广州大剧院, Guǎngzhōu Dàjùyuàn ; 020 3839 2666, réservation visites guidées 020 3839 9847 ; www.gzdjy.org/service/ArtEducation.aspx ;

1 Zhujiang Xilu ; 30 ¥, visite guidée en anglais 200 ¥/pers ; ⏲9h-16h30 mar-dim, visites guidées 10h, 11h, 14h, 15h et 16h ; Ⓜ Ligne 3, Zhūjiāng Xīnchéng, sortie B1). La silhouette futuriste de la plus grande salle de spectacles du sud de la Chine a métamorphosé le paysage urbain. Dessiné par l'architecte anglo-irakienne Zaha Hadid (1950-2016), l'édifice se compose de 2 blocs de verre reliés entre eux par une série de courbes subtiles, évoquant pour certains le lit de galets de la rivière des Perles. Visites guidées uniquement (45 min) à réserver la veille pour celles en anglais.

Temple des Ancêtres du clan Chen

(陈家祠, Chénjiā Cí ; ☎020 8181 4559 ; 34 Enlong Li, Zhongshan Qilu ; 10 ¥ ; ⏲8h30-17h ; Ⓜ Ligne 1, Chénjiācí, sortie D). À la fois temple des ancêtres, école confucéenne et "chambre de commerce" du clan Chen, cet ensemble architectural fut construit en 1894 par les habitants de 72 villages de la province, où prédomine la lignée Chen. Les 19 bâtiments de style Lǐngnán traditionnel sont agrémentés de ravissantes sculptures, statues et peintures, et abritent aujourd'hui le musée des Arts folkloriques de Canton.

Île de Shāmiàn

(沙面岛, Shāmiàn Dǎo ; Ⓜ Lignes 1 et 6, Huángshā). Cette île est une oasis au cœur de la ville, au sud-ouest sur la rivière des Perles. Elle fut cédée aux Britaniques et aux Français en tant que concession étrangère en 1859, à l'issue des deux guerres de l'Opium. La rue principale, Shamian Dajie, est jalonnée de jardins, de vieux cafés, de demeures restaurées et de galeries. Ne manquez pas l'**église Notre-Dame-de-Lourdes**

Les gratte-ciel de Guǎngzhōu (Canton)

(天主教露德圣母堂, Tiānzhǔjiào Lùdé Shèngmǔ Táng ; 14 Shamian Dajie ; 8h-18h ; Ligne 1, Huangsha), construite par les Français en 1892, à l'extrémité orientale de l'île.

Mausolée du roi du Nányuè

(南越王墓, Nányuèwáng Mù ; 020 3618 2920 ; www.gznywmuseum.org/nanyuewang/index.html ; 867 Jiefang Beilu ; 12 ¥ ; 9h-16h45 ; Ligne 2, Yuèxiù Gōngyuán, sortie E). La découverte, en 1983, de ce superbe mausolée plus que 2 fois millénaire est à l'origine de l'un des meilleurs musées de toute la Chine. La richesse de cette sépulture du deuxième roi de Nányuè (dynastie des Yue du Sud), Zhao Mo (r. 137-122 av. J.-C.), marque l'apogée des Yue du Sud sur lesquels les Han de l'Ouest reprendront vite la main.

L'une des pièces maîtresses est l'étonnant linceul du roi, composé de centaines de plaquettes de jade cousues de fils de soie rouge, entre autres trésors exhumés dans le tombeau – le jade est censé préserver le corps de la putréfaction, conférant ainsi l'immortalité.

COMMENT S'Y RENDRE ET CIRCULER

L'**aéroport international de Báiyún** (白云国际机场, CAN, Báiyún Guójì Jīchǎng, 020 3606 6999, www.gbiac.net) est à 28 km au nord de la ville. Des bus rejoignent l'aéroport (17-32 ¥, 35 min-1 heure 10, ttes les 20-30 min, 5h-23h) depuis plusieurs endroits en ville, dont le Garden Hotel et la gare routière de Tiānhé. Un taxi depuis/vers l'aéroport revient à 150 ¥ environ.

Les **bus** "deluxe" qui empruntent l'autoroute Guǎngzhōu-Shēnzhèn sont le moyen le plus pratique pour rejoindre Hong Kong et son aéroport (110 ¥, 3 heures 30, ttes les 30 min). Ils partent de l'Hotel Landmark Canton, proche de la station de métro de la place Hǎizhū, ou du China Hotel, voisin de la station de métro du parc Yuèxiù (Yuèxiù Gōngyuán).

Des bus fréquents pour Macao via Zhūhǎi (75 ¥, 2 heures 30, 1/heure) partent régulièrement de 7h40 à 20h de la **gare de Tiānhé** (天河客运站, Tiānhé Kèyùnzhàn ; 020 3709 0062 ; www.tianhebus.com ; Yanling Lu, 燕玲路 ; Lignes 3 et 6, terminal des bus de Tiānhé).

Des trains à grande vitesse partent de la **gare ferroviaire Sud de Guǎngzhōu** (广州火车南站, Guǎngzhōu Nánzhàn; Shibi, Pānyú) à Pānyú et desservent notamment Běijīng (709-862 ¥, 8-11 heures, 10/jour) et Shànghǎi (479-793 ¥, 7-11 heures 30, 10/jour).

De la **gare ferroviaire de Guǎngzhōu Est** (广州车站, Guǎngzhōu Dōngzhàn ; Lignes 1 et 3, gare ferroviaire de Guǎngzhōu Est), il existe une liaison quotidienne pour Shànghǎi (206-377 ¥, 16 heures, 18h12) et une dizaine de trains directs pour Hong Kong (184 ¥, 222 $HK, 2 heures, 8h19-21h32).

Guǎngzhōu bénéficie d'un vaste réseau de bus (1 ¥), de bus rapides (BRT, 2 ¥) et de 9 lignes de métro opérationnelles de 6h20 à 23h30 (2-14 ¥).

RIVIÈRE LI (P. 240) : CHRISTOPHER MEDER / SHUTTERSTOCK ©

GUĂNGXĪ ET RIVIÈRE LÍ

Dans ce chapitre

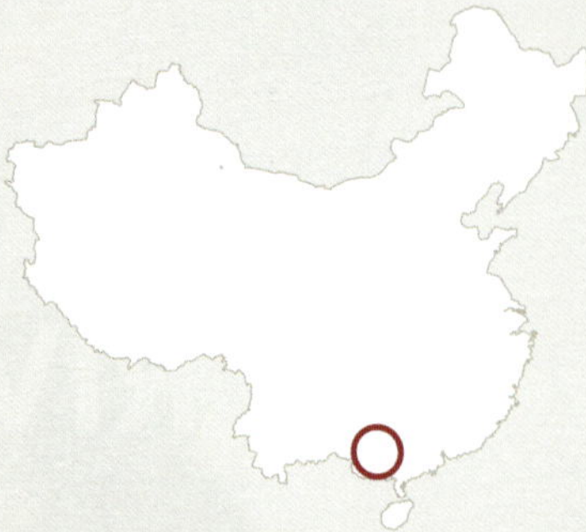

Guǎngxī et rivière Lí

Les paysages du Guǎngxī (广西) évoquent de magnifiques tableaux. Admirez les incontournables pics karstiques de Yángshuò lors d'une balade à vélo sur d'agréables chemins ou depuis un radeau en bambou au fil du fleuve Yùlóng, et traversez les impressionnantes rizières en terrasses de Lóngjǐ à l'occasion d'une randonnée entre les villages des minorités. La ville de Guìlín, qui ne manque pas non plus de sites d'intérêt, constitue un excellent point de départ, en particulier pour une croisière sur la merveilleuse rivière Lí.

Le Guǎngxī et la rivière Lí en deux jours

Dédiez la matinée à la visite de **Guìlín** (p. 243), puis descendez la **rivière Lí** (p. 246) jusqu'à **Yángshuò** (p. 240) pour y passer la nuit. Consacrez au moins une journée à explorer les paysages karstiques environnants, sans oublier Liúgōng, Xìngpíng, la colline de la Lune et le fleuve Yùlóng. Le soir, dînez à l'**Echo Café** (p. 241) ou au **Lucy's** (p. 241).

Le Guǎngxī et la rivière Lí en quatre jours

Consacrez encore une demi-journée à la région de Yángshuò. Regagnez ensuite Guìlín et continuez vers le nord jusqu'aux **rizières en terrasses de Lóngjǐ** (p. 238), qui compte de nombreuses adresses où passer la nuit. Tôt le lendemain, partez en randonnée de Dàzhài à Píng'ān en passant par Tiántóuzhài. Le **point de vue des Neuf Dragons et des Cinq Tigres** (p. 238) permet de prendre de superbes photos.

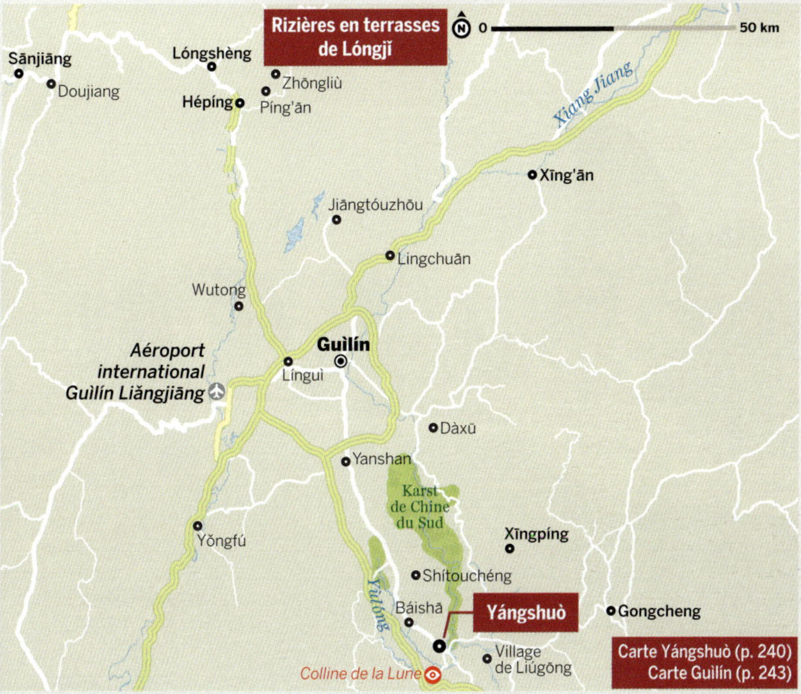

Comment s'y rendre

Aéroport international de Guìlín Liǎngjiāng À 30 km à l'ouest de la ville ; des bus navettes (20 ¥) attendent à chaque arrivée ; un taxi pour le centre (40 min) coûte environ 120 ¥.

Les bus longue distance sont très pratiques pour rejoindre les villes des provinces voisines. La ligne ferroviaire à grande vitesse, aménagée autour de Nánníng, relie le Guǎngxī à ses voisines provinciales. Au départ de Guìlín, des trains desservent Běijīng, Chóngqìng, Kūnmíng, Shànghǎi et Xī'ān.

Où se loger

Vous n'aurez que l'embarras du choix dans le Guǎngxī, en particulier dans les régions touristiques de Guìlín, de Yángshuò, de Huángyáo, des rizières en terrasses de Lóngjǐ et de Běihǎi, bien que l'offre varie considérablement d'un endroit à l'autre. Les environs de Yángshuò, au superbe cadre bucolique, regroupent les meilleures adresses.

Fleuve Yùlóng

Environs de Yángshuò

En s'éloignant de la ville (ce qui est ici le but pour un retour à la nature), les paysages karstiques deviennent de plus en plus splendides. Pour en profiter, faites une promenade sur un radeau en bambou ou parcourez les vallées alentour à vélo.

Pour ceux qui aiment...

☑ À ne pas manquer

Une excursion à vélo le long du fleuve Yùlóng.

On peut explorer pendant des semaines, à pied, à vélo, en bateau, ou en associant les trois, la campagne autour de Yángshuò et la région sillonnée par la Lí (la rivière qui relie Guìlín à Yángshuò) et ses affluents. Vous y verrez des scènes telles que s'en inspirèrent des générations de peintres chinois, entre buffles d'eau et paysans travaillant dans les champs sur fond de pics karstiques.

Rivière Yùlóng

Les paysages aux abords de ce tranquille cours d'eau, à 6 km au sud-ouest de Yángshuò, sont splendides. On les explore en louant un radeau en bambou à Yángshuò pour remonter la paisible rivière. Demandez au batelier de vous amener au **pont du Dragon** (遇龙桥, Yùlóng Qiáo), joli pont en pierre vieux de 600 ans, situé à

Escalade, colline de la Lune

HENN PHOTOGRAPHY / GETTY IMAGES ©

Infos pratiques

L'accès à la ville de Yángshuò, qui compte elle-même peu de sites touristiques, est gratuit.

Une petite pause ?

Restaurants, cafés et bars sont légion dans la ville de Yángshuò. Le **Mojo Bar** (p. 241) donne sur un fabuleux panorama karstique.

★ Bon plan

Pour échapper à la foule, rejoignez la ville de Yángshuò et flânez sur le sentier qui longe la rivière Lí (p. 240) et réserve de splendides panoramas.

environ 10 km en amont de Yángshuò. C'est l'un des plus grands ponts du Guǎngxī ; d'antiques arbres noueux surplombent son arche de pierre, ses marches irrégulières et ses parapets de guingois.

Colline de la Lune

L'éprouvante ascension de 30 minutes de la colline de la Lune jusqu'à la belle arche naturelle (en forme de croissant de lune) qui la couronne est récompensée par la vue époustouflante sur les pics environnants et le patchwork des champs en contrebas. Emportez à boire, surtout s'il fait chaud, et préparez-vous aux invectives incessantes des vendeurs d'eau jalonnant le trajet vers le sommet. On peut facilement atteindre la colline à vélo ; de Yángshuò descendez Kangzhan Lu (抗战路), continuez et suivez les panneaux.

Xìngpíng

Certains affirment que Xìngpíng (兴坪) ressemble à ce qu'était Yángshuò avant l'arrivée des touristes. Cette cité historique vieille d'environ 1 750 ans est pleine de charme, au point que le paysage qui s'offre à vous en descendant du radeau orne les billets de 20 ¥. C'est cette atmosphère d'autrefois qui attire nombre de visiteurs – et il devrait y en avoir de plus en plus avec la récente ouverture de la gare ferroviaire de Yángshuò (à Fànzèng Shān), toute proche.

Liúgōng

Situé à 13 km de Yángshuò, le village de Liúgōng (留公村 ; Liúgōng Cūn), très tranquille et vieux de quatre siècles, fut un pôle marchand sur la rivière Lí à l'époque des dynasties Ming et Qing. Des traces de son prestige d'alors sont encore visibles sur ses beaux bâtiments (sur certains murs, demeure le rouge de slogans peints pendant la Révolution culturelle). Du village, on peut gagner les paisibles collines alentour où le silence n'est troublé que par quelques chants de coqs.

KEREN SU / GETTY IMAGES ©

Rizières en terrasses de Lóngjǐ

Cette partie du Guǎngxī est célèbre pour le spectacle extraordinaire des rizières en terrasses de Lóngjǐ (Lóngjǐ Tītián), étagées en courbes concentriques.

Pour ceux qui aiment...

☑ À ne pas manquer

Le stupéfiant point de vue des Neuf Dragons et des Cinq Tigres.

Incroyable prouesse technique, les rizières en terrasses de Lóngjǐ (littéralement "dos du dragon") escaladent les collines émaillées de villages de minorités jusqu'à 1 000 m d'altitude.

Rizières en terrasses de Lóngjǐ

Les vues les plus spectaculaires s'étendent autour de Píng'ān (平安), vaste communauté zhuang, de Dàzhài (大寨), un village yao plus isolé au cœur des rizières, et de Tiántóuzhài (田头寨), encore un peu plus haut perché que Dàzhài. Par de courtes promenades depuis chaque village, vous atteindrez de fabuleux points d'observation, clairement indiqués. Un panorama phénoménal sur les courbes splendides des rizières en terrasses récompense l'ascension de 30 minutes depuis Píng'ān jusqu'au **point de vue des**

Rizières en terrasses de Lóngjǐ

Neuf Dragons et des Cinq Tigres (九龙五虎观景点, Jiǔlóng Wǔhǔ Guānjǐngdiǎn). La plus ancienne rizière a plus de 700 ans, et l'on passe devant en préalable de l'ascension jusqu'à Dàzhài.

Le trek de 3 à 4 heures entre les trois villages est aussi vivement recommandé. L'itinéraire ne comprend quasiment pas d'indications et passe par de nombreuses bifurcations ; faites appel à un habitant pour vous guider (environ 100 ¥) ou demandez souvent votre chemin.

Hébergement

Si Lóngjǐ peut se visiter dans la journée au départ de Guìlín, il est conseillé d'y passer la nuit pour profiter du spectacle magique qu'offrent les terrasses au crépuscule et à l'aube. Un lit coûte environ 30 à 40 ¥ la nuit dans une maison en bois traditionnelle et

Infos pratiques

龙脊梯田 ; Lóngjǐ Tītián ; 100 ¥

Une petite faim ?

Presque toutes les pensions, dont la **Longji International Youth Hostel** (龙脊国际青年旅舍 ; Lóngjǐ Guójì Qīngnián Lǚshě ; ☎0773 758 3265 ; yha-longji@qq.com ; village de Píng'ān, 平安村), proposent à manger, et la plupart des restaurants ont des cartes en anglais (plats 15-100 ¥).

★ À savoir

Évitez le début du printemps (mars) : les montagnes sont alors dissimulées derrière une épaisse brume et la fréquentation chute fortement.

un peu plus dans un dortoir ; les auberges de jeunesse proposent aussi des chambres doubles. Plusieurs hôtels offrent davantage de confort.

Comment y aller

Les hôtels de Dàzhài et de Tiántóuzhài proposent à leur clientèle des navettes directes entre Dàzhài et Guìlín (10h, 13h et 16h) et entre Guìlín et Dàzhài (8h, 10h30 et 14h), en général au prix de 50 ¥ par personne. Ces navettes acceptent d'autres passagers s'il reste des places. Là également, les réservations demeurent impératives. Tous les hôtels de Píng'ān assurent un service similaire.

Pour prendre un bus au départ de Guìlín, rendez-vous à la gare routière Nord (p. 246) ou à la gare routière de Qíntán (p. 246). Prenez-y un bus pour Lóngshèng (龙胜 ; 34 ¥, 2 heures, ttes les 30 min 7h-19h), et demandez à descendre à Hépíng (和平). Au carrefour (ou à la billetterie, à 3 min à pied), des minibus circulent tant bien que mal entre Lóngshèng et les rizières, et prennent les passagers à destination de Dàzhài (10 ¥, 1 heure, ttes les 30 min, 7h-17h) et de Píng'ān (7 ¥, 30 min, ttes les 20 min à 1 heure, 7h-17h).

Yángshuò

À voir
1 Pic Bìlián C3
2 Sentier des rives de la Lí C2

Activités
3 Bike Asia B2
4 Insight Adventures Yángshuò D2

Où se restaurer
5 Echo Cafe C1
6 Lucy's B2

Où prendre un verre et faire la fête
7 Mojo Bar C2

Yángshuò

À VOIR

Sentier des rives de la Lí Rivière

(Líjiāng Jiāngbīn Dào, 漓江江滨道 ; Binjiang Lu, 滨江路). Lorsque vous n'en pouvez plus de Xijie, de la foule et des vendeurs de cartes postales, empruntez l'escalier descendant à la rivière Lí. Devant vous s'étend un splendide panorama de pics karstiques, d'eau scintillante et de bambous verdoyants. La vue reste magnifique tout le long du sentier, au bord duquel quelques habitants font du tai-chi ou jouent avec leurs enfants.

Pic Bìlián Montagne

(碧莲峰 ; Bìlián Fēng ; 30 ¥). Au sud-est de la ville, le sommet le plus important de Yángshuò est aussi le plus accessible (on peut le gravir en 30 min). En raison de sa face nord plate, censée évoquer un miroir, on le surnomme le "pic du miroir de bronze" (Tóngjìng Fēng). Il se dresse près de la rivière Lí, dans le parc des Paysages (Shānshuǐ Yuán) ; repérez le panneau portant l'inscription 山水园.

ACTIVITÉS

Yángshuò est l'une des destinations d'Asie les plus prisées pour l'escalade. À eux seuls, les 8 grands sommets fréquentés offrent plus de 250 itinéraires aménagés. **Insight Adventures Yángshuò** (☎0773 881 1033 ; www.insight-adventures.com ; 12 Furong Lu ; 芙蓉路12号 ; ⏲9h-21h) organise des escalades guidées. Bike Asia (p. 242) loue des vélos et propose cartes et guides anglophones.

ACHATS

Des boutiques de souvenirs s'alignent dans Xijie, et des étals s'installent tous les jours le long de Binjiang Lu. On y vend foulards en soie, bibelots, chaussures tricotées et toutes sortes d'autres articles. Exercez vos talents de négociateur et esquivez les marchands ambulants insistants.

OÙ SE RESTAURER

On trouve de tout, des pizzas cuites au feu de bois au poulet *korma* en passant par des petits-déjeuners anglais, des saucisses allemandes et des fast-foods américains.

Echo Café Café ¥

(2 Fuqian Jie, 府前街2号 ; plats à partir de 30 ¥ ; ⏲9h-minuit). Ce charmant café est situé juste à côté de l'avenue Xijie, mais à l'écart des nuées de touristes. Ambiance détente, avec ici une guitare, là un ukulélé, si l'envie vous prenait de jouer une chanson. Sinon, la musique d'ambiance est sagement jazzy. Personnel agréable et une petite bibliothèque pour couronner le tout. Le menu allemand/occidental changeant est savoureux, et on sert le petit-déjeuner de 9h à 12h. Excellents cheesecakes.

Lucy's International ¥

(露茜, Lùxī ; 30 Guihua Lu, 桂花路30号 ; plats à partir de 25 ¥ ; ⏲7h-minuit ; 📶). Avec ses murs couverts de graffitis, ses délicieux plats occidentaux et chinois – à déguster de préférence sur la terrasse à l'étage, d'où l'on voit défiler les touristes en contrebas – le Lucy's fait figure d'institution. À la carte : tourte à la viande (40 ¥), poisson pané à la bière (88 ¥), assiette de bœuf grillé (40 ¥), spaghettis au thon (35 ¥) et bien d'autres délices. Petit-déjeuner anglais à 38 ¥.

OÙ PRENDRE UN VERRE ET FAIRE LA FÊTE

Yángshuò est bien connue pour ses bars, mais la plupart d'entre eux sont dénués de charme et souvent d'un goût douteux.

Plusieurs restaurants font également office de bars corrects, et de nombreux hôtels, auberges de jeunesse et pensions possèdent d'agréables espaces pour prendre un verre. On trouve en lisière de Xijie des bars à bières allemands et des cafés classiques à l'occidentale.

Mojo Bar Bar

(露天酒吧, Lùtiān Jiǔbā ; 6e niv, Alshan Hotel, 18 Xijie, 西街18号阿里山大酒店六楼 ; ⏲19h-3h ; 📶). Dominant le brouhaha de Xijie, le Mojo Bar, perché au dernier étage de l'hôtel Alshan, se targue d'une magnifique terrasse offrant une vue panoramique sur les pics de karst, à admirer au son des Red Hot Chili Peppers pendant les longues soirées d'été. À l'intérieur, on joue des coudes entre billards et bières pas chères (20 ¥ la Tsingtao).

L'hôtel Ashlan est au n°18 de Xijie ; prenez l'ascenseur jusqu'au 4e niveau et montez les 2 derniers à pied pour atteindre le bar.

Cours à Yángshuò

Yángshuò est un excellent endroit où étendre ses compétences : la **Omeida Chinese Academy** (欧美达书院 ; Ōuměidá Shūyuàn ; ☎0773 881 2233 ; www.omeida.com.cn ; 49 Longyue Lu ; 龙岳路49号) propose des cours de chinois, tandis que la **Yángshuò Cooking School** (阳朔烹饪学校 ; Yángshuò Pēngrèn Xuéxiào ; ☎137 8843 7286 ; village de Cháolóng) vous apprend à préparer des spécialités du Guǎngxī.

OÙ SORTIR

Impressions Liú Sānjiě — Spectacle vivant

(印象刘三姐, Yìnxiàng Liú Sānjiě ; ☎0773 881 7783 ; billets 200-680 ¥ ; ⏲19h30-20h30 et 21h30-22h30). Le spectacle le plus en vogue de la ville a été conçu par le réalisateur Zhang Yimou, à qui l'on doit les films *Épouses et Concubines* et *Le Secret des poignards volants*. Il est représenté par 600 artistes qui évoluent chaque soir au bord de la Lí, avec en toile de fond 12 pics karstiques éclairés par des projecteurs. Faites la réservation à votre hôtel pour obtenir des réductions et un transport aller/retour jusqu'au lieu du spectacle (à 1,5 km de la ville).

RENSEIGNEMENTS

La ville compte d'innombrables agences de voyages. Les cafés de voyageurs et la plupart des hôtels vous conseilleront. Prenez le temps de comparer les offres.

Bank of China (中国银行, Zhōngguó Yínháng ; Xijie, 西街 ; ⏲9h-17h). Service de change et DAB 24h/24 pour les cartes internationales.

DEPUIS/VERS YÁNGSHUÒ

AVION

L'aéroport le plus proche est situé à Guìlín. Votre hôtel devrait pouvoir vous réserver un taxi pour l'aéroport (240 ¥, 1 heure).

BUS

Yángshuò compte 2 gares routières : la **gare routière Sud de Shímǎ** (汽车南站, Qìchē Nánzhàn ; jardin du Bureau des ressources humaines de l'agriculture et de la mécanisation, 321 Guodao, 国道321号, 农业机械化管理局) et la **gare routière Nord de Dàcūnmén** (汽车北站, Qìchē Běizhàn ; marché au poisson près du Centre de service du gouvernement provincial de Dàcūnmén, Qingquan Lu, 大村门开发区清泉路,大村门县政务服务中心,水产批发市场处).

Des bus rallient directement Guìlín (20 ¥, 1 heure, ttes les 15-20 min, départ quand le bus est plein), l'aéroport de Guìlín (70 ¥, 1 heure 30, 8/jour) et Xìngpíng (8 ¥, 1 heure, ttes les 15 min, 6h30-18h).

TRAIN

Il n'y a pas de gare ferroviaire dans la ville de Yángshuò, mais il existe une gare appelée Yángshuò avec des trains à grande vitesse à Fànzèng Shān (饭甑山), près de Xìngpíng, à 14 km de Yángshuò. Des bus fréquents (20 ¥) font la navette entre la gare et Yángshuò, via Xìngpíng. Parmi les destinations desservies : Guìlín (1re/2e classe 25/21 ¥, 30 min, 7/jour).

COMMENT CIRCULER

Il est possible de rejoindre la plupart des points de la ville à pied ou en cyclopousse pour moins de 20 ¥. On peut aussi louer des vélos dans presque toutes les auberges de jeunesse et à des stands de rue moyennant quelque 10-25 ¥ par jour. La caution est habituellement de 200 à 500 ¥ ; mais ne laissez pas votre passeport, même si on vous le demande. Pour un engin de meilleure qualité, rendez-vous chez **Bike Asia** (☎0773 882 6521 ; www.bikeasia.com ; 8 Guihua Lu ; 桂花路8号 ; ⏲8h30-18h30).

Les agences de location de vélos louent parfois des scooters électriques (à partir de 150 ¥/jour) ou à essence (à partir de 200 ¥) sans demander de permis de conduire. Si se

Où se loger

La plupart des hôtels de Yángshuò emploient un personnel anglophone et fournissent un accès Wi-Fi. Si le quartier de Xijie compte une myriade d'hébergements, il y a des adresses plus plaisantes et plus calmes à la périphérie de la ville.

> *Devant vous, s'étendent des paysages de pics karstiques réellement splendides.*

déplacer en scooter peut s'avérer pratique, sachez que sans un permis chinois vous ne serez pas couvert en cas d'accident (les permis internationaux ne sont pas reconnus en Chine), ce qui pourrait vous coûter très cher.

Le bus n°5 relie les 2 gares routières (1 ¥) et peut vous amener à Xijie depuis ces 2 gares (1 ¥).

Guìlín

Guìlín (桂林) fut la première ville chinoise à avoir, à dessein, développé le tourisme après 1949. Cela dit, il est pratique, et même agréable, d'y passer une nuit ou deux : la ville constitue une base de choix pour organiser des excursions dans le reste de la province. Elle est par ailleurs propre et moderne, et nombre de ses habitants parlent anglais. Bémols : vous devrez parfois déjouer les rabatteurs, et payer des droits d'entrée élevés pour visiter les principales curiosités.

À VOIR

Les sites de Guìlín sont répartis entre les pics karstiques qui l'émaillent. Vous pouvez faire l'impasse sur certains d'entre eux dont le prix d'accès est exorbitant, surtout si vous allez à Yángshuò (l'attrait principal de la région).

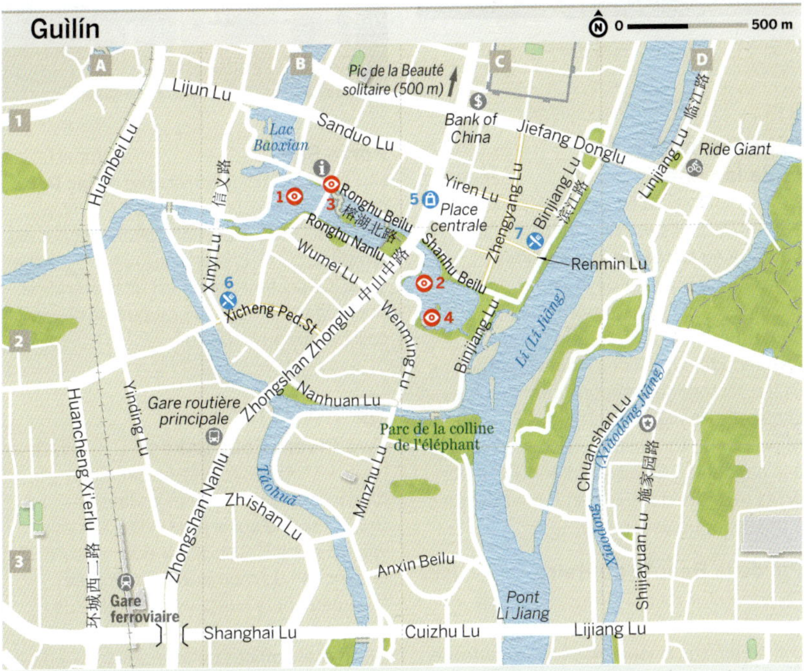

Guìlín

À voir
1 Lac Róng B1
2 Lac Shān C2
3 Porte Sud B1
4 Pagodes du Soleil et de la Lune C2

Achats
5 Marché nocturne de Guìlín C1

Où se restaurer
6 Céngsān Jiāwèiguǎn B2
7 Kali Mirch C2

MARTIN PUDDY / GETTY IMAGES ©

JARNO GONZALEZ ZARRAONANDIA / SHUTTERSTOCK ©

En partant de la gauche : marché nocturne de Guìlín ; pagodes du Soleil et de la Lune ; nouilles de riz de Guìlín

Pagodes du Soleil et de la Lune Sanctuaire

(日月双塔, Rìyuè Shuāng Tă ; 45 ¥ ; ⏲8h-22h30). Rehaussant avec élégance le paysage du **lac Shān**, les pagodes jumelles du Soleil et de la Lune, superbement illuminées en soirée, constituent le point d'orgue d'une promenade autour des 2 lacs centraux de Guìlín. Octogonale et comptant 7 étages, la pagode de la Lune (月塔, Yuè Tă) est reliée par un tunnel qui passe sous le lac à la pagode du Soleil (日塔, Rì Tă). Haute de 41 m, cette dernière est l'une des rares à posséder un ascenseur.

Pic de la Beauté solitaire Parc

(独秀峰, Dúxiù Fēng ; 1 Wangcheng, 王城1号 ; 130 ¥ ; ⏲7h30-18h ; 🚌1, 2). Le droit d'entrée à ce fameux pic solitaire, retraite verdoyante et paisible à proximité du centre-ville, donne accès à la demeure d'un prince Ming du XIVe siècle (exagérément qualifiée de "palais"). Une vue sur Guìlín récompense l'ascension jusqu'au sommet du pic (152 m).

Porte Sud Remparts, lac

(南门, Nán Mén). Sur la rive nord du **lac Róng** (榕湖, Róng Hú), la porte Sud (南门, Nán Mén) est l'unique portion encore debout des remparts (城墙, *chéng qiáng*) de la dynastie Song. Ce secteur animé est un bon endroit pour regarder les gens pratiquer le tai-chi, la calligraphie ou la danse.

ACTIVITÉS

Two Rivers Four Lakes Bateau

(二江四湖 ; Èr Jiāng Sì Hú). Le circuit en bateau, sur la rivière Lí et les lacs de Guìlín, est une autre possibilité. Les prix varient entre 150 et 340 ¥ pour 1 heure 30, en fonction du moment de la journée (supplément la nuit). Il est possible de réserver ces 2 circuits via les hôtels de Guìlín et les offices du tourisme.

ACHATS

Marché nocturne de Guìlín Marché

(夜市, Yèshì ; Zhongshan Zhonglu, 中山中路 ; ⏲à partir de 19h). Parfait pour dénicher

FREER / SHUTTERSTOCK ©

des souvenirs, ce marché est situé dans Zhongshan Zhonglu, entre Ronghu Beilu et Sanduo Lu.

OÙ SE RESTAURER

Les nouilles de riz de Guìlín (桂林米粉 ; *Guìlín mǐfěn*), le canard à la bière (啤酒鸭 ; *píjiǔ yā*) et les escargots (田螺 ; *tiánluó*) font partie des spécialités locales. La rue piétonne Zhengyang Lu et les ruelles adjacentes composent la zone de restauration la plus animée.

Kali Mirch Indien ¥¥

(黑胡椒印度餐厅, Hēi Hújiāo Yìndù Cāntīng ; 15 Binjiang Lu, Zhengyang Jie, 正阳步行街滨江路15号 ; plats à partir de 30 ¥ ;). Niché derrière le Sheraton, ce restaurant épatant est tenu par un affable baroudeur originaire du Darjeeling, parlant un excellent anglais et très soucieux de l'authenticité de sa cuisine (les épices sont importées d'Inde). Tout est bon ici : samosas aux légumes, *pakora* aux oignons, *butter chicken*, agneau *biryani*, et bien d'autres délices encore.

Céngsān Jiāwèiguǎn Guǎngxī ¥¥

(曾三家味馆 ; 0773 286 3781 ; 10 Xinyi Lu, 信义路10号 ; plats 20-158 ¥ ; 11h-14h et 17h-21h). Restaurant moderne très apprécié des Chinois de la classe moyenne qui viennent déguster de généreuses portions de sanglier, de lapin et de plats à base de viande séchée. Pour des saveurs moins fortes, l'interminable carte comprend d'autres mets excellents. Les soirs de week-end, arrivez avant 18h15 pour trouver une table. Carte en chinois illustrée.

Où se loger

L'offre de Guìlín va des bonnes auberges de jeunesse aux hôtels haut de gamme de standard international en passant par les auberges au bord de l'eau. Réservez, en particulier pour les week-ends et les mois d'été.

Excursion sur la rivière Lí

Très appréciée, la croisière sur la Lí dure environ 4 heures 30 et comprend le superbe trajet en bateau de Guìlín à Yángshuò, le déjeuner et le retour en bus à Guìlín. Comptez 350-450 ¥ pour un bateau avec un guide anglophone. On peut réserver ces circuits dans de nombreux hôtels de Guìlín et à l'office du tourisme.

Rivière Lí

EXPOSE / SHUTTERSTOCK ©

OÙ PRENDRE UN VERRE ET FAIRE LA FÊTE

Des cafés branchés jalonnent les rues de Guìlín : quelques bars avec terrasse sont regroupés dans Zhengyang Lu, alors que Binjiang Lu ne manque pas de charmants cafés en bordure de rivière, la plupart avec Wi-Fi gratuit.

RENSEIGNEMENTS

Bank of China (中国银行, Zhōngguó Yínháng). Les agences de Zhongshan Nanlu (près de la gare routière principale) et de Jiefang Donglu changent les espèces, permettent de retirer de l'argent avec une carte bancaire et disposent de DAB 24h/24.

Office du tourisme de Guìlín (桂林旅游咨询服务中心, Guìlín Lǚyóu Zīxún Fúwù Zhōngxīn ; ☎0773 280 0318 ; porte Sud, Ronghu Beilu, 榕湖北路 ; ⊙8h-22h). La ville compte plusieurs bureaux de l'office du tourisme, bien utiles, dont un juste à l'ouest de la porte Sud et du lac Róng.

DEPUIS/VERS GUÌLÍN

AVION

L'aéroport international de Guìlín Liǎngjiāng (两江国际机场 ; Liǎngjiāng Guójì Jīchǎng) propose des vols directs notamment pour Běijīng, Chéngdū, Chóngqìng, Hǎikǒu, Guǎngzhōu, Hong Kong, Kūnmíng, Shànghǎi et Xī'ān. Séoul et Osaka font partie des destinations internationales.

L'aéroport est à 30 km à l'ouest de la ville. Les bus navettes (20 ¥) partent de l'aéroport après chaque arrivée et du bureau de la CAAC toutes les 30 minutes entre 6h30 et 21h. En taxi, comptez 120 ¥ (40 min).

BUS

De la **gare routière principale** (桂林汽车客运总站, Guìlín Qìchē Kèyùn Zǒngzhàn ; ☎0773 386 2358 ; 65 Zhongshan Nanlu, 中山南路65号 ; 🚌3, 9, 10, 11, 16, 25, 51, 88, 91, 99), des bus réguliers desservent Sānjiāng (43 ¥, 4 heures, 1/heure) et Yángshuò (25 ¥, 1 heure 30, ttes les 15-20 min).

De la **gare routière Nord** (桂林汽车客北站, Guìlín Qìchē Běizhàn ; 76 Beichen Lu, 北辰路76号 ; 🚌18, 32, 99, 100) partent des bus pour Zīyuán (31 ¥, ttes les 20 min 6h40-17h50).

Les bus pour Lóngshèng et les rizières en terrasses de Lóngjǐ partent de la gare routière Nord (34 ¥, 2 heures, 4/jour, 9h, 11h10, 11h30 et 14h30) et de la **gare routière de Qíntán** (琴潭汽车站, Qíntán Qìchē Zhàn ; 31 Cuizhu Lu, 翠竹路31号 ; 🚌2, 12, 26, 32, 85, 91) (34 ¥, 2 heures, ttes les 40 min, 6h10-19h).

TRAIN

Les trains au départ de Guìlín sont peu nombreux, il est donc souvent difficile de se procurer des billets. Il faut s'y prendre quelques jours à l'avance. La plupart des trains partent de la gare de Guìlín (桂林站, Guìlín Zhàn), mais certains démarrent de la gare ferroviaire Nord (桂林北站, Guìlín Běizhàn), à 9 km au nord du centre-ville.

Il existe plusieurs lignes directes, notamment vers Běijīng Ouest (1re/2e classe 1 250/806 ¥, 10 heures 30, 2/jour), Chóngqìng

EXPOSE / SHUTTERSTOCK ©

Pic de la Beauté solitaire (p. 244), Guìlín

(280 ¥, 20 heures, 2/jour), Kūnmíng (280 ¥, 18 heures 30-24 heures, 4/jour), Shànghǎi (train de classe G 1re/2e classe 1 049/660 ¥, 9 heures 30, tlj) et Xī'ān (367 ¥, 27 heures, tlj).

COMMENT CIRCULER

BUS

Les bus n°51 à 58 sont gratuits, mais très irréguliers. Les lignes standards coûtent 1 à 2 ¥. Ces bus vous seront les plus utiles :

Bus n°2 – gare ferroviaire et gare routière principale, colline en Trompe d'éléphant, pont de la Libération et colline de Brocart plissé

Bus n°51 – gare ferroviaire, Zhongshan Lu et marché aux fleurs et aux oiseaux, et poursuit vers le nord

Bus n°58 – colline en Trompe d'éléphant, parc des Sept Étoiles, Colline qui arrête les vagues, colline de Brocart plissé et grotte de la Flûte de roseau

VÉLO

Les sites de Guìlín sont tous accessibles à vélo. La plupart des auberges de jeunesse en louent (20 ¥/jour). Pour un bon engin, avec vitesses, rendez-vous chez **Ride Giant** (捷安特自行车, Jié'āntè Zìxíngchē ; 0773 286 1286 ; 28 Dongjiang Lu, 东江路28号 ; 70 ¥/jour, caution 500 ¥ ; 9h30-21h).

SPECTACLE IMPRESSION LÌJIĀNG (P. 259) : MÔL PIX / SHUTTERSTOCK ©

YÚNNÁN

Dans ce chapitre

Yúnnán

Le Yúnnán (云南) est sans doute la province de Chine la plus riche en matière de beauté des paysages et de sites remarquables. Jungles denses coupées par le Mékong au sud, rizières en terrasses étincelant sous le soleil au sud-est ou sommets enneigés aux abords du Tibet : les fabuleux contrastes du Yúnnán n'auront de cesse de vous fasciner.

Le Yúnnán en deux jours

De la capitale provinciale Kūnmíng, sautez dans un bus à destination de **Dàlǐ** (p. 270) pour découvrir cette ville plaisante, sa culture bai et son cadre naturel époustouflant, qui offre de nombreuses possibilités de randonnées. Passez la nuit à Dàlǐ avant de faire le trajet jusqu'à **Lìjiāng** (p. 259) pour explorer sa vieille ville naxi et le magnifique spectacle du **Yùlóng Xuěshān** (p. 259).

Le Yúnnán en quatre jours

Dormez à Lìjiāng et attaquez-vous à la **gorge du Saut du Tigre** (p. 256) le lendemain ; passez la nuit dans la gorge ou regagnez Lìjiāng afin de prendre un vol pour Kūnming tôt le lendemain matin, puis un bus jusqu'aux **rizières en terrasses de Yuányáng** (p. 252), au sud de la province du Yúnnán. Vous y découvrirez de magnifiques paysages et des treks inoubliables.

Voir carte Lìjiāng (p. 258)
Voir carte Shangri-la (p. 266)
Voir carte Dàlǐ (p. 271)

Comment s'y rendre

Avion L'aéroport international de Kūnmíng Changsui, ouvert en 2012, est le quatrième de Chine par la taille, et le septième par le trafic. Des vols quotidiens desservent la plupart des grandes villes chinoises, ainsi que des aéroports étrangers de plus en plus nombreux. De son côté, Lìjiāng est aussi bien reliée à un certain nombre de villes chinoises, tandis que Dàlǐ et Jǐnghóng accueillent beaucoup plus de vols qu'auparavant.

Train Des voies ferrées relient le Yúnnán au Guìzhōu, au Guǎngxī, au Sìchuān et au-delà. La principale ligne utile aux voyageurs relie Kūnmíng à Dàlǐ et Lìjiāng.

Où se loger

Les destinations les plus courues du Yúnnán – Kūnmíng, Dàlǐ, Lìjiāng et Shangri-la – offrent toute une gamme d'hébergements : des auberges de jeunesse aux hôtels de luxe, en passant par les pensions, les boutique-hôtels et les établissements de catégories moyenne ou petits budgets. Dans les villes plus petites, il existe parfois des pensions, mais surtout des hôtels de catégories moyenne et petits budgets. Dans les villages reculés, la norme reste le séjour chez l'habitant.

Rizières en terrasses de Yuányáng

Villages perchés émergeant du brouillard, jeux de couleurs à l'aube et au crépuscule et randonnées inspirantes à travers des collines couvertes de rizières centenaires.

Pour ceux qui aiment...

☑ Ne ratez pas

Les rizières en terrasses sont encore plus belles au lever et au coucher du soleil.

Sculptées dans des collines qui s'étendent à perte de vue, les rizières en terrasses de Yuányáng témoignent de la relation étroite entre les Hani et leur environnement. Telles des marches géantes, elles offrent un spectacle enchanteur toute l'année, mais en hiver, lorsqu'elles sont inondées et que les rayons du soleil se reflètent dans l'eau à l'aube ou au crépuscule, le panorama devient époustouflant.

Yuányáng

Yuányáng (元阳) se compose de 2 localités : Nánshà, la ville nouvelle, et Xīnjiē, la vieille ville, à 1 heure de bus ou de minibus sur une colline. Selon les cartes, l'une ou l'autre de ces localités peut être appelée Yuányáng. Xīnjiē est la seule destination qui mérite la visite ; assurez-vous de descendre au bon endroit.

Rizières en terrasses de Yuányáng

Infos pratiques

Un billet combiné à 100 ¥ vous permettra d'accéder à Duōyīshù, Bádá, Quánfúzhuāng et Měngpǐn.

Une petite faim ?

Presque tous les restaurants se concentrent à Xīnjiē. À Pǔgāolǎo, toutes les pensions servent des repas, mais pas forcément bon marché.

À savoir

Évitez de programmer une visite les jours fériés, quand les tarifs des minibus s'envolent (600 ¥ et plus pour la journée).

Rizières en terrasses

Les rizières en terrasses (*tītián*, 梯田) qui entourent les dizaines de villages des environs sont toutes différentes, changeantes au gré de la lumière du jour. Pour vous repérer, sachez que tous les hôtels de la ville proposent des plans bilingues chinois-anglais.

- **Rizières en terrasses de Duōyīshù** (多依树, Duōyīshù Tītián). À environ 25 km de Xīnjiē, ces rizières en terrasses sont spectaculaires au lever du soleil. S'il en est à ne pas manquer, ce sont bien celles-là !

- **Rizières en terrasses de Quánfúzhuāng** (全福庄, Quánfúzhuāng Tītián). Moins fréquentées que celles de Duōyīshù et facilement accessibles grâce à des sentiers.

- **Rizières en terrasses de Měngpǐn** (勐品, Měngpǐn Tītián). Les rizières de Měngpǐn, également appelées Lǎohǔzuǐ (老虎嘴), font partie des plus belles au coucher du soleil.

- **Rizières en terrasses de Bàdá** (坝达, Bàdá Tītián). Elles aussi parmi les plus belles au coucher du soleil.

Depuis/vers Yuányáng

Xīnjiē est le principal nœud de transports pour Yuányáng, avec des bus quotidiens assurant la liaison entre la gare routière et Kūnmíng.

De la gare routière, des bus desservent tous les villages. Mieux vaut toutefois disposer d'un moyen de transport ou louer un véhicule avec d'autres voyageurs du lever au coucher du soleil. Des minibus (400-500 ¥ en haute saison) et des cyclopousses motorisés (250 ¥) stationnent aux environs de l'hôtel Yúntī Shùnjié Dàjiǔdiàn et dans la rue à l'ouest de la gare routière.

Vieille ville

Vieille ville de Lìjiāng

Classée au patrimoine mondial depuis 1997, Lìjiāng se compose d'une vieille ville et d'une partie nouvelle très moderne. Flâner dans les rues tortueuses de la vieille ville est particulièrement agréable.

Pour ceux qui aiment...

☑ Ne ratez pas

Mêlez-vous aux habitants dans l'ambiance intemporelle du marché de Zhōngyì.

Peu de destinations sont aussi populaires. Dédale de ruelles pavées, maisons en bois branlantes (ou qui en gardent l'apparence, vu l'"embourgeoisement" du lieu) et canaux, le charme de Lìjiāng attire chaque année plus de 8 millions de visiteurs ! Au point qu'il est souvent difficile de se frayer un chemin dans ses ruelles.

Néanmoins, n'oubliez pas la règle qui veut que 80% des touristes se regroupent dans 20% des sites. Levez-vous de bonne heure pour éviter la foule.

Vieille ville

Dans la vieille ville, l'animation bat son plein sur la **place du Vieux-Marché** (四方街, Sìfāng Jiē), très touristique. Jadis fief des marchands naxi, elle est désormais envahie d'échoppes de souvenirs. Les ruelles environnantes sont sillonnées par un

Pavillon du Souvenir

APHOTOSTORY / SHUTTERSTOCK ©

Infos pratiques

古城, vieille ville ; 80 ¥

Une petite faim ?

Dans la vieille ville, les possibilités ne manquent pas pour s'asseoir et grignoter un en-cas ; essayez **Tiāntiān Xiān** (p. 260).

Bon plan

Lorsque affluent les visiteurs, enfourchez un vélo pour aller vous balader dans l'un des villages voisins.

réseau de canaux qui alimentaient autrefois la cité en eau potable depuis la source Yuquan, située aux confins de l'actuel parc de l'**étang du Dragon noir**. Plusieurs puits et bassins, difficiles à repérer, demeurent en service. Lorsque vous voyez 3 bassins qui se côtoient, sachez que ceux-ci étaient respectivement réservés à l'eau potable, à la lessive et au nettoyage des légumes.

Pavillon du Souvenir

Le **pavillon du Souvenir** (望古楼, Wànggǔ Lóu ; inclus dans le billet de la vieille ville 80 ¥ ; 8h30-18h) fut élevé pour les touristes et coûta plus d'un million de yuans. Il est connu pour son architecture unique composée de dizaines de piliers à 4 niveaux, malheureusement taillés dans les forêts ancestrales du nord du Yúnnán. Depuis l'Old Market Sq, un sentier (avec des indications en anglais) mène à cette sentinelle de la ville. Asseyez-vous en hauteur au petit matin et admirez le brouillard qui se dissipe, tandis que la vieille ville s'éveille.

Mu Family Mansion

Demeure d'un ancien chef naxi, la **résidence de la famille Mu** (木氏土司府, Mùshì Tǔsīfǔ ; 60 ¥ ; 8h30-17h30) a été reconstruite presque entièrement après le séisme dévastateur de 1996 qui a frappé Lìjiāng. La beauté des lieux justifie la visite. Curieusement, ce site n'est pas inclus dans le billet d'entrée de la vieille ville.

Marché de Zhōngyì

Sur ce **marché** (忠义市场, Zhōngyì Shìchǎng ; Xianghe Lu, 祥和路 ; 6h-17h), on vend des produits frais, des articles en cuivre et du bétail. C'est l'un des rares endroits où règne encore l'ambiance du vieux Lìjiāng.

Gorge du Saut du Tigre

Randonnée dans la gorge du Saut du Tigre

Des montagnes enneigées s'élèvent de chaque côté d'une gorge si profonde que, par endroits, la rivière coule à 2 km en contrebas. Coupant le nord-ouest du Yúnnán sur 16 km, la gorge du Saut du Tigre est une merveille naturelle qui enchante les randonneurs.

Pour ceux qui aiment...

☑ Ne ratez pas

Le détour pour descendre jusqu'au rocher du Saut du Tigre.

Randonnée

Il existe deux chemins de randonnée : le supérieur (l'ancien itinéraire) et l'inférieur, qui suit la nouvelle route et qu'il vaut mieux éviter, à moins d'apprécier les nuages de poussière soulevés par les bus touristiques et les 4x4. Le cadre est splendide partout dans la gorge, mais le sentier supérieur offre un paysage incomparable. N'oubliez pas de suivre les panneaux bleus et les flèches rouges.

Depuis la billetterie, comptez 7 heures pour rejoindre Běndìwān, 9 heures jusqu'à la gorge du milieu (Tina's Guesthouse) ou 10 heures jusqu'au Walnut Garden (une pension). Il est beaucoup plus plaisant et moins fatigant de faire la randonnée en 2 jours, en s'arrêtant pour la nuit dans l'une des nombreuses pensions installées sur le parcours.

Pont sur la gorge

PHOTONGPIX / GETTY IMAGES ©

Infos pratiques

虎跳峡, Hǔtiào Xiá ; 65 ¥

Une petite faim ?

Toutes les pensions proposent un restaurant et une boutique où l'on peut prendre des repas, acheter de l'eau et des en-cas.

À savoir

Si vous prévoyez de faire le trek seul, emportez suffisamment de provisions et l'équipement pour un climat rigoureux.

Chemin supérieur

Le principal itinéraire, qui suit le chemin supérieur, part de la **Jane's Tibetan Guesthouse** (峡谷行客栈, Xiágǔ Xíng Kèzhàn ; 0888 880 6570 ; janetibetgh@163.com ; dort 35 ¥, d avec/sans sdb 120/70 ¥ ;). Sortez de **Qiáotóu** (桥头) en passant à côté de l'école et marchez environ 5 minutes, puis montez la route goudronnée, indiquée par une flèche, qui part sur la gauche. Après 2,5 km sur la route, guettez le panneau bleu indiquant la déviation du chemin supérieur. Une marche éprouvante commence aussitôt avec une ascension escarpée, avant de redescendre vers le village de **Nuòyú** (诺余).

Le tronçon le plus difficile survient après le village de Nuòyú, quand le sentier décrit 28 tournants, ou lacets, jusqu'au sommet de la gorge. Comptez 6 heures à une allure normale jusqu'au village de **Yāchà** (牙叉).

Ensuite, une marche relativement directe mène à **Běndìwān** (本地湾). À environ 1 heure 30 de là, vous entamez la descente vers la route par de mauvais sentiers glissants – soyez très prudent.

Après le croisement du sentier et de la route, à hauteur de la **Tina's Guesthouse** (中峡旅店, Zhōngxiá Lǚdiàn ; 0888 820 2258 ; tina999@live.com ; dort 8/4 lits 30/40 ¥ par pers, d 120-280 ¥ ;), vous pouvez faire un détour et descendre jusqu'aux rapides du milieu et au **rocher du Saut du Tigre** (15 ¥) – un tigre aurait sauté dans le Yangzi à cet endroit, d'où le nom de la gorge. Les gens du coin font payer 15 ¥ pour emprunter le sentier (comptez 2 heures aller-retour). En bas de ce chemin très abrupt, ils demandent encore 15 ¥ pour accéder à un point de vue, mais il y en a un autre gratuit. Plus bas, un autre sentier (15 ¥) part d'un des points de halte et conduit, en 1 heure de marche, à la pension **Walnut Garden** (Jardin des Noyers, 核桃园), en longeant la rivière vers l'aval.

La plupart des randonneurs s'arrêtent pour déjeuner à la Tina's Guesthouse, puis reviennent sur Qiáotóu.

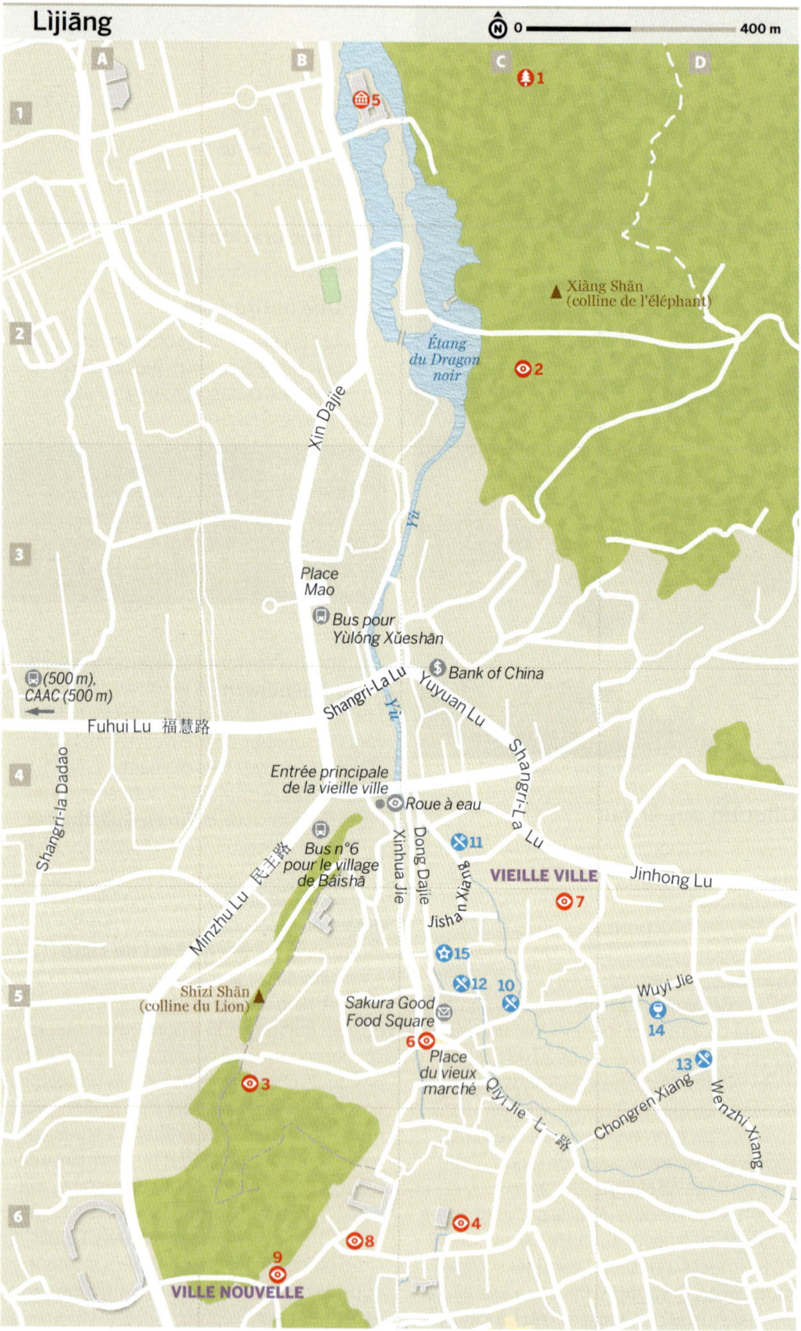
Lìjiāng
0
400 m
A
B
C
D
1
2
3
4
5
6
Xiàng Shān
(colline de l'éléphant)
Étang
du Dragon
noir
Xin Dajie
Yu
Place
Mao
Bus pour
Yùlóng Xǔeshān
Bank of China
(500 m),
CAAC (500 m)
Shangri-La Lu
Yuyuan Lu
Fuhui Lu 福慧路
Shangri-la Dadao
Entrée principale
de la vieille ville
Roue à eau
Shangri-La Lu
Jinhong Lu
Bus n°6
pour le village
de Báishā
Minzhu Lu 民主路
Xinhua Jie
Dong Dajie
Jishan Xiang
VIEILLE VILLE
Shīzi Shān
(colline du Lion)
Sakura Good
Food Square
Place
du vieux
marché
Wuyi Jie
Qiyi Jie 七一路
Chongren Xiang
Wenzhi Xiang
VILLE NOUVELLE
1
2
3
4
5
6
7
8
9
10
11
12
13
14
15

Lìjiāng

À voir

Où se restaurer

Où prendre un verre et faire la fête

Où sortir

Lìjiāng

À VOIR

Depuis longtemps déjà, les visiteurs sont censés payer une taxe écologique (afin de financer des projets de restauration) pour accéder à la **vieille ville** (80 ¥) de Lìjiāng. Aujourd'hui, la preuve du paiement de cette taxe est exigée de façon beaucoup plus stricte. Ce billet, valable 15 jours, doit être conservé et présenté aux postes de contrôle aux entrées de la vieille ville. Il faut le présenter aussi pour accéder gratuitement à l'étang du Dragon noir et dans d'autres sites comme Yùlóng Xuěshān.

Parc de l'étang du Dragon noir — Espace vert

(黑龙潭公园, Hēilóngtán Gōngyuán ; Xin Dajie ; inclus dans le billet pour la vieille ville de Lijiang 80 ¥ ; ⌚7h-20h). Situé à la lisière nord de la ville, ce parc offre une vue splendide sur le Yùlóng Xuěshān. C'est l'une des photos les plus connues du sud-ouest de la Chine. Ces dernières années, l'étang s'est asséché, ce qui peut décevoir les visiteurs ; renseignez-vous auprès de votre hôtel au sujet du niveau de l'eau avant de vous rendre sur le site.

Institut de recherche sur la culture dōngbā — Centre culturel

(东巴文化研究室, Dōngbā Wénhuà Yánjiūshì ; inclus dans le billet pour la vieille ville de Lijiang 80 ¥ ; ⌚8h-17h lun-ven). L'Institut de recherche sur la culture dōngbā fait partie d'un ensemble rénové à flanc de colline. Il présente des objets culturels naxi et des rouleaux à l'écriture pictographique unique.

Yùlóng Xuěshān — Montagne

(玉龙雪山, mont enneigé du Dragon de jade ; 135 ¥, plus le billet d'entrée à la vieille ville de Lijiang 80 ¥). Également appelé mont Satseto, le **Yùlóng Xuěshān** (mont enneigé du Dragon de jade ; 135 ¥, plus le billet d'entrée à la vieille ville de Lijiang 80 ¥) culmine à quelque 5 500 m. Escaladé pour la première fois en 1963 par une équipe de chercheurs de Běijīng, il est régulièrement pris d'assaut par des groupes chinois et des étrangers, surtout en été.

ACTIVITÉS

Keith Lyons — Excursions

(☎137 6900 1439 ; keithalyons@gmail.com ; à partir de 200 ¥/jour). Guide basé à Lìjiāng, Keith Lyons organise des excursions et des randonnées axées sur la région de Lìjiāng.

CIRCUITS ORGANISÉS

Vous pouvez visiter la majeure partie des environs de Lìjiāng en indépendant. Quelques agences de Lìjiāng, comme celle de Keith Lyons, proposent des circuits d'une demi-journée ou d'une journée à partir de 200 ¥, plus les droits d'entrée.

OÙ SE RESTAURER

D'innombrables échoppes et restaurants vous attendent dans la vieille ville, et

Les Naxi de Lìjiāng

Depuis plus de 1 400 ans, Lìjiāng est la patrie de la minorité naxi (纳西 ; également écrit nakhi ou nahi), forte de 300 000 âmes. Descendants d'ethnies qiang d'origine tibétaine, les Naxi vivaient encore jusqu'à récemment en familles matrilinéaires. La société naxi n'est pas à proprement parler matriarcale, car les dirigeants locaux y sont toujours des hommes, mais les femmes y tiennent toujours une place prépondérante.

Les matriarches naxi maintiennent les hommes sous leur coupe avec des relations amoureuses très souples. Le système de l'*azhu* (ami) permet à un homme et à une femme de devenir amants sans partager le même toit : le garçon passe ses nuits chez sa petite amie et retourne vivre et travailler chez sa mère pendant la journée. Les enfants issus de ce couple appartiennent à la femme, responsable de leur éducation ; l'homme la soutient aussi longtemps que dure la relation. Étant donné ce système, la reconnaissance de paternité n'a guère d'importance. Les femmes héritent de tous les biens et les conflits sont arbitrés par les aînées.

La langue naxi comporte de fortes influences matriarcales. Les noms prennent une signification plus large avec l'ajout du mot "femelle" et un sens plus restreint avec le mot "mâle" : ainsi, "pierre" + "femelle" désigne un rocher, et "pierre" + "mâle" un caillou.

Homme naxi en tenue traditionnelle
APHOTOSTORY / SHUTTERSTOCK ©

presque tous proposent des plats chinois et occidentaux.

Tiāntiān Xiān Yunnanais ¥
(天天鲜 ; ☎0888 518 4933 ; 47 Wangjiazhuang Xiang, Wuyi Jie, 五一街王家庄巷47号 ; plats à partir de 12 ¥ ; ⏰11h-21h). Les habitants y viennent pour son poisson et son poulet grillés, les succulentes spécialités maison, et pour ses plats à base de pâte de soja (arrivez avant 19h pour être sûr qu'il en reste). Toutes les spécialités naxi sont délicieuses et à prix intéressant. Carte en anglais. Vous reconnaîtrez ce restaurant au panneau orné de 3 idéogrammes surmontant les mots "Daily Fresh".

Prague Cafe Café ¥¥
(布拉格咖啡馆, Bùlāgé Kāfēiguǎn ; 80 Mishi Xiang, 密士巷80号 ; petit-déj à partir de 30 ¥, plats à partir de 40 ¥ ; ⏰8h-23h ; 📶). Sorte de havre de paix au cœur de la vieille ville, cet établissement sert de bons thés et cafés, de solides petits-déjeuners, une sélection de plats occidentaux et japonais, et des boissons alcoolisées. Un endroit d'autant plus agréable qu'il met des livres à disposition.

Āmāyì Nàxī Snacks Yunnanais ¥¥
(阿妈意纳西饮食院, Āmāyì Nàxī Yǐnshí Yuàn ; ☎0888 530 9588 ; Wuyi Jie, 五一街 ; plats à partir de 18 ¥ ; ⏰11h-22h). Installé dans une cour tranquille, ce restaurant propose un choix restreint mais pointu de spécialités naxi authentiques. Citons notamment d'excellents plats de champignons, en saison, et le *zhútǒng fàn*, du riz servi dans du bambou. Il est situé près du pont de pierre, dans une ruelle proche de Wuyi Jie.

Lamu's House of Tibet Tibétain ¥¥
(西藏屋西餐馆, Xīzàngwū Xīcāntīng ; ☎0888 511 5776 ; 56 Xinyi Jie, 新义街56号 ; plats à partir de 20 ¥ ; ⏰9h30-22h30 ; 📶). Depuis plus de 10 ans, l'équipe du Lamu sert, avec le sourire, de copieux mets tibétains et internationaux. Grimpez par le petit escalier de bois dans la salle à l'étage, qui fait un bon poste d'observation, et

régalez-vous d'un "naxiburger" ou d'un plat tibétain. Choix de livres de poche à feuilleter.

OÙ PRENDRE UN VERRE ET FAIRE LA FÊTE

Xinhua Jie, juste en retrait de l'Old Market Sq, est truffée de bars de style chinois, proposant souvent de la musique live sous une forme ou une autre. Les bars de style occidental sont beaucoup moins nombreux. Il y a beaucoup de cafés dans la vieille ville.

Stone the Crows Bar

(134-2 Wenzhi Xiang, 文治巷134-2号 ; bières à partir de 25 ¥ ; 18h-tard). Ce bar sympathiquement délabré, tenu par un étranger, vaut le détour pour sa sélection de bières chinoises et étrangères, à déguster en compagnie d'une clientèle aussi bien locale (de nombreux musiciens qui jouent dans les bars voisins viennent là) qu'occidentale. Honnête nourriture de pub (pizzas, tourtes, burgers). Billard. Allez-y plutôt tard que tôt.

Où se loger

Avec la hausse des loyers, la plupart des pensions se sont réinstallées juste à l'extérieur de la vieille ville, côté nord ou côté sud. Néanmoins, entre les pensions et les hôtels, on dénombre quelques centaines d'hébergements dans la vieille ville – un nombre sans cesse croissant. La plupart possèdent moins de 10 chambres. En haute saison, surtout pendant les vacances, les prix sont multipliés par deux ou plus.

OÙ SORTIR

Orchestre Nàxī Concerts

(纳西古乐会, Nàxī Gǔyuè Huì, Académie de musique naxi ; Xinhua Jie, 新华街 ; 120-160 ¥ ; 20h). C'est l'un des rares spectacles proposés en soirée. Cet orchestre d'une vingtaine de musiciens naxi joue une musique religieuse taoïste (appelée *dòngjīng*), oubliée ailleurs en Chine. Les concerts se déroulent dans un

Orchestre naxi (ci-contre)

LEE SNIDER PHOTO IMAGES / SHUTTERSTOCK ©

L'écriture naxi

La langue écrite naxi date de plus d'un millénaire et utilise un extraordinaire système de pictogrammes – il s'agit du seul langage hiéroglyphique encore en usage. Le texte naxi le plus célèbre est *La Création*, un classique de la religion dongba dont on trouve encore des exemplaires anciens, aux côtés d'autres ouvages, à Lìjiāng et dans les archives de certaines universités américaines. Les Dongba étaient les chamans naxi, dépositaires des écrits et intermédiaires entre les hommes et le monde des esprits. La religion dongba, issue de la religion tibétaine bön prébouddhiste, a progressivement mué en un syncrétisme de bouddhisme tibétain, d'islam et de taoïsme.

En naxi, bonjour se dit *nuar lala* et merci, *jiu bai sai*.

superbe bâtiment de la vieille ville. Les œuvres, jouées avec des instruments originaux, sont présentées comme des interprétations fidèles de la musique des dynasties Han, Song et Tang.

Impression Lìjiāng Danse

(billet 230 ¥ ; ⏲13h tlj). Un grand spectacle de musique et de danse, clairement destiné aux groupes de touristes chinois, qui se déroule au pied du Yùlóng Xuěshān (p. 259).

RENSEIGNEMENTS

Bank of China (中国银行, Zhōngguó Yínháng ; Yuyuan Lu, 玉缘路 ; ⏲9h-17h). Succursale avec un DAB, pratique quand on est dans la vieille ville. Nombreux DAB dans la vieille ville.

Poste (中国邮政, Zhōngguó Yóuzhèng ; Minzhu Lu, 民主路 ; ⏲8h30-18h). Dans la vieille ville, juste au nord de la place du Vieux-Marché.

DEPUIS/VERS LÌJIĀNG

AVION

L'aéroport de Lìjiāng est à 25 km à l'est de la ville. Vous pouvez acheter des billets à la **CAAC** (中国民航, Zhōngguó Mínháng ; angle de Fuhui Lu et Shangrila Dadao ; ⏲8h30-21h) et dans la plupart des hôtels de la vieille ville.

Treize vols partent quotidiennement pour Kūnmíng. Il y a également des vols quotidiens pour Běijīng, Chéngdū, Chóngqìng et Shànghǎi.

Les bus pour l'aéroport (25 ¥) partent devant le bureau de la CAAC de 6h30 à 22h.

BUS

La principale gare routière longue distance (客运站, kèyùnzhàn) se trouve au sud de la vieille ville ; pour y accéder, prenez le bus n°8 ou le n°11, plus rapide, dans Minzhu Lu (1 ¥). Parmi les destinations desservies figurent Chéngdū (317 ¥, 24 heures, tlj), Kūnmíng (217 ¥, 7 heures, 7/jour), Qiáotóu (22 ¥, 1 heure 30, tlj ; les bus reliant Lìjiāng à Shangri-la s'y arrêtent aussi) et Xiàguān (56-87 ¥, 3 heures, ttes les 30 min de 7h10 à 19h).

Dans le nord de la ville, la **gare routière express** (高快客运站, Gāo kuài kèyùnzhàn ; Shangrila Dadao) est le point de départ de nombreux services de bus, mais il est généralement plus pratique de les prendre à la gare routière longue distance.

TRAIN

Quelque 7 trains quotidiens rejoignent Dàlǐ (34-69 ¥, 2-3 heures, 8h-21h50) et 7 trains quotidiens desservent Kūnmíng (couché dur 141 ¥, 8-9 heures, 8h-23h50). La ligne devrait être prolongée jusqu'à Shangri-la d'ici à 2019.

COMMENT CIRCULER

Le bus n°6 dessert le village de Báishā au départ de Minzhu Lu, près de l'entrée principale de la vieille ville. Les bus pour Yùlóng Xǔeshān partent de la place Mao, à quelques centaines de mètres au nord de la vieille ville.

Les taxis prennent 7 ¥ de prise en charge, mais ils n'ont pas le droit de circuler dans la vieille ville. La plupart des auberges de jeunesse louent des vélos (30 ¥/jour).

Lac Lúgū 泸沽湖

☎0888

À cheval sur la lointaine frontière du Yúnnán et du Sìchuān, le lac Lúgū est, malgré l'essor du tourisme chinois, un lieu idyllique. Une spectaculaire route en lacets grimpe jusqu'au lac, à 2 690 m d'altitude, et la découverte de ce plan d'eau de 50 km², entouré de verdoyants versants boisés, est un moment magique.

Avril, mai, septembre et octobre sont les meilleures périodes pour séjourner près du lac, quand il fait doux et sec. La neige bloque habituellement la route en hiver.

À VOIR ET À FAIRE

De Luòshuǐ et de Lǐgé, vous pouvez explorer plusieurs îles du lac avec les Mosuo, à bord de pirogues appelées "auges à cochons" (*zhūcáo*). Vous découvrirez **Lǐwùbǐ Dǎo** (里务比岛), la plus grande île (à courte distance du Sìchuān), et **Hēiwǎé Dǎo** (黑瓦俄岛), la deuxième par la taille. Les prix des circuits en bateau varient beaucoup ; comptez 50 ¥/pers pour un groupe. En période calme, il est possible de louer un bateau entier pour moins de 100 ¥.

On peut louer des vélos (30 ¥/jour) et des scooters (80-100 ¥/jour) sur les rives du lac à Luòshuǐ et à Lǐgé. Le tour du lac faisant à peu près 60 km, vous pouvez le parcourir en 5 heures à scooter, voire dans la journée à vélo à condition de pédaler dur dans les montées.

Temple Zhāměi Monastère

(扎美寺, Zhāměi Sì ; Yǒngníng ; don apprécié). Cet assez grand monastère tibétain, du village de Yǒngníng, mérite le détour, même s'il n'y a plus que quelques lamas qui y résident. Entrée gratuite, don apprécié. Un minibus privé revient à 20 ¥/pers pour le trajet de 30 minutes.

Musée des Coutumes du peuple mosuo Minorité ethnique

(摩梭民俗博物馆, Mósuō Mínzú Bówùguǎn ; Luòshuǐ ; 60 ¥ ; ⏲8h-17h). À Luòshuǐ, ce musée, installé dans la demeure traditionnelle d'une riche famille mosuo, donne à voir une belle collection de photos prises par Joseph Rock dans les

Le splendide lac Lúgū

KONSTANTIN KALISHKO / ADOBESTOCK.COM ©

ADOBESTOCK.COM ©

De gauche à droite : détails architecturaux autour de Shangri-la (p. 265), le Gompa Ganden Sumtseling (p. 266)

années 1920. Le guide, obligatoire, vous expliquera le fonctionnement de cette société matriarcale. Le prix de l'entrée est parfois réduit de moitié.

OÙ SE RESTAURER

Il existe de nombreux restaurants servant des spécialités mosuo, dont le lard en conserve et le poisson aigre salé – ce dernier étant un peu plus savoureux que le premier. La plus prisée est le cochon rôti. En matière de grillades, il n'y a pas mieux que Lǐgé.

Zhāxī Cāntīng Grillades $$

(扎西餐厅 ; 0888 588 1055 ; Lǐgé ; plats à partir de 30 ¥ ; 17h-minuit ;). Ce restaurant-grill animé est une bonne adresse pour goûter la spécialité locale, le porc mosuo (50 ¥). Assis au bord du lac, on peut voir le porc entier rôtir à l'extérieur.

OÙ SORTIR

Spectacle de danse mosuo Danse

(篝火晚会, Gōuhuǒ Wǎnhuì ; Luòshǐ ; 30 ¥ ; 20h20-21h20). Lors de ce spectacle qui a lieu tous les soirs, vous verrez des femmes mosuo en costume traditionnel danser autour d'un feu (le nom local signifie "fête du feu"). Très apprécié des touristes chinois, il a lieu dans une avant-cour près de la rue à l'arrière du lac.

DEPUIS/VERS LE LAC LÚGŪ

Depuis la gare routière express de Lìjiāng, 2 bus directs quotidiens rejoignent le lac (100 ¥, 8 heures, 8h30 et 9h), mais achetez votre billet au moins un jour à l'avance car ils sont souvent complets. Il faut 9 à 10 heures pour rejoindre le lac pour des raisons diverses liées à la route. Les 2 bus prennent aussi les passagers à la principale gare routière (客运站, *kèyùnzhàn*).

Pour Lǐgé, vous devrez changer et prendre un minibus à Luòshuǐ (20 ¥) ; à défaut, louez un vélo.

Deux bus quotidiens partent de Luòshuǐ pour Lìjiāng (9h30 et 10h). Là encore, mieux vaut acheter les billets au moins un jour à l'avance. On peut aussi prendre l'un des minibus réguliers pour Nínglàng (宁蒗 ; 30 ¥, 4 heures), d'où 5 bus rejoignent Lìjiāng quotidiennement.

TVORECXTRA / STOCK.ADOBE.COM©

Le Gompa Ganden Sumtseling (p. 266), à Shangri-la

Au moment de nos recherches, aucun bus ne desservait Xīchāng (西昌), au Sìchuān. Seuls des minibus le faisaient (130 ¥, 7 heures). Les auberges de jeunesse peuvent s'arranger pour qu'on vienne vous prendre.

Shangri-la 香格里拉

☎0887 / 130 000 HABITANTS

Shangri-la (Xiānggélǐlā), auparavant connue sous le nom de Zhōngdiàn (中甸) et parfois appelée Gyalthang en tibétain, marque vos premiers pas dans le monde tibétain – et, le cas échéant, vos premières difficultés respiratoires en raison de son altitude (3 200 m). Vous y découvrirez un curieux mélange de culture tibétaine et de culture chinoise han.

Cette ville entourée de montagnes, de lacs et de prairies, et qui abrite l'un des plus beaux monastères du Yúnnán, est aussi la dernière halte au Yúnnán avant le rude périple de 5 ou 6 jours jusqu'à Chéngdū via les localités tibétaines et le relief difficile de l'ouest du Sìchuān.

Shangri-la est divisée en deux : la partie moderne, la plus vaste, et la vieille ville, en grande partie dévastée par le feu en 2014, et presque entièrement reconstruite. La plupart des endroits à visiter dans la ville nouvelle sont accessibles à pied depuis la vieille ville.

Venez plutôt en mars-avril ou en octobre. En hiver, la ville reste animée, mais il y fait très froid. Si vous êtes prêt à affronter ces températures glaciales, vous profiterez d'une vue spectaculaire sur les montagnes.

La deuxième quinzaine de juin, la ville accueille une **fête hippique** de plusieurs jours, avec courses de chevaux, chants, danses et festins. Il devient alors difficile de trouver une chambre.

À VOIR

De la découverte de monastères et de villages peu visités aux randonnées à pied ou à cheval, Shangri-la est un endroit merveilleux pour sortir des sentiers battus. Toutefois, en raison de l'absence de transports publics, les sites éloignés s'explorent difficilement en indépendant.

Le village de **Nírǔ** (尼汝), près de Pǔdácuò, connaît une popularité croissante

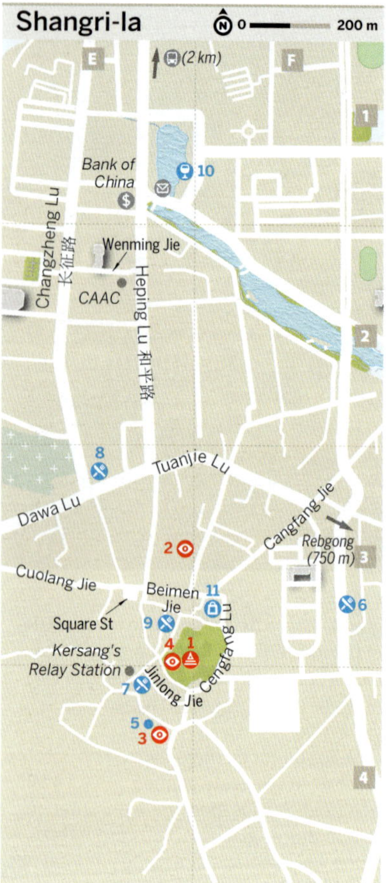

Shangri-la

À voir

1 Guīshān Sì B4
2 Vieille ville A3
3 Académie de tanka de Shangri-la A4
4 Zhùangjīn Tǒng A4

Activités

5 Khampa Caravan A4

Où se restaurer

6 Compass B3
7 Flying Tigers Cafe A4
8 Noah's Cafe A3
9 Silent Holy Stones A3

Où prendre un verre et faire la fête

10 Raven A1

Achats

11 Dropenling B3

pour les belles randonnées qu'il offre alentour. Il abrite deux pensions et il faut compter 300 ¥ pour s'y rendre en van depuis Shangri-la.

Gompa Ganden Sumtseling Monastère
(松赞林寺, Sōngzànlín Sì ; 115 ¥ ; 7h-19h). À 1 heure de marche au nord de la ville, ce grand monastère tibétain, vieux de 300 ans, accueille quelque 600 moines. Une reconstruction massive lui a ôté une partie de son charme ; il n'en demeure pas moins le plus important du sud-ouest de la Chine et mérite la visite. Prenez le bus n°3 n'importe où dans Changzheng Lu (1 ¥). De la porte principale, où sont vendus les billets, vous pouvez prendre un bus touristique vers le monastère.

Zhùangjīn Tǒng Site historique
GRATUIT Ce gigantesque moulin à prières, haut de 21 m, contient 100 000 petits moulins à prières. Il faut au moins 6 personnes pour le faire tourner.

Vieille ville Quartier historique
Quelques rues ayant survécu à l'incendie de 2014 présentent encore les pavés et les édifices en bois, restaurés, caractéristiques de ce quartier. À côté, là où l'incendie n'avait laissé que des cendres, se dressent désormais de nouvelles "vieilles" maisons en bois reconstruites dans le même esprit. Ne manquez pas de visiter le **Guīshān Sì** (龟山寺, temple Guīshān), où vivent quelques moines conduisant les prières du matin. Le Zhùangjīn Tǒng se trouve juste à côté. Derrière le Guīshān Sì, l'**Académie de tangka de Shangri-la** (唐卡学会, Tángkǎ Xuéhuì ; 0887 888 1612 ; www.thangkacenter.org ; 31 Jinlong Jie, 金龙街31号) forme de jeunes moines à la philosophie bouddhique et à la peinture de tangka. Cette académie

propose aussi des stages pour les touristes moyennant 100 ¥/jour ou 200 ¥ avec l'hébergement et la pension complète.

Bǎijī Sì Temple bouddhique

(百鸡寺, temple des Cent Poulets). GRATUIT Pour un panorama sans pareille sur Shangri-la, rejoignez ce temple peu visité, au nom délicieusement imagé. Deux moines vivent dans le temple et des dizaines de poulets se baladent alentour. Pour y accéder, suivez les étroits chemins derrière le Kersang's Relay Station (格桑藏驿, Gésāng Zàng Yì ; 1 Yamenlang, Jinlong Jie, 衙门廊1号、金龙街), passez devant un temple abandonné et continuez à grimper la colline jusqu'à ce que vous le voyez sur la gauche.

CIRCUITS ORGANISÉS

Caravane Liotard Circuits

(☎158 9436 7094 ; www.caravane-liotard.com). Géré par des Français et portant le nom d'un célèbre explorateur français, cet organisme est spécialisé dans les circuits le long de l'ancienne route du thé et des chevaux.

Haiwei Trails Circuits, treks

(☎139 8875 6540 ; www.haiweitrails.com). Fort de plus d'une décennie d'expérience dans l'organisation de treks et de circuits, et orienté vers le tourisme durable.

Khampa Caravan Circuits, treks

(康巴商道探险旅行社, Kāngbā Shāngdào Tànxiǎn Lǚxíngshè ; ☎0887 828 8648 ; www.khampacaravan.com ; Jinlong Jie, 金龙街 ; ⏲9h-12h et 14h-17h30 lun-ven, 9h-12h sam). Géré par des Tibétains, ce tour-opérateur bien établi organise d'excellents treks et voyages par la route (y compris au Tibet) qui suscitent de bons échos, et des hébergements dans des familles tibétaines. Il gère aussi plusieurs programmes de développement durable dans des villages tibétains. Voir le site de la Shangri-la Association pour plus de détails.

OÙ SE RESTAURER ET PRENDRE UN VERRE

Shangri-la propose un large choix de cuisines : tibétaine, chinoise, indienne ou occidentale.

Rebgong Tibétain $

(热贡艺人阁, Règòng Yìrén Gé ; ☎182 8882 0252 ; Shangye Jie, 商业街 ; plats à partir de 15 ¥ ; ⏲11h-21h30 ; 📶). Excellente adresse pour la cuisine tibétaine, même si l'endroit manque un peu de caractère. La spécialité maison est la fondue de yak (en version réduite pour 2 pers : 88 ¥), mais les *mómo* (馍馍, raviolis tibétains), carnés ou végétariens, ou la pizza à la viande de yak épicée, ne sont pas mal non plus.

Pour y accéder, dirigez-vous vers l'ouest de la grande place sous le moulin à prières géant, puis tournez à la première à droite et c'est à peu près à 100 m sur la gauche.

Silent Holy Stones Tibétain $$

(静静的嘛呢石, Jìngjìngde Manishí ; ☎0887 828 6627 ; 3 Zuobarui, 作巴瑞3号 ; plats à partir de 18 ¥ ; ⏲10h-23h ; 📶). Rouvert à une nouvelle adresse après l'incendie de 2014, ce restaurant décontracté et accueillant conserve la faveur des Tibétains vivant ici. Il est spécialisé dans la fondue de yak (à partir de 148 ¥), mais fait de délicieux *mómo* (馍馍) servis avec une sauce épicée, et des plats de légumes et de champignons.

Où se loger

Il y a un vaste choix de pensions et d'hôtels dans la vieille ville de Shangri-la. On trouve également des hébergements bon marché (à partir de 60 ¥ la chambre) du côté de la gare routière.

Malgré les nuits souvent glaciales, la plupart des pensions et hôtels les moins chers n'ont pas de chauffage (mais vous aurez une couverture chauffante). La plupart des dortoirs sont aussi plutôt sommaires.

Compass International $$
(舒灯库乐, Shūdēng kùlè ; ☎0887 822 3638 ; 50 Shangye Jie, 商业街50号 ; plats à partir de 40 ¥ ; ⊙8h30-22h mar-dim ; 📶). Cet établissement très animé, repaire de voyageurs occidentaux, fait d'excellents petit-déjeuners. Salades, steaks, pâtes et pizzas y côtoient quelques plats asiatiques. Les pâtisseries et le café sont délicieux. Vous y ferez une agréable pause après les visites.

Flying Tigers Cafe International $$
(飞虎, Fēihǔ ; ☎0887 828 6661 ; reservation@flyingtigerscafe.com ; 91 Jinlong Jie, 金龙街91号 ; plats à partir de 40 ¥; ⊙11h-23h lun-sam ; 📶). Installé dans une maison à cour intérieure reconvertie, ce nouveau bistrot, tenu par des Français, offre la plus belle carte des vins de la ville (à partir de 30 ¥ le verre) et une sélection, petite mais pointue, de plats à base d'ingrédients locaux. Goûtez les raviolis aux champignons maison ou le burger de yak. Une bonne adresse aussi pour un café dans la journée ou un verre le soir.

Noah's Cafe International $$
(挪亚咖啡厅, Nuóyà Kāfēitīng ; ☎139 8875 7634 ; Changzheng Lu, 长征路 ; plats à partir de 16 ¥ ; ⊙9h-22h30 mar-dim ; 📶). Cet établissement, qui existe depuis longtemps sous diverses formes, connaît toujours le même succès pour ses petits-déjeuners (à partir de 35 ¥) servis toute la journée et attire une clientèle locale avec ses plats occidentaux et chinois. Le café est correct. Son poêle en fait l'un des établissements les mieux chauffés de la ville.

Raven Bar
(乌鸦酒吧, Wūyā Jiǔbā ; ☎0887 881 1663 ; 3/F, Bldg D8, Tancheng Wangjiao, 坛城旺角D8栋03号 ; bières à partir de 20 ¥ ; ⊙11h-tard ; 📶). Déplacé après l'incendie, le Raven reste le meilleur bar de la ville (et du nord-ouest du Yúnnán). Immense choix de bières et d'alcools à déguster assis autour du grand comptoir ou affalé dans les canapés. Pizzas de style new-yorkais (à partir de 45 ¥). Billard, musique correcte. À 10 minutes à pied de la vieille ville, perché au-dessus d'un mini-lac. Guettez le panneau montrant un corbeau (*raven*).

ACHATS

Dropenling Artisanat
(卓番林, Zhuó Fāng Lín ; ☎139 8871 8979 ; 18 Cengfang Lu, 达娃路18号 ; ⊙14h-21h). Sacs, coussins, jouets, ornements et autre excellente sélection d'artisanat fait par des Tibétains au Tibet, mais conçu dans un esprit occidental.

RENSEIGNEMENTS

Le mal des montagnes constitue un réel problème et la plupart des voyageurs ont besoin de quelques jours d'acclimatation.

Bank of China (中国银行, Zhōngguó Yínháng ; Heping Lu). Change les dollars US et possède un DAB qui fonctionne 24h/24.

Bureau de la sécurité publique (PSB ; 公安局, Gōng'ānjú ; Kangzhu Dadao, 康珠大道 ;⊙9h-12h et 14h30-17h30 lun-ven). Shangri-la est un très bon endroit pour faire proroger votre visa, la police locale étant à la fois aimable et accommodante, mais avec les nouvelles réglementations le processus peut actuellement demander entre 3 et 7 jours. Le PSB a ses bureaux en lisière de la ville. Prenez le bus n°2 (1 ¥) sur Changzheng Lu.

Poste (中国邮政, Zhōngguó Yóuzhèng). Possibilité d'envoyer du courrier à l'étranger.

DEPUIS/VERS SHANGRI-LA

AVION

L'aéroport, situé à 5 km de la ville, est parfois appelé Díqìng ou Deqen (actuellement Déqīn ne possède pas d'aéroport).

En haute saison, il y a jusqu'à 5 vols par jour pour Kūnmíng (850 ¥), un vol quotidien pour Chéngdū (810 ¥) et un vol quotidien pour Lhassa (2 480 ¥). D'autres vols intérieurs partent de

La ville de Shangri-la au printemps

l'aéroport, mais les destinations changent d'une semaine à l'autre. Vous pouvez acheter des billets et vous renseigner à la **CAAC** (中国民航, Zhōngguó Mínháng ; Wenming Jie). Si vous réservez sur www.elong.com, il faut taper "Diqing" pour le nom de la ville.

BUS

Notez que les billets de bus portent habituellement l'ancien nom de Zhōngdiàn, plutôt que celui de Shangri-la plus récent. Destinations à partir de Shangri-la :

Bǎishuǐtái 24 ¥, 3 heures, 1/jour, 9h40

Dàochéng 119 ¥, 11 heures, 1/jour, 8h

Déqīn 58 ¥, 4 heures, 5/jour, 8h20, 9h20, 10h30, 12h30 et 14h30

Dōngwàng 50 ¥, 7-8 heures, 1/jour, 8h

Kūnmíng 218-249 ¥, 10 heures, 5/jour, 8h30, 9h30, 14h, 18h et 19h

Lìjiāng 58-63 ¥, 4 heures, ttes les 30 min, 7h20-18h

Xiàguān 78-116 ¥, 6 heures 30, ttes les 30 min, 7h30-12h30

Xiāngchéng 85 ¥, 8 heures, 1/jour, 8h

Si vous envisagez le trajet en bus par étapes jusqu'à Chéngdū, au Sìchuān, comptez au moins 3-4 jours de voyage (souvent 5 ou 6) à très haute altitude : emportez des vêtements chauds. Notez aussi que, pour des motifs politiques, cette route peut être fermée à tout moment de l'année (si le vendeur de billets de la gare routière vous dit : "Revenez demain", c'est qu'elle est fermée pour une durée indéterminée).

Si vous pouvez obtenir un billet, Xiāngchéng, au Sìchuān, est la première étape. Vous rejoignez ensuite Lǐtáng mais, si les routes sont mauvaises, vous devrez passer la nuit à Dàochéng. De Lǐtáng, vous gagnerez Kāngdìng avant de poursuivre vers l'est jusqu'à Chéngdū.

Sachez que les routes qui partent de Shangri-la peuvent être bloquées par la neige entre novembre et mars ; prévoyez un itinéraire de secours.

TRAIN

La ligne ferroviaire en cours de construction entre Lìjiāng et Shangri-la devrait être opérationnelle en 2019.

COMMENT CIRCULER

Le trajet en taxi ou en minibus entre l'aéroport et Shangri-la vous coûtera 30-50 ¥. Sinon, appelez votre hôtel pour qu'on vienne vous chercher.

On trouve des loueurs de vélos sur Beimen Jie et alentour (à partir de 30 ¥/jour).

Prenez le bus n°1 (1 ¥) devant la gare routière (à 2 km au nord de la vieille ville, par Changzheng Lu) pour rejoindre la vieille ville (古城, gǔchéng).

Dàlǐ

Superbement située entre les montagnes et l'Ěrhǎi Hú (lac Erhai), Dàlǐ (大理), ancien repaire de baroudeurs, était encore récemment "l'endroit" où séjourner, en toute quiétude, une ou deux semaines au Yúnnán.

Depuis quelques années, les touristes chinois découvrent Dàlǐ en masse, ce qui a entraîné des changements importants pour la ville. Les Occidentaux à dreadlocks se sont effacés devant les jeunes Chinoises aux cheveux ornés de fleurs. Dàlǐ n'est pourtant pas tombée dans les excès qui ont frappé Lìjiāng, un peu plus au nord : elle reste une destination très agréable et ses habitants ont conservé leur mode de vie habituel.

Une fois sur place, vous pourrez explorer à loisir les environs, en partant en excursion, à pied ou à vélo, autour du lac ou dans les montagnes qui le surplombent, et en découvrant la culture bai.

À VOIR

Trois Pagodes Sanctuaire

(三塔寺, Sān Tǎ Sì ; 120 ¥ ; 8h30-18h30). Symboles majeurs de la ville et de la région, ces pagodes, à 2 km au nord de la porte Nord, figurent parmi les plus anciens édifices subsistant au sud-ouest de la Chine. La plus haute, la pagode Qiānxún, compte 16 niveaux et atteint 70 m de hauteur. Édifiée au milieu du IXe siècle par des artisans de Xī'ān, elle est flanquée de 2 pagodes plus petites de 10 niveaux, hautes de 42 m.

Le prix d'entrée est exagéré, d'autant qu'on ne peut pas pénétrer dans les pagodes. Derrière, le temple Chóngshèng (Chóngshèng Sì) a été restauré et transformé en un musée assez intéressant.

Église Édifice religieux

(près de Renmin Lu). Édifiée en 1927, cette église se distingue par son architecture unique, qui mêle les styles bai et européen classique. Messe à 9h30 le dimanche.

ACTIVITÉS

Rice & Friends Cours de cuisine

(151 2526 4065 ; www.riceandfriends.com). L'équipe qui gère cette école de cuisine réputée vous emmène acheter les ingrédients au marché et fournit des conseils sur la préparation, en plus des cours de cuisine.

CIRCUITS ORGANISÉS

China Minority Travel Culturel

(138 8723 5264 ; chinaminoritytravel@gmail.com). Henriette, une expatriée hollandaise, propose une multitude de circuits, dont la visite des marchés musulmans et yi, ainsi que des excursions dans des zones isolées du Yúnnán et du Guìzhōu.

Tibet Motorcycle Adventures Circuit en moto

(151 8499 9452 ; www.tibetmoto.de). Location de motos (1,50 ¥/jour) et organisation de circuits à moto (mais pas jusqu'au Tibet). Contactez Hendrik Heyne.

Où se loger

Si les hébergements ne manquent pas à Dàlǐ, les plus appréciés affichent rapidement complet en été. Les pensions les plus courues sont de plus en plus souvent situées juste à la sortie de la vieille ville par la porte Ouest ou près de la porte Est.

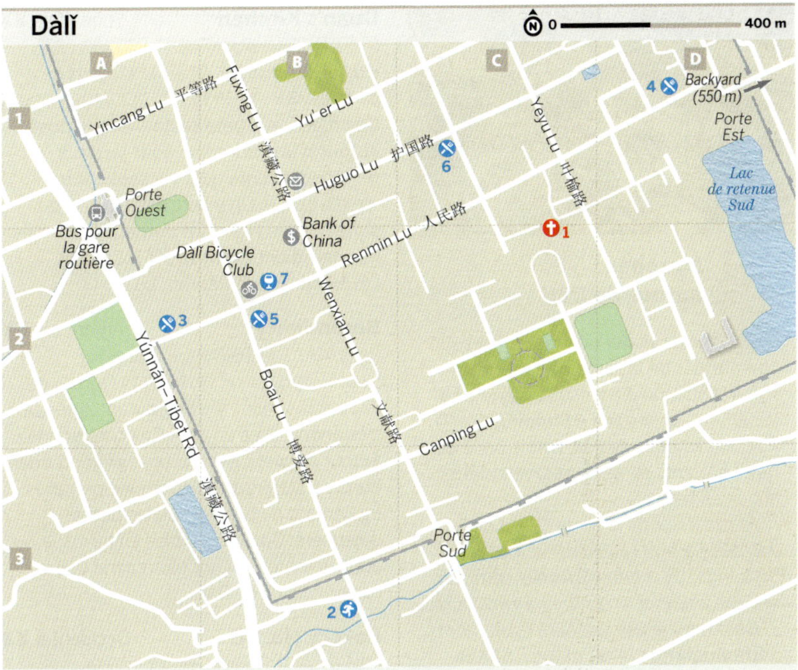

Dàlǐ

À voir

1 Église de Dàlǐ C2

Activités

2 Rice & Friends B3

Où se restaurer

3 Bakery No. 88 .... A2
4 Duan's Kitchen D1
5 Lovely Lotus Delicious Vegetarian B2
6 Serendipity C1

Où prendre un verre et faire la fête

7 Bad Monkey B2

ACHATS

Dàlǐ est réputée pour son marbre et ses batiks bleu et blanc, en coton ou en soie. Les boutiques de vêtements, nombreuses en ville, peuvent le plus souvent faire du sur mesure – une bonne formule quand on connaît la petitesse des tailles du prêt-à-porter.

OÙ SE RESTAURER

La cuisine bai met à l'honneur les produits locaux, les rendant souvent difficiles à identifier. Parmi les spécialités figurent le *rǔbǐng* (fromage de chèvre) et les *ěr kuài* (饵块, sorte de galettes de riz grillées). Grâce à la proximité de l'Ěrhǎi Hú, vous pourrez goûter le *shāguō yú* (沙锅鱼), un ragoût de carpe salée cuit dans une marmite en terre, agrémenté de pétales de magnolia.

Lovely Lotus Delicious Vegetarian Chinois ¥

(爱莲说素膳, Ài Lián Shuō Sùshàn ; ☎0872 533 7737 ; B2, Jiulongju, côté ouest de Fuxing Lu, 复兴路西侧九隆居B2号 ; buffet 20 ¥ ; ⊙11h30-13h30 et 18h-20h ; ✎). Il n'y a pas de carte : on choisit sur un buffet appétissant composé

Marchés autour de Dàlǐ

Vous pourrez visiter un marché presque chaque jour de la semaine. Le lundi de 10h à 14h30, un pittoresque marché bai (Shāpíng Gǎnjí) a lieu à **Shāpíng** (沙坪), à 30 km au nord de Dàlǐ. On y trouve de tout : produits alimentaires, vêtements, bijoux ou batiks.

À l'extérieur de la porte Ouest de Dàlǐ, des bus partent régulièrement pour Shāpíng (11 ¥, 1 heure). À vélo, comptez environ 2 heures en roulant à vive allure.

Des marchés se tiennent également à **Shuānglǎng** (双廊 ; mardi), **Shābā** (沙坝 ; mercredi), **Yòusuǒ** (右所 ; vendredi matin, le plus grand du Yúnnán) et **Jiāngwěi** (江尾 ; samedi). **Xǐzhōu** (喜州) et **Zhōuchéng** (州城) accueillent des marchés quotidiens, respectivement le matin et l'après-midi. À **Wāsè** (挖色), un marché animé s'installe tous les 5 jours de 9h à 16h30. Faute de bateaux, vous devez rejoindre la gare routière Est de Xiàguān pour prendre un bus à destination de Wāsè (20 ¥).

De nombreuses pensions et auberges de jeunesse de Dàlǐ proposent des circuits ou peuvent vous organiser le transport vers ces marchés pour environ 150 ¥ la demi-journée.

Épices, marché de Xǐzhōu
PETER STUCKINGS / SHUTTERSTOCK ©

de plats exclusivement végétariens. Ce "charmant lotus", très couru au déjeuner, comprend une petite terrasse extérieure. Tout près de Boai Lu, sur le côté droit d'une aire de stationnement.

Duan's Kitchen Yunnanais ¥¥
(小段厨房, Xiǎoduàn Chúfáng ; ☎153 0872 7919 ; 12 Renmin Lu, 人民路12号 ; plats à partir de 38 ¥ ; ⌚11h-14h et 17h30-21h ; 📶). Ce chaleureux petit restaurant disposé autour d'une adorable cour-jardin a tellement la cote qu'il y a souvent une file d'attente. On y sert une cuisine de style bai pas vraiment authentique, mais les ingrédients sont 100% locaux. À l'extrême est de Renmin Lu.

Serendipity Américain ¥¥
(大理美国小馆, Dàlǐ Měiguó Xiǎoguǎn ; 53 Guangwu Lu, 广武路53号 ; plats à partir de 38 ¥ ; ⌚8h-23h30 ; 📶). Restaurant américain très animé, avec un comptoir traditionnel autour duquel s'asseoir pour grignoter des burgers, steaks ou salades bien préparés. Également de bons et solides petits-déjeuners. Quelques tables en terrasse dans une ruelle plutôt plus calme que la rue principale de Dàlǐ.

Bakery No. 88 Occidental ¥¥
(88号西点店, Bāshíbā Hào Xīdiǎndiàn ; ☎0872 267 9129 ; 17 Renmin Lu, 人民路17号 ; sandwichs et petit-déj à partir de 25 ¥ ; ⌚8h30-22h ; 📶). Installé sur deux niveaux et pourvu d'un petit jardin, ce havre de tranquillité, où il est interdit de fumer, propose d'excellents sandwichs, pâtes et soupes, préparés avec des ingrédients locaux, ainsi que de savoureux pains et gâteaux. Également de la bière et des saucisses allemandes.

OÙ PRENDRE UN VERRE ET FAIRE LA FÊTE

Il y a de nombreux bars de style chinois avec musique live, ainsi que quelques établissements occidentaux installés de longue date et une kyrielle de cafés.

Backyard Bar
后院酒吧, Hòuyuàn Jiǔbā ; 27 Hongwu Lu, 洪武路27号 ; bières à partir de 15 ¥ ; ⌚18h-tard, fermé jeu ; 📶). Le plus caché et le plus décontracté des bars de Dàlǐ attire une clientèle locale et d'expatriés par sa belle

sélection de bières et d'alcools étrangers et par son jardin. On y assiste aux matchs de football européen le week-end, on y joue au billard, au baby-foot et aux fléchettes, et on y mange les meilleurs frites et spaghettis bolognaise de la ville.

Pour vous y rendre, tournez à droite à la porte Est et suivez Hongwu Lu sur 300 m. Le bar se cache au bout d'une petite ruelle sur la droite d'un réparateur de moto. Guettez la lumière.

Bad Monkey Bar

(坏猴子, Huài Hóuzi ; ☎136 8882 4871 ; 59 Renmin Lu, 人民路59号 ; bières à partir de 15 ¥ ; ⏲9h-tard ;). Toujours animé, ce bar tenu par des Britanniques brasse ses propres bières fortes (à partir de 30 ¥ ; l'IPA a beaucoup de punch), accueille des musiciens tous les soirs et propose d'innombrables boissons. Bonne nourriture de pub (pizzas, burgers et *shepherd's pie* – tourte à la viande) et rôti le dimanche (55 ¥). Deux portes plus loin, le second Bad Monkey tient plus de la scène musicale que du bar.

RENSEIGNEMENTS

Bank of China (中国银行, Zhōngguó Yínháng ; Fuxing Lu). Change les espèces et les chèques de voyage et dispose d'un DAB compatible avec les principales cartes bancaires.

Poste (中国邮政, Zhōngguó Yóuzhèng ; angle Fuxing Lu et Huguo Lu, 复兴路护国路的路口 ; ⏲8h-20h). Poste principale de Dàlǐ.

DEPUIS/VERS DÀLǏ

Règle d'or : attention, la plupart des bus signalés "Dàlǐ" vont en réalité à Xiàguān (au sud). Les bus Lìjiāng-Xiàguān et Shangri-la font halte à l'extrémité est de Dàlǐ avant de continuer jusqu'à la gare routière Nord de Xiàguān.

Dàlǐ est un ancien repaire de baroudeurs au cœur du Yúnnán.

Fêtes et festivités à Dàlǐ

Foire de la Troisième Lune (三月节, Sānyuè Jié). Réjouissances, commerce et vente de chevaux caractérisent cette foire, qui commence le 15e jour du 3e mois lunaire (habituellement en avril) et s'achève le 21e jour.

Fête des Torches (火把节, Huǒbǎ Jié). La fête des Torches (Huǒbǎ Jié) se déroule le 24e jour du 6e mois lunaire (normalement en juillet). Des processions aux flambeaux traversent maisons et champs la nuit – excellentes possibilités de photos. Les gens jettent de la résine de pin sur les torches, ce qui provoque de mini-explosions.

Fêtes des Torches
PANORAMA STOCK RF / AGE FOTOSTOCK ©

De la gare routière Ouest de Kūnmíng, quantité de bus desservent Dàlǐ (110-137 ¥, 4-5 heures, ttes les 15 min 7h20-20h20). En direction du nord, il est plus simple de prendre un bus dans les rues à l'extérieur des portes Ouest ou Est ; achetez votre billet à l'avance à votre hôtel ou dans une agence de voyages pour être sûr de prendre le bon bus. Vous pouvez en héler un pour ne pas payer la commission, mais vous risquez de ne pas avoir de place assise.

Depuis la vieille ville (près de la porte Ouest), un bus de 30 places part 7 fois par jour pour Kūnmíng (130 ¥) ; à 8h30, 9h30, 10h30, 11h30, 13h30, 14h30 et 16h30. Des bus fréquents relient la vieille ville de Dàlǐ à Lìjiāng (85 ¥) et à Shangri-la (117 ¥).

★ Temples dai mode d'emploi

Ôtez vos chaussures et demandez la permission avant de photographier des moines ou l'intérieur des temples.

Ne vous tenez jamais plus haut qu'une statue du Bouddha, ne touchez pas la tête d'une personne et ne pointez pas vos pieds vers quelqu'un.

De gauche à droite : Trois pagodes (p. 270), Dàlǐ ; église catholique de Dàlǐ ; vieille ville (p. 254), Lìjiāng

APHOTOSTORY / SHUTTERSTOCK ©

PNG-STUDIO / GETTY IMAGES ©

À l'extérieur de la porte Ouest, des bus desservent régulièrement Shāpíng (11 ¥), Xǐzhōu (7 ¥) et d'autres destinations locales.

COMMENT CIRCULER

De Dàlǐ, un taxi jusqu'à l'aéroport de Xiàguān revient à 100 ¥ (45 min) ; pour la gare ferroviaire de Xiàguān, comptez 50 ¥.

Le vélo constitue le meilleur mode de déplacement et on peut en louer en de nombreux endroits (25-40 ¥/jour). Essayez le **Dàlǐ Bicycle Club** (大理自行车俱乐部, Dàlǐ Zìxíngchē Jùlèbù ; 41 Boai Lu ; 7h30-20h), qui loue vélos et scooters.

Des bus (2 ¥, 30 min, signalés 大理) circulent entre la vieille ville et Xiàguān à partir de 6h30 ; prenez-les sur la grand-route en faisant signe au conducteur de s'arrêter. Le bus n°8 relie Dàlǐ et le centre de Xiàguān (2 ¥, 30 min), près de la gare routière express et de la gare routière Xīngshèng. Le bus n°4 circule aussi entre Dàlǐ et le centre de Xiàguān (2 ¥, 30 min). Il existe aussi un bus sans numéro qui va de l'extérieur de la porte Ouest à la gare ferroviaire ; il circule toutes les 15 minutes à partir de 6h30 (2 ¥, 30 min).

Wēishān 巍山

0872 / 20 700 HABITANTS

À quelque 55 km au sud de Xiàguān (près de Dàlǐ), Wēishān est le cœur d'une région peuplée de Huī et de Yi. Elle fut jadis le centre du puissant royaume de Nanzhao et c'est ici que le rebelle huī Du Wenxiu leva une armée contre les Qing au XIXe siècle.

Il s'agit aujourd'hui d'une charmante et paisible localité aux rues étroites bordées de maisons traditionnelles en bois, avec des tours de la Cloche et du Tambour aux points stratégiques et des collines en toile de fond. Encore préservée et largement méconnue des voyageurs, Wēishān attire déjà des transfuges de Dàlǐ qui viennent y ouvrir des commerces et pourrait se développer rapidement en tant que destination touristique. Profitez-en maintenant avant qu'il n'y ait trop de monde.

OUTCAST85 / GETTY IMAGES ©

À VOIR

La **tour Gǒngcháng** (拱长楼, Gǒngcháng Lóu), GRATUIT centrale, est le point de repère de la ville. Au sud de cette tour, on aperçoit d'abord la **tour Xīnggǒng** (星拱楼, Xīnggǒng Lóu) GRATUIT, puis, sur le côté droit de la rue, la vieille **maison Mēnghuà** (蒙化老家, Mēnghuà Lǎojiā ; 10 ¥ ; 8h30-21h), édifice ancien le mieux préservé de la ville. Ne manquez pas le grand, et bien préservé, **temple de Confucius** (文庙, Wénmiào ; 8h-19h) GRATUIT. Pour le trouver, à la hauteur de la tour Xīnggǒng, tournez à droite et suivez la West Street (rue Ouest) jusqu'au bout.

Wēibǎo Shān Montagne

(巍宝山, mont Wēibǎo ; 60 ¥). À 10 km au sud de Wēishān, le **Wēibǎo Shān** (mont Wēibǎo ; 60 ¥) mérite amplement le détour, et nombreux sont ceux qui font la randonnée, relativement facile, jusqu'à son sommet, à 2 500 m. Ce mont fut un haut lieu du taoïsme chinois durant les dynasties Ming et Qing, et vous y découvrirez de superbes peintures murales, notamment dans le **Wénchāng Gōng** (文昌宫, palais Wénchāng) et la **grotte Chángchūn** (长春洞, Chángchūn Dòng ; n°1 sur le billet d'entrée). Les passionnés d'oiseaux affectionnent tout particulièrement cette montagne – et l'ensemble du district est un important carrefour de migration.

Aucun bus ne dessert le mont Wēibǎo, mais vous pourrez prendre un microbus à Wēishān, dans la rue qui court à l'est de Gǒngcháng Lóu, ou demander à votre hôtel de vous en trouver un. Comptez 80-100 ¥ aller-retour ; demandez au chauffeur de vous attendre.

OÙ SE RESTAURER

Yùfēng Cāntīng Yunnanais $$

(裕丰餐厅, Xixin Jie, 西新街 ; plats à partir de 10 ¥ ; 8h30-22h). Ce repaire local sert d'excellents légumes et tofu. Il n'y a pas de carte en anglais, mais tout est exposé et le personnel fera de son mieux pour vous aider.

OÙ PRENDRE UN VERRE ET SORTIR

Yàn Cafe Café
(焱咖啡, Yàn Kāfēi ; ☎189 8707 0696 ; Bei Jie, 北街 ; café ou thé à partir de 20 ¥ ; ⏰11h-22h30 ; 📶). Dans la rue qui part de la tour de Xīnggǒng, voilà un petit café décontracté tenu par une ancienne habitante de Dàlǐ et son mari musicien. Bons café et thé, smoothies et bière. Le seul dans son genre pour le moment à Wēishān.

DEPUIS/VERS WĒISHĀN

De la gare routière Sud de Xiàguān, des bus desservent Wēishān (15 ¥, 1 heure 30, ttes les 20-30 min, 6h20-18h). Ils circulent dans l'autre sens dès 6h30.

Jiànshuǐ 建水

☎0873 / 17 400 HABITANTS

Jiànshuǐ est une ravissante cité ancienne (au cœur d'une plus grande ville moderne), réputée pour ses remarquables édifices traditionnels bien préservés, son immense temple confucéen, et une grotte remplie d'hirondelles dans la campagne alentour. Bien que constamment rénovée, l'architecture conserve la majeure partie de ses caractéristiques. La population, composée de Han, de Huī et de Yi, se montre accueillante.

À VOIR

L'architecture chinoise classique, omniprésente, ne se limite pas aux vieilles ruelles. Presque chaque grande artère compte un monument chargé d'histoire. Cette architecture se distingue par le mélange du style local à celui des plaines centrales. Bien que classés trésors nationaux, nombre de bâtiments ont été affectés à d'autres usages et l'intérêt consiste à les repérer.

Vous pouvez acheter un **billet combiné** (通票, tōngpiào ; 133 ¥) qui donne accès au temple confucéen, au jardin de la famille Zhu et à la grotte des Hirondelles ; il est en vente dans chacun de ces sites.

Temple de Confucius Temple confucéen
(文庙, Wénmiào ; Lin'an Lu, 临安路 ; 60 ¥ ; ⏰8h-18h30). Le temple le plus connu de Jiànshuǐ fut inspiré de celui de Qūfù (province du Shāndōng), la ville natale de Confucius. Il fut construit sous Zhi Yuan, pendant l'occupation mongole, en 1285 après J.-C. Les Yuan y exilèrent la famille impériale pour laquelle le temple représentait un moyen de conserver leur identité face à l'occupant. Avec une superficie de 7,5 ha, il s'agit du troisième sanctuaire confucéen du pays par la taille. On y compte 31 pavillons, ainsi que différents portiques, tels le portique de Lingxing et celui de Zhu Si Yuan Yuan, qui domine un étang.

Jardin de la famille Zhu Site historique
(朱家花园, Zhūjiā Huāyuán ; Hanlin Jie, 翰林街 ; 50 ¥ ; ⏰8h-22h). Cet ensemble de l'époque Qing, qui s'étend sur 2 ha, constitue un remarquable exemple d'ascension sociale. Trente ans furent nécessaires pour construire et aménager ses bâtiments, maisons familiales, étangs et ravissants jardins. La famille Zhū se fit un nom grâce à son moulin et à sa taverne, et toucha à tout, de l'étain à Gèjiù à l'opium à Hong Kong, avant de sombrer dans le chaos politique qui suivit la révolution de 1911.

Porte Cháoyáng Site historique
(朝阳楼, Cháoyáng Lóu ; 20 ¥ ; ⏰8h-22h). Récemment rénové, cet imposant édifice Ming garde l'entrée de la vieille ville. Sur le modèle de la tour de la Grue jaune à Wǔhàn et de la tour Yuèyáng près du lac Dòngtíng au Húnán, elle ressemble également à la porte de la Paix céleste de Běijīng. On peut monter à l'étage pour profiter d'une vue relative.

OÙ SE RESTAURER

Jiànshuǐ est réputée pour son *qìguō* (汽锅), un ragoût préparé dans des marmites en terre et agrémenté d'herbes médicinales. Comptez 40-50 ¥ la marmite. Jiànshuǐ est aussi renommée pour ses grillades (烧烤,

Une maison traditionnelle du Jardin de la famille Zhū, à Jiànshuǐ (ci-contre)

shāokǎo). Partout, de minuscules échoppes en vendent à emporter.

Āmáo Qīngzhēn Shāokǎo Yunnanais $
(阿毛清真烧烤 ; ☎134 0892 7657 ; Shuyuan Jie, 书院街 ; brochettes grillées à partir de 2 ¥ ; ⏲18h-2h). L'endroit parfait pour déguster d'excellentes grillades sous les étoiles. Tous les ingrédients étant exposés (poissons, viande, légumes, tofu), il suffit de montrer du doigt ce que l'on veut. On y sert aussi des *mǐxiàn* (米线, nouilles de riz) à partir de 7 ¥. Au bout d'une ruelle qui part d'Hanlin Jie, près du jardin de la famille Zhu.

DEPUIS/VERS JIÀNSHUǏ

Jiànshuǐ possède 2 gares routières. La gare principale se trouve à 3 km au nord de la porte Cháoyáng. Pour les destinations vraiment locales, il faut vous rendre à la gare Hóng Yùn (红运客运站, Hóng Yùn Kèyùnzhàn), à quelques minutes à pied à l'ouest du croisement entre Chaoyang Beilu et Beizheng Jie. Un taxi de la principale gare routière jusqu'à la vieille ville coûte 7 ¥.

De la gare principale, des bus partent continuellement pour Nánshà à Yuányáng (31 ¥, ttes les 20 min, 2-3 heures, 6h30-18h40). Pour Xīnjiē (la vieille ville) et les rizières en terrasses, il y a un bus par jour (43 ¥, 3 heures, 11h34).

Des bus fréquents desservent la gare routière Sud de Kūnmíng (81 ¥, ttes les 25 min, 3-4 heures, 7h-21h30). Deux bus par jour desservent Hékǒu (65 ¥, 5 heures, 7h26 et 8h10). Des bus pour Jǐnghóng (225 ¥, 8-9 heures) partent à 13h et 16h.

GRAND BOUDDHA (P. 284), LE SHAN; AKEDESIGN / SHUTTERSTOCK ©

SÌCHUĀN

Dans ce chapitre

Sìchuān

À l'instar des spectacles de* biànliǎn*, originaires de la province, le Sìchuān (四川) offre de multiples visages. Si Chéngdū, la capitale, incarne la Chine moderne, il ne faut guère s'en éloigner pour découvrir une campagne parsemée de villages intemporels et de monastères posés sur des montagnes enveloppées de brume. Le centre du Sìchuān est aussi l'habitat du panda géant, l'animal emblématique du pays.

Le Sìchuān en deux jours

Dédiez votre premier jour à Chéngdū : approchez les adorables animaux du **Centre de recherche et d'élevage du panda géant** (p. 286), visitez le **temple Wénshū** (p. 287), explorez le **musée de Chéngdū** (p. 287) et goûtez la spécialité phare, le **Chén Mápó Dòufu** (p. 289). Le deuxième jour, partez en excursion à **Lè Shān** (p. 284) pour vous laisser impressionner par son Grand Bouddha.

Le Sìchuān en quatre jours

De Lè Shān, prenez un bus ou un train pour effectuer le court trajet jusqu'à l'**Éméi Shān** (p. 282), montagne sacrée bouddhique. Passez-y la nuit pour profiter pleinement des paysages et des temples anciens, et assister au lever du soleil. Le lendemain, continuez votre exploration de la montagne, avant de retourner à Chéngdū pour vous régaler d'une fondue au **Chóngqìng Yúanlǎosì Old Hotpot** (p. 290).

Comment s'y rendre

Chéngdū est le carrefour des transports de la province (voir p. 292 pour plus d'informations). D'ici, de bonnes routes relient la plupart des destinations situées au sud et à l'est, mais il en va différemment dans le Nord et l'Ouest, où nombre de voies sont en mauvais état, en réfection, voire en construction. Les conditions météorologiques peuvent changer d'un moment à l'autre en altitude, et toutes sortes d'incidents – du glissement de terrain au semi-remorque couché sur la route – peuvent retarder la progression.

Où se loger

L'offre dans la province est d'une fabuleuse diversité : on peut loger dans une demeure en bois ou une maison restaurée à cour intérieure à Chéngdū et dans le bassin du Sìchuān, chez une famille tibétaine dans l'ouest ou encore dans un temple juché au sommet d'une montagne. Pour les plus aventureux, il est aussi possible de camper dans les parcs nationaux, au bord d'une rivière de montagne.

Temple Wànnián

Éméi Shān

Havre baigné de brume et préservé des chaleurs du bassin du Sìchuān, le superbe Éméi Shān (mont Éméi ; 3 099 m) est l'une des quatre montagnes sacrées du bouddhisme chinois.

Pour ceux qui aiment...

☑ Ne ratez pas

Le lever (et le coucher) du soleil depuis le temple Jīndǐng, sur le plus haut sommet.

Outre sa richesse culturelle, l'Éméi Shān, situé à la lisière orientale des contreforts de l'Himalaya, abrite une belle diversité d'espèces végétales et animales.

Monter sur l'Éméi Shān

S'il est gratifiant de couvrir l'ascension à pied, en partant du temple Bàoguó, la plupart des visiteurs choisissent de prendre le bus jusqu'à la halte de Wànnián (pour un accès facile au téléphérique) ou jusqu'à la halte de Wǔxiǎngǎng (pour rejoindre à pied le joli pavillon Qīngyīn et d'autres sites importants). Le bus de Léidòngpíng vous déposera au plus près du sommet, à quelques heures du sommet du Jīndǐng.

Temple Wànnián

(万年寺 ; Wànnián Sì ; 10 ¥). Reconstruit au IXe siècle, le temple Wànnián (1 020 m)

Statue du bodhisattva Pŭxián, temple Wànnián

BLEAKSTAR / SHUTTERSTOCK ©

Infos pratiques

峨眉山 ; tarif plein/étudiant et senior 185/90 ¥, l'hiver 110/55 ¥

Une petite faim ?

L'inattendu et très accueillant **Hard Wok Café** (晓雨小餐店 ; Xiǎoyǔ Xiǎocāndiàn ; horaires variables) propose, chose rare, une carte en anglais.

À savoir

La meilleure période pour explorer l'Éméi Shān s'étend de juin à octobre.

est le plus ancien de ceux qui subsistent sur l'Éméi. Il est dédié à Pŭxián (ou Samantabhadra), bodhisattva de la Vérité et protecteur de la montagne. Entre le pavillon Qīngyīn et Hóngchūn Píng (terrasse des Arbres vénérables), vous rencontrerez certainement les fameux singes de la montagne. Hélas, à force d'être sollicités, les membres de la joyeuse bande se comportent en monstres avides.

Temple Jīndǐng

(金顶寺 ; Jīndǐng Sì). Ce temple magnifique trône sur le sommet d'Or (Jīndǐng ; 3 077 m), communément présenté comme le plus haut pic du massif. Il est joliment rénové, couvert de tuiles vernissées et entouré de petites balustrades en marbre blanc. La vue, à l'aube et au crépuscule, lorsqu'une lumière dorée illumine les nuages en contrebas, est le point d'orgue de toute visite à Éméi.

Comment y aller

Tous les transports passent par la ville d'Éméi (峨眉山市, Éméi Shān Shì), à 6,5 km à l'est de l'entrée du parc. La plupart des bus arrivent à la gare centrale d'Éméi Shān (峨眉山客运中心, Éméi Shān kèyùn zhōngxīn), en face de la gare ferroviaire d'Éméi (峨眉火车站, Éméi Huǒchēzhàn). Fraîchement achevée, la gare des trains à grande vitesse (高速列车站, gāosù lièchē zhàn) est plus proche du village de Bàoguó, situé environ 4 km plus loin. La course en taxi entre la ville d'Éméi et Bàoguó revient à 25 ¥ environ. Si vous les prévenez, les pensions peuvent en général venir vous chercher. Le bus n°8 (1 ¥) relie la gare d'Éméi-ville à l'entrée du parc.

S'il n'est souvent pas possible de rejoindre directement Bàoguó depuis des villes éloignées, certains bus longue distance en partent en direction de Chéngdū Sud (50 ¥, 2 heures 30, 5/jour) et Lè Shān (11 ¥, 45 min, ttes les 30 min 8h-17h30). Des trains relient Bàoguó à Chéngdū (C/K et T 65/24 ¥, 1 heure 30 à 2 heures 45, 13/jour) et à Lè Shān (C 11 ¥, 15 min, 7/jour).

Grand Bouddha

LMSPENCER / SHUTTERSTOCK ©

Grand Bouddha de Lè Shān

Avec sa taille démesurée, l'un des plus grands bouddhas anciens du monde attire de nombreux touristes dans la ville décontractée de Lè Shān (乐山).

Pour ceux qui aiment…

☑ Ne ratez pas

La descente vertigineuse des marches escarpées et sinueuses, après avoir admiré de près l'immense tête du bouddha.

Ce site inscrit au patrimoine mondial se visite facilement dans la journée depuis Chéngdū ou peut constituer une étape sur la route de l'Éméi Shān, mais l'atmosphère détendue et les nouveaux hébergements haut de gamme vous inciteront peut-être à vous attarder.

Histoire du Grand Bouddha

Au-dessus du confluent de 3 rivières (la Dàdù, la Mín et la Qīngyìle) au trafic intense, le Grand Bouddha de Lè Shān, ou Dàfó, a été sculpté à flanc de falaise il y a plus de 1 200 ans. C'est le moine Haitong qui conçut ce projet en 713, dans l'espoir que le bouddha protégerait les navires et calmerait les courants meurtriers.

Dimensions

Le bouddha en impose, avec ses 71 m de haut, ses 28 m de largeur d'épaule et ses

Temple Wūyóu

BEIBAOKE / SHUTTERSTOCK ©

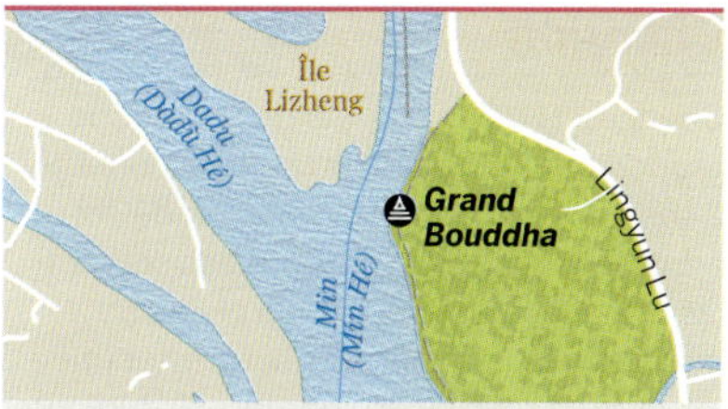

Infos pratiques

大佛, Dàfó ; tarif plein/réduit 90/45 ¥ ; 7h30-18h30 avr-déb oct, 8h-17h30 déb oct-mars

Une petite soif ?

Juste au-dessus de l'entrée/sortie, le **jardin Sū** (苏园) comprend une maison de thé à flanc de montagne.

À savoir

Évitez le week-end ou les jours fériés, car la foule bloque l'escalier et vous risquez d'attendre plusieurs heures sans bouger.

orteils de 8,5 m. Ses oreilles, longues de 7 m, symbolisent la sagesse et l'abandon raisonné du matérialisme. À l'intérieur de la statue, un système de drainage (invisible de l'extérieur) vise à limiter les dégâts dus aux intempéries. La statue accuse néanmoins son âge et l'érosion du sol demeure un problème.

Grottes et temples

Le droit d'entrée donne aussi accès à plusieurs grottes et temples voisins (pas tout proches, cependant). Le temple Wūyóu, date, comme le Grand Bouddha, de la dynastie Tang et a été rénové sous les Ming et les Qing. Le monastère réunit des calligraphies et des objets d'art, mais il vaut surtout pour sa salle des Luóhàn (ou *arhat* ; disciples du Bouddha libérés du cycle des réincarnations), riche de mille *arhat* en terre cuite, à l'incroyable variété d'expressions et de postures.

Comment s'y rendre

Il y a 3 gares routières à Lè Shān, à moins de 5 km l'une de l'autre. Les bus en provenance de la gare routière de Xīnnánmén à Chéngdū arrivent à celle de **Xiàobà** (肖坝旅游车站 ; Xiàobà lǚyóu chēzhàn), la principale gare touristique.

Pour l'Éméi Shān, il vaut mieux aller à la gare routière de Xiàobà, d'où tous les bus vont jusqu'à la gare de Bàoguó (11 ¥, 45 min, ttes les 30 min, à partir de 7h-17h). Les autres destinations desservies depuis la gare routière de Xiàoba sont Chéngdū (45 ¥, 2 heures, ttes les 30 min,7h-19h) et Éméi (ville) (8 ¥, 30 min, ttes les 30 min, 7h30-18h).

Les trains à grande vitesse partent de Lèshān pour les gares ferroviaires Sud et Est de Chéngdū (54 ¥, 1 heure 15, 12/jour) et de l'Éméi Shān (11 ¥, 15 min, 5/jour).

Chéngdū

Chéngdū (成都) continue de jouir d'une grande popularité. Sans doute le doit-elle à ses merveilleuses maisons de thé, les adresses locales les plus prisées servant les mêmes infusions depuis plusieurs générations. Ou à sa vie nocturne animée, les fêtards regroupant nombre d'étudiants et d'expatriés. Ou à sa cuisine, connue pour son côté épicé et son histoire – même pour la culture chinoise où la gastronomie est importante. Ou encore à ses pandas, tant les véritables créatures que l'on peut voir au centre de recherche local que les "nounours" tout doux que l'on peut acheter à tous les coins de rue.

À VOIR

Centre de recherche et d'élevage du panda géant Réserve animalière

(大熊猫繁育基地, Dàxióngmāo Fányù Jīdì ; ☎028 8351 0033 ; www.panda.org.cn ; 1375 Xiongmao Dadao, 熊猫大道1375号 ; tarif plein/étudiant 58/29 ¥ ; ⏰8h-17h30). Cette réserve est l'une des curiosités les plus populaires de Chéngdū, à 18 km au nord du centre-ville. Elle permet d'apercevoir facilement les vedettes du Sìchuān sans aller dans un zoo. Abritant près de 120 pandas géants et 76 pandas rouges dans de vastes enclos bien entretenus, le centre s'occupe de la reproduction de ces animaux timides.

La saison des amours s'étend de mars à mai. Si vous venez en automne/hiver, vous verrez peut-être des nouveau-nés à la "nurserie".

Venez de préférence le matin, quand les pandas sont le plus actifs. Le nourrissage a lieu à l'ouverture, vers 8h, ainsi qu'en fin d'après-midi. En milieu de journée, ils passent la majeure partie du temps à dormir, surtout l'été, quand ils se réfugient dans leurs abris (climatisés).

Montez dans le bus n°49 (2 ¥, 40 min), descendez à l'arrêt Zhāojué Hénglù (昭觉横路站) et prenez la correspondance avec le bus n°87 (2 ¥, 20 min) jusqu'au Centre de recherche (熊猫基地站, Xióngmāo Jīdì). Vous pourrez aussi prendre, à la gare ferroviaire Nord, le bus n°9 (2 ¥, 1 heure),

En partant de la gauche : panda géant ; temple Wénshū ; maison de thé, parc du Peuple

NELIK / SHUTTERSTOCK ©

descendre au zoo (动物园站, Dòngwùyuán) et monter dans le n°198 (2 ¥, 20 min). Les auberges de jeunesse proposent aussi des excursions. Le centre sera prochainement desservi par la ligne 3 du métro.

Temple Wénshū Temple bouddhique

(文殊院, Wénshū Yuàn ; 66 Wenshuyuan Lu, 文殊院路66号 ; ⏲6h-21h ; Ⓜ1). GRATUIT Ce monastère de la dynastie Tang, dédié à Wenshū (Manjushri), le bodhisattva de la Sagesse, est le temple bouddhique le plus grand et le mieux préservé de Chéngdū. Les effluves d'encens et le murmure des psalmodies participent d'une sérénité si ancrée aux lieux que même l'afflux des fidèles ne saurait la troubler.

Musée de Chéngdū Musée

(成都博物馆, Chéngdū Bówùguǎn ; www.cdmuseum.com ; côté ouest de la place Tiānfǔ, 天府广场西侧 ; ⏲9h-17h mar-dim). GRATUIT Ce récent musée, ouvert en 2016, occupe un immense et superbe édifice contemporain sur 5 niveaux. Couvrant une immense période de plus de 3 000 ans, allant du royaume de Shu et de l'époque précédant la dynastie Qin jusqu'à la Révolution et la Chéngdū moderne, il met l'accent sur les vestiges historiques et culturels en relation avec le passé de la ville. Ne manquez pas la galerie des "théâtres de marionnettes et d'ombres de Chine, au dernier étage, qui donne à voir de magnifiques exemples de cet art de tout le pays.

Parc du Peuple Espace vert

(人民公园, Rénmín Gōngyuán ; 9 Citang Jie, 祠堂街9号 ; ⏲6h30-22h ; Ⓜ2). GRATUIT Le week-end, les habitants viennent danser, chanter ou pratiquer le tai-chi dans ce parc. On peut faire de la barque sur un petit lac, bordé de saules, et se détendre dans les maisons de thé ; de toutes, Hè Míng (p. 290) est la plus prisée et celle qui a le plus de charme.

Temple Qīngyáng Temple taoïste

(青羊宫, Qīngyáng Gōng ; 9 Huanlu Xi Er Duan, 一环路西二段9号 ; 10 ¥ ; ⏲8h-18h ; 🚌11, 27, 45). Jouxtant le **parc de la Culture** (文化公园, Wénhuà Gōngyuán ; 9 Huanlu Xi Er Duan, 一环路西二段9号 ; ⏲6h-22h ; 👪) GRATUIT, le temple Qīngyáng ("du bélier vert") est le plus vaste et le plus ancien sanctuaire taoïste de Chéngdū. Bien qu'en grande partie Qing, il remonte à la très

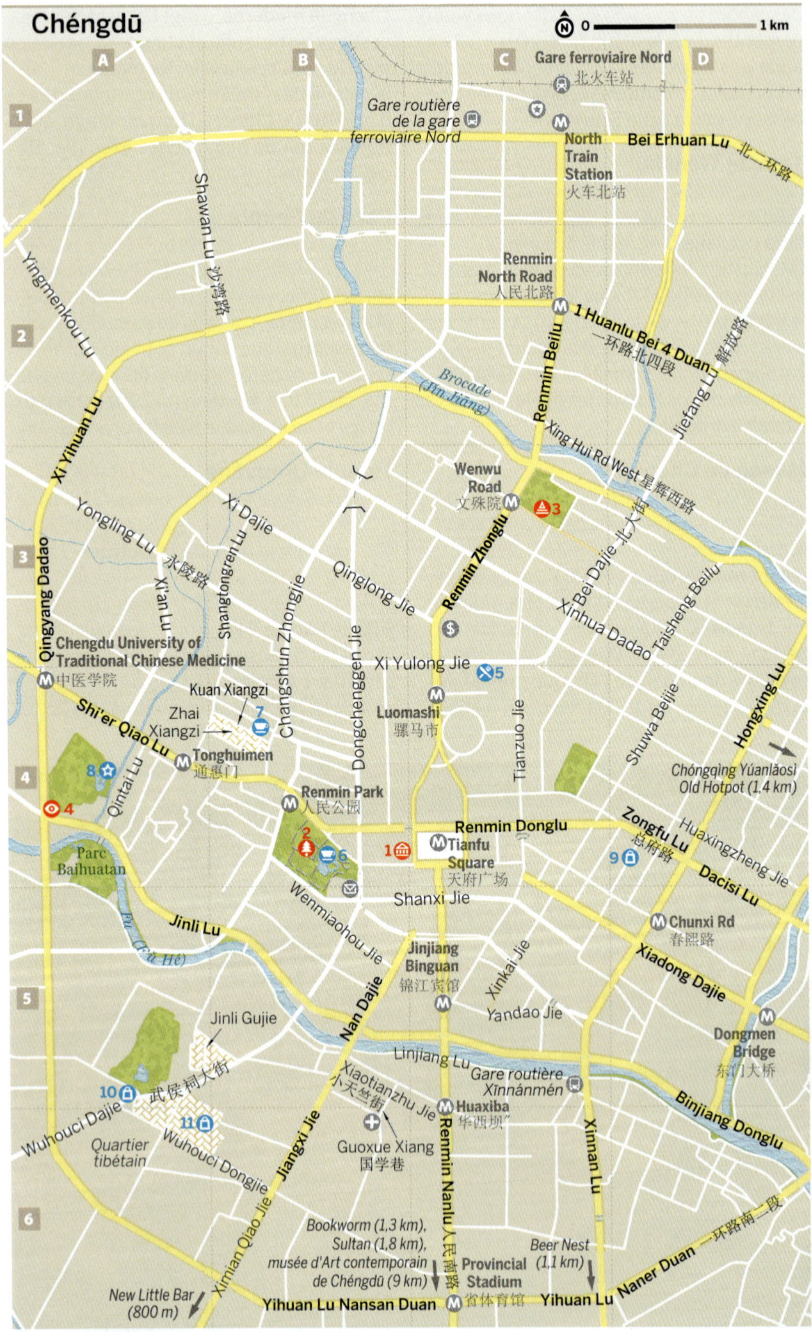
Chéngdū
N
0
1 km
A
B
C
D
1
2
3
4
5
6
Gare ferroviaire Nord
北火车站
Gare routière de la gare ferroviaire Nord
North Train Station
火车北站
Bei Erhuan Lu
北二环路
Shawan Lu 沙湾路
Yingmenkou Lu
Renmin North Road
人民北路
1 Huanlu Bei 4 Duan
一环路北四段
Jiefang Lu 解放路
Renmin Beilu
Brocade (Jin Jiāng)
Xi Yihuan Lu
Xing Hui Rd West 星辉西路
Wenwu Road
文殊院
3
Yongling Lu 永陵路
Xi Dajie
Renmin Zhonglu
Bei Dajie 北大街
Xi'an Lu
Shangtongren Lu
Qinglong Jie
Qingyang Dadao
Changshun Zhongjie
Dongchenggen Jie
Xinhua Dadao
Taisheng Beilu
Chengdu University of Traditional Chinese Medicine
中医学院
Xi Yulong Jie
5
Kuan Xiangzi
7
Zhai Xiangzi
Luomashi
骡马市
Tianzuo Jie
Shuwa Beijie
Hongxing Lu
Shi'er Qiao Lu
Tonghuimen
通惠门
8
Qintai Lu
Chóngqìng Yúanlǎosì Old Hotpot (1,4 km)
4
Renmin Park
人民公园
Renmin Donglu
Zongfu Lu
总府路
Huaxingzheng Jie
2
6
1
Tianfu Square
天府广场
9
Dacisi Lu
Parc Baihuatan
Shanxi Jie
Wenmiaohou Jie
Chunxi Rd
春熙路
Jinli Lu
Fu (Fǔ Hé)
Jinjiang Binguan
锦江宾馆
Xinkai Jie
Xiadong Dajie
Nan Dajie
Yandao Jie
Jinli Gujie
Dongmen Bridge
东门大桥
Linjiang Lu
Gare routière Xīnnánmén
10
武侯祠大街
Xiaotianzhu Jie
小天竺街
Huaxiba
华西坝
Binjiang Donglu
11
Wuhouci Dajie
Quartier tibétain
Wuhouci Dongjie
Jiangxi Jie
Guoxue Xiang
国学巷
Renmin Nanlu 人民南路
Xinnan Lu
一环路南二段
Bookworm (1,3 km), Sultan (1,8 km), musée d'Art contemporain de Chéngdū (9 km)
Beer Nest (1,1 km)
Ximian Qiao Jie
Provincial Stadium
省体育馆
Naner Duan
New Little Bar (800 m)
Yihuan Lu Nansan Duan
Yihuan Lu

Chéngdū

À voir

1	Musée de Chéngdū	B4
2	Parc du peuple	B4
3	Temple Wénshū	C3
4	Temple Qīngyáng	A4

Où se restaurer

5	Chén Mápó Dòufu	C4
	Restaurant végétarien du temple Wénshū	(voir 3)

Où prendre un verre et faire la fête

6	Hè Míng Teahouse	B4
7	Kǎi Lú Lǎo Zhái Cháyuán	B4

Où sortir

8	Shǔfēng Yǎyùn Teahouse	A4

Achats

9	Quartier commerçant de Chūnxī Lù	D4
10	Sanfo Outdoors	A5
11	Boutiques du quartier tibétain	A6

ancienne dynastie des Zhou. Remarquez l'inhabituelle pagode octogonale d'apparence si solide, construite sans rivets ni chevilles. Il y a aussi une maison de thé (10 ¥) très appréciée à l'intérieur, vers l'arrière.

Musée d'Art contemporain de Chéngdū — Musée

(成都当代美术馆, Chéngdū Dāngdài Měishùguǎn ; Museum of Contemporay Art, ou MOCA ; ☎028 8598 0055 ; www.chengdumoca.com ; Tiānfǔ Software Park, Bât. C1, 天府软件园C1楼 ; ⏲10h-17h30 mar-dim ; P). GRATUIT Ce musée financé par des fonds privés a pour vocation de créer un espace pour le développement et les expositions de l'art contemporain et de l'art abstrait dans la société chinoise. Les œuvres présentées vont des critiques intéressantes de l'histoire du pays à l'étude de l'interaction entre la nature et la société. Le musée se compose de deux ailes, séparées par un jardin public intégré à l'architecture de l'établissement. Situé en dehors du centre de Chéngdū, le MOCA mérite le détour.

ACHATS

La ville est émaillée de galeries marchandes clinquantes, en particulier autour du **quartier commerçant de Chūnxī Lù** (春熙路步行街, Chūnxīlù Bùxíngjiē ; M2), à l'est de la place Tiānfǔ. À la lisière sud de la ville, le gigantesque **New Century Global Center** (新世纪环球中心, Xīn Shìjì Huánqiú Zhōngxīn ; ☎028 6273 2888 ; 1700 Tianfu Bei Dadao, 天府北大道1700号 ; M1 jusqu'à Jincheng Square) est l'un des plus grands centres commerciaux du monde.

Si vous cherchez des souvenirs tibétains traditionnels, faites un tour dans les **boutiques** (藏族用品一条街, Zàngzú Yòngpǐn Yītiáo Jiē) du quartier tibétain, au sud-est du temple Wǔhóu. Les amateurs d'activités de plein air trouveront tout l'équipement nécessaire pour des randonnées en montagne chez **Sanfo Outdoors** (三夫户外, Sānfū Hùwài ; ☎028 8507 9586 ; www.sanfo.com ; 243 Wuhouci Dajie, 武侯祠大街243号 ; ⏲10h-20h30) ou **Décathlon** (迪卡侬运动超市, Díkǎnóng Yùndòng Chāoshì ; ☎028 8531 0388 ; 9 Zhanhua Lu, Gaoxin District, 高新区站华路9号 ; ⏲10h-22h ; M1).

OÙ SE RESTAURER

Chéngdū, première ville asiatique désignée "ville de gastronomie" par l'Unesco, aurait la plus forte densité de restaurants et de maisons de thé au monde. Gageons que vos repas seront les temps forts de votre passage.

Plusieurs monastères, dont le temple Wénshū, possèdent un restaurant végétarien, généralement ouvert pour le déjeuner uniquement.

Chén Mápó Dòufu — Sichuanais ¥¥

(陈麻婆豆腐 ; ☎028 8674 3889 ; 197 Xi Yulong Jie, 西玉龙街197号 ; plats 22-58 ¥ ; ⏲11h30-14h30 et 17h30-21h). Ce fleuron luxueux

L'art du thé

L'art du thé (infusion, service et dégustation) est né il y a 3 000 ans, et les maisons de thé de Chéngdū sont depuis toujours les centres de la vie sociale du quartier : on y papote, on y joue aux cartes, on y assiste à des opéras et on s'y fait même couper les cheveux et nettoyer les oreilles ! Goûtez du thé vert cultivé au Sìchuān comme le *máofēng* (毛峰), aux feuilles délicates couvertes de duvet, ou le *zhúyèqīng* (竹叶青), qui ressemble à de toutes petites feuilles de bambou.

On trouve aujourd'hui des maisons de thé très fréquentées à travers toute la ville, notamment dans les parcs et dans l'enceinte des temples. Celles au bord de l'eau sont particulièrement agréables. Le thé est généralement proposé à la tasse (15-40 ¥) et on vous ressert gratuitement autant de fois que vous le voulez, mais dans la plupart des lieux, il est interdit de partager une tasse à plusieurs.

Cérémonie du thé, Chéngdū
OSTILL / SHUTTERSTOCK ©

d'une chaîne réputée est parfait pour goûter le *mápó dòufu* (麻婆豆腐 ; petit/grand 12/20 ¥), du tofu maison avec une sauce relevée d'ail, de bœuf haché, de soja fermenté, d'huile pimentée et de poivre du Sìchuān. C'est l'un des plats les plus connus de la province et la spécialité de la maison. Il y a aussi des versions non épicées.

Chóngqìng Yúanlǎosì Old Hotpot Fondue ¥¥
(重庆袁老四老火锅, Chóngqìng Yuánlǎosì Lǎohuǒguō ; ☎028 8444 5220 ; 66 Mengzhuiwan Jie, 猛追湾街66号 ; fondue 88 ¥, plats à partir de 10 ¥ ; ⏲11h-22h). Si se régaler d'une fondue (*hotpot*) de style Chóngqìng à Chéngdū peut être considéré comme un sacrilège, cette gargote est plus propre qu'un grand nombre d'autres établissements, et les saveurs, comme les ingrédients, parlent d'eux-mêmes (et la bière est fraîche).

Sultan Moyen-oriental ¥¥¥
(苏坦土耳其餐吧, Sūtǎn Tǔ'ěrqí Cānba ; ☎028 8555 4780 ; 25-12 Fanghua Jie, 芳华街25号附12号 ; plats à partir de 50 ¥ ; ⏲12h-23h ; 📶). Brochettes d'agneau, houmous, yaourt maison, café turc et pain pita figurent parmi les mets, invariablement appréciés, servis ici. Profitez du Wi-Fi gratuit dans le patio extérieur, ou installez-vous avec un narghilé (50 ¥) sur les coussins d'un salon privé.

OÙ PRENDRE UN VERRE ET FAIRE LA FÊTE

Hè Míng Maison de thé
(鹤鸣茶馆, Hèmíng Cháguǎn ; parc du Peuple, 人民公园 ; ⏲6h-21h). Cet établissement centenaire, très animé, est un endroit fort agréable où passer un après-midi devant une tasse de thé (12-30 ¥), remplie à mesure qu'on la sirote. Venez le samedi de 14h à 15h pour assister à une cérémonie du thé. Nettoyage d'oreilles tous les jours (20 ¥).

Kǎi Lú Lǎo Zhái Cháyuán Maison de thé
(庐恺老宅茶园 ; ☎180 3041 6632 ; 11 Kuan Xiangzi, 宽巷子11号 ; ⏲10h-23h ; 📶). Cette maison de thé bicentenaire, l'une des plus vénérables de la ville, est nichée dans une paisible cour, derrière une arche en pierre et en retrait de l'animation du passage Kuan, dont le bourdonnement distant est couvert par la cithare en fond musical. Le Wi-Fi est désormais disponible, mais il

La fondue, spécialité de Chóngqìng (p. 292)

semble que cela soit la seule chose qui ait changé. Thé à partir de 38 ¥, en-cas 12 ¥.

Bookworm Café

(老书虫, Lǎo Shūchóng ; ☎028 8552 0177 ; www.chengdubookworm.com ; 2 Yujie Dongjie, 28 Renmin Nanlu, 人民南路28号、玉洁东街2号 ; ⌚9h-1h). Les expatriés apprécient ce café-librairie animé (comme les enseignes similaires de Běijīng et de Sūzhōu), un endroit agréable pour un café ou une bière (à partir de 30 ¥). On y sert aussi de bons plats occidentaux (35-95 ¥), mais le service peut être affreusement lent. On peut emprunter ou acheter des livres dans la section anglaise, ou assister à l'un des événements organisés, comme une conférence d'auteur ou un concert.

Beer Nest Bar

(啤酒窝酒吧, Píjiǔ Wō Jiǔbā ; ☎151 0836 0121 ; info@thebeernest.com ; 34-7 Jinxiu Li, 锦绣路34号附7号 ; ⌚14h-tard). Propriété d'un Belge qui brasse sa propre bière, ce bar séduit au premier coup d'œil. Tous les jours, un verre est offert pour 2 achetés durant les *happy hours* (14h-20h). Il y a différentes soirées, notamment le mardi (dégustation de 3 bières pour 40 ¥), le jeudi (*beer pong*

Où se loger

Autrefois en nombre limité, les auberges de jeunesse se sont multipliées ces dernières années. Elles offrent souvent le meilleur rapport qualité-prix et l'occasion de rencontrer de jeunes Chinois, de plus en plus nombreux à voyager de manière indépendante.

Les établissements de catégorie moyenne proposent des chambres privatives à des prix abordables, mais ils ne sont pas toujours bien placés ou n'atteignent pas le niveau de service attendu dans d'autres pays.

Les voyageurs au budget plus important peuvent séjourner dans des bâtiments historiques restaurés ou des hôtels de luxe.

Spécialités locales

Le *chuànchuàn xiāng* (串串香), la fameuse fondue de Chóngqìng version brochettes (火锅 ; *huǒguō*), tout aussi épicée, est une spécialité populaire typique. Choisissez d'abord le bouillon – généralement *hóng guō* (红锅 ; épicé) ou *yuānyang guō* (鸳鸯锅 ; moitié épicée, moitié non épicée) – puis la viande, les légumes et les autres ingrédients. Les brochettes coûtent généralement 1 ¥ (2 ¥ le plat). On trouve des restaurants spécialisés dans toute la ville.

Chuànchuàn xiāng
JEAN-PAUL GALICHET / GETTY IMAGES ©

20h-23h, bière gratuite !) et le dimanche (bières artisanales 30 ¥). Ils livrent aussi des plats tex-mex (15-38 ¥).

OÙ SORTIR

Shǔfēng Yǎyùn Teahouse Opéra du Sìchuān
(蜀风雅韵, Shǔfēng Yǎyùn ; ☎028 8776 4530 ; www.shufengyayun.net ; dans le parc de la Culture, 文化公园内面 ; billets 140-500 ¥ ; ⏲billetterie 15h-21h30, spectacle 20h-21h30). Fondée il y a plus d'un siècle, cette maison de thé très renommée se double d'un Opéra et donne un excellent spectacle de 1 heure 30 comprenant musique, marionnettes et opéra du Sìchuān (avec cracheurs de feu et "changement de visage"). Venez vers 19h30 pour observer les artistes occupés à se vêtir et à se grimer. Pour 50-100 ¥, enfants – et adultes – peuvent essayer un costume et se faire maquiller.

New Little Bar Concerts
(小酒馆芳沁店, Xiǎo Jiǔguǎn Fāngqìn Diàn ; ☎028 8515 8790 ; site.douban.com/littlebar ; 47 Yongfeng Lu et Fangqin Jie, 永丰路47号丰尚玉林商务港5楼,芳沁街 ; ⏲18h-2h). Des groupes locaux viennent jouer dans ce pub tous les vendredis et samedis (entrée 15 ¥), et parfois en semaine, habituellement à partir de 20h. Programme sur le site Internet.

RENSEIGNEMENTS

Bank of China (中国银行, Zhōngguó Yínháng ; 35 Renmin Zhonglu, 2e section, 人民中路二段35号 ; ⏲8h30-17h30 lun-ven, jusqu'à 17h sam-dim). Principale agence de Chéngdū. Change espèces et chèques de voyage et permet de retirer de l'argent avec sa carte bancaire.

Poste (中国邮政 ; Zhōngguó Yóuzhèng ; 151 Wenweng Lu ; 文翁路151号 ; ⏲9h-17h)

Hôpital universitaire du Sìchuān et de la Chine de l'Ouest (四川大学华西医院, Sìchuān Dàxué Huáxī Yīyuàn ; ☎assistance téléphonique 24h/24 en chinois et en anglais 028 8542 2761, rdv 028 8542 2408 ; eng.cd120.com ; 37 Guoxue Xiang, 国学巷37号 ; 🚇1). Le plus grand centre hospitalier de Chine, et l'un des plus réputés. Les étrangers pourront se rendre à l'hôpital international, où les médecins et une partie du personnel parlent anglais. Attention, on vous demandera une avance pour certains traitements si vous n'avez pas d'assurance adéquate.

DEPUIS/VERS CHÉNGDŪ

AVION

L'aéroport international Shuāngliú de Chéngdū (☎028 8520 5555 ; www.cdairport.com/front_en/index.jsp), à 18 km à l'ouest de la ville, est desservi par des vols directs (3 heures au maximum) depuis/vers la quasi-totalité des grandes villes chinoises. Chéngdū accueille aussi de nombreux vols internationaux directs.

Spectacle traditionnel de *biànliǎn* (p. 292)

De l'aéroport, 5 lignes de bus navettes couvrent toute la ville. La course en taxi coûte entre 70 et 90 ¥. Pour à peine plus, la plupart des pensions peuvent venir vous chercher à l'aéroport.

BUS

La principale gare routière pour les touristes est Xīnnánmén (新南门汽车站, Xīnnánmén *qìchēzhàn*), officiellement appelée "Central tourist station" 旅游客运中心.

De la gare routière de Xīnnánmén, des bus partent entre autres pour l'Éméi Shān (41 ¥, 2 heures 30, ttes les 20 min 7h20-19h20) et Lè Shān (49 ¥, 2 heures, ttes les 20 min 7h20-19h35).

TRAIN

Les 2 gares principales de Chéngdū sont : la gare ferroviaire Nord (火车北站, *huǒchē běizhàn*) et, plus récente, la gare ferroviaire Est (火车东站, *huǒchē dōngzhàn*), toutes les deux reliées directement au métro.

La toute nouvelle ligne de trains à grande vitesse du Sìchuān s'arrête à l'aéroport (双流机场, Shuāngliú jīchǎng) en chemin vers deux des principales destinations touristiques de la province : Lè Shān (2e/1re classe 46/55 ¥, 1 heure, 6/jour) et Éméi Shān (2e/1re classe 56/68 ¥, 1 heure, 6/jour).

COMMENT CIRCULER

MÉTRO

La ligne 1 dessert les gares ferroviaires Nord et Sud de Chéngdū avant de longer Renmin Lu et de poursuivre au-delà. La ligne 2 est-ouest, qui croise la ligne 1 à la place Tianfǔ, relie la gare ferroviaire Est en centre-ville, puis continue vers l'ouest jusqu'à la gare ferroviaire de Chádiànzì.

La ligne 3 était en travaux lors de notre passage, mais devait ouvrir prochainement. Elle desservira le Centre d'élevage du panda géant et la gare routière de Xīnnánmén, ainsi que la ligne 4, pour la nouvelle gare ferroviaire Ouest de Chéngdū.

Le trajet coûte de 2 à 6 ¥ selon le kilométrage.

En partant de la gauche : architecture traditionnelle, Chéngdū ; une rue commerçante, Chéngdū ; la ville moderne, Chéngdū

TAXI

Les 2 premiers kilomètres coûtent 8 ¥ (9 ¥ entre 23h et 6h), puis 1,90 ¥ (2,20 ¥ la nuit) par kilomètre supplémentaire.

VÉLO

Si Chéngdū est plaisante avec ses pistes cyclables aménagées (et son terrain plat), la circulation est parfois pénible pour les cyclistes. Les auberges de jeunesse louent des vélos pour 20 ¥/jour.

Parc national de Jiǔzhàigōu

Classé au patrimoine mondial de l'Unesco en 1992 et réserve de la biosphère en 1997, le **parc national de Jiǔzhàigōu** (九寨沟风景名胜区 ; Jiǔzhàigōu Fēngjǐng Míngshèngqū ; ✆0837 773 9753 ; www.jiuzhai.com ; tarif plein/réduit navette incluse 310/200 ¥ ; ⏲7h-19h mai à mi-nov, 8h-18h mi-nov à avr, derniers billets 4 heures avant la fermeture), réputé pour ses panoramas et ses paysages naturels féeriques, compte parmi les plus beaux sites du Sìchuān et de Chine. Il attire chaque année plus de 2 millions de visiteurs qui s'extasient devant ses lacs transparents aux couleurs irréelles, ses cascades et ses forêts vert sombre sur fond de sommets enneigés. Les principaux sites du parc sont accessibles à pied, par des sentiers de randonnée entretenus, ou en navette. On peut même y camper.

Jiǔzhàigōu signifie littéralement "vallée aux 9 villages" et se réfère aux 9 villages tibétains éparpillés dans l'enceinte du parc (72 000 ha). Selon la légende tibétaine, Jiǔzhàigōu fut créé quand un démon jaloux fit tomber le miroir magique de la déesse Wunosemo, un présent de son amant le dieu guerrier Dage. Au sol, le miroir se brisa, formant 114 lacs turquoise étincelants.

La meilleure période pour le visiter s'étend de septembre à novembre, quand le ciel est dégagé (notamment en octobre) et que les couleurs de l'automne contrastent avec celles des lacs aux eaux turquoise. Le printemps peut être froid, mais plaisant. L'été, pluvieux, est la période la plus touristique. L'hiver connaît des températures glaciales, et vous découvrirez des arbres couverts de neige et des cascades gelées ; les sentiers étant peu

accessibles à cette période, les visiteurs dépendront plus de la navette du parc.

À VOIR

Malgré la fréquentation en constante augmentation, le parc protège une nature toujours sauvage. Les lacs étincelants et les paysages déchiquetés qui se cachent dans les 3 principales zones du parc – les vallées de la Zéchāwā, de la Rìzé et de la Shùzhèng – n'ont rien perdu de leur beauté brute. Les voyageurs prêts à débourser un supplément pour participer à un programme écotouristique pourront découvrir la vallée de la Zhārú.

La plupart des visiteurs se rendront d'abord dans la **vallée de la Zéchāwā** (则查洼沟), car les bus en direction du haut de la vallée arrêtent de circuler entre 14h et 15h. Roulez pendant 1 heure pour parcourir les 18 km qui mènent au début du **lac Long** (长海, Cháng Hǎi), de 4 350 m de long, puis repartez vers le **bassin aux Cinq Couleurs** (五彩池, Wǔcǎi Chí). On peut revenir à pied à l'embranchement de Nuòrìlǎng (诺日朗中心站, Nuòrìlǎng Zhōngxīn Zhàn), mais nous conseillons aux voyageurs ayant peu de temps de prendre le bus, surtout en basse saison, lorsque le niveau du lac est bas à cet embranchement.

De la gare routière de Nuòrìlǎng (p. 299), prenez une navette pour parcourir les quelque 19 km jusqu'à la **forêt primitive** (原生森林, Yuánshēng Sēnlín) en haut de la **vallée de la Rìzé** (日则沟). Bien que ce ne soit pas la partie la plus spectaculaire du parc, le sentier de 8 km qui descend jusqu'au **lac de la Flèche de bambou** (箭竹海, Jiànzhú Hǎi) fait partie des chemins les moins empruntés. De là, un court sentier rejoint le **lac du Panda** (熊猫海, Xióngmāo Hǎi), le **lac des Cinq Fleurs** (五花海, Wǔhuā Hǎi) et la **plage de la Perle** (珍珠滩, Zhēnzhūtān), trois des sites les plus populaires du parc pour leurs eaux cristallines, la variété de leurs couleurs et, enfin, des cascades se détachant sur des sommets enneigés. En chemin, ne manquez pas le sentier qui mène à la **Bouche du tigre** (老虎嘴, Lǎohǔzuǐ), un point de vue en haut d'une falaise d'où le lac des Cinq Fleurs montre une fantastique palette de couleurs.

PACHONG / GETTY IMAGES ©

Parc national de Jiǔzhàigōu

La plage de la Perle se trouve à 3 km environ de l'**embranchement et de la cascade de Nuòrìlǎng** (诺日朗瀑布, Nuòrìlǎng Pùbù), et du sommet de la **vallée de Shùzhèng** (树正沟). La plupart des visiteurs passeront à côté de la majeure partie de cette vallée longue de 14 km, principalement parce que les bus-navettes ont tendance à ne plus circuler vers 17h-18h, heure après laquelle la seule solution est de marcher ou de prendre comme taxi l'un des très rares véhicules privés qui y passent. Toutefois, on peut y voir un certain nombre de jolis lacs et 3 petits villages tibétains, et les plus courageux se retrouveront bientôt presque seuls sur le chemin. Sachez que dans certains des villages, notamment à **Shùzhèng** (树正寨), les voyageurs peuvent être approchés par des familles locales qui leur proposeront une chambre (à partir de 100 ¥). C'est officiellement contre le règlement du parc, et donc, déconseillé par Lonely Planet.

Au retour, les navettes s'arrêtent à quelques kilomètres de la sortie, au niveau du **temple Zhārú** (扎如寺, Zhārú Sì), un grand temple bouddhique ouvert aux visiteurs de 14h à 18h, au-delà duquel se trouvent le village de Zhārú et la base écotouristique (accès restreint) de la vallée de la Zhārú. Du temple, une agréable marche de 15 minutes mène au centre des visiteurs.

À l'intérieur du parc, vous pourrez acheter des en-cas bien trop chers dans n'importe lequel des villages tibétains et à presque tous les arrêts de bus. Pour un repas complet, optez pour le buffet onéreux du **centre des services touristiques de l'embranchement de Nuòrìlǎng** (诺日朗游客服务中心, Nuòrìlǎng Yóukè Fúwù Zhōngxīn ; buffet à partir de 68 ¥), ou grimpez environ 400 m jusqu'à une succession de petits restaurants (plats 18-58 ¥).

Les seniors (à partir de 70 ans) et les enfants ne paient pas l'entrée au parc, mais ils doivent s'acquitter d'une assurance (10 ¥). Le prix de la navette (90 ¥) est inclus dans le billet d'entrée. En basse saison (16 nov-31 mars), le billet d'entrée au parc est valable 2 jours.

ACTIVITÉS

Dans le cadre d'un **programme écotouristique** (九寨扎如沟生态旅游, Jiŭzhài Zhārú Gōu Zhēngtài Lǚyóu ; ☎0837 773 7070, anglais 135 5148 2613 ; zharu.jiuzhai.com ; 2e niv, Heye Guesthouse, 荷叶迎宾馆二楼 ; 1/2/3 jours à partir de 560/1 320/1 960 ¥), les visiteurs peuvent pratiquer la randonnée et même camper dans la vallée de la Zhārú, à l'est de la principale zone touristique. Toutefois, le nombre de participants est restreint et les prix sont élevés.

La région est aussi connue pour ses excellentes possibilités de **randonnée** en dehors du parc national. Vous pourrez ainsi explorer les collines près du Zhuo Ma Homestay's (卓玛, Zhuómă ; ☎135 6878 3012 ; www.zhuomajiuzhaigou.hostel.com), qui vous conseillera à ce sujet. Zhuo Ma propose aussi de courtes **balades à cheval** (180 ¥/2 heures) à partir du village.

OÙ SE RESTAURER

Rúyìlínkă Càipŭ Tibétain $

(如意林卡菜谱 ; ☎180 1577 8135 ; village de Péngfēng, 彭丰村 ; plats 18-58 ¥ ; ⏲9h-23h). Bonnes spécialités (et bières) tibétaines, notamment la tourte à la viande (牛肉烤饼, *niúròukăobĭng* ; 58 ¥), délicieuse et assez copieuse pour manger les restes le lendemain matin, dans le parc. Éloignez-vous du parc et passez devant le Ā Bù Lŭ Zī et vous trouverez ce restaurant au fond de la troisième allée, sur la droite.

Ā Bù Lŭ Zī Tibétain $$

(阿布氇孜藏餐, Ābù Lŭzī Fēngqíng Zàngcānba ; ☎135 6878 3012 ; www.abuluzi.com ; Péngfēng, 彭丰村 ; plats à partir de 39 ¥ ; ⏲11h-23h). Ce restaurant tibétain, le plus "authentique" de Jiŭzhàigōu, se situe derrière le Zhuo Ma's. Il est tenu par la même famille (le frère de Zhuo Ma, Ke Zhu, a fait ses classes de chef à Lhassa et à Běijīng). Sa carte, délicieuse et variée, met l'accent sur les spécialités tibétaines et quelques plats occidentaux. Pour manger sur le pouce, optez pour l'établissement de raviolis de la maison, à l'étage inférieur.

Jiŭzhàigōu : mode d'emploi

Réservez à l'avance Les billets sont disponibles un jour à l'avance auprès du centre des visiteurs, jusqu'à 14h. Vous pourrez y aller la veille de votre visite et ainsi éviter la queue le lendemain matin.

Partez tôt Arrivez au parc le plus tôt possible – vous aurez ainsi plus de temps et éviterez les groupes organisés.

Montez vers les hauteurs Les paysages les plus spectaculaires se situant en altitude, prenez tout de suite le bus (arrêt sur demande) jusqu'au sommet, puis redescendez à pied. Rendez-vous d'abord au lac Long ou au lac des Herbes, marchez jusqu'au carrefour de Nuòrìlăng, puis remontez jusqu'à l'autre embranchement. Plus tard dans la journée, vous pourrez voir les lacs situés entre Nuòrìlăng et l'entrée, ou même revenir sur vos pas afin de revoir la première vallée sous une lumière différente.

Sortez du bus Des sentiers de randonnée sillonnent le parc et marcher permet de rester à l'écart des foules – mais ils sont loin d'être déserts. Ils se situent généralement du côté opposé des lacs par rapport à la route. Si vous ne disposez que d'une journée, toutefois, le bus est indispensable pour couvrir la totalité des deux itinéraires.

Emportez un pique-nique Dans le parc, les possibilités de restauration sont limitées et coûteuses. En apportant un pique-nique, vous pourrez déjeuner loin des foules et éviter de rester plus longtemps que nécessaire aux points les plus fréquentés.

Allez doucement Les sites sont entre 2 140 m et 3 060 m d'altitude, ce qui mettra à rude épreuve quiconque n'est pas acclimaté. L'idéal est de passer d'abord quelques jours dans la région pour profiter au mieux de son séjour dans le parc.

VADIM PETRAKOV / ADOBE STOCK.COM ©

Parc national de **Huánglóng** (p. 299)

RENSEIGNEMENTS

Le **DAB de la China Construction Bank**, à l'entrée du parc, accepte les cartes étrangères, de même que le **DAB de l'Agricultural Bank of China** (village de Péngfēng), qui change aussi les devises.

Le parc possède un excellent site Internet, notamment en français (www.jiuzhai.com). Le **centre des visiteurs de l'entrée du parc** (沟口游客中心, Gōukǒu Yóukè Zhōngxīn ; 7h-14h) se révèle moins utile.

DEPUIS/VERS LE PARC NATIONAL DE JIǓZHÀIGŌU

AVION

Une bonne dizaine de vols quotidiens relient Chéngdū à l'aéroport de Jiǔzhàigōu (officiellement appelé aéroport de Jiǔhuáng), situé dans la petite ville de Chuānzhǔ Sì (川主寺) et plus proche de Sōngpān que de Jiǔzhàigōu. En haute saison, des vols directs rallient notamment Běijīng, Shànghǎi, Hángzhōu, Chóngqìng, Kúnmíng et Xī'ān.

Des navettes pour Jiǔzhàigōu (50 ¥, 1 heure 30) attendent à l'arrivée des vols et déposent les passagers au parking de Mènghuàn

Où se loger

À quelque 400 m de l'entrée du parc de Jiǔzhàigōu, l'**Angelie Hotel** (三喜宾馆, Sānxǐ Bīnguǎn ; 133 0904 3806 ; village de Péngfēng, 彭丰村 ; dort à partir de 40 ¥, ch à partir de 200 ¥ ;) propose un service d'auberge de jeunesse dans un établissement hôtelier. Les dortoirs jouissent d'une vue magnifique sur la montagne et les employés, accueillants et anglophones, organisent des sorties à Huánglóng (120 ¥), préparent des repas chinois et occidentaux et s'occupent de réserver les transports.

À 10 km du parc, dans un hameau perché dans la vallée, le **Zhuo Ma's Homestay** (卓玛, Zhuómǎ ; 135 6878 3012 ; www.zhuomajiuzhaigou.hostel.com ; 200 ¥/pers) comprend 6 chambres sans prétention. Salle de bains commune avec douche. Le tarif inclut la pension complète et le transfert depuis la gare routière (sinon comptez 60 ¥ en taxi). Un nouvel écolodge haut de gamme est en projet.

Jiŭzhài (梦幻九寨停车场, Mènghuàn Jiŭzhài tíngchē chǎng), à 4 km à l'ouest de l'entrée du parc. De là, la course en taxi revient à 10 ¥ environ. Si votre avion arrive tôt, vous pourrez prendre un bus jusqu'à Jiŭzhàigōu via le parc national d'Huánglóng (120 ¥, 1 heure 30), où il marque un arrêt de 4 heures pour permettre une visite.

Un taxi depuis l'aéroport coûte cher en haute saison – 300 ¥ environ, plus de 500 ¥ après 23h. De nombreux hébergements proposent un service de transfert pour un prix similaire.

BUS

La **gare routière centrale de Jiŭzhàigōu** (九寨沟口汽车站, Jiŭzhàigōukǒu Qìchēzhàn) est à 2 km à l'est de l'entrée du parc. Certains bus arrivent à la gare de Jiŭzhàigōu Xiàn (九寨沟县), à 40 km. La course en taxi entre Jiŭzhàigōu Xiàn et le village de Péngfēng coûte entre 40 et 100 ¥, selon la saison et l'heure de la journée.

Parmi les destinations desservies au départ de la gare centrale de Jiŭzhàigōu :

Chéngdū 140-155 ¥, 10 heures, 12/jour, 6h50-9h30

Chóngqìng 250 ¥, 12 heures, 1/jour, 7h30

Guǎngyuán 123 ¥, 8 heures, 1/jour, 6h30

Parc national de Huánglóng 48 ¥, 3 heures, 2/jour, 7h et 7h30

Sōngpān 43 ¥, 2 heures, 1/jour, 7h30

Vous pourrez aussi rallier l'ouest du Sìchuān, via Mǎ'ěrkāng (170 ¥, 8h) et Dānbā, sans passer par Chéngdū.

COMMENT CIRCULER

Des taxis (sans compteur) circulent dans la rue. La course dans le village de Péngfēng ou pour la gare routière de Jiŭzhàigōu coûte environ 10 ¥.

Dans le parc national de Jiŭzhàigōu, prenez un bus à la **gare routière de Nuòrìlǎng** (诺日朗车站, Nuòrìlǎng Chēzhàn) pour parcourir les quelque 19 km jusqu'à la forêt primitive (原生森林, Yuánshēng Sēnlín), en haut de la vallée de la Rìzé (日则沟).

Parc national de Huánglóng

Moins fréquenté que Jiŭzhàigōu, le **parc national de Huánglóng** (黄龙景区, Huánglóng Jǐngqū ; ☎0837 724 9166 ; www.huanglong.com ; tarif plein/réduit 200/110 ¥, téléphérique 80 ¥ ; ⏲8h-17h) mérite le détour. Sa visite se résume essentiellement à 3 à 4 heures de marche dans une petite vallée, mais cette dernière est somptueuse, avec des bassins calcaires en terrasses aux nuances de bleu, vert, orange et blanc. Mieux vaut venir entre juin et octobre, de préférence en juillet-août. Hors saison, le manque d'eau dans les bassins amoindrit considérablement l'impact visuel du parc. Emportez une veste, indispensable à cette altitude (3 600 m).

Pour voir l'ensemble du parc, prenez le téléphérique (9h-17h), à 800 m de l'entrée. Il vous déposera dans une épaisse forêt. Le sentier grimpe jusqu'aux principaux sites, puis redescend vers l'entrée (8 km au total).

Deux bus relient tous les jours Jiŭzhàigōu (48 ¥, 3 heures, 7h et 7h30) au parc ; les voyageurs arrivant tôt le matin par avion peuvent prendre, à l'aéroport, un bus direct (120 ¥, 1 heure 30) pour Huánglóng, où il faut attendre 4 heures avant de repartir pour Jiŭzhàigōu. Dans l'autre sens, il y a un bus pour Jiŭzhàigōu (45 ¥, 15h) et un minibus (120 ¥) qui part près du centre des visiteurs. Pour Sōngpān, prenez le bus de Jiŭzhàigōu et arrêtez-vous à Chuānzhǔ Sì (川主寺, 1 heure), d'où vous prendrez un taxi collectif pour Sōngpān (60 ¥).

XILÍNG, TROIS GORGES (P. 304) : BLEAKSTAR / SHUTTERSTOCK ©

FLEUVE YANGZI

Dans ce chapitre

Fleuve Yangzi

D'abord simple filet d'eau né de la fonte des neiges du Tánggǔlā Shān, dans le sud-ouest du Qīnghǎi, le plus grand fleuve de Chine descend du Tibet pour se nourrir de centaines d'affluents à travers 7 provinces, avant de se jeter avec force dans le Pacifique au nord de Shànghǎi. Pour qui vogue sur le Yangzi (长江, Cháng Jiāng), l'essentiel ne tient pas tant à la destination qu'au voyage lui-même. Répit bienvenu après d'interminables trajets en train et en bus, une croisière sur le fleuve donne l'occasion de contempler paisiblement des panoramas époustouflants.

Le fleuve Yangzi en deux jours

Visitez la ville portuaire de **Chóngqìng** (p. 308), puis partez à la découverte des splendides grottes bouddhiques de **Dàzú** (p. 314) et de la **cité ancienne de Cíqìkǒu** (p. 308), avant de reprendre des forces avec une fondue au **Liúyīshǒu Huǒguō** (p. 309). Le jour suivant, embarquez pour une excursion à travers les **Trois Gorges** (p. 304). Tentez d'obtenir un billet pour les **Trois Petites Gorges** (p. 307), l'une des plus belles parties du parcours.

Le fleuve Yangzi en quatre jours

Laissez-vous porter par le courant à travers les **Trois Gorges** (p. 304) – les gorges de Qútáng, de Wū et de Xīlíng – en direction de Wǔhàn, Nánjīng et Shànghǎi. Arrivé à **Yíchāng** (p. 313), partez en excursion au **barrage des Trois-Gorges** (p. 313). Enfin, dînez au **Fàngwēng Restaurant** (p. 314) en profitant d'une vue imprenable sur la gorge de Xīlíng.

Carte Chóngqìng (p. 308)

Comment s'y rendre

Aéroport de Jiāngběi Chóngqìng
La ligne de métro n°3 assure la liaison avec la ville (7 ¥, 45 min). En taxi, comptez entre 55 et 70 ¥.

Chóngqìng est le point de départ (et d'arrivée) des croisières très prisées qui descendent le Yangzi par les Trois Gorges. Chóngqìng comporte plusieurs gares de bus longue distance, mais la plupart des véhicules partent de la gare routière de Càiyuánbà, à côté de l'ancienne gare ferroviaire. Des trains rapides, notamment depuis/vers Chéngdū, utilisent la nouvelle gare Nord de Chóngqìng.

Où se loger

Un large éventail d'hébergements est disponible à Chóngqìng, allant des auberges de jeunesse pour baroudeurs aux hôtels internationaux très chics. L'offre de Yíchāng est en revanche moins étoffée. À bord des ferrys et bateaux touristiques qui naviguent dans les Trois Gorges, le niveau de confort peut varier considérablement.

SUTTIPONG SUTIRATANACHAI / GETTY IMAGES ©

Croisière sur le Yangzi

Attendez-vous à ralentir le rythme lorsque vous naviguerez dans les impressionnantes Trois Gorges. Les somptueux paysages qui se déroulent au fil de l'eau invitent à la contemplation.

Pour ceux qui aiment...

☑ À ne pas manquer

Les Trois Petites Gorges, une splendide déviation du cours principal (n'oubliez pas de réserver).

Long de 6 380 km, le Yangzi, également appelé fleuve Bleu, Yang tsé-kiang ou Yang-tsé en français, est le fleuve le plus puissant de Chine et le troisième plus long fleuve du monde.

Les Trois Gorges

Considérées comme l'œuvre apocryphe de Yu le Grand, architecte légendaire du fleuve, les **gorges** (三峡, Sānxiá) de Qútáng, de Wū et de Xīlíng débutent juste à l'est de Fēngjié, dans la province de Chóngqìng, et s'achèvent à l'ouest de Yíchāng (宜昌), dans le Húběi, 200 km en aval. La portion du Yangzi la plus empruntée se situe entre Chóngqìng et Yíchāng.

On peut la parcourir dans les deux sens, mais la majorité des passagers descendent le fleuve depuis Chóngqìng. En sens inverse, l'affluence est moindre, le parcours

Fleuve Yangzi

moins spectaculaire et les haltes sur les sites moins systématiques.

De nos jours, les gorges laissent aux visiteurs des sentiments mitigés. Pour certains, les paysages peuvent devenir plutôt répétitifs, surtout dans la très longue gorge de Xīlíng (Xīlíng Xiá). L'aménagement du réservoir derrière le barrage des Trois-Gorges – un plan d'eau presque aussi long que l'Angleterre – et la montée du niveau des eaux ont certainement eu un impact négatif sur l'itinéraire. La descente du fleuve reste néanmoins une aventure plaisante et enthousiasmante, ne serait-ce que pour le changement de rythme et de perspective.

Le seul billet véritablement utile à acheter à l'avance est celui du circuit des Trois Petites Gorges, aussi intéressant que prisé.

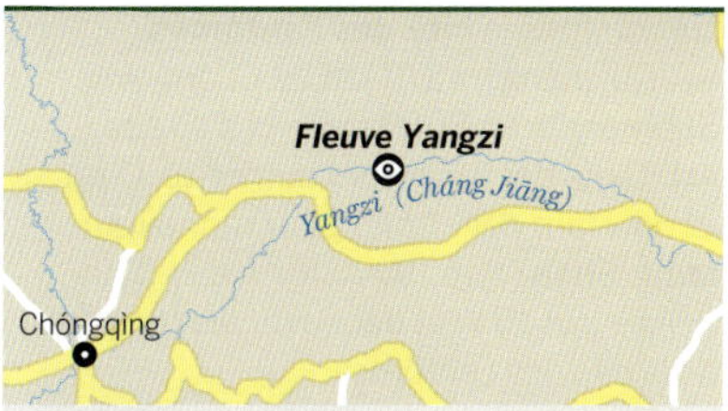

Infos pratiques

À Chóngqìng comme à Yíchāng, on peut réserver une croisière auprès de nombreux hôtels, auberges de jeunesse ou agences de voyages.

Une petite faim ?

Des buffets sont proposés chaque jour sur les croisières haut de gamme, les restaurants des bateaux touristiques servent des classiques chinois et les bateaux de passagers disposent d'une cafétéria à la chinoise.

★ À savoir

Avril et mai offrent la meilleure météo, ainsi qu'une fréquentation moindre en été.

Qu'a changé le barrage des Trois-Gorges ?

Ces imposantes gorges rocheuses sculptées sur des milliers d'années par la puissance du Yangzi semblent aujourd'hui diminuées. La faute en incombe au barrage pharaonique des **Trois-Gorges** (三峡大坝, Sānxiá Dàbà) qui a fait monter le niveau des eaux. De fait, les parois ne sont plus aussi vertigineuses, et les passages empruntés par les bateaux, moins resserrés qu'autrefois.

Si la différence saute aux yeux des marins locaux et des voyageurs qui connaissaient le site avant la construction du barrage, le spectacle reste magique pour qui le découvre pour la première fois. De très longs intermèdes séparent toutefois les points forts de la descente.

De Chóngqìng à Wànzhōu

Après la ville engloutie de **Fúlíng** (涪陵), la première escale est **Fēngdū** (丰都),

surnommée la **cité des Fantômes** (鬼城 ; Guǐchéng), à 170 km de Chóngqìng. Submergée en 2009, celle-ci a vu ses habitants déplacés sur l'autre rive. C'est ici qu'il faut débarquer pour monter au **Míng Shān** (名山 ; Míng Shān ; adulte 120 ¥, téléphérique 20 ¥) et découvrir les temples de la cité des Fantômes.

Le bateau traverse ensuite le district de Zhōngzhōu, pour arriver en 3 heures à **Shíbǎozhài** (石宝寨 ; forteresse du Trésor de pierre ; adulte 70 ¥ ; ⏲8h-16h), sur la rive nord du fleuve. Érigée sur un énorme escarpement rocheux, cette pagode en bois sur 12 niveaux, haute de 56 m, fut bâtie à l'origine sous le règne de l'empereur Kangxi (1662-1722) de la dynastie Qing.

La plupart des navires partis le matin s'ancrent pour la nuit à **Wànzhōu** (万州 ; appelée aussi Wànxiàn), une ville partiellement inondée. Les voyageurs souhaitant parcourir les gorges aussi vite que possible peuvent faire l'impasse sur la descente de Chóngqìng à Wànzhōu en prenant un bus (3 heures), puis un hydroptère ou un ferry de passagers à l'embarcadère.

De Wànzhōu à Yíchāng

Capitale de l'État de Kui aux périodes de Printemps et d'Automne (722-481 av. J.-C.) et des Royaumes combattants (475-221 av. J.-C.), la cité ancienne de **Fèngjié** (奉节) domine la première des trois gorges, celle de Qútáng.

La **gorge de Qútáng** (瞿塘峡 ; Qútáng Xiá) – aussi appelée gorge de Kui (夔峡 ; Kuí Xiá) – s'ouvre majestueusement entre les parois vertigineuses de hautes falaises

Gorge de Qútáng (ci-dessus)

déchiquetées s'avançant en saillie sur le fleuve. C'est la plus courte et la plus étroite des trois gorges avec 8 km de longueur, et elle s'évanouit presque aussi vite qu'elle apparaît. Elle est souvent considérée comme la plus pittoresque.

Après Qútáng, le bateau longe des terres moins élevées sur 20 km avant d'atteindre **Wūshān** (巫山), une bourgade installée en hauteur sur la berge. La plupart des navires y font une escale de 5 à 6 heures. Les voyageurs peuvent alors emprunter des embarcations plus modestes pour visiter les **Trois Petites Gorges** (小三峡 ; Xiǎo Sānxiá ; 200 ¥), sur la **Dàníng** (大宁河 ; Dàníng Hé).

De retour sur le Yangzi, les bateaux s'éloignent de Wūshān pour s'engager dans l'avant-dernière gorge en passant sous un pont rouge vif.

La superbe **gorge de Wū** (巫峡 ; Wū Xiá) – ou gorge des Sorcières – a ses pentes verdoyantes couvertes d'une profusion d'arbustes et ses flancs souvent enveloppés d'un voile de brume. Longue de 40 km environ, elle est flanquée d'imposantes falaises, surmontées de pics acérés et déchiquetés sur la rive nord.

Avec ses 80 km, la **gorge de Xīlíng** (西陵峡 ; Xīlíng Xiá) est la plus longue et sans doute la moins impressionnante des trois ; des tronçons à l'ouest sont sous les eaux.

Hormis certaines croisières de luxe, la plupart des circuits fluviaux ne passent plus par le monumental **barrage des Trois Gorges**. Les ferrys de passagers et les hydroptères terminent (ou commencent) souvent leur trajet au **port de Tàipíng** (太平溪港 ; Tàipíngxī Gǎng), en amont du barrage. De là, deux bus différents vous déposent à Yíchāng (1 heure).

★ 100% initiés

S'approcher au plus près des Trois Petites Gorges dans une discrète embarcation est sans doute l'expérience la plus marquante d'une croisière sur le Yangzi.

JEJIM / SHUTTERSTOCK ©

Croisières haut de gamme

- **Viking River Cruises** (www.vikingrivercruises.com ; à partir de 3 010 $US). Croisière grand luxe de 5 jours entre Chóngqìng et Wǔhàn (circuit en Chine de 13 jours).
- **Century Cruises** (www.centuryrivercruises.com ; à partir de 450 $US). Cette agence organiserait les croisières les plus luxueuses sur le Yangzi. Bateaux neufs, service impeccable et prestations de premier ordre.
- **Victoria Cruises** (www.victoriacruises.com ; à partir de 550 $US). Circuits confortables de 4 jours entre Chóngqìng et Yíchāng. Bateaux plus anciens que ceux d'autres prestataires.

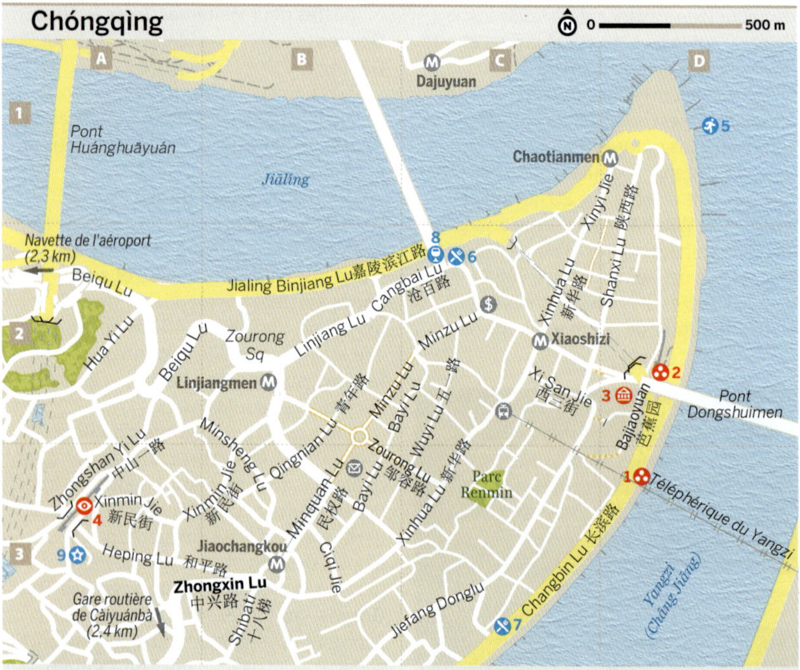

Chóngqìng

À voir

1 Anciennes portes de la ville D3
2 Dōngshuǐ Mén D2
3 Siège de la guilde de Húguǎng D2
4 Tōngyuàn Mèn A3

Activités

5 Bateau de croisières Cháotiānmén D1

Où se restaurer

6 Liúyīshǒu Huǒguō C2
7 Zēng Lǎo Yāo Yú Zhuāng C3

Où prendre un verre et faire la fête

8 Cici Park C2

Où sortir

9 Opéra de Chóngqìng Sìchuān........................ A3

Chóngqìng

À VOIR

La poignée de grands sites touristiques que compte Chóngqìng est disséminée assez équitablement dans toute la ville.

Cité ancienne de Cíqìkǒu Patrimoine

(磁器口古镇, Cíqìkǒu Gǔzhèn ; Shapingba ; MCiqikou, sortie 1). Le détour jusque dans le quartier excentré de Shapingba, sur le fleuve Jiālíng, à l'ouest du centre-ville, permet de se représenter le Chóngqìng d'autrefois. Une fois passée l'arche qui sert de porte d'entrée au site, on découvre dans ce quartier tentaculaire de nombreux bâtiments restaurés, datant souvent de la fin de la dynastie Ming. Si, le week-end, la rue principale apparaît bien tape-à-l'œil, jusqu'aux étals de fruits confits et autres baguettes magiques, il suffit de s'en éloigner pour retrouver le charme d'un village authentique.

Siège de la guilde de Húguǎng Musée

(湖广会馆, Húguǎng Huìguǎn ; ☎023-6393 0287 ; Dongshuimen Zhengjie, 东水门正街 ;

30 ¥ ; 9h-17h ; M Xiaoshizi). Les bâtiments magnifiquement restaurés de ce complexe muséographique étaient jadis le quartier général des immigrants des provinces de Hú (Húnán et Húběi) et de Guǎng (Guǎngdōng et Guǎngxī). On y trouve un temple, des pièces remplies de meubles et d'objets d'art, une maison de thé et plusieurs scènes d'opéra.

Anciennes portes de la ville — Vestiges

(古城门, Gǔchéngmén). Il ne reste que des fragments des magnifiques remparts de Chóngqìng, érigés sous la dynastie Ming. Jadis, ils s'étendaient sur 8 km autour de la péninsule de Jiěfàngbēi et atteignaient plus de 30 m de hauteur par endroits. Sur les 17 portes qui jalonnaient le mur avant le début des démolitions en 1927, deux sont encore debout. Couverte de mousse, la charmante **Dōngshuǐ Mén** (东水门) se trouve sur un sentier derrière la Yangtze River Hostel. Plus grande et en partie restaurée, la **Tōngyuán Mén** (通远门 ; M Qixinggang, sortie 1) se situe à courte distance de marche de la sortie 1 de la station de métro Qīxīnggǎng.

CIRCUITS ORGANISÉS

Depuis les fleuves, on a une très belle vue sur Chóngqìng, surtout la nuit, lorsque les néons l'illuminent. Les croisières sur les deux fleuves durent entre 1 heure et 1 heure 30, et partent du quai de Cháotiānmén tous les après-midi (14h-15h) et tous les soirs (19h-20h). Elles constituent une façon originale de découvrir cette métropole unique.

Bateau de croisière Cháotiānmén — Bateau

(朝天门 ; Cháotiānmén ; Chaotianmen Guangchang ; 朝天门广场 ; croisière du soir 158 ¥). Des excursions fluviales (moins de 2 heures) prisées à bord de bateaux anciens.

OÙ SE RESTAURER

La fondue (火锅, huǒguō) est la spécialité vedette de Chóngqìng. Il s'agit d'un bouillon brûlant très relevé, à base de piments (辣椒, làjiāo) et de poivre du Sìchuān (花椒, huājiāo), dans lequel on trempe divers ingrédients frais tels que légumes, tofu, viandes et poissons. Mieux vaut déguster ce plat en groupe, d'autant que les restaurants de fondue sont particulièrement animés.

Liúyīshǒu Huǒguō — Fondue ¥

(刘一手火锅 ; 023 6161 8555 ; 46 Cangbai Lu, 3e niv, 沧白路46号南国丽景大夏3楼 ; ingrédients à tremper 5-34 ¥ ; 10h-minuit ; M Xiaoshizi). La fondue est correcte et l'ambiance conviviale, mais le véritable atout des lieux est son point de vue sur les eaux du Jiālíng. Aux heures d'affluence, il est très difficile d'obtenir une table qui donne sur le fleuve. Prenez l'ascenseur à droite du Motel 168.

Suzie's Pizza — Pizza ¥¥

(苏蕊比, Sū Ruì Bǐ ; 023 6531 2929 ; Place des Trois Gorges, Bât. UME 12e niv, salle 27 沙坪坝三峡广场玄地广场 ; pizza à partir de 28-55 ¥ ; 11h-22h ; M Shapingba). Nombre d'amateurs disent que Suzie (qui parle anglais) prépare la meilleure pizza de la ville, dans un appartement rénové au 12e niveau d'une tour d'habitation. Pour

Où se loger

Chóngqìng dispose d'une offre importante d'hébergements, des luxueux hôtels internationaux aux auberges de jeunesse dédiés aux voyageurs indépendants. La ville est peu touristique et les prix sont stables toute l'année. Jiefangbei est le quartier le plus central pour les visites et les restaurants. Concernant les "bonnes affaires" sur Internet, sachez que vous serez logé dans un quartier d'affaires loin du centre-ville.

KIJJA PRUCHYATHAMKORN / SHUTTERSTOCK ©

YANG YIDONG / SHUTTERSTOCK ©

En partant de la gauche : stand de nourriture, cité ancienne de Cíqìkǒu (p. 308), Chóngqìng ; fondue (p. 309) ; siège de la guilde de Húguǎng (p. 308), Chóngqìng

accentuer le charme, les murs en brique sont décorés de photos de clients en pleine dégustation. L'accès se fait par le hall d'entrée du bâtiment à droite du McDonald's de la place des Trois-Gorges de Shapingba ; prenez le deuxième ascenseur jusqu'au 11e niveau.

Zēng Lǎo Yāo Yú Zhuāng — Fondue ¥¥

(曾老幺鱼庄 ; ☎023 6392 4315 ; Changbin Lu, 长滨路 ; plats à partir de 38-68 ¥ ; ⏲24h/24). Les convives s'agglutinent, dedans comme dehors, autour des tables de cet ancien abri antiaérien (avec murs carrelés et toit en pierre). Toutes les couches de la société de Chóngqìng se retrouvent dans cette institution pour savourer la spécialité de la maison, la carpe (鲫鱼, jíyú), et les sublimes travers de porc (排骨, páigǔ).

OÙ PRENDRE UN VERRE ET FAIRE LA FÊTE

Bars (酒吧, *jiǔbā*), cafés et restaurants bordent le fleuve dans Nan'an Binjiang Lu (南岸滨江路). Prenez le téléphérique au-dessus du Yangzi, descendez jusqu'au fleuve et tournez à gauche. De là, marchez 15 minutes sur la rive ou prenez n'importe quel bus et descendez à l'arrêt suivant. Le téléphérique s'arrête à 22h.

Cici Park — Bar

(西西公园, Xīxī Gōngyuán ; 1er niv, Hongyadong, Jiabin Lu, 洪崖洞, 嘉滨路 ; bière à partir de 15 ¥ ; ⏲17h-tard ; Ⓜ Xiaoshizi). Le bar le plus accueillant de Chóngqìng, au décor bohème décontracté, sert des bières à petits prix et des cocktails (à partir de 30 ¥). Concerts et DJ certains soirs. Clientèle de locaux et d'expatriés.

OÙ SORTIR

Opéra de Chóngqìng Sìchuān — Théâtre

(重庆市川剧院, Chóngqìngshì Chuānjùyuàn ; ☎023-6371 0153 ; 76 Jintang Jie, 金汤街 76号 ; 20 ¥ ; ⏲14h sam). Des opéras du Sìchuān, d'une durée de 2 heures 30, sont programmés tous les samedis après-midi.

BLEAKSTAR / SHUTTERSTOCK ©

RENSEIGNEMENTS

China International Travel Service (CITS ; 中国国际旅行社 ; Zhōngguó Guójì Lǚxíngshè ; ☎023 6383 9777 ; www.cits.net ; 8e niv, 151 Zourong Lu ; 邹容路151号 ; ⏲9h30-17h30 lun-ven). L'aimable personnel anglophone peut réserver des billets de train et d'avion, ainsi que des croisières dans les Trois Gorges.

Poste (中国邮政, Zhōngguó Yóuzhèng ; Minquan Lu, 民权路 ; ⏲9h-18h ; Ⓜ Jiaochangkou). On peut acheter des cartes SIM et du crédit pour son portable à la boutique China Mobile (9h-21h) au rez-de-chaussée.

DEPUIS/VERS CHÓNGQÌNG

AVION

L'aéroport Jiāngběi (重庆江北飞机场) de Chóngqìng se situe à 25 km au nord du centre-ville ; il est relié au réseau du métro. Vols directs pour Běijīng, Kūnmíng, Shànghǎi et Xī'ān.

La ligne 3 du métro part de l'aéroport (机场, *jīchǎng*) et se rend en centre-ville (7 ¥, 45 min, 6h22-22h30). Attention : à l'aéroport, le métro est indiqué "tramway" (轻轨, *qīngguǐ*).

La **navette de l'aéroport** (机场大巴, Jīchǎng Dàbā ; Shangqingsi Lu ; 15 ¥, 45 min) se présente à l'arrivée des avions et conduit jusqu'à Meizhuanxiao Jie (美专校街), une petite route donnant dans Zhongshan Sanlu (中山三路), après quelques arrêts dans le nord de la ville. Le bus n°461 relie Zhōngshān Sānlù à Cháotiānmén (朝天门). Pour rejoindre le métro, tournez à gauche dans Zhongshan Sanlu et traversez tout droit le grand rond-point jusqu'à la station Niújiǎotuó (牛角沱), sur votre gauche.

Les navettes pour l'aéroport circulent de 6h à 20h.

La course en taxi coûte 55-70 ¥.

BATEAU

Chóngqìng est le point de départ des croisières très prisées qui descendent le Yangzi par les Trois Gorges.

BUS

Chóngqìng comporte plusieurs gares de bus longue distance, mais la plupart des véhicules partent de la **gare routière de Càiyuánbà** (菜园坝汽车站, Càiyuánbà Qìchēzhàn ; Ⓜ Lianglukou), à côté de l'ancienne gare ferroviaire. Sans transcription en anglais, ni aucune personne qui parle la langue, il est conseillé d'acheter les billets via une agence de voyages ou votre hébergement. Parmi les destinations desservies : Chéngdū (98 ¥, 4 heures, ttes les heures, 6h30-20h30) et Dàzú (43 ¥, 2 heures 30, ttes les 30 min, 7h-19h).

Les bus pour Jiāngjīn 江津 (24 ¥, 1 heure 10, ttes les 30 min, 7h-21h) et Fèngjié 奉节 (160 ¥, 4-5 heures, 1/heure, 7h30-20h30), d'où vous pourrez prendre le ferry pour les Trois Gorges, partent de la **gare routière de Lóngtóusì** (龙头寺汽车站, Lóngtóusì Qìchēzhàn), sur la ligne 3 du métro (nom de la station : 龙头寺, Lóngtóusì).

TRAIN

Les nouveaux trains, plus rapides, notamment le train à grande vitesse de classe D depuis/vers Chéngdū, utilisent la nouvelle **gare Nord de Chóngqìng** (重庆北站, Chóngqìng Běizhàn ; Kunlun Dadao, 昆侖大道). D'autres, comme le train pour Kūnmíng, sont gérés depuis l'ancienne gare ferroviaire de Càiyuánbà (菜园坝). Personne ne parle anglais dans les gares, il est donc conseillé d'acheter vos billets via une agence de voyages ou votre hébergement.

Quelques destinations : Běijīng Ouest (couché dur 393 ¥, 23-31 heures, 5/jour), Chéngdū Est (assis dur 97 ¥, 1 heure 30-2 heures, 20/jour), Guìlín (couché dur 270 ¥, 20 heures, 1/jour), Kūnmíng (couché dur à partir de 245 ¥, 18-19 heures, 3/jour), Shànghǎi (couché dur 510 ¥, 28-40 heures, 3/jour) et Xī'ān (couché dur 184 ¥, 10-11 heures, 3/jour).

COMMENT CIRCULER

BUS

Un trajet en ville coûte entre 1 et 2 ¥.

MÉTRO

En partie aérien, le métro de Chóngqìng possède 4 lignes et relie la péninsule de Jiěfàngbēi à beaucoup d'autres secteurs de la ville, notamment l'aéroport et les 2 gares ferroviaires. Il circule de 6h30 à 23h30 et les tarifs sont compris entre 2 et 10 ¥.

En partant de la gauche : fleuve Yangzi (p. 304) ; gorge de Xīlíng (p. 307) ; barrage des Trois-Gorges (p. 313)

TAXI

La prise en charge est de 10 ¥. Un taxi entre Jiěfàngbēi et Shapingba coûte 45 ¥.

Yíchāng

Peu étendue mais densément peuplée, Yíchāng (宜昌) constitue le point d'orgue de nombreuses croisières sur les Trois Gorges. La traversée de cette emblématique formation géologique, inoubliable, est un incontournable de tout voyage en Chine. Il n'y a pas grand-chose à faire à Yíchāng, mais la ville, baignée par le beau fleuve Yangzi, est agréable et sa cuisine, haute en couleur.

À VOIR

Barrage des Trois-Gorges Architecture

(三峡大坝, Sānxiá Dàbà ; 105 ¥). Le gigantesque barrage des Trois-Gorges se dresse en amont. Plus grand barrage au monde par sa longueur (2,3 km) plutôt que par sa hauteur (101 m), il n'est pas le plus spectaculaire, mais mérite le coup d'œil. On ne peut pas le parcourir, mais un point de vue a été aménagé au nord. La vue du sud (gratuite) est à peu près la même.

À la gare des bus longue distance, prenez un bus pour Máopíng (茅坪 ; 15 ¥, 8h30-15h) et descendez à Bālù Chēzhàn (八路车站). Vous pourrez aussi prendre le bus n°8 (20 ¥, 1 heure, 8h-16h) de la gare ferroviaire Est de Yíchāng.

Des circuits organisés en bateau (280 ¥, entrée et déjeuner compris) partent également du vieux port des ferrys (老码头, *lǎo mǎtóu*), à 7h30, avec retour vers 17h. Achetez les billets auprès de Yangtze River International Travel, sur le port.

OÙ SE RESTAURER

Xiǎo Hú Niú Hubei ¥

(小胡牛 ; 73 Shangshu Xiang, Běimén ; 北门尚书巷73号 ; ingrédients 8-26 ¥ ; ⏲16h-2h). C'est notre restaurant préféré à Běimén pour sa spécialité, un plat local appelé

Grottes bouddhiques de Dàzú

Avec quelque 50 000 sculptures bouddhiques à flanc de montagne (les plus anciennes datant du IXᵉ siècle), dispersées en pleine nature à 2 heures de Chóngqìng, les grottes bouddhiques de **Dàzú** (大足石窟 ; Dàzú Shíkū), classées au patrimoine mondial de l'Unesco, sont une étape fascinante pour tout voyageur intéressé par l'histoire et l'art chinois. Elles ont survécu intactes à la Révolution culturelle, en grande partie grâce à leur isolement.

On peut visiter les grottes au départ de Chóngqìng dans le cadre d'un circuit ou de manière indépendante, mais certains des sites les plus petits sont difficiles d'accès pour les non sinophones. Notez que les circuits (environ 200 ¥) comprennent plusieurs haltes dans des "musées", où l'on vous poussera à acheter des articles comme des couteaux fabriqués dans la région.

Dàzú se visite généralement dans la journée. Si vous prévoyez d'y passer la nuit, sachez que nombre des hôtels de la ville de Dàzú n'acceptent pas les étrangers.

Bouddhas, grottes de Dàzú

xiǎo hú niú ; commandez-le en premier en précisant la puissance des épices désirée pour l'agneau (26 ¥ les 250 g) ou le bœuf (25 ¥ les 250 g) – douce (微辣, *wēi là*), moyenne (中辣, zhōng là) ou forte (麻辣, mǎ là) ; vous pourrez commander ensuite les ingrédients crus, à faire frire avec la viande sur votre plaque chauffante.

Fàngwēng Restaurant Húběi ¥¥
(放翁酒家, Fàngwēng Jiǔjiā ; ☎0717 886 2179 ; pont Nanjin Guan Sanyoudong, 南津关三游洞桥头 ; plats 60-160 ¥ ; ⏰9h-21h30). Ce restaurant atypique, perché à flanc de falaise à 12 km au nord de Yíchāng sur la gorge de Xīlíng (西陵峡, Xīlíngxiá), se veut la 9ᵉ grotte-restaurant au monde. La cuisine est typique du Húběi, le service est efficace et la vue à couper le souffle. Les taxis connaissent l'endroit (aller simple 80 ¥).

OÙ PRENDRE UN VERRE ET FAIRE LA FÊTE

On trouve quelques bars corrects dans les rues parallèles au fleuve.

RENSEIGNEMENTS

China International Travel Service (CITS ; 中国国际旅行社, Zhōngguó Guójì Lǚxíngshè ; ☎0717 625 3088 ; www.cits.net ; Yunji Lu, 云集路 ; ⏰8h-18h). Il propose des croisières de luxe (à partir de 2 800 ¥) et des billets pour les bateaux touristiques (880-900 ¥) vers Chóngqìng, mais pas de billets d'hydroptère. Le personnel parle un peu anglais.

Office du tourisme des Trois-Gorges (三峡游客中心, Sānxiá Yóukè Zhōngxīn ; ☎0717 696 6116 ; Yanjiang Dadao, 沿江大道 ; ⏰7h-20h). Sans commissions, donc moins cher que le CITS. Il vend des billets d'hydroptère pour Fèngjié (245 ¥) et des billets pour les ferrys de passagers à destination de Yíchāng et de Chóngqìng. Le personnel, s'il parle très peu anglais, se montre en revanche très serviable. Entrez dans le centre touristique moderne (non signalé en anglais) et dirigez-vous vers la billetterie, à l'extrémité droite du bâtiment.

Yangtze River International Travel (宜昌长江国际旅行社, Yíchāng Chángjiāng Guójì Lǚxíngshè ; ☎0717 692 1808 ; Yanjiang Dadao, 沿江大道 ; ⏰7h-20h). Un peu moins cher que le CITS pour les billets de bateaux touristiques vers Chóngqìng (à partir de 890 ¥). Il vend aussi des croisières de luxe. Installé à l'intérieur du Centre touristique des Trois Gorges, dans un bureau distinct à côté de la billetterie des bateaux.

ESB PROFESSIONAL / SHUTTERSTOCK ©

Chóngqìng (p. 308)

DEPUIS/VERS LE FLEUVE YANGZI

AVION

De l'aéroport des Trois Gorges (三峡机场 ; Sānxiá Jīchǎng), des vols quotidiens desservent notamment Běijīng, Guǎngzhōu, Shànghǎi et Xī'ān.

Les navettes de l'aéroport (20 ¥, 50 min) quittent le bâtiment Qīngjiāng (清江大厦 ; Qīngjiāng dàshà) 2 heures avant les départs et attendent les passagers aux arrivées.

BUS

Il existe 3 principales gares des bus longue distance – la gare routière de Yíchāng (长途汽车站, *chángtú qìchēzhàn*), la gare routière Est et celle de l'ancien port des ferrys. Modernes et bien gérées, elles desservent toutes les mêmes destinations. De la gare routière de Yíchāng partent notamment des bus pour Wǔhàn (Wǔchāng ; 78-110 ¥, 4 heures 30, ttes les heures 7h-20h).

Les bus locaux coûtent 1 ¥.

TRAIN

Presque tous les trains partent désormais de la gare ferroviaire Est de Yíchāng (火车东站, *huǒchē dōngzhàn*). On peut acheter son billet (5 ¥ pour le traitement) au guichet n°1 de la gare routière de Yíchāng. Parmi les destinations : Běijīng Ouest (train G 2e/1re classe 606/931 ¥, 8 heures, 4/jour), Chéngdū (train D 2e/1re classe 259/311 ¥, 7 heures, 11/jour, certains arrivent à Chéngdū Est), Chóngqìng Nord (train D 2e/1re classe 162/195 ¥, 4 heures, trains réguliers), Shànghǎi Hóngqiáo (train D 2e/1re classe 348/416 ¥, 8 heures, 6/jour), Wǔhàn (train D 2e/1re classe 96/116 ¥, 2 heures 30, trains réguliers) et Xī'ān (couché dur 200 ¥, 11 heures, 1/jour).

Où se loger

Yíchāng a quelques bons hôtels d'affaires, notamment près du fleuve.

MONT DES SABLES CHANTANTS (P. 325) : RAT007 / SHUTTERSTOCK ©

GĀNSÙ ET LA ROUTE DE LA SOIE

Dans ce chapitre

Gānsù et la route de la soie

Traversé par la route de la soie, le Gānsù (甘肃) s'étire d'est en ouest le long du corridor du Héxī, jadis étroit passage du commerce vers l'Asie centrale. Statues bouddhiques, tours de guet, forts, vestiges de la Grande Muraille et anciennes villes marchandes témoignent d'un passé extraordinaire. Outre une incroyable diversité ethnique et culturelle, le Gānsù offre une séduisante variété géographique, avec des déserts rocheux, des dunes colossales et de vastes prairies.

Le Gānsù et la route de la soie en deux jours

Faites un passage par **Lánzhōu** (p. 332) pour prendre un bus à destination de Xiàhé et passez la nuit dans cette ville au célèbre monastère. Consacrez la journée suivante à l'exploration du **monastère de Labrang** (p. 322) avant de regagner Lánzhōu pour dîner au **Măzilù Beef Noodles** (p. 335). Préparez-vous ensuite pour le trajet jusqu'à Jiāyùguān et Dūnhuáng, au nord-ouest.

Le Gānsù et la route de la soie en quatre jours

Voyagez de Lánzhōu à **Jiāyùguān** (p. 331) et au-delà de la ville pour atteindre le **fort** (p. 324) éponyme et explorer des tronçons de la **Grande Muraille** (p. 325) ; passez la nuit en ville. Continuez jusqu'à **Dūnhuáng** (p. 326) pour visiter les fantastiques **grottes de Mògāo** (p. 320) et le remarquable **mont des Sables chantants** (p. 326). Terminez la journée par un cocktail au coucher du soleil sur le toit-terrasse du **Zhāixīng Gé** (p. 328).

Comment s'y rendre

Aéroport de Lánzhōu Zhōngchuān Prenez un bus jusqu'au centre (30 ¥, 1 heure, ttes les heures), ou un train jusqu'à la gare ferroviaire de Lánzhōu (40-50 min, 21,50-26 ¥) ou la gare ferroviaire de Lánzhōu Ouest (30-40 min, 18,50-22 ¥), toutes deux sur la ligne à grande vitesse Lánzhōu-Xīnjiāng.

Aéroport de Dūnhuáng Prenez un taxi jusqu'au centre-ville (40 ¥, 20 min).

Où se loger

Vous trouverez une large gamme d'hébergements dans le Gānsù, des hôtels de qualité internationale dans les grandes villes comme Lánzhōu aux auberges de jeunesse pour baroudeurs ; il y a même un camping sans prétention à proximité des dunes de Dūnhuáng. Les établissements les plus courants sont des hôtels chinois de deux ou trois étoiles, avec salles de bains privées ou communes. Dans beaucoup de petites villes, il est courant de demander à voir une chambre avant de s'engager.

Fresque, grottes des Wei du Nord

Grottes de Mògāo

Les fabuleuses grottes de Mògāo et les sublimes statues qu'elles renferment sont considérées comme l'une des plus importantes collections d'art bouddhique au monde.

Pour ceux qui aiment...

☑ Ne ratez pas

Visitez autant de grottes que possible ; sur les 492 grottes, une vingtaine est ouverte, avec une rotation constante.

Ce sont les dons de riches marchands et d'officiels chinois qui permirent de creuser de nouvelles grottes et d'accueillir les caravanes faisant le long détour vers Mògāo pour prier ou exprimer leur gratitude pour un voyage sans encombres à travers les paysages désolés menant vers l'ouest. La première grotte aurait été creusée en 366.

Les grottes furent abandonnées pendant 500 ans après la chute de la dynastie Yuan et sombrèrent dans l'oubli jusqu'au début du XXe siècle, quand des explorateurs étrangers les "redécouvrirent".

Grottes des Wei du Nord et de l'Ouest et des Zhou du Nord

Les grottes les plus anciennes de Mògāo sont d'influences bouddhiques. Au centre, elles présentent un stupa, dont les fidèles faisaient le tour en priant. Les peintures

Pagode

KEITH LEVIT / SHUTTERSTOCK ©

Infos pratiques

莫高窟 ; Mògāo Kū ; www.mgk.org.cn/index.htm ; basse/haute saison 120/220 ¥ ; 8h-18h mai-oct, 9h-17h30 nov-avr

Une petite faim ?

Vous devrez retourner à Dūnhuáng pour trouver un restaurant ou un café.

★ À savoir

Il est obligatoire d'acheter les billets à l'avance. En arrivant à Dūnhuáng, allez au centre de réservation et billetterie des grottes de Mògāo (p. 329) .

sont teintées de pigments issus de roches précieuses importées d'Asie centrale, en particulier la malachite (vert), le cinabre (rouge) et le lapis-lazuli (bleu).

Grottes des Tang

C'est sous les Tang (618-907), que l'art rupestre de Mògāo atteignit son apogée. Les techniques de peinture et de sculpture s'affinent et de nouvelles formes esthétiques apparaissent, à l'instar du changement de sexe de Guanyin (du masculin au féminin) et les apsaras (êtres célestes bouddhiques) dansantes. Les peintures mettant en scène le paradis bouddhique de l'Ouest sont une évocation précise de la Chine des Tang. Elles fourmillent de détails sur la cour, les pratiques musicales, les costumes et l'architecture de cette époque.

Parmi les 230 grottes creusées durant cette dynastie aux influences religieuses variées, deux vastes cavités abritent un immense bouddha assis.

Circuits organisés

Des visites guidées en anglais, conduites par d'excellents guides et incluses dans le prix de l'entrée, débutent à 9h, 12h et 14h30 (autres langues possibles). Les guides sont souvent étudiants ou chercheurs à la Dūnhuáng Academy, qui gère l'exploitation des grottes.

Depuis/vers les grottes de Mògāo

Les grottes de Mògāo sont à 25 km (30 min) au sud-ouest de Dūnhuáng, mais les visites commencent au centre des visiteurs, situé près de la gare ferroviaire à 5 km de Mingshan Lu. Un minibus vert (aller simple 3 ¥) part vers le centre des visiteurs toutes les 30 minutes de 8h à 17h depuis l'entrée du **Silk Road Hotel** (丝路宾馆, Sīlù Bīnguǎn). En taxi, comptez 15 ¥ l'aller simple ; des taxis attendent généralement devant le centre des visiteurs pour le retour à Dūnhuáng.

Monastère de Labrang

Monastère de Labrang

Avec le grincement ininterrompu des moulins à prières, les vautours qui tournoient dans le ciel, l'écho des trompes tibétaines depuis les sommets alentour, Labrang est la quintessence des grandes cités monastiques du bouddhisme tibétain.

Pour ceux qui aiment...

☑ Ne ratez pas

Le *kora* intérieur permet aux visiteurs d'expérimenter le caractère sacré du pèlerinage.

La plupart des salles de la chapelle du monastère sont éclairées par la lumière ambrée des lampes à beurre de yack, un combustible très odorant extrait de grandes cuves. Même si le Tibet ne fait pas partie de votre itinéraire, le monastère de Labrang est un haut lieu spirituel qui vous laissera le sentiment indélébile d'avoir pénétré un domaine sacré.

Principaux bâtiments

La visite se fait uniquement dans le cadre d'un circuit guidé (photos interdites à l'intérieur) et inclut d'ordinaire l'Institut de médecine, le temple de Manjushri, le Serkung (temple d'Or) et la principale salle de prière (salle du Grand Sutra), ainsi qu'un musée de reliques et de sculptures en beurre de yack.

Moulins à prières

BEIBAOKE / SHUTTERSTOCK ©

Infos pratiques

拉卜楞寺, Lābǔléng Sì ; Renmin Xilu, 人民西路 ; circuit guidé 40 ¥

Une petite faim ?

Rendez-vous au **Nirvana Restaurant & Bar** (德古园, Dégǔyuán ; 0941 718 1702 ; 247 Yagetang, 雅鸽塘247号 ; plats 15-35 ¥ ; 9h-21h ;) pour des plats tibétains, des boissons rafraîchissantes et une ambiance agréable.

Bon plan

Le mieux est de venir vers 6h ou 7h, quand les moines viennent prier et chanter.

Des **circuits organisés** (40 ¥) en anglais démarrent à la billetterie du monastère vers 10h15 et 15h15 presque tous les jours. Ils vous mèneront sur de nombreux sites, mais presque à marche forcée.

En dehors de ces horaires, vous pourrez faire une visite en chinois, qui vaut le coup même si vous ne comprenez pas la langue, mais vous devrez tout de même payer les 40 ¥ pour entrer dans les bâtiments. Si vous arrivez entre 6h et 7h, vous aurez le privilège de voir et d'entendre les moines prier et psalmodier. Au crépuscule, le site résonne des sutras gutturaux psalmodiés derrière les portes en bois.

Autres bâtiments

Le reste de Labrang peut s'explorer en parcourant le *kora* (chemin du pèlerin) intérieur. Si de nombreux temples sont fermés aux visiteurs, quelques petites chapelles, parfois payantes, sont accessibles (toutefois, elles sont souvent fermées pour des raisons inexpliquées). Les plus populaires sont le temple à 3 niveaux de **Barkhang** (人民西路 ; 10 ¥), la salle de Hayagriva et ses superbes fresques, et la **pagode de Gòngtáng** (贡唐宝塔, Gòngtáng Bǎotǎ ; Gòngtáng Chörten ; 人民西路 ; entrée 20 ¥), toute dorée, qui offre depuis son toit une vue panoramique sur l'ensemble du monastère.

Le reste du monastère est gratuit et l'on déambule agréablement dans le dédale des ruelles pendant plusieurs heures. Saluer dans le dialecte amdo – *Cho day mo ?* ("Comment allez-vous ?") – brisera la glace.

La terrasse d'exposition des tanka, lieu de pique-nique fréquenté, offre une belle vue le matin sur le monastère. On peut aussi rejoindre les collines boisées au sud de la ville.

Fort de Jiāyùguān

BEIBAOKE / SHUTTERSTOCK ©

Fort de Jiāyùguān

Situé à l'étroit point de passage entre le massif des Qílián Shān et les Hēi Shān (montagnes Noires), dans la chaîne des Mǎzōng Shān, ce fort emblématique marque l'entrée occidentale de la Chine.

Pour ceux qui aiment...

☑ Ne ratez pas

Prenez une photo du fort avec les montagnes enneigées en toile de fond.

C'est après avoir traversé les paysages lunaires et inhospitaliers du nord du Gānsù que l'on rejoint Jiāyùguān. La ville marque la fin symbolique de la Grande Muraille, et, pour la Chine impériale, le début du territoire inexploré. Du point de vue occidental, c'est la porte d'entrée vers la Chine. Après la construction d'un fort par la dynastie Ming en 1372, Jiāyùguān fut surnommée la "Bouche" de la Chine, tandis que l'étroit corridor du Héxī conduisant aux *nèidì* (terres de l'intérieur) était appelé la "Gorge".

Construit en 1372, il fut baptisé "Passe imprenable sous le ciel". Bien que les Chinois aient contrôlé des territoires au-delà de ce fort, il symbolisait la fin du "monde civilisé" : plus loin vivaient les monstres du désert et les armées barbares d'Asie centrale.

Musée de la Grande Muraille de Jiāyùguān

SURA ARK / GETTY IMAGES ©

Infos pratiques

嘉峪关城楼, Jiāyùguān Chénglóu ; Guancheng Nanlu, 关城南路 ; 120 ¥ ; 8h30-20h, 8h30-18h en hiver

Une petite faim ?

Achetez des nouilles à l'un des petits stands à l'abord des entrées du fort de Jiāyùguān et du surplomb de la Grande Muraille.

★ Bon plan

Le billet combiné (通票, *tōngpiào*) du fort de Jiāyùguān donne accès à tous les sites, à l'exception des tombes Wèi et Jìn (p. 331).

Les portes du fort

La **porte de l'Éveil** (光化楼, Guānghuá Lóu) et la **porte de la Conciliation** (柔远楼, Róuyuǎn Lóu) se dressent respectivement aux extrémités est et ouest du fort. La porte Ouest était franchie par les personnes répudiées par l'Empire, qu'elles soient poètes, ministres, criminels ou soldats, condamnées à sombrer dans l'oubli. Les deux portes, percées en 1506, sont surmontées de tours hautes de 17 m aux avant-toits recourbés ; des doubles grilles servaient à bloquer les ennemis. À l'intérieur, des allées cavalières mènent au sommet du rempart intérieur. Le fort a subi d'importants travaux de rénovation en 2015 : il a été repeint, ses fondations ont été renforcées et ses murs consolidés.

Musée de Jiāyùguān

Situé dans l'enceinte du fort, l'excellent **musée de la Grande Muraille de Jiāyùguān** (嘉峪关长成博物馆, Jiāyùguān Chángchéng Bówùguǎn ; fort de Jiāyùguān ; avec entrée au fort de Jiāyùguān ; 8h30-18h). GRATUIT présente photos, objets, cartes, maquettes et expositions sur la route de la soie, illustrant le rôle du fort et de la Grande Muraille dans l'histoire de la Chine.

Surplomb de la Grande Muraille

Filant vers le nord depuis le fort de Jiāyùguān, cette section de la **Grande Muraille** (悬壁长城, Xuánbì Chángchéng ; 21 ¥, avec entrée au fort de Jiāyùguān ; 8h30-20h, 18h en hiver) aurait été érigée en 1539, puis reconstruite en 1987. L'ascension (l'équivalent d'un escalier de 55 marches), est récompensée par une vue magnifique sur le désert et les sommets enneigés – un panorama de plus en plus troublé par le voile de pollution émanant de Jiāyùguān. Le site est à 9 km au nord du fort.

Dūnhuáng

Où se restaurer
1 Charley Johng's Cafe B3
2 Marché de nuit de Shāzhōu........ D1

Où prendre un verre et faire la fête
3 Brown Sugar Cafe........ D2
4 Memory Box Cafe D2

Où sortir
Dūnhuáng Goddess .... (voir 5)
5 Théâtre de Dūnhuáng........ C1

Dūnhuáng

À VOIR

Mont des Sables chantants Oasis
(鸣沙山, Míngshā Shān ; 120 ¥ ; 6h-19h30). À 6 km au sud de Dūnhuáng, désert et oasis composent le site spectaculaire du **mont des Sables chantants**. Dūnhuáng, surnommée Shāzhōu (ville de Sable), offre une vue sublime sur l'immense paysage de dunes, frangé de peupliers en contrebas.

Du centre de Dūnhuáng, on atteind les dunes en 20 minutes à vélo. Le bus n°3 (2 ¥) fait la navette entre Shazhou Lu, Mingshan Lu et les dunes de 7h30 à 21h. Un aller en taxi coûte 20 ¥.

Col de la Porte de jade Site historique
(玉门关, Yùmén Guān et 阳关, Yáng Guān ; Porte de jade 60 ¥, col Sud 40 ¥). Situé à 78 km de Dūnhuáng, le col de la Porte de jade était à l'origine une base militaire. Avec le **col du Soleil** (阳关, Yángguān ; 50 ¥ ; 8h-20h), il faisait partie d'un ensemble de tours de guets qui s'étendaient sous les Han jusqu'à la ville de garnison de Lóula'n, dans le Xīnjiāng. L'entrée comprend l'accès à une section de la Grande Muraille datant de la dynastie Han (101 av. J.-C.), d'autant plus impressionnante qu'elle n'a jamais été restaurée, et aux vestiges des remparts de la ville de Hécāng Chéng, 15 km plus loin par une route secondaire.

Grottes des Mille Bouddhas de l'Ouest Site bouddhique
(西千佛洞, Xī Qiānfó Dòng ; 40 ¥ ; 8h30-17h). À 35 km à l'ouest de Dūnhuáng, 16 grottes sont dissimulées dans la paroi de la gorge de Dǎng Hé ; elles datent d'une période allant de la dynastie des Wei du Nord à celle des Tang. Partez dans l'après-midi pour assister à un coucher de soleil mirifique dans le désert. Vous devrez contracter les services d'un chauffeur privé ; sinon, renseignez-vous au Charley Johng's Cafe pour des circuits organisés en bus.

Parc national de Yǎdān Désert
(雅丹国家地质公园, Yǎdān Guójiā Dìzhì Gōngyuán ; 120 ¥ ; 8h-17h30). L'étrange paysage désertique et érodé du parc national de Yǎdān s'étend à 180 km au nord-ouest de Dūnhuáng, en plein cœur de l'immensité aride du désert de Gobi. Il occupe un ancien lac asséché où l'érosion a sculpté, il y a 12 000 ans, d'étranges formations rocheuses. Elles ont servi de décor aux dernières scènes du film *Hero*, de Zhang Yimou (2002). Les visites, incluses dans le prix du billet, se font par petits groupes à bord d'un minibus (pauses-photo fréquentes) dont il est interdit de descendre (afin de préserver le paysage). Mais le panorama est si spectaculaire que même depuis le minibus, vous aurez l'impression d'être au bout du monde.

Pour rejoindre Yǎdān, il faut passer le col de la Porte de jade et le col du Soleil (accès payant). Le mieux est de participer à l'une des deux visites en minibus (100 ¥/pers) quotidiennes : pour la première, qui part à 7h, réservez au Charley Johng's Cafe ; la seconde, gérée par le **Shazhouyi International Youth Hostel** (敦煌沙州驿国际青年旅舍 ; Dūnhuáng Shāzhōuyì Guójì Qīngnián Lǚshě ; 0937 880 8800 ; 8 Qilian Lu ; 祁连路8号　北辰市场对面), part à 12h30. Le prix ne comprend pas les entrées sur les différents sites. D'une durée de 10-12 heures, elles s'arrêtent aux cols de la Porte de jade et du Soleil, ainsi qu'aux grottes des Mille Bouddhas de l'Ouest.

Musée de Dūnhuáng Histoire locale
(敦煌博物馆, Dūnhuáng Bówùguǎn ; 0937 882 2981 ; Mingshan Lu ; 8h-18h). GRATUIT Musée accessible à pied depuis le centre-ville en prenant la direction du mont des Sables chantants. Ses galeries évoquant l'atmosphère des grottes invitent à un voyage dans l'histoire locale, de la préhistoire à la dynastie Qing, à travers de riches collections. Passeport exigé à l'entrée.

CIRCUITS ORGANISÉS

Les auberges de jeunesse ou le Charley Johng's Cafe vous fourniront des informations touristiques et vous aideront à organiser des visites (excursions à dos de dromadaire, excursions avec bivouac ou visites d'une journée). Des bus touristiques (100 ¥), dont certains se rendent au parc national de Yǎdān, au col de la Porte de jade et au col du Soleil, partent tous les jours de Dūnhuáng (on peut aussi les réserver chez Charley Johng). Notez que l'entrée des sites n'est pas comprise dans le prix du billet.

OÙ SE RESTAURER

Charley Johng's Cafe Petit-déjeuner, chinois ¥
(风味餐馆, Fēngwèi Cānguǎn ; 0937 388 2411 ; Mingshan Lu, 名山路 ; plats 6-36 ¥ ; 8h-22h ;). Petit-déjeuner à l'occidental servi

Où se loger

La concurrence est féroce entre les hôtels de Dūnhuáng et vous devriez obtenir des remises importantes (50% voire davantage) en dehors de l'été. Vous trouverez une dizaine de petits hôtels d'affaires le long de Mingshan Lu et Yangguan Zhonglu. Comptez environ 200 ¥ en basse saison et 300-400 ¥ au plus fort de l'été.

De gauche à droite : grottes des Mille Bouddhas de l'Ouest (p. 327) ; détail d'une fresque de dragon ; mont des Sables chantants (p. 326) et lac du Croissant de lune

toute la journée avec, entre autres, œufs brouillés, muesli au yaourt et pancakes. Également sandwichs et spécialités chinoises. Le personnel, qui parle anglais, organise des visites quotidiennes dans la région, notamment au parc national de Yǎdān (p. 327), et sert aussi d'office du tourisme informel.

Zhāixīng Gé Chinois, international ¥¥
(摘星阁, Silk Road Dūnhuáng Hotel ; Dunyue Lu, 敦月路 ; plats 18-38 ¥ ; 7h-13h et 16h30-minuit). Hébergé dans le Silk Road Dūnhuáng Hôtel, ce superbe restaurant bénéficie d'une vue idéale sur les dunes. On s'installe sur la grande terrasse pour s'attabler ou prendre un verre au moment du coucher du soleil. Au final, l'addition n'est pas beaucoup plus élevée qu'ailleurs en centre-ville. Mention spéciale pour le pain ouïgour et les pizzas à pâte épaisse.

Marché de nuit de Shāzhōu Cuisine de rue ¥¥
(沙洲夜市, Shāzhōu Yèshì ; entre Yangguan Donglu et Xiyu Lu ; matin-tard). Ce marché ouvert jour et nuit s'étend de la partie sud de Yangguan Lu à Xiyu Lu. En retrait de Yanguang Donglu, des stands (écriteaux en anglais) servent nouilles sichuanaises, coréennes et du Lánzhōu, raviolis, marmites et grillades (*ròujiāmó*, 肉夹馍). Nous conseillons aussi le rafraîchissant *xìngpíshuǐ* (杏皮水 ; jus d'abricot ; 5 ¥).

OÙ PRENDRE UN VERRE ET FAIRE LA FÊTE

Les rues autour du marché de nuit de Shāzhōu, notamment celles qui bordent la mosquée de Dūnhuáng, sont jalonnées de cafés. En été, le jardin du **Silk Road Dūnhuáng Hotel** (敦煌山庄, Dūnhuáng Shānzhuāng ; 0937 888 2088 ; www.dunhuangresort.com ; Dunyue Lu, 敦月路) abrite un **beer garden** (丝路酒坊, Sīlù Jiǔfāng ; 12h30-16h et 18h-1h), et le restaurant Zhāixīng Gé, sur la terrasse, permet de s'offrir une bière ou un verre de vin local en contemplant le désert.

Memory Box Cafe Café, bar
(时光盒子咖啡馆, Shíguāng Hézi Kāfēi Guǎn ; 0937 881 9911 ; Chambre 106a, 7e immeuble, Fengqing City ; jus 25 ¥, bière 15 ¥). Cet agréable

LUCA FEBBRAIO / 500PX ©

café propose des boissons variées et des en-cas chinois et occidentaux, notamment du café Illy et des bières d'importation. Petite terrasse plaisante en été.

Brown Sugar Cafe Café
(黑糖咖啡, Hēitáng Kāfēi ; ☎0937 881 7111 ; 28 Tianma Jie, 天马街28号 ; thé 25-38 ¥, bouteille de vin 78-198 ¥ ; ⏲13h-minuit ; 📶). Cette adresse conviviale allie modernité et tradition. Goûtez une tasse de thé chinois, accompagnée d'un petit gâteau de riz noir. L'atmosphère devient vite enfumée le soir, quand la clientèle branchée vient consommer bières et vins de Mògāo.

OÙ SORTIR

Dūnhuáng Goddess Théâtre
(敦煌神女, Dūnhuáng Shénnǚ ; théâtre de Dūnhuáng, Yangguan Zhonglu ; 敦煌大剧院 阳关中路 ; 220 ¥ ; ⏲20h30). Un spectacle acrobatique de 80 minutes, sous-titré en anglais, basé sur les légendes qui sont illustrées dans les grottes de Mògāo.Il est proposé au théâtre de Dūnhuáng (敦煌大剧院, Dūnhuáng Dàjùyuàn).

RENSEIGNEMENTS

Bank of China (中国银行, Zhōngguó Yínháng ; Yangguan Zhonglu, 阳关中路 ; ⏲8h-12h et 14h-18h lun-ven). DAB 24h/24.

Poste (中国邮政, Zhōngguó Yóuzhèng ; Yangguan Donglu, 阳关中路 ; ⏲8h30-18h tlj). Timbres et colis pour l'étranger.

Centre de réservation et billetterie des grottes de Mògāo (莫高窟参观预约售票中心, Mògāo Kū Cānguān Yùyuē Shòupiào Zhōngxīn ; Yangguan Dadao, 阳关大道迎宾花园北区15号楼102号).

DEPUIS/VERS DŪNHUÁNG

AVION

De novembre à mars, seuls sont assurés des vols depuis/vers Lánzhōu et Xī'ān. Le reste de l'année, des avions partent depuis/vers Běijīng, Lánzhōu, Shànghǎi, Ürümqi et Xī'ān. La billetterie aérienne se situe dans le hall de l'hôtel Yóuzhèng Bīnguǎn (邮政宾馆), dans Yangguan Donglu, à l'ouest de la poste.

L'aéroport se trouve à 13 km à l'est de la ville ; un taxi depuis/vers l'aéroport coûte 40 ¥ (comptez 20 min).

BUS

On trouve à la **gare routière de Dūnhuáng** (长途汽车站, Zhǎngtú Qìchēzhàn ; ☎0937 885 3746 ; Xiyu Lu ; ⏲7h-20h tlj) des bus pour Jiāyùguān et Lánzhōu (mais le train est plus rapide et moins cher), ainsi que vers Golmud (99 ¥, 9 heures, 2/jour), Liǔyuán (20 ¥, 3 heures, 8/jour) et Ürümqi (198 ¥, 14 heures, 1/jour, arrêt à Turpan).

TRAIN

La gare de Dūnhuáng est à 10 km à l'est du centre-ville. Pour certaines destinations telles que Běijīng Ouest ou Ürümqi, il faut rejoindre la gare de Liǔyuán en bus (180 km). Quelques destinations : Jiāyùguān (assis/couché dur 53/112 ¥, 4 heures 30, 7/jour), Lánzhōu (couché dur/mou 141/276 ¥, 14 heures, 3/jour ; d'autres trains partent de la gare de Liǔyuán), Turpan (départ gare de Liǔyuán ; couché dur/mou 93/184 ¥, 6-8 heures ; les trains à grande vitesse arrivent à Turpan Nord) et Ürümqi (départ gare de Liǔyuán ; couché dur/mou/assis train à grande vitesse 2e classe 112/219/247 ¥, 5-9 heures ; les trains à grande vitesse partent de Liǔyuán Sud).

Les billets sont en vente au **bureau de réservation des trains** (火车票发售点, Huǒchē Piào Fāshòu Diǎn ; Tianma Jie, 天马街 ; ⏲8h-12h et 13h-16h, jusqu'à 20h l'été), au sud de la mosquée.

ℹ COMMENT CIRCULER

La gare ferroviaire est sur la même route que l'aéroport, à 14 km du centre. Elle est aussi desservie par le bus n°1 depuis l'arrêt de Mingshan Lu (7h30-21h).

Pour vous rendre à la gare ferroviaire de Liǔyuán (pour les trains à destination d'Ürümqi et les trains à grande vitesse), prenez un bus ou un taxi collectif (45 ¥/pers) devant la gare routière. Prévoyez au moins 3 heures pour gagner la gare de Liǔyuán (en tenant compte du temps d'attente pour que le taxi se remplisse).

Les cafés touristiques louent des vélos (5 ¥/heure). En ville, la course en taxi démarre à 5 ¥.

Sur le marché d'alimentation de Jiāyùguān

Jiāyùguān

À VOIR

Première tour de guet de la Grande Muraille Site historique

(长城第一墩, Chángchéng Dìyī Dūn ; 22 ¥, avec entrée au fort de Jiāyùguān ; ⌚8h30-20h, jusqu'à 18h en hiver). Se dressant au sommet d'une falaise de 56 m dominant la rivière Tǎolài, au sud de Jiāyùguān, ce monticule de terre compactée est tout ce qui reste de ce que l'on pense être la toute première tour de guet sur le front ouest de la Grande Muraille. La vue sur la rivière et les gorges en contrebas est impressionnante, et l'on peut marcher le long des vestiges de la Grande Muraille en adobe de l'ère Ming.

Tombes Wèi et Jín Sépultures

(新城魏晋壁画墓, Xīnchéng Wèijìn Bìhuàmù ; 35 ¥ ; ⌚8h30-20h). Ce site souterrain, construit du IIIe au Ve siècle (périodes des Wei et des Jin occidentaux), permet d'accéder aux galeries et chambres funéraires. On peut admirer de nombreuses peintures murales sur briques (certaines ont été retouchées), qui figurent des scènes de la vie quotidienne, comme la préparation du thé ou la récolte des feuilles de mûrier pour l'élevage des vers à soie. Un seul tombeau est accessible au public : celui d'un couple.

OÙ SE RESTAURER

Marché de Jìngtiě Cuisine de rue ¥

(镜铁小吃城, Jìngtiě Xiǎochīchéng ; Xinhua Zhonglu, 新华中路 ; ⌚10h-22h). Parmi les délices disponibles dans ce marché animé, on peut savourer des kebabs à l'agneau, des *ròujiāmó* (肉夹馍 ; sandwichs au porc), des nouilles au bœuf et du canard rôti. Si vous préférez manger assis, une poignée de restaurants borde le côté nord du marché.

Yuànzhōngyuàn Restaurant Sichuanais ¥¥

(苑中苑酒店, Yuànzhōngyuàn Jiǔdiàn ; Jingtie Xilu, 镜铁西路 ; plats 15-50 ¥ ; ⌚9h-21h). Face à la gare routière, au fond d'un petit parc, ce restaurant sichuanais est parfait pour une pause romantique. Nous conseillons le *gōngbǎo jīdīng* (宫保鸡丁 ; poulet épicé aux cacahuètes), le *tiěbǎn dòufu* (铁板豆腐 ; tofu frit) ou le *yúxiāng ròusī* (鱼香肉丝 ; porc gluant aux légumes).

Où se loger

L'offre d'hébergements de Jiāyùguān est assez quelconque, avec une poignée d'hôtels d'affaires et internationaux tout juste corrects bordant les artères principales. La chaîne Jǐnjiāng Inn (锦江之星, Jǐnjiāng Zhīxīng), très populaire, possède un hôtel propre et convivial dans Lanxin Lu.

OÙ PRENDRE UN VERRE ET FAIRE LA FÊTE

La vie nocturne est très limitée à Jiāyùguān, à l'exception des marchés de nuit, qui sont les meilleurs endroits pour trouver une bière. Quelques bars et discothèques de style chinois bordent Xinhua Nanlu de l'autre côté du stade (体育场, *tǐyùchǎng*).

RENSEIGNEMENTS

Bank of China (中国银行, Zhōngguó Yínháng ; 42 Xinhua Zhonglu, 新华中路42号 ; ⌚9h30-17h30 lun-ven, 10h-16h sam-dim). Possède un DAB et un bureau de change. Au sud du croisement avec Lanxin Xilu.

ICBC (工商银行, Gōngshāng Yínháng ; 1493 Xinhua Zhonglu, 新华中路1493号). DAB 24h/24.

Hôpital du Peuple N°1 (第一人民医院, Dìyī Rénmín Yīyuàn ; 26 Xinhua Zhonglu). Hôpital réservé aux citoyens chinois.

Poste (中国邮政, Zhōngguó Yóuzhèng ; Xinhua Zhonglu, 新华中路 ; ⌚8h-18h). Vend également des billets de train.

DEPUIS/VERS JIĀYÙGUĀN ET SES ENVIRONS

AVION

Même s'il existe des vols pour Běijīng, Shànghǎi et Lánzhōu de l'aéroport de Jiāyùguān, la plupart des voyageurs arrivent par le bus ou le train.

BUS

La **gare routière de Jiāyùguān** (嘉峪关汽车站, Jiāyùguān Qìchēzhàn ; 312 Lanxin Xilu, 兰新西路312号), située à proximité de la quatre-voies qui traverse Lanxin Xilu, propose des départs pour Dūnhuáng, Lánzhōu, Wǔwēi et Zhāngyè. Le train est moins cher et plus rapide.

TRAIN

Jiāyùguān compte 2 gares ferroviaires. La gare principale (嘉峪关站, Jiāyùguān Zhàn) au sud-ouest du centre-ville, est accessible par le bus n°1 depuis Xinhua Zhonglu (1 ¥) ou en taxi (10 ¥).

Des trains à grande vitesse reliant Lánzhōu au Xīnjiāng passent à la gare Sud de Jiāyùguān (嘉峪关南站, Jiāyùguān Nánzhàn). La gare est à 8 km au sud-est du centre ; en taxi, comptez 30 ¥.

Des trains directs pour Dūnhuáng existent, mais ils sont moins fréquents que ceux qui s'arrêtent à Liǔyuán, 180 km plus loin. On peut acheter des billets de train au bureau de poste (p. 331) de Xinhua Zhonglu. Parmi les destinations desservies, citons Dūnhuáng (assis/couché dur 53/112 ¥, 5 heures), Lánzhōu (assis/couché dur 98/201 ¥, 6-8 heures ; assis train à grande vitesse 2e classe 215 ¥, 5 heures) et Ürümqi (couché dur/mou 287/449 ¥, 10-14 heures ; assis train à grande vitesse 2e classe 336 ¥, 6 heures 30).

COMMENT CIRCULER

Le bus n°1 (2 ¥) relie les gares ferroviaire et routière. Un taxi coûte 50 ¥ (25 min) pour l'aéroport.

Explorer les sites de la région en taxi (tous hors de la ville) coûte environ 240 ¥, ou 60 ¥ par site. Si vous vous contentez des sites compris dans le billet du fort de Jiāyùguān (p. 324), comptez 180 ¥. Les propositions sont nombreuses autour des gares routière et ferroviaires ; marchandez. Sinon, demandez à votre hôtel de vous commander un taxi.

Lánzhōu

Cernée par les montagnes, la ville s'étire d'ouest en est tel un serpent de béton sur plus de 20 km sur les rives du fleuve Jaune. Elle compte de beaux quartiers au nord-ouest et une agréable promenade le long du fleuve, mais la plupart des voyageurs explorant le Gānsù passent l'essentiel de leur séjour autour de la gare ferroviaire, où se concentrent hôtels et restaurants.

À VOIR

Musée provincial du Gānsù Route de la soie

(甘肃省博物馆, Gānsù Shěng Bówùguǎn ; ☎0931 233 9131 ; www.gansumuseum.com ; 3 Xijin Xilu, 西津西路3号 ; ⌚9h-17h mar-dim). GRATUIT Ce musée présente une collection d'objets datant de la route de la soie (notices en anglais), dont des tablettes de bois gravées, utilisées durant la dynastie Han pour transmettre des messages le long de la route, ainsi que des squelettes de dinosaures.

Le gracieux Cheval volant de Wǔwēi, de la dynastie des Han orientaux (25 av. J.-C.-220), galope sur le dos d'une hirondelle. Découvert à Léitái, près de Wǔwēi, on en trouve de nombreuses reproductions dans le nord-ouest du pays. Passeport obligatoire.

Bus n°1 (1 ¥, 40 min) au départ de la gare ferroviaire.

Temple de la Pagode blanche Temple bouddhique

(白塔寺, Báitǎ Sì ; parc de la Pagode blanche, Binhe Zhonglu, 白塔山公园宾河中路 ; ⌚7h-20h). GRATUIT Construit sous la dynastie Yuan (1206-1368) en hommage à un moine tibétain, ce temple se dresse sur une colline du **parc de la Pagode blanche** (白塔山公园, Báitǎ Shān Gōngyuán), sur la rive nord du fleuve Jaune. Par temps clair, il offre une belle vue sur la ville et le fleuve. On y accède par un escalier partant d'une porte située du côté nord du pont Zhōngshān, ou en **téléphérique** (黄河索道 ; huánghé suǒdào ; descente/montée/aller-retour adulte 25/35/45 ¥, enfant 10/15/20 ¥ ; 🚌34), du côté sud du pont, à quelques rues vers l'est.

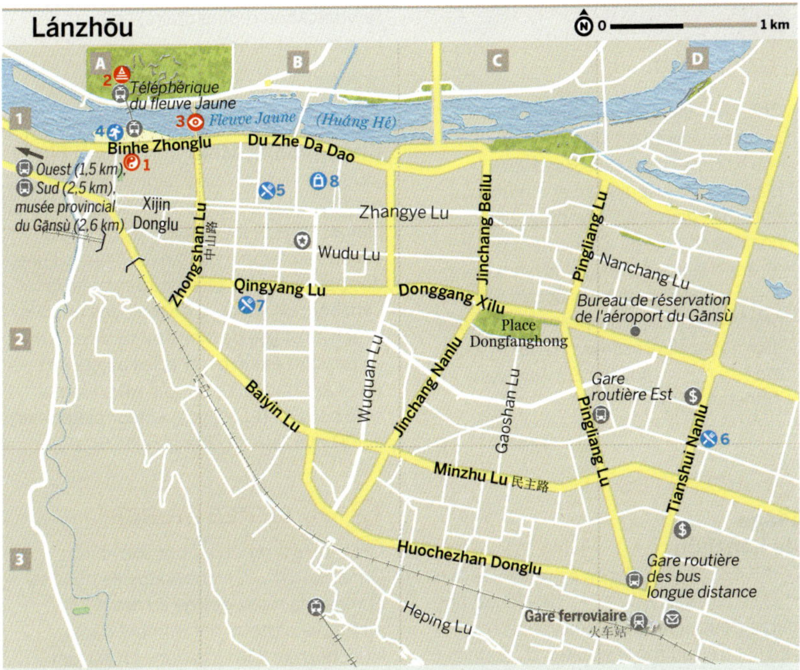

Lánzhōu

À voir
1 Temple du Nuage blanc A1
2 Temple de la Pagode blanche A1
3 Pont de Zhōngshān A1

Activités
4 Plage de Lánzhōu A1

Où se restaurer
5 Măzilù Beef Noodles B1
6 Néngrénjù D2
7 Marché de nuit de Zhengning Lu B2

Achats
8 Chénghuáng Miào B1

Temple du Nuage blanc Temple taoïste
(白云观, Báiyún Guān ; Binhe Zhonglu, 宾河中路 ; 10 ¥ ; 7h-18h30). Fondé au VIIIe siècle, ce temple taoïste en grande partie reconstruit compte 5 salles. Il était sous la dynastie Qing l'un des temples de l'ordre Quanzhen les plus importants.

Parc des roues à eau Site historique
(水车园, Shuǐchē Yuán ; Binhe Donglu, 宾河东路 ; 8h-18h, 8h-20h en été). GRATUIT Lánzhōu est la seule ville traversée par le fleuve Jaune et ces gigantesques reproductions en bois donnent une idée des systèmes d'irrigation qui jalonnaient autrefois les berges. Le site a été aménagé en un agréable petit parc. À quelques kilomètres à l'est, repérez un ensemble plus conséquent d'une dizaine de roues.

Des descentes sur des radeaux en peau de mouton (aller 60 ¥) sont proposées dans le parc.

Pont de Zhōngshān Pont
(Zhōngshān Qiáo, 中山桥 ; Zhongshan Lu, 中山路). GRATUIT Ce pont n'est pas d'une beauté exceptionnelle, mais il constitue un point de repère important à Lánzhōu. Chaque soir, il est éclairé par les lumières du temple de la Pagode blanche : le fleuve Jaune offre alors un spectacle sublime.

Où se loger

Chercher un hébergement à Lánzhōu peut s'avérer frustrant, surtout si votre budget est serré. Beaucoup d'auberges de jeunesse et d'hôtels de milieu de gamme, y compris certaines chaînes chinoises, n'acceptent pas les étrangers. Les auberges de jeunesse se résument souvent à des appartements privés avec des lits superposés. Si vous ne trouvez rien, essayez l'hôtel Jǐnjiāng Inn (锦江之星, Jǐnjiāng Zhīxīng) dans Tianshui Nanlu.

ACTIVITÉS

Plage de Lánzhōu Activités aquatiques

(兰州河滩, Lánzhōu Hétān ; entre le fleuve Jaune et Binhe Zhonglu ; 宾河中路). GRATUIT Plutôt une berge poussiéreuse qu'une plage, mais le lieu est très animé le week-end : matchs de volley-ball, cerfs-volants et balades sur le fleuve en bateau à moteur ou en coracle (embarcation rudimentaire) en peau de mouton (30-40 ¥).

ACHATS

Chénghuáng Miào Antiquités

(城隍庙, temple du Dieu de la ville ; 202 Zhangye Lu, 张掖路202号 ; ⏲9h-18h tlj). Cela ne plairait sans doute pas aux dieux, mais cet ancien temple taoïste est devenu l'une des boutiques les plus pittoresques de Lánzhōu. On y trouve de tout, des articles kitsch à l'effigie de Mao aux services à thé, en passant par la poterie, les objets en bois et les antiquités. Le temple est situé du côté nord de Buxingjie (secteur piétonnier), à 500 m à l'est de Zhongshan Lu.

OÙ SE RESTAURER

Lánzhōu est réputée pour son *niúròu lāmiàn* (牛肉拉面), une soupe de nouilles étirées à la main, épicée au bœuf. On en trouve partout, notamment dans Huochezhan Xilu (à gauche en sortant de la gare ferroviaire) et Dazhong Xiang, près du pont de Zhōngshān (p. 333). Des

De gauche à droite : temple de la Pagode blanche (p. 332) ; Grande Muraille près de Jiāyùguān (p. 325) ; roues à eau traditionnelles (p. 333)

SURONIN / SHUTTERSTOCK ©

WALKDRAGON / SHUTTERSTOCK ©

restaurants de raviolis et de nouilles, avec cartes illustrées, bordent ces deux rues.

Măzilù Beef Noodles Nouilles ¥

(马子禄牛肉面, Măzilù Niúròu Miàn ; ☎0931 845 0505 ; 86 Dazhong Xiang, 大众巷86号 ; nouilles 7 ¥ ; ⏲6h30-14h30). Depuis 1954, les habitants viennent y savourer des nouilles épicées tirées à la main (拉面, *lāmiàn*), la spécialité de la ville. Faites la queue à l'intérieur et demandez un *niúròu miàn* (牛肉面). On vous remettra un ticket, que vous donnerez aux cuisiniers pour obtenir vos nouilles fraîchement préparées. Prenez des baguettes au distributeur du comptoir.

Marché de nuit de Zhengning Lu Marché ¥

(正宁路小吃夜市, Zhèngníng Lù Xiǎochī Yèshì ; Zhengning Lu, 正宁路 ; brochettes d'agneau 1 ¥). L'un des meilleurs marchés de nuit de Lánzhōu occupe une petite rue piétonne. Des stands alignés de chaque côté émanent les alléchantes effluves des délices de la route de la soie. Des stands hui, han et ouïgours proposent divers mets : soupe de tête de chèvre, escargots bouillis, *ròujiābǐng* (肉夹饼 ; mouton dans du pain pita), agneau au cumin, *dàpán jī* (大盘鸡 ; poulet épicé, nouilles et pommes de terres), plats du Sìchuān et nouilles aux travers de porc.

Néngrénjù Fondue ¥¥

(能仁聚 ; 216 Tianshui Nanlu, 天水南路216号 ; fondue à partir de 35 ¥ ; ⏲11h-22h). Dans ce restaurant de *shùan yángròu* (涮羊肉 ; fondue d'agneau) à la pékinoise, le bol de bouillon coûte 25 ¥ ; on peut ajouter de la viande de mouton émincée (30 ¥), des légumes (10 ¥), etc. À environ 100 m après le croisement avec Minzhu Lu.

OÙ PRENDRE UN VERRE ET FAIRE LA FÊTE

La vie nocturne de Lánzhōu tourne essentiellement autour des marchés de nuit, qui grouillent de monde le week-end et où bière et alcools locaux coulent à flots.

Des "beer boats" (bateaux à bières) sont amarrés sur les rives du fleuve Jaune, près du pont de Zhōngshān (p. 333) ; des endroits agréables pour siroter une bière Huang He en plein air ou pour dîner.

Nouilles de Lánzhōu (p. 334)

RENSEIGNEMENTS

Bank of China (中国银行, Zhōngguó Yínháng ; 525 Tianshui Nanlu, 天水南路525号 ; ⏲9h-17h). DAB 24h/24.

ICBC (工商银行, Gōngshāng Yínháng ; 475 Dingxi Nanlu, 定西南路475号). DAB 24h/24.

Poste (中国邮政, Zhōngguó Yóuzhèng ; 381 Huochezhan Donglu, 火车站东路381号 ; ⏲9h-17h). Regardez à droite en sortant de la gare routière et vous verrez l'enseigne verte de la Poste.

DEPUIS/VERS LÁNZHŌU

AVION

De l'aéroport de Zhōngchuān à Lánzhōu, des vols desservent notamment : Běijīng (1 460 ¥), Dūnhuáng (1 466 ¥), Jiāyùguān (1 576 ¥), Kūnmíng (1 902 ¥), Shànghǎi (1 750 ¥) et Xī'ān (480 ¥). Le **bureau de réservation de l'aéroport du Gānsù** (甘肃机场集团售票中心, Gānsù Jīchǎng Jítuán Shòupiào Zhōngxīn ; ☎0931 888 9666 ; 616 Donggang Xilu, 东岗西路616号 ; ⏲9h-18h) réserve des billets à tarifs réduits.

L'aéroport se situe à 70 km au nord de la ville. Les bus de l'aéroport (30 ¥, 1 heure) partent toutes les heures de 5h30 à 19h, en face du bureau de réservation de l'aéroport du Gānsù dans Donggang Xilu, près du **JJ Sun Hotel** (锦江阳光酒店, Jǐnjiāng Yángguāng Jiǔdiàn ; ☎0931 880 5511 ; 589 Donggang Xilu, 东岗西路589号). Un taxi coûte environ 150 ¥.

Une liaison ferroviaire à grande vitesse connecte l'aéroport à la principale gare ferroviaire de Lánzhōu (21,50-26 ¥, 40-50 min) et à la gare ferroviaire de Lánzhōu Ouest (18,50-22 ¥, 30-40 min), où vous pourrez prendre un train à grande vitesse pour Jiāyùguān.

BUS

Lánzhōu abrite plusieurs gares routières, toutes proposant des départs pour Xīníng. La **principale gare des bus longue distance** (兰州汽车站, Lánzhōu Qìchē Zhàn ; 129 Pingliang Lu, 平凉路129号) est désormais un simple guichet. De là, un bus-navette rejoint la **gare routière Est** (汽车东站, Qìchē Dōngzhàn ; ☎0931 841 8411 ; 276 Pingliang Lu, 平凉路276号), 30 minutes avant le départ du bus. La plupart des trajets vers Lánzhōu s'achèvent à la gare routière Est. Les billets des bus-couchettes pour Zhāngyè ou Jiāyùguān s'achètent ici.

Lánzhōu est la seule ville dont le centre-ville est traversé par le fleuve Jaune.

Les bus depuis/vers le sud du Gānsù, notamment Xiàhé, utilisent la gare routière Sud (汽车南站, *qìchē nánzhàn*). Pour vous rendre à la gare ferroviaire, prenez un taxi (45 ¥ ; 45 min) ou le bus n°111 (1 ¥).

Les liaisons pour Xiàhé (75 ¥, 4 heures, 5/jour) partent de la gare routière Sud, seul lieu où sont vendus les billets. Heureusement, on peut les acheter juste avant le départ.

Notez qu'il n'y a aucun bus direct entre Lánzhōu et Lángmùsì ; correspondance à Hézuò.

TRAIN

Lánzhōu est le grand nœud ferroviaire vers la Chine orientale. La ville compte 2 gares ferroviaires : celle de Lánzhōu (兰州火车站, Lánzhōu *huǒchē zhàn*), au centre-ville, et celle de Lánzhōu Ouest (兰州火车西站, Lánzhōu *huǒchē xīzhàn*). On peut prendre dans les 2 gares des trains à grande vitesse Lánzhōu-Xīnjiāng et des trains pour l'aéroport, mais les départs sont plus fréquents à la gare centrale de Lánzhōu.

En haute saison, réservez vos billets à l'avance pour avoir une couchette. Pour Dūnhuáng, vérifiez que votre train se rend bien dans la ville elle-même ou à Liǔyuán, à 180 km de Dūnhuáng.

Depuis la gare de Lánzhōu, des trains fréquents desservent Dūnhuáng (couché dur/mou 276/430 ¥, 13-15 heures, 2 directs par jour pour Dūnhuáng à 17h25 et 17h50 ; les autres vont à Liǔyuán), Jiāyùguān (1re/2e classe assis 215/258 ¥, 4 heures ; couché dur/mou 193/297 ¥, 7-10 heures), Ürümqi (couché dur/mou 418/659 ¥, 19-24 heures) et Xī'ān (couché dur/mou 184/283 ¥, 8-9 heures).

Au départ de la gare de Lánzhōu Ouest, des trains desservent Jiāyùguān Sud (1re/2e classe assis 258/215 ¥, 4 heures 30).

COMMENT CIRCULER

Lors de notre passage, les rues de Lánzhōu étaient encombrées par la construction du métro, qui devrait voir le jour en 2020. Prévoyez beaucoup de temps pour vos déplacements, surtout si vous devez prendre un train ou un bus le matin, car les taxis et les bus de ville sont souvent pris dans les embouteillages.

Un trajet en bus public coûte 1 ¥. En taxi, la prise en charge est de 7 ¥ pour les 3 premiers kilomètres. Aucun bus ne circule entre la gare ferroviaire et la gare routière Sud, vous devrez prendre un taxi (35 ¥, 45 min).

Les diables étrangers sur la route de la soie

En 1900, Wang Yuanlu, ermite taoïste installé dans les grottes de Mògāo (p. 320) découvrit une bibliothèque secrète contenant des dizaines de milliers de manuscrits et de peintures, dont certains datant du Ve siècle.

Cette trouvaille extraordinaire comprenait des textes rédigés dans des langues rares d'Asie centrale, des récits militaires, des partitions de musique, des prescriptions médicales, des écrits confucéens et taoïstes, des sutras bouddhiques copiés par d'illustres calligraphes chinois et le plus vieux livre imprimé au monde, le *Sutra du Diamant* (868). En bref, d'inestimables documents originaux concernant l'histoire de la Chine, de l'Asie centrale et du bouddhisme.

La nouvelle de cette découverte se propagea rapidement, et Wang Yuanlu, devenu une célébrité locale, fut courtisé par des archéologues étrangers, comme le Français Paul Pelliot et le Britannique Aurel Stein. Pressé de révéler la cachette de cette précieuse bibliothèque, Wang Yuanlu vendit une importante partie du trésor. Sous sa garde, près de 20 000 manuscrits d'une valeur inestimable furent emportés en Europe contre la somme dérisoire de 220 livres sterling.

Quartier de Sānlǐtún, Běijīng (p. 36)

En savoir plus

La Chine aujourd'hui

Ensemble unique où se retrouvent entrepreneurs dynamiques, bouddhistes méditatifs, marxistes purs et durs, nouveaux riches, paysans au visage buriné, travailleurs migrants infatigables et employés précaires enchaînés à leur poste 24h/24, la Chine présente aujourd'hui un visage d'une diversité tout aussi grande que les défis qu'il lui reste à relever.

L'édifice ultra moderne Galaxy SOHO, à Běijīng, conçu par Zaha Hadid Architects
ZHAOJIANKANG / GETTY IMAGES ©

Économie : ralentissement ou impasse ?

La croissance exponentielle de la Chine, que rien ne semblait pouvoir arrêter depuis 3 décennies, serait sur le point de céder du terrain, même si les experts restent divisés sur le devenir à long terme d'une économie pesant quelque 11 000 milliards de $US, dont nombre d'États sont désormais les débiteurs. Entre dette élevée, surcapacité industrielle chronique, myriade de bulles immobilières sur les divers marchés du pays, système financier instable et opacité monétaire… tous les indicateurs laissent présager la fin d'une croissance à 2 chiffres. Même si l'économie reste solide, il se pourrait bien que les ambitions de l'actuel plan quinquennal chinois doivent être revues à la baisse. Pourraient en être affectés l'élargissement massif de la couverture sociale, ainsi que le gigantesque budget de l'armée, lequel paraît pourtant central, tant le désir de puissance de cette nation est alimenté par les tensions avec les pays voisins et les États-Unis. La dépression est certes improbable, mais

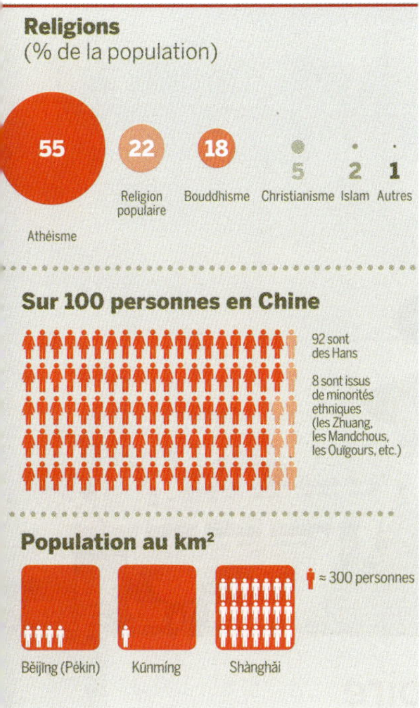

la Chine doit sans doute se préparer à une réduction du nombre d'emplois et à des attentes déçues, dans la société civile en général, et la classe moyenne en particulier.

La Chine en voyage

La crise du marché financier chinois ne semble pas avoir entamé la volonté de la population de rejoindre le classement des pays les plus voyageurs, fait nouveau pour un pays plus habitué, par son histoire récente, à la fermeture sur soi. Ainsi, tandis que le monde entier se rend en Chine, la réciproque devient-elle vraie. En 2015, ce sont quelque 120 millions de Chinois qui ont passé les frontières de leur pays. Cette même année, les arrivées de touristes chinois au Royaume-Uni bondissaient de 40% pour les seuls 9 premiers mois ; les vacanciers chinois dépensaient 215 milliards de $US à l'étranger (soit davantage que le PIB d'un pays comme le Portugal), chiffre en hausse de 53% par rapport à l'année précédente. Le tourisme chinois devrait représenter 14% des revenus du tourisme mondial d'ici à 2020. Plusieurs pays, comme les États-Unis et la Grande-Bretagne, ont assoupli leurs règles d'obtention de visas pour les ressortissants chinois, ce qui facilite leurs voyages à l'étranger. Ne croyez pas pour autant trouver un pays déserté : Běijīng espère que le tourisme intérieur représentera quelque 5 500 milliards de ¥ d'ici 2020.

Eaux troubles et turbulences dans les régions frontalières

L'impressionnante expansion économique de la Chine ces 30 dernières années, si elle a stupéfait les pays occidentaux, a suscité un malaise croissant chez ses voisins. L'assise supplémentaire que donnent à cette domination la taille du pays et l'importance de la population inquiète en effet certaines nations en Asie de l'Est. Le contentieux qui oppose la Chine au Vietnam et aux Philippines, parmi d'autres pays de la région, pour le contrôle des eaux territoriales, des îles, récifs, atolls et pitons rocheux des îles Paracels (Xīshā) et Spratleys (Nánshā), en mer de Chine méridionale, s'est envenimé ces dernières années suite à l'appropriation et la construction, décidées unilatéralement par la Chine, de récifs litigieux et de territoires alentour. La Chine a tenté de mettre en place une zone exclusive de 12 milles nautiques autour de ces récifs, remise en cause par la marine américaine qui souhaite poursuivre les entraînements au nom de la liberté de navigation. L'éventualité d'une erreur de calcul, cause de potentiel conflit, n'a jamais été aussi inquiétante. En parallèle, le différend, apparemment inextricable, entre la Chine et le Japon concernant les îles inhabitées Diàoyú (îles Senkaku pour les Japonais) continue de dégrader les relations entre les deux pays. Un œil rivé sur la situation maritime, le président Xi Jinping doit également gérer des troubles dans la province du Xīnjiāng, où la réponse sécuritaire de Běijīng est de plus en plus sévère à l'endroit des Ouïgours, ce qui est susceptible d'attiser les tensions davantage encore.

Histoire

Brossée à grands traits, l'histoire de la Chine donne un sentiment de longues époques de paix perturbées çà et là par des dissensions, des morcellements ou des attaques. Pourtant, le pays a été secoué par des conflits durant la plus grande partie de son existence. Sa taille et sa forme ont aussi changé à maintes reprises. Il existe toutefois un fil continu de l'histoire de la Chine, depuis ses origines jusqu'au plein épanouissement de sa civilisation.

À gauche : salle de la Prière pour de bonnes moissons, parc du temple du Ciel (p. 50), Běijīng
NINO H. PHOTOGRAPHY / GETTY IMAGES ©
À droite : Soldats de terre cuite (p. 106), Xī'ān
BULE SKY STUDIO / SHUTTERSTOCK ©

vers 4000 av. J.-C.
Premiers sites de peuplement connus le long du fleuve Jaune (Huáng Hé).

551 av. J.-C.
Naissance de Confucius. Il défend l'idée d'une société éthique, fonctionnant grâce au respect des hiérarchies.

214 av. J.-C.
L'empereur Qin emploie des milliers d'hommes pour relier les tronçons de remparts existants et former la Grande Muraille, bâtie en terre.

Des ossements divinatoires à Confucius

Si l'on excepte celle des Xia, tenue pour antérieure à l'âge du bronze, la première dynastie "chinoise", celle des Shang, fut considérée comme légendaire jusqu'à ce que des témoignages archéologiques – des os de bétail et des carapaces de tortues du Hénán, gravées de signes identifiés comme une forme archaïque d'écriture chinoise – attestent de son existence dans le centre de la Chine vers 1766 av. J.-C.

Entre 1050 et 1045 av. J.-C., le territoire des Shang tomba aux mains de la peuplade voisine des Zhou. Le premier millénaire avant notre ère fut marqué de conflits incessants, en particulier durant les périodes dites des Printemps et Automnes (722-481 av. J.-C.) et des Royaumes combattants (475-221 av. J.-C.).

Émergea alors le système de pensée et de morale de Confucius (551-479 av. J.-C.), également appelé Kongzi, lequel allait sous-tendre la culture chinoise pendant près de 2 500 ans.

vers 100 av. J.-C.
Le bouddhisme venu d'Inde s'implante en Chine. Ce système religieux finira par être complètement assimilé à la culture chinoise.

755-763
An Lushan se rebelle contre la dynastie Tang. Malgré l'échec de la révolte, la cour cède une partie du pouvoir aux dirigeants des provinces.

1215
Gengis Khan bâtit un immense empire eurasiatique sous domination mongole. Il conquiert Běijīng.

★ Icônes du passé

Armée des soldats de terre cuite (p. 106)
Grande Muraille (p. 78)
Cité interdite (p. 40)
Grottes de Mògāo (p. 320)

La Grande Muraille (p. 78)

Les premiers empires

La période des Royaumes combattants s'acheva en 221 av. J.-C., lorsque le royaume de Qin eut conquis les autres États de la Chine centrale. Qin Shi Huang se proclama empereur – le premier d'une longue succession dynastique qui s'acheva en 1912. Des historiens affirment qu'il fut un chef cruel et impitoyable, mais la dynastie Han (206 av. J.-C.-220), qui succéda au court règne des Qin, reprit de nombreuses pratiques de gouvernement de ses prédécesseurs.

Qin Shi Huang supervisa de grands projets de travaux publics, dont la construction de fortifications, chantier qui mobilisa quelque 300 000 hommes et fut l'amorce de la Grande Muraille. Il uniformisa la monnaie, le système des mesures et la langue écrite, jetant ainsi les bases d'un État unifié.

Illustrant un schéma récurrent dans l'histoire de la Chine, un paysan, Liu Bang (256-195 av. J.-C.), initia un soulèvement et parvint à s'emparer du pouvoir. Il fonda la dynastie Han.

Le spectre de la désunion

Entre le début du IIIe siècle et la fin du VIe siècle, le nord de la Chine connut une succession de royaumes rivaux. Une importante division apparut entre le nord et le sud du pays. Déchiré par les guerres, le Nord passa aux mains de maîtres non-chinois. Le régime le plus solide fut alors la dynastie des Wei du Nord (386-534), fondée par les Tuoba. Ce peuple d'origine septentrionale, converti au bouddhisme, légua certaines des plus belles œuvres d'art bouddhiques de la Chine, dont les célèbres grottes de Dūnhuáng. Lui succédèrent une série de régimes rivaux jusqu'à ce qu'un aristocrate, Yang Jian (mort en 604), parvienne à réunifier la Chine sous la dynastie des Sui (581-618). Son fils, Sui Yangdi, contribua également à l'unification du Sud et du Nord avec la construction du Grand Canal. Prolongé au fil des siècles, l'ouvrage demeura la principale voie de communication nord-sud de la Chine jusqu'à la fin du XIXe siècle. Après trois incursions infructueuses sur le territoire coréen qui se soldèrent par de désastreux revers militaires, Sui Yangdi dut affronter une révolte populaire. Il fut assassiné en 618 par un haut fonctionnaire.

1298-1299
Marco Polo écrit le célèbre récit de ses voyages en Chine, décrivant la vie sous les Mongols.

1406
L'empereur Ming Yongle entame la construction des 800 bâtiments qui composent la Cité interdite.

1644
Běijīng tombe aux mains d'un paysan rebelle, Li Zicheng, et le dernier empereur Ming, Chongzhen, se pend dans le parc Jǐngshān.

Les Tang : la Chine se tourne vers l'Occident

Le règne des Tang (618-907) fut une période d'ouverture vers l'extérieur. La Chine adopta la culture de ses voisins – les mariages avec des habitants d'Asie centrale et le port de vêtements d'inspiration indienne témoignaient de l'esprit cosmopolite de l'époque.

La dynastie Tang fut fondée par Li Yuan, un général Sui, dont l'œuvre fut consolidée par son fils Taizong (626-649). Cháng'ān (l'actuelle Xī'ān) devint la plus impressionnante capitale du monde d'alors. Celle-ci comptait un million d'habitants, un quartier cosmopolite et un marché où affluaient des négociants venus de contrées aussi lointaines que la Perse. Les remparts qui entouraient la ville finirent par englober une surface de quelque 83 km^2.

Un personnage hors du commun succéda à Taizong : Wu Zetian (r. 690-705), l'unique impératrice régnante de l'histoire de Chine. Elle fut contrainte d'abdiquer en 705 au profit de Xuanzong. Ce dernier présida à la plus grande catastrophe de l'histoire des Tang, la révolte d'An Lushan. Les combats durèrent de 755 à 763. Malgré la défaite d'An Lushan, les Tang perdirent définitivement le contrôle du pays.

Les Song : conflit et prospérité

La chute des Tang fut suivie par une nouvelle période de désunion – dite période des Cinq Dynasties ou des Dix Royaumes – qui se prolongea jusqu'à la fondation de la dynastie des Song du Nord (960-1127). La dynastie Song était en conflit permanent avec ses voisins du nord. En 1126, la capitale des Song, Kāifēng, tomba aux mains d'un troisième peuple non-chinois, les Jürchen (anciens alliés des Song contre les Liao). La capitale de l'empire fut alors transférée dans le Sud, à Hángzhōu, inaugurant la période des Song du Sud (1127-1279), qui devait se caractériser par une immense richesse culturelle et économique.

Des Mongols aux Ming

Gengis Khan (1167-1227) qui commençait à étendre son pouvoir, s'intéressa à la Chine. En 1215, il s'empara de Běijīng et reconstruisit la ville après l'avoir détruite. Hángzhōu, la capitale des Song du Sud, tomba aux mains de ses successeurs en 1276. La cour s'enfuit mais les Song du Sud résistèrent jusqu'en 1279. Kubilay Khan, petit-fils de Gengis Khan, assit son règne sur toute la Chine en tant qu'empereur de la dynastie Yuan.

Les Mongols se montrèrent moins habiles à gouverner qu'à se battre et la rébellion eut raison de leur empire en moins d'un siècle. Zhu Yuanzhang, fondateur de la dynastie Ming, devenu l'empereur Hongwu, établit sa capitale à Nánjīng. Mais, dès le début du XVe siècle, la Cour commença à revenir à Běijīng. Sous le règne de l'empereur Yongle (vers 1403-1424) fut lancé un immense projet de reconstruction qui donna naissance à la Cité interdite et dont le plan subsiste aujourd'hui.

1842
Le traité de Nánjīng (Nankin) met fin à la première guerre de l'Opium. Il contraint la Chine à céder l'île de Hong Kong aux Britanniques.

1898
Les Nouveaux Territoires qui jouxtent Kowloon à Hong Kong sont cédés aux Britanniques pour un bail de 99 ans.

1904-1905
La guerre russo-japonaise se déroule entièrement sur le territoire chinois.

★ Concessions et colonies étrangères

Ancienne concession française (p. 130)
Hong Kong (p. 210)
Macao (p. 222)

Tramway (p. XXX), Causeway Bay, Hong Kong

WIBOWO RUSLI / GETTY IMAGES ©

Ayant usurpé le pouvoir à son neveu, l'empereur Yongle s'efforça d'établir sa propre légitimité. En 1405, il lança la première de sept grandes expéditions maritimes. La Grande Muraille fut remaniée et recouverte de briques, tandis que les premiers navires européens arrivaient, présage d'une menace nouvelle venue de la mer.

Les luttes internes finirent par ébranler le pouvoir des Ming. Puis, aux catastrophes naturelles, telles la sécheresse et la famine, s'ajouta une menace venue du nord. Les Mandchous, un peuple nomade belliqueux, profitèrent des troubles qui agitaient la Chine pour lancer une invasion.

Les Qing : le dernier empire

Après avoir conquis une petite partie de la Chine, les Mandchous fondèrent la dynastie des Qing (1644-1911). Si, d'un côté, les dirigeants Qing s'efforçaient d'obtenir l'allégeance des hauts fonctionnaires et des intellectuels en veillant au respect de la culture chinoise traditionnelle, de l'autre, ils établirent des règles strictes de séparation sociale entre les Han et les Mandchous et tentèrent de maintenir, sans toujours y parvenir, une culture rappelant leur passé de guerriers nomades. La dynastie Qing connut son apogée sous les empereurs Kangxi, Yongzheng et Qianlong, qui totalisèrent à eux trois 135 années de règne. Pour les Mandchous, les événements les plus dévastateurs ne furent pas les guerres de l'Opium, mais la révolte des Taiping contre les Qing (1851-1864), une insurrection en partie motivée par la foi étrangère (le christianisme).

La voie de la rébellion

Le révolutionnaire cantonais Sun Yat-sen (1866-1925) demeure l'une des rares figures de l'histoire moderne respectées, aussi bien en Chine qu'à Taïwan. À la fin du XIXe siècle, il fit, avec son parti appelé Ligue d'union jurée, plusieurs tentatives pour saper le régime des Qing. Il parvint à obtenir des fonds et le soutien de la diaspora, de la nouvelle classe moyenne et des sociétés secrètes traditionnelles.

1911
La révolution gagne la Chine, à mesure que les gouvernements locaux abandonnent la dynastie pour soutenir la république.

1916
Yuan Shikai échoue à se faire proclamer empereur. Il reste président, mais meurt la même année.

1925
Le 30 mai, la fusillade d'ouvriers en grève par la police de Shànghǎi, sous contrôle étranger, enflamme les passions nationalistes.

En 19[illegible] mou[illegible] acc[illegible] dy[illegible] cou[illegible] du [illegible] Wǔ[illegible] inv[illegible] étrangers impliqués dans les projets de construction de voies ferrées et les dirigeants provinciaux dégénéra en violence et prit un caractère anti-Qing. L'agitation atteignit son paroxysme au Sìchuān, où seul l'envoi de troupes ramena le calme. Au même moment, les révolutionnaires de Wǔhàn prirent le contrôle de la ville et déclarèrent son indépendance. En quelques jours, puis quelques semaines, la plupart des provinces firent sécession. Partout, des assemblées provinciales se déclarèrent en faveur d'une république, avec Sun Yat-sen (qui ne se trouvait pas en Chine) comme candidat à la présidence.

La république : instabilité

La république de Chine, qui dura moins de 40 ans sur le continent (1912-1949), est toujours considérée comme une période sombre de l'histoire moderne, tant en raison des menaces impérialistes venues de l'extérieur que des menées, à l'intérieur, des seigneurs de la guerre. Elle fut toutefois un intermède d'ouverture à des idées et à une culture nouvelles, marquée par une liberté d'expression et une production culturelle largement supérieures à toutes les périodes ultérieures.

Revenu de l'étranger au moment de la révolution de 1911, Sun Yat-sen occupa brièvement le poste de président, avant de

L'opium, la "boue étrangère"

Bien que le commerce de l'opium ait été interdit en Chine par décret impérial à la fin du XVIIIe siècle, le *cohong* (confrérie des marchands locaux) de Guǎngzhōu s'efforça de faire perdurer le négoce. Quand la Compagnie anglaise des Indes orientales perdit son monopole sur le commerce chinois en 1834, les importations de drogue augmentèrent, pour atteindre 40 000 caisses par an.

En 1839, le gouvernement Qing envoya le commissaire impérial Lin Zexu pour éradiquer le commerce de l'opium. Lin parvint à bloquer les Britanniques à Guǎngzhōu et brûla la "boue étrangère" à Hǔmén. Les Britanniques envoyèrent une force expéditionnaire de 4 000 hommes de la marine royale pour obtenir des réparations et mettre en place des accords commerciaux favorables.

La première guerre de l'Opium débuta en juin 1840, quand l'armée britannique attaqua Guǎngzhōu et força les Chinois à céder 5 ports. Les Chinois furent contraints d'accepter les conditions de la Grande-Bretagne dans le traité de Nankin. Ce texte abolissait le monopole du commerce, ouvrait les "ports du traité" aux résidents britanniques et aux transactions étrangères, dispensait les citoyens britanniques de respecter les lois chinoises et cédait l'île de Hong Kong à la Grande-Bretagne. Signé en août 1842, ce traité officialisait la relation inégale entre la Chine et l'Occident pour les 50 ans à venir.

Années 1930
La cosmopolite Shànghǎi abrite une population polyglotte de 4 millions d'habitants.

1931
Le Japon envahit la Chine du Nord-Est, provoquant une crise internationale.

1937
Les Japonais et les Chinois s'affrontent à Wanping, près de Běijīng. Cet incident déclenche la "guerre de résistance" contre le Japon.

★ Vestiges

Église Saint-Paul (p. 206)
Jiànkòu (p. 83)
Anciennes portes de la ville de Chóngqìng (p. 309)
Bā Táizi (p. 100)

Vestiges de l'église Saint-Paul (p. 206), Macao

WIBOWO RUSLI / GETTY IMAGES ©

céder la place au chef militaire Yuan Shikai. À la mort de Yuan Shikai, en 1916, le pays se scinda en régions rivales, dirigées par des chefs militaires.

L'expédition du Nord et la Longue Marche

À la mort de Sun Yat-sen, en 1925, la lutte pour la succession au sein du parti coïncida avec le développement soudain d'un sentiment anti-étrangers provoqué par l'incident du 30-Mai (le 30 mai 1925, 13 ouvriers qui manifestaient furent tués par la police britannique à Shànghǎi). Sur les conseils des Soviétiques, le KMT et le PCC préparèrent leur "expédition du Nord", la grande croisade de 1926 qui devait unifier la Chine. En 1926-1927, l'Armée nationale révolutionnaire progressa lentement vers le nord, combattant, soudoyant ou persuadant ses opposants, afin qu'ils se soumettent à la direction du KMT.

Tchang Kaï-chek (1887-1975), officier originaire du Zhèjiāng formé à Moscou, s'imposa comme la figure dominante au sein de l'armée. Il parvint à avancer sans interruption, et remporta une victoire décisive en prenant Shànghǎi en mars 1927. Mais une mauvaise surprise attendait ses alliés communistes. Loin d'être impressionné par les conseillers soviétiques, Tchang Kaï-chek était de plus en plus convaincu qu'ils comptaient utiliser cette alliance avec le Guómíndǎng pour s'emparer du pouvoir. Il choisit donc de frapper le premier : il enrôla des voyous et des soldats pour lancer une attaque éclair contre les activistes du PCC et les syndicalistes de Shànghǎi, massacrant des milliers d'entre eux et détruisant l'assise urbaine du parti.

Le gouvernement du KMT, dirigé par Tchang Kaï-chek, accéda officiellement au pouvoir en 1928, grâce à l'effet conjugué de la force militaire et d'un réel soutien populaire. Les communistes n'étaient pas restés inactifs. Après avoir été balayé par Tchang Kaï-chek, pratiquement tout ce qui restait du PCC avait fui dans les campagnes. En 1934, les "campagnes d'anéantissement" de Tchang Kaï-chek, jusqu'alors inefficaces, menacèrent sérieusement la présence du PCC au Jiāngxī, tandis que l'Armée rouge

1946
Les communistes et le KMT, incapables de créer un gouvernement de coalition, plongent le pays dans la guerre civile.

1949
Le 1er octobre, Mao Zedong proclame la République populaire de Chine du haut de la porte de la Paix céleste à Běijīng.

1950
La Chine s'engage dans la guerre de Corée. Mao consolide son régime par des campagnes de masse qui encouragent la population.

voyait se refermer sur elle l'étau des troupes nationalistes. Le PCC se lança alors dans une épopée restée légendaire, la Longue Marche, soit plus de 6 400 km. Il n'était toutefois pas exclu que, dans les mois suivants, Tchang Kaï-chek les attaque à nouveau et les écrase totalement.

Les événements s'accélérèrent en décembre 1936, lorsque le PCC et le chef militaire chinois de la Mandchourie, le général Zhang Xueliang, enlevèrent Tchang Kaï-chek et le contraignirent à former un front uni avec les communistes pour combattre le Japon.

La guerre et les communistes

L'implication de la Chine dans la Seconde Guerre mondiale est souvent mésestimée, voire oubliée en Occident. L'invasion du pays par les Japonais, qui débuta en 1937, fut impitoyable, avec des exactions tel le massacre de Nankin.

Les véritables vainqueurs de la Seconde Guerre mondiale furent les communistes. À la fin de la guerre contre le Japon, les bases communistes s'étaient largement étendues, l'APL (Armée populaire de libération) comptait quelque 900 000 hommes et le Parti enregistrait 1,2 million de membres.

En 1946, le KMT et le PCC entamèrent une guerre civile, dont les communistes sortirent vainqueurs au bout de trois longues années. Mao proclama la République populaire de Chine à Běijīng le 1er octobre 1949.

La Chine de Mao et le Grand Bond en avant

L'expérience de Mao l'avait convaincu que seul un changement radical pouvait bousculer les relations entre les propriétaires et leurs locataires, ou entre les capitalistes et leurs employés, dans une Chine encore profondément traditionnelle. Au cours de la première année du régime, 40% des terres furent redistribuées à des paysans pauvres. Dans le même temps, environ un million de personnes accusées d'être des "propriétaires" furent persécutées et tuées.

Alors que les relations avec les Soviétiques se rompirent au milieu des années 1950, les dirigeants du PCC firent le pari de l'autosuffisance économique. Soutenu par ses collègues du Politburo (Bureau politique), Mao proposa les mesures du Grand Bond en avant (Dàyuèjìn), un plan très ambitieux visant à exploiter le pouvoir de l'économie socialiste pour stimuler la production d'acier, de charbon et d'électricité.

Le Grand Bond en avant fut un terrible fiasco. Mené dans un déni total de la réalité, il entraîna une effroyable famine qui causa des dizaines de millions de morts. Après l'échec du Grand Bond en avant, Mao démissionna de son poste de chef de l'État, mais il demeura à la tête du Parti communiste. En 1962, le retour à une économie semi-collectiviste ne tempéra pas l'enthousiasme de Mao pour le renouveau révolutionnaire.

1966
Début de la Révolution culturelle et manifestations des gardes rouges dans tout le pays.

1976
Mort de Mao Zedong à l'âge de 83 ans. La Bande des Quatre est arrêtée par son successeur, et condamnée.

1989
Des centaines de civils sont tués par l'armée chinoise dans les rues autour de la place Tiān'ānmén.

La Révolution culturelle

De 1966 à 1976, le Grand Timonier allait mener la dernière campagne de masse de la Chine communiste, la Révolution culturelle (Wénhuà Dàgémìng), qui reste sans aucun doute l'événement le plus traumatisant de la période maoïste. Ce mouvement permit à Mao de réaffirmer son pouvoir et sa vision révolutionnaire face au pesant bureaucratisme de l'Union soviétique et à la "voie capitaliste", préconisée par le président Liu Shaoqi et le secrétaire général du Parti, Deng Xiaoping. Le groupe qui inspira la Révolution culturelle, appelé la Bande des Quatre, se composait de l'épouse de Mao, Jiang Qing, et de trois de ses partisans, Yao Wenyuan, Wang Hongwen et Zhang Chunqiao. Le rôle du Premier ministre Zhou Enlai dans ce mouvement reste toutefois énigmatique.

Les conceptions extrêmes de Mao et son opposition à la bureaucratisation du PCC l'isolèrent. En réaction, il commença à imposer un culte de la personnalité, avec l'aide de Lin Biao, ministre de la Défense et chef de l'APL. Au début des années 1960, Lin fit rassembler les pensées de Mao dans un recueil, *Les Citations du président Mao*, plus connu sous le nom de "*Petit Livre rouge*". L'ouvrage devint un sujet d'étude pour toutes les troupes de l'APL, puis dans tout le système éducatif.

Le point de départ de la Révolution culturelle fut une pièce de théâtre qui, bien qu'elle se déroulât à une époque révolue, critiquait Mao. Ce dernier lança alors une vaste purge des milieux artistiques. Parallèlement, les murs de l'université de Běijīng se couvrirent d'affiches qui en remettaient en cause l'administration. Mao approuva. Peu après, les étudiants reçurent des brassards rouges et descendirent dans la rue : les gardes rouges (*Hóngwèibīng*) étaient nés. Dès août 1966, Mao passait en revue des milliers de gardes rouges qui défilaient en chantant et en brandissant le *Petit Livre rouge*.

Rien ni personne ne fut à l'abri des gardes rouges. On ferma les universités et les écoles secondaires. Intellectuels, écrivains et artistes furent renvoyés, tués, persécutés ou contraints au travail forcé dans les campagnes. Les publications littéraires et culturelles furent interrompues, les temples pillés, les communautés monastiques dispersées et de nombreux vestiges du passé "féodal", "exploiteur" ou "capitaliste" (dont des temples, des monuments et des œuvres d'art) furent détruits.

Les années suivantes, le retour à la stabilité politique fut relatif. Zhou Enlai s'attacha à rétablir les relations commerciales et diplomatiques avec le monde extérieur. Les années 1970 furent marquées par l'admission de la Chine aux Nations unies et par son engagement dans une politique de détente envers les États-Unis.

L'ère des réformes

Mao mourut en septembre 1976, et Hua Guofeng (1921-2008) lui succéda. Durant les deux dernières décennies du XXe siècle, les pratiques totalitaires du gouvernement communiste évoluèrent considérablement grâce aux "quatre modernisations" (agriculture, industrie, sciences et techniques, défense).

1997
Hong Kong revient dans le giron de la Chine.

2001
La Chine adhère à l'Organisation mondiale du commerce (OMS).

2006
Le barrage des Trois-Gorges est achevé. De vastes parties de l'ouest de la Chine disparaissent sous les eaux.

Au milieu de 1977, Deng Xiaoping revint au pouvoir pour la troisième fois. La Chine de Deng Xiaoping se rapprocha des économies capitalistes occidentales. Dans les campagnes, le système de responsabilité autorisait les familles et les entreprises à vendre leur surplus sur le marché libre. Sur la côte, des zones économiques spéciales (ZES) furent établies.

Affaibli par ces changements économiques et politiques, le Parti commença à perdre son emprise idéologique. En 1978 et 1979, la population avait déjà exigé une "cinquième modernisation" : la démocratie, en grands caractères sur le mur de la Démocratie, à Běijīng. En 1986, de nouveaux appels aux réformes politiques et à la liberté de la presse furent lancés lors de manifestations organisées dans plusieurs grandes villes.

Le secrétaire général Hu Yao-bang fut évincé du Parti pour avoir accordé son soutien à certaines de ces demandes. Sa mort en 1989 fut le catalyseur des événements de Tiān'ānmén. Ce qui débuta en avril comme un rassemblement à la mémoire de Hu se transforma peu à peu en rébellion populaire pacifique. Des ouvriers rejoignirent bientôt les centaines de milliers d'étudiants rassemblés sur la place Tiān'ānmén pour lancer des appels toujours plus pressants en faveur d'une réforme de la direction du Parti. Dans la nuit du 3 au 4 juin, le Parti passa à l'offensive en envoyant des chars et des véhicules blindés. Le nombre de victimes ne fut jamais confirmé officiellement, mais le bilan a probablement frôlé le millier de morts, voire davantage. Des centaines de personnes liées au mouvement furent arrêtées, emprisonnées ou contraintes à fuir en Occident. L'intervention sonna le glas de l'idéologie socialiste, obligeant le Parti à s'appuyer davantage sur le patriotisme ou le nationalisme.

Confronté à une multitude de problèmes sociaux causés par les inégalités apparues sous le gouvernement Deng, le président Jiang Zemin, avec Zhu Rongji comme Premier ministre, chercha à stabiliser l'économie de la Chine tout en renforçant le pouvoir central de l'État et en menant des réformes politiques plus que nécessaires.

La Chine au XXIe siècle

Succédant en 2002 à Jiang Zemin, Hu Jintao renforça la lutte contre les inégalités et la pauvreté dans les campagnes.

La question de la réforme politique est quant à elle restée en suspens, en partie à cause de la croissance qui touchait le plus grand nombre, bien que très inégalement. La première décennie du XXIe siècle a été marquée par la stupéfiante accumulation de richesses pour certains – le nombre de milliardaires en dollars a doublé en seulement 2 ans – et par une importante augmentation de l'immobilier qui a interdit l'accès à la propriété pour les moins fortunés tout en enrichissant les mieux lotis. Cette période a aussi coïncidé avec le plus important exode rural de toute l'histoire de l'humanité.

Xi Jinping, qui occupait la vice-présidence depuis 2008, a succédé à Hu Jintao en 2013. Il a pris l'engagement d'éradiquer la corruption et commencé à instaurer quelques

2008
Běijīng accueille les Jeux olympiques et paralympiques d'été. Les Jeux sont considérés comme un grand succès.

2011
Une vague de manifestations éclate en Chine dans le sillage des révolutions arabes en faveur de la démocratie.

2013
Avec ses 10 000 km, le réseau chinois des trains à grande vitesse est le plus long du monde.

réformes – notamment l'assouplissement, puis l'abandon de la politique de l'enfant unique et l'abolition du *láojiào* (système de rééducation par le travail). En parallèle, on a assisté à un contrôle accru d'Internet et des réseaux sociaux.

En mars 2018, Xi Jinping a été réélu à la présidence de la Chine à l'unanimité par près de 3 000 députés présents à l'Assemblée nationale populaire (ANP). En plus de ce nouveau mandat de 5 ans, il pourra bénéficier de la réforme de la Constitution votée une semaine plus tôt, qui lui permet de se représenter à la tête de l'État autant de fois qu'il le souhaite.

Xi Jinping a hérité d'une Chine connaissant des triomphes éclatants, mais toujours en proie à des problèmes majeurs. Malgré un programme cohérent et ambitieux (l'extension massive du réseau de trains à grande vitesse, les objectifs audacieux de la recherche spatiale et la construction de certains des gratte-ciel les plus hauts du monde), l'économie chinoise demeurait intrinsèquement déséquilibrée, avec une dépendance excessive envers les exportations, aggravée par une forme de dumping monétaire. Dans ces conditions, les réformes politiques restaient en suspens, tandis que les considérations économiques occupaient toute l'attention et que les prétentions territoriales de Běijīng sur plusieurs récifs, bancs et îles en mer de Chine méridionale portaient en elles les germes de conflits futurs.

2013
La sonde Chang'e 3 se pose sur le sol lunaire en décembre. Aucun vaisseau spatial n'avait aluni depuis 1976.

2015
Des images satellites révèlent une base aéronavale chinoise sur le récif de Fiery Cross, sur les îles Spratleys (Nánshā).

2018
Le 17 mars 2018, Xi Jinping est réélu à la présidence de la Chine à l'unanimité de l'Assemblée nationale populaire (ANP).

Société chinoise

La République populaire de Chine est le pays le plus peuplé au monde, avec environ un cinquième de la population planétaire. Une population constituée à plus de 90% de Han. Mais, tout comme il en va en matière culinaire ou linguistique, il suffit, en Chine, de faire quelques pas pour découvrir une étonnante diversité ethnique.

Femme miao en tenue traditionnelle, Yúnnán (p. 250)
OUTCAST85 / GETTY IMAGES ©

Groupes ethniques

Les Han

Les Han (汉族, Hànzú), le groupe prédominant parmi les 56 ethnies chinoises reconnues, représentent environ 92% de la population. Les Occidentaux ont ainsi tendance à associer la Chine à la culture han, qu'il s'agisse de son système d'écriture, de ses arts, de sa calligraphie, de son histoire, de sa littérature, de sa langue ou de sa politique.

Présents sur tout le territoire, les Han sont plus nombreux dans les bassins du fleuve Jaune, du Yangzi et de la rivière des Perles. Cette ethnie, qui tire son nom de la dynastie Han, n'est pas vraiment homogène. La Chine a été gouvernée par des envahisseurs altaïques (des Turcs, des Toungouses ou des Mongols) pendant de longues périodes,

★ Régions de minorités

Rizières en terrasses de Lóngjǐ (p. 238)
Lìjiāng (p. 259)
Dàlǐ (p. 270)
Xiàhé (monastère de Labrang ; p. 322)
Rizières en terrasses de Yuányáng (p. 252)

Rizières en terrasses de Lóngjǐ (p. 238)

VOJTECHVLK / SHUTTERSTOCK ©

en particulier sous la dynastie Yuan (mongole) et durant la longue dynastie Qing (mandchoue), mais également sous les Jin, sous les Liao et à d'autres époques. Cette influence altaïque est plus perceptible dans le nord de la Chine, où les gens ont le visage plus rond que dans les régions Han du sud du pays, où les habitants ont généralement des traits typiques de l'Asie du Sud-Est. Ainsi, les Chinois de Shànghǎi ont plutôt des caractéristiques du Sud, tandis que ceux de Běijīng appartiennent à la catégorie des Chinois du Nord. Toutefois, l'exode rural massif et le nombre croissant de mariages entre habitants de régions diverses tendent à atténuer peu à peu ces disparités physiques.

En outre, les Han se targuent d'une riche variété de dialectes, souvent très différents les uns des autres, ce qui fait de la Chine une mosaïque linguistique souvent déconcertante. Toutefois, le développement du mandarin a considérablement changé la donne. Le système courant d'écriture, qui utilise des sinogrammes ou caractères chinois (汉字, Hànzi, ou “caractères des Han”), permet d'homogénéiser tous les dialectes.

Autres peuples

Il suffit de regarder une carte de la Chine pour voir que les régions qui constituent le cœur du territoire han ne représentent qu'un fragment de l'immense étendue de la Chine contemporaine. Les gigantesques régions du Tibet, du Qīnghǎi, du Xīnjiāng, de la Mongolie-Intérieure et les 3 provinces du Nord-Est (soit l'ancienne Mandchourie – Hēilóngjiāng, Jílín et Liáoníng) sont toutes historiquement des régions non-han et le restent en grande partie aujourd'hui.

Nombre de ces régions sont peuplées par une partie des 8% restants de la population : les 55 minorités ethniques désignées collectivement sous le terme de *shǎoshù mínzú* (少数民族, minorités ethniques). Les principaux groupes ethniques sont les Zhuàng (壮族, Zhuàng zú), les Mandchous (满族, Mǎn zú), les Miao (苗族, Miáo zú), les Ouïgours (维吾尔族, Wéiwú'ěr zú), les Yi (彝族, Yí zú), les Tujia (土家族, Tǔjiā zú), les Tibétains (藏族, Zàngzú), les Hui (回族, Huízú), les Mongols (蒙古族, Ménggǔ zú), les Buyi (布依族, Bùyī zú), les Dong (侗族, Dòng zú), les Yao (瑶族, Yáo zú), les Coréens (朝鲜族, Cháoxiǎn zú), les Bai (白族, Bái zú), les Hani (哈尼族, Hāní zú), les Li (黎族, Lí zú), les Kazakhs (哈萨克族, Hāsàkè zú) et les Dai (傣族, Dǎi zú). La taille des populations varie beaucoup, des Zhuàng très nombreux dans le Guǎngxī, jusqu'au petit nombre de Menba (门巴族, Ménbā zú) au Tibet. Les groupes ethniques permettent aussi de mieux comprendre les mouvements de population tels qu'ils se déroulèrent en Chine au fil des siècles. Présents en petits groupes dans quelques districts du Qīnghǎi et du Gānsù, les Bonan sont musulmans pour la plupart, ils restent marqués par une forte influence tibétaine et ont pour ancêtres, dit-on, les soldats mongols qui étaient présents au Qīnghǎi sous la dynastie Yuan.

Essaimées dans tout le pays, les minorités occupent surtout les régions frontalières du nord-ouest, de l'ouest, du sud-ouest, du nord et du nord-est. Certaines se cantonnent dans une seule région (tels les Hani au Yúnnán), alors que d'autres comme les Hui musulmans sont présents dans toute la Chine.

À l'angle sud-ouest de la Chine, entre le Tibet, le Myanmar (Birmanie), le Vietnam et le Laos, le Yúnnán est l'une des grandes provinces multiethniques du pays, avec une vingtaine de minorités.

Démographie de la Chine

- Population : 1,37 milliard d'habitants
- Taux de natalité : 12,49 naissances pour 1 000 personnes
- Pourcentage de personnes âgées de plus de 65 ans : 10%
- Taux d'urbanisation : 3,05%
- Proportion des sexes (pour les moins de 15 ans) : 1,17 garçon pour 1 fille
- Espérance de vie : 75,4 ans

La mentalité chinoise

Façonnés par les principes confucéens, les Chinois sont réfléchis et discrets, subtils et pragmatiques. Conservateurs dans leurs goûts et plutôt introvertis, ils préfèrent les vêtements sombres aux couleurs claires ou éclatantes, et leur langage corporel est généralement peu démonstratif, sans être exempt d'attention.

Les Chinois peuvent se montrer aussi charmants que froids et réservés. Tantôt ils céderont leur place à une personne âgée dans le bus ou aideront un visiteur égaré, tantôt ils ignoreront complètement une vieille dame renversée par une moto.

Laborieux et dynamiques, ils passent au travail une quantité d'heures qui provoquerait une grève immédiate partout ailleurs. Cela s'explique par une tradition culturelle d'assiduité au travail, mais aussi par l'absence de toute sécurité sociale et une inquiétude liée aux incertitudes économiques et politiques. Les Chinois épargnent la majeure partie de ce qu'ils gagnent et incarnent la vertu de prudence. En dépit de cette retenue, les dépenses peuvent être étourdissantes lorsque l'honneur est en jeu : il reste souvent des montagnes de nourriture sur les tables des restaurants, en particulier en présence de convives importants.

Les Chinois sont très généreux. Ne vous étonnez pas si une personne que vous venez de rencontrer dans le train vous invite à manger au wagon-restaurant et insiste pour payer, attrapant l'addition des mains de la serveuse et vous interdisant sans appel de régler votre part.

La politique de l'enfant unique

La "politique de l'enfant unique" (terme impropre en réalité) a été mise en place en 1979 afin de limiter la population chinoise à 1 milliard d'habitants en l'an 2000. Cet objectif n'a pas été atteint et on estime que la population devrait atteindre 1,5 milliard en 2028. En 2015, les autorités ont annoncé la fin de cette politique, et en janvier 2016, la loi a officiellement repoussé la limite à 2 enfants.

De fait, d'abord inflexible, cette politique a ensuite été assouplie en raison de l'opposition paysanne. Malgré tout, elle a fortement détérioré les rapports entre la population rurale et les fonctionnaires locaux. Toutes les minorités non-Han en étaient exemptées et les parents Han qui étaient tous deux des enfants uniques étaient autorisés à avoir un second enfant. Cet aménagement fut ensuite étendu à tous les couples si

Nationalisme ou patriotisme ?

Dans la Chine actuelle, les "-ismes" (主义, *zhǔyì* ou "doctrines") suscitent souvent la méfiance. Tout *zhǔyì* risque d'inciter à une prise de conscience personnelle et, partant, à une perte d'énergie que le PCC préférerait voir investie dans un travail. L'"intellectualisme" est considéré comme suspect dans la mesure où il peut poser des questions difficiles. L'"idéalisme" est qualifié de non pragmatique et de potentiellement destructeur, comme le montra le maoïsme.

Beaucoup reprochent au système de parti unique de la Chine d'avoir réduit la part de la réflexion au moyen de la propagande et de la censure, d'avoir instauré un nivellement par le bas et développé un système éducatif privilégiant l'enseignement patriotique. Ce qui a engendré une nouvelle doctrine : le nationalisme.

Le nationalisme n'est pas l'apanage de la jeunesse chinoise mais c'est cette génération – qui n'a pas connu les terrifiants excès de la Révolution culturelle – qui s'identifie le plus à ses messages. Les *fènqīng* (jeunes gens en colère) sont apparus avec la croissance de la Chine : sans aimer pour autant le PCC, ils revendiquent une Chine plus forte, capable de résister à l'"ingérence étrangère" et de dicter sa loi.

Le PCC encourage fortement le patriotisme mais s'inquiète de sa transformation en nationalisme agressif et des risques qui s'ensuivent, avec la tendance qu'a la Chine de se laisser emporter par les passions. Or, le nationalisme est une force, pas toujours visible, mais relativement puissante dans la Chine actuelle, comme en témoignent en particulier les manifestations antijaponaises qui secouent régulièrement les grandes villes.

l'un des membres était un enfant unique. Les familles rurales étaient autorisées à avoir 2 enfants si le premier était une fille, mais certaines en avaient 3 ou 4. Les parents devaient souvent payer des amendes pour ces enfants en surnombre et assumer seuls le coût de leur éducation, sans aucune aide de l'État. Les avortements et les stérilisations forcés étaient interdits, mais des fonctionnaires locaux n'hésitaient pas à multiplier les pressions pour que la population respecte les objectifs.

De nombreuses familles qui respectaient la politique de l'enfant unique prenaient des mesures effroyables pour privilégier la naissance d'un garçon. L'avortement sélectif, l'infanticide féminin et l'abandon devinrent des pratiques courantes, entraînant un déséquilibre des sexes : en 2010, il naquit 118 garçons pour 100 filles. Il est probable qu'en 2020, près de 35 millions d'hommes chinois seront dans l'incapacité de trouver une épouse.

Comme les femmes avaient le droit d'avoir un deuxième enfant à l'étranger, beaucoup partaient accoucher à Hong Kong (de fait, l'enfant pouvait aussi obtenir la nationalité hongkongaise). Le gouvernement de Hong Kong finit par légiférer pour limiter ce phénomène, surnommé "tourisme des naissances", puisque des chiffres officiels révélaient que près de la moitié des bébés nés sur le territoire en 2010 avaient des parents de Chine continentale. En 2013, le gouvernement de Hong Kong interdit aux femmes du continent de se rendre à Hong Kong pour accoucher, sauf si leur mari était lui-même hongkongais.

Autre conséquence de cette politique, le vieillissement rapide de la population : on estime qu'en 2050, plus d'un quart des Chinois aura plus de 65 ans. En 2016, l'abolition de la politique de l'enfant unique visait à réguler tous ces déséquilibres, mais certains analystes affirment qu'elle est arrivée trop tard.

Être une femme en Chine

Égalité et émancipation

Dans le contexte d'une culture marquée par le confucianisme, les femmes en Chine étaient traditionnellement confrontées à de forts préjugés et occupaient une position bien inférieure à celle des hommes dans la société. Expression la plus connue de l'asservissement des femmes, la pratique des pieds bandés fut généralisée durant la dynastie des Song.

Aujourd'hui, officiellement, l'égalité est complète entre les hommes et les femmes. Dans la pratique, c'est souvent loin d'être le cas. Ainsi, les femmes sont-elles mal représentées en politique. Le Parti communiste chinois reste une organisation largement patriarcale. Les dirigeants politiques emblématiques des débuts du PCC étaient tous des hommes et les échelons supérieurs du Parti restent largement un domaine masculin.

Après 1949, le Parti communiste s'efforça d'interdire les anciennes coutumes et de mettre les femmes sur un pied d'égalité avec les hommes. Il interdit les mariages arrangés et encouragea l'éducation et le travail des femmes. Ces dernières étaient autorisées à garder leur nom de jeune fille après le mariage et à léguer leurs biens à leurs enfants. Toutefois, dans son souci d'égalité, le Parti communiste en arriva à désexualiser la femme et à la transformer en une sorte de paradigme idéalisé de travailleuse/mère/paysanne.

Les Chinoises aujourd'hui

Malgré la réussite de certaines Chinoises très en vue, le manque d'opportunités de carrière pour les femmes dans bien des domaines est le signe d'une tendance persistante à la discrimination sexuelle dans l'emploi.

Du fait de l'amélioration de leur statut social, de plus en plus de femmes ne se marient que vers 30 ans, après avoir terminé leurs études et entamé une carrière. Ce phénomène est renforcé par la hausse rapide des prix du logement qui les incite encore davantage à reporter l'âge du mariage (et de la maternité). Les rapports sexuels et la cohabitation avant le mariage sont de plus en plus fréquents dans les grandes villes et ne sont plus stigmatisés comme par le passé.

Être une femme en Chine rurale

Un profond écart existe entre les villes et les campagnes. Les citadines sont beaucoup plus libres et optimistes, tandis que dans les régions rurales, où les traditions ont la vie dure, les femmes doivent toujours lutter contre les pratiques discriminatoires. La Chine rurale est très défavorable aux filles et de nombreuses familles privilégient la naissance d'un garçon. En Chine, le taux de suicide est plus important chez les femmes que chez les hommes (en Occident, c'est l'inverse). Chez les femmes vivant à la campagne, il est 5 fois plus élevé qu'en ville.

Cuisine

En Chine, la cuisine tient une place centrale dans la vie sociale et culturelle. Moments de plaisir et de divertissement, les repas sont l'occasion de signer des contrats, de nouer de nouvelles amitiés et de raviver les anciennes. Pour explorer pleinement ce monde de gourmets, il suffit d'une paire de baguettes et de faire preuve de curiosité pour la nouveauté et l'inattendu.

Assortiment de plats chinois
ITS_AL_DENTE / SHUTTERSTOCK ©

La vraie cuisine chinoise

Vos premières impressions de la Chine se seront sans doute forgées par le biais de vos papilles, notamment dans les quartiers chinois qui essaiment à travers le monde, où sont à l'œuvre des cuisiniers immigrés travailleurs et pleins de ressources.

Cependant, ce que l'on connaît en Occident ne représente qu'une infime partie de la gastronomie chinoise. Pour vous faire une idée de la richesse culinaire du pays, rappelez-vous que celui-ci couvre un territoire gigantesque, véritable mosaïque de langues, de traditions et de peuples, aux différences géographiques et climatiques souvent extrêmes. Même des territoires voisins peuvent avoir des spécialités culinaires très différentes, à l'instar du Xīnjiāng et du Tibet.

Fiez-vous à votre goût au fil de votre voyage, c'est une excellente manière d'explorer le pays !

Spécialités régionales

Le climat, la géographie, la disponibilité de certaines denrées (animaux et récoltes), la proximité de la mer, l'influence des nations voisines et l'importation d'ingrédients et d'aromates ont contribué au développement de cuisines régionales diverses. Poisson et fruits de mer prédominent naturellement dans les régions côtières, tandis que le bœuf et le mouton prévalent en Mongolie-Intérieure et au Xīnjiāng.

Beaucoup de régions de Chine se targuent de posséder des cuisines qui leur sont propres, et parfois s'interpénètrent. Si on excepte les minorités ethniques, la cuisine han comprend traditionnellement 8 écoles (中华八大菜系, *zhōnghuá bādàcàixì*) : Chuān (川 ; cuisine du Sìchuān), Huī (徽 ; cuisine de l'Ānhuī), Lǔ (鲁 ; cuisine du Shāndōng), Mǐn (闽 ; cuisine du Fújiàn), Sū (苏 ; cuisine du Jiāngsū), Xiāng (湘 ; cuisine du Húnán), Yuè (粤 ; cuisine cantonaise/du Guǎngdōng), Zhè (浙 ; cuisine du Zhèjiāng).

En dépit de leurs spécificités, ces écoles peuvent être regroupées selon 4 zones géographiques : Nord, Sud, Ouest et Est.

Cuisine du Nord

Centrée autour de l'école de Shāndōng (鲁菜, *lǔcài*) – la plus ancienne des 8 écoles de cuisine régionales –, la tradition du Nord inclut aussi Běijīng (Pékin), la Mandchourie et le Shānxī.

Dans cette zone aride et productrice de céréales, millet, sorgho, maïs, orge et blé remplacent souvent le riz, qui nécessite beaucoup d'eau. Plus rustique que celle du Sud et adaptée aux hivers rudes, la cuisine septentrionale est saine et roborative. Les habitants du Nord lui attribuent d'ailleurs leur taille, au-dessus de la moyenne nationale. Des pains nourrissants, tels le *mántou* (馒头) ou le *bǐng* (饼 ; pain plat), sont cuits à la vapeur, au four ou frits, tandis que les nouilles constituent souvent la base des repas (même si le riz est omniprésent). La cuisine du Nord est assez salée et on déguste un peu partout d'appétissants raviolis (饺子, *jiǎozi*), cuits à l'eau et parfois frits.

Běijīng ayant été la principale capitale durant les dynasties Yuan, Ming et Qing, la cuisine impériale appartient aussi à l'école du Nord. Le canard laqué, la spécialité de Běijīng, s'accompagne d'ingrédients typiques du Nord : crêpes, ciboule et pâte de haricots fermentés. Si l'on en trouve dans tout le pays, seul celui de la capitale est rôti dans des fours alimentés en bois d'arbres fruitiers.

La dynastie mandchoue (1644-1911) a répandu l'influence de la cuisine du Nord-Est (*dōngběi cài*), caractérisée par de généreuses fondues, des pains compacts, des aliments pouvant se conserver et des raviolis.

Les viandes rôties sont plus communes dans le Nord qu'ailleurs. Elles sont souvent longuement braisées ou enrobées d'épices et grillées. L'ail, la ciboulette et la ciboule sont largement utilisés, et aussi consommés crus. La cuisine des Ouïgours musulmans marque également de son empreinte la cuisine du Nord-Ouest.

Le régime carné des nomades mongols transparaît de même, notamment à travers la fondue et les grillades au barbecue.

Quelques plats parmi les plus typiques du Nord :

Běijīng kǎoyā	北京烤鸭	canard laqué de Pékin
jiāo zhá yángròu	焦炸羊肉	mouton frit
jiǎozi	饺子	raviolis
mántou	馒头	brioche à la vapeur
qīng xiāng shāo jī	清香烧鸡	poulet cuit dans des feuilles de lotus

★ Le top des restaurants

Jīngzūn Peking Duck (p. 66)
Georg (p. 66)
Mr & Mrs Bund (p. 141)
Lung King Heen (p. 217)
Jian Guo 328 (p. 141)

Canard laqué pékinois

ròu bāozi	肉包子	brioche vapeur farcie de viande
sān měi dòufu	三美豆腐	tranches de soja au chou chinois
shuàn yángròu	涮羊肉	fondue de mouton
sì xǐ wánzi	四喜丸子	boulettes de porc, de crevettes et de pousses de bambou cuites à la vapeur et frites
yuán bào lǐ jí	芫爆里脊	filet de porc sauté à la coriandre
zào liū sān bái	糟溜三白	poulet, poisson et pousses de bambou sautés

Cuisine du Sud

Les Chinois du Sud, les Cantonais en particulier, ont été le fer de lance des vagues d'expatriation et leurs restaurants constituent les avant-postes de l'empire gastronomique chinois. En conséquence, les Occidentaux confondent le plus souvent leur cuisine avec celle de la Chine en général.

Incarnée par la cuisine cantonaise (粤菜, *yuècài*), la cuisine du Sud présente des saveurs moins riches et moins salées que celle du Nord, mais révèle des arômes plus subtils. Les Cantonais estiment que le *xiān* (fraîcheur naturelle) des ingrédients, plutôt que l'assaisonnement, permet d'atteindre l'excellence, d'où l'attention quasi obsessionnelle portée à la fraîcheur des produits.

Les *dim sum* (点心 ; mandarin : *diǎnxīn*), la grande spécialité cantonaise, appelée *yum cha* (littéralement "boire le thé") à Guǎngzhōu (Canton) et Hong Kong, ne sont pas appréciés seulement le dimanche. Les plats, souvent dans des paniers vapeur, sont présentés aux tables sur des chariots.

Le riz constitue la base de la cuisine du Sud.

Quelques spécialités :

bái zhuó xiā	白灼虾	crevettes blanchies avec des échalotes émincées
dōngjiāng yánjú jī	东江盐焗鸡	poulet cuit dans le sel
gālí jī	咖喱鸡	poulet au curry
háoyóu niúròu	蚝油牛肉	bœuf à la sauce d'huître
kǎo rǔzhū	烤乳猪	cochon de lait croustillant
mì zhī chāshāo	密汁叉烧	porc rôti au miel
shé ròu	蛇肉	serpent
tángcù lǐjī/gǔlǎo ròu	糖醋里脊/咕老肉	filet de porc aigre-doux
tángcù páigǔ	糖醋排骨	travers de porc aigre-doux

Cuisine de l'Ouest

La cuisine de l'Ouest, une région enclavée et fortement peuplée de minorités ethniques, offre un éventail de sensations et de goûts des plus contrastés. L'ingrédient caractéristique est le piment rouge qui enflamme les papilles. Anis, coriandre, ail et poivre contribuent aussi à relever les plats.

La plus connue de la région, la cuisine du Sìchuān (川菜, *chuāncài*) compte parmi les 8 écoles culinaires chinoises. Réputée pour ses mets épicés, elle se distingue par l'utilisation du poivre-fleur (*huājiāo*), une baie qui ressemble au poivre et emplit la bouche d'un parfum engourdissant (*málà*). La délicieuse soupe de poisson au chou aigre (酸菜鱼, *suāncàiyú* ; morceaux de poisson dans un bouillon relevé), qu'on trouve un peu partout en Chine, constitue l'une des spécialités les plus populaires de cette province. La fondue (*hotpot*) de Chóngqìng fait aussi partie des excellents plats épicés, à goûter avec précaution.

Autre école, la cuisine du Húnán (湘菜, *xiāngcài*) fait aussi la part belle au piment, sans toutefois procurer les sensations d'engourdissement de celle du Sìchuān.

Options de restauration

L'offre culinaire en Chine va de la cuisine de rue aux repas gastronomiques. Les cartes sont souvent illustrées. Dans la plupart des régions, il est possible de goûter des spécialités d'autres parties du pays.

Nourriture bon marché Espaces de restauration (bien meilleurs que leurs équivalents occidentaux), stands de rue et restaurants familiaux font de la Chine la championne des en-cas et repas à la fois bons et peu chers.

Cafés On trouve aujourd'hui dans les villes chinoises modernes des établissements chics proposant thés et cafés corrects, déjeuners et desserts chinois (et occidentaux), et Wi-Fi rapide.

Restaurants Des versions modernes et savoureuses de classiques régionaux pour tous les budgets.

Spécialités de la cuisine de l'Ouest :

bàngbàng jī	棒棒鸡	émincé de poulet épicé au sésame
Chóngqìng huǒguō	重庆火锅	fondue de Chóngqìng
dāndan miàn	担担面	nouilles épicées
gānshāo yán lǐ	干烧岩鲤	ragoût de carpe avec du jambon et une sauce pimentée et sucrée
málà dòufu	麻辣豆腐	porc bouilli et sauté avec une sauce salée et épicée
Máoshì Hóngshaōròu	毛氏红烧肉	tofu épicé
shuǐ zhǔ niúròu	水煮牛肉	porc braisé de la famille Mao
suāncàiyú	酸菜鱼	bœuf bouilli et sauté avec des épices
yú xiāng ròusī	鱼香肉丝	poisson bouilli et sauté avec des germes d'ail et du céleri
zhàcài ròusī	榨菜肉丝	soupe de poisson au chou aigre

Cuisine de l'Est

C'est la cuisine d'une région fertile au climat subtropical, sillonnée de cours d'eau et de canaux, parsemée de lacs et frangée d'une longue bande côtière. La cuisine du Jiāngsū (苏菜, *sūcài*), qui constitue l'un des fleurons de l'école de l'Est, est surnommée "la contrée du poisson et du riz" en raison de l'abondance de ces denrées. Historiquement prospère,

Le succès du vin rouge

Le rouge est tendance en Chine. Et la bouteille de vin fait figure de symbole d'ascension sociale d'une classe moyenne en plein essor, au point que le pays est devenu en 2013 le plus gros consommateur mondial de vin rouge, devant la France et l'Italie. Cette année-là, les Chinois ont bu (ou en tout cas acheté) 155 millions de caisses du précieux breuvage. En 2015, la Chine est par ailleurs devenue le deuxième producteur mondial de vin (derrière l'Espagne), reléguant la France à la troisième place. La consommation par habitant demeure inférieure à celle de l'Europe, mais il reste que les ventes ont triplé entre 1997 et 2013.

En Chine, le rouge (*hóng*) est une couleur positive et dynamique, associée à la fortune, au pouvoir et à la chance, ce qui participe également au succès du vin rouge (chez les hommes surtout, les Chinoises préférant le vin blanc). Malgré le prestige indéniable des crus étrangers, le vin rouge plus abordable produit dans le pays, à Níngxià, représente environ 80% du vin consommé en Chine.

Depuis la fin des années 1990, le gouvernement local irrigue les versants du Hèlán Shān, adossé au désert de Gobi. Fin 2013, le sol rendu fertile nourrissait 23 500 ha de vignes. Il ne s'agit toutefois encore que des premiers pas : les vignes sont jeunes et fragiles face aux températures fluctuantes du Hèlán Shān, et les normes pour la propagation de la vigne demeurent basses.

la région compte aujourd'hui parmi les plus riches du pays. Cette combinaison de richesse et de profusion de nourriture a favorisé une culture d'épicurisme et de plaisirs gastronomiques.

Plus au sud s'épanouit la cuisine du Zhèjiāng (浙菜, *zhècài*). La dynastie Song a vu fleurir ici l'industrie de la restauration. À Hángzhōu, la capitale des Song du Sud, les restaurants et les maisons de thé représentaient les deux tiers des commerces durant cette période d'épanouissement culturel.

Généralement plus grasse et sucrée que celle des autres régions, la cuisine de l'Est fait la part belle aux poissons et aux fruits de mer en raison de la proximité de la mer et de grands fleuves. Le poisson est souvent cuit à la vapeur (清蒸, *qīngzhēng*), mais il peut aussi être sauté, frit ou grillé. Les crabes poilus (*dàzháxiè*) sont une spécialité de Shànghǎi d'octobre à décembre ; les meilleurs proviennent du lac Yangcheng. Préparés avec du soja, du gingembre et du vinaigre, on les accompagne de vin chaud de Shàoxīng. Le crabe est réputé accroître le *yīn* (fraîcheur) du corps, aussi ajoute-t-on du *yang* (chaleur) en buvant de l'alcool de riz tiède. Il est aussi d'usage de manger des crabes mâle et femelle en même temps.

Comme dans la cuisine cantonaise, la fraîcheur est un élément clé ; les sauces et les assaisonnements ne servent qu'à rehausser les saveurs d'origine. Cuits à la vapeur, les fameux *xiǎolóngbāo* de Shànghǎi sont de petites bouchées farcies de porc ou de crabe haché, servies dans un bouillon de viande brûlant.

Parmi les spécialités de l'Est :

gōngbào jīdīng	宫爆鸡丁	poulet épicé avec cacahuètes ; poulet *kung pao*
háoyóu niúròu	蚝油牛肉	bœuf à la sauce d'huître
hóngshāo páigǔ	红烧排骨	travers de porc braisés (rouge)
hóngshāo qiézi	红烧茄子	aubergine (cuisson rouge)
hóngshāo yú	红烧鱼	poisson braisé (rouge)

huǒguō	火锅	fondue
húntùn tāng	馄饨汤	soupe *wonton*
jiācháng dòufu	家常豆腐	tofu maison
jiǎozi	饺子	raviolis
jīdànmiàn	鸡蛋面	nouilles et œuf
qīngjiāo ròupiàn	青椒肉片	porc et poivrons verts
shāguō dòufu	沙锅豆腐	casserole de soja
suānlàtāng	酸辣汤	soupe aigre-douce
tiěbǎn niúròu	铁板牛肉	bœuf en brochette
xīhóngshì chǎojīdàn	西红柿炒鸡蛋	œuf frit et tomate
xīhóngshì jīdàntāng	西红柿鸡蛋汤	œuf et soupe à la tomate
xīhóngshì niúròu	西红柿牛肉	bœuf et tomate
yúxiāng qiézi	鱼香茄子	aubergine parfumée au poisson

À table !

Pourboires

On ne laisse pas de pourboire dans les restaurants bon marché de Chine continentale. Si les restaurants internationaux chics incitent à la pratique, le pourboire n'est jamais obligatoire. De plus, il n'est pas certain que l'argent revienne aux serveurs.

Les restaurants des hôtels ajoutent systématiquement 15% de service, de même que certains restaurants haut de gamme.

Horaires des repas

Les Chinois mangent tôt. Le déjeuner commence vers 11h30, que ce soit à la maison ou à l'extérieur. Les citadins se contentent parfois d'un sandwich ou d'un plat acheté dans un stand de rue ou une enseigne de fast-food. Le dîner se prend à partir de 18h environ. Certains restaurants ouvrent de 11h à 14h30 puis de 17h jusqu'en fin de soirée.

Us et coutumes

Les repas sont généralement un moment de détente, sans étiquette stricte. Ils peuvent commencer de façon un peu formelle, puis dégénérer au fil des innombrables toasts de *báijiǔ* (un alcool blanc) ou de bière dans les volutes de fumée de cigarette.

En général, une seule personne passe la commande pour toute la tablée. Lors d'un dîner en groupe, plusieurs plats sont commandés et partagés par tous ; ils sont placés au centre de la table, ou sur un plateau tournant que l'hôte peut orienter pour que l'invité de marque se serve en premier à l'arrivée d'un plat. Il est courant d'utiliser ses propres baguettes pour se servir directement dans chaque plat ; ce n'est pas impoli, sauf si vous en mettez partout. La soupe peut être servie au cours du repas ou à la fin. Le riz arrive à la fin ; si vous le voulez plus tôt, il suffit de demander. Les Chinois mangent souvent les nouilles assez bruyamment, ce qui n'a à leurs yeux rien d'impoli.

Il est d'usage de remplir la tasse à thé ou le verre de bière de ses voisins quand il est vide. Se verser une boisson sans remplir les verres des autres convives est très impoli. L'usage veut qu'on remercie la personne qui sert en tapotant légèrement la table avec le majeur.

★ Spécialités du Sìchuān

***Gōngbǎo jīdīng* (宫保鸡丁)**
***Huíguō ròu* (回锅肉)**
***Mápó dòufu* (麻婆豆腐)**
***Shuǐzhǔyú* (水煮鱼)**
***Zhāngchá yā* (樟茶鸭)**

Mápó dòufu

PAUL_BRIGHTON / SHUTTERSTOCK ©

Pour signaler au personnel que votre théière est vide, ôtez simplement le couvercle.

Mieux vaut attendre qu'un toast soit porté avant de commencer à boire votre bière. Si vous voulez accélérer les choses, proposez un toast à votre hôte. Les Chinois se portent des toasts les uns aux autres, souvent chaque fois qu'ils boivent. Lorsqu'un toast est formel, levez votre verre à 2 mains en direction du destinataire et criez *gānbēi* (littéralement "verre sec"). Cela peut devenir un exploit si vous buvez du *báijiǔ* à 65° et que votre verre à peine vidé est rempli à ras bord en prévision du prochain toast !

N'utilisez pas vos baguettes pour désigner quelqu'un ou faire des gestes avec. Sachez aussi que les planter dans un bol de riz est présage de mort, par analogie avec les rites funéraires bouddhiques.

Enfin, n'insistez jamais pour payer l'addition si quelqu'un souhaite le faire. Proposez de régler la note, puis, devant le refus de votre hôte, levez les mains pour indiquer que vous cédez ; payer alors qu'une autre personne est déterminée à offrir le repas lui ferait perdre la face.

Les cure-dents s'utilisent comme dans les autres pays d'Asie, en cachant sa bouche avec l'autre main.

Cartes et menus

À Běijīng (Pékin), Shànghǎi et dans d'autres grandes villes, on vous présentera peut-être avec fierté une carte en anglais (英文菜谱 ; *Yīngwén Càipǔ*). Dans les petites villes et les villages, attendez-vous à une carte en chinois tendue par une serveuse qui ne parle que cette langue. La carte illustrée de photos est la plus pratique. Si ce que mangent d'autres clients vous inspire, montrez le plat au serveur (我要那个 ; *wǒ yào nèi gè* ; "Je veux cela" – une phrase très utile). Sinon, vous pourrez certainement faire un tour en cuisine et indiquer ce que vous souhaitez.

Régime végétarien

Il n'est guère aisé de trouver de véritables plats végétariens. Du fait des périodes répétées de famine et de pauvreté, manger de la viande en Chine a toujours été un signe de statut social et reste aujourd'hui un symbole de santé et de richesse. De surcroît, la consommation de viande est censée renforcer la virilité masculine, ce qui ne manque pas de surprendre les végétariens ! Cela explique en partie l'absence de réel mouvement végétarien en Chine, même si certains Chinois renoncent à la viande par conviction bouddhique et d'autres évitent d'en consommer certains jours du mois tout en restant carnivores le reste du temps.

Les légumes sont souvent sautés dans des graisses d'origine animale, les soupes de légumes préparées au bouillon de poule ou de bœuf. Donc choisir un simple plat "de légumes" sur la carte ne vous assure de rien, un plat garanti sans viande pouvant en contenir de minuscules mais nombreux morceaux. À Běijīng et Shànghǎi, vous trouverez cependant de nombreux restaurants végétariens, ainsi que des établissements comme Element Fresh, qui offrent un bon choix de plats sains sans viande.

Hors des grandes villes, avisez un grand temple ou un monastère bouddhique en activité, qui possède souvent un restaurant végétarien bouddhique ouvert au public. Leur cuisine repose sur des plats de “substituts de viande” élaborés à base de tofu, de gluten de blé, de pommes de terre et autres légumes, avec un art de la substitution étonnant de dextérité. Outre des légumes sculptés en forme de côtelettes ou de poulet rôti, les chefs poussent l'art jusqu'à créer des “os” à partir de carottes et de racines de lotus.

Pour dire “je suis végétarien” en chinois, retenez la phrase “*wǒ chī sù*” (我吃素).

Desserts et douceurs

Les Chinois ne prennent généralement pas de dessert à la fin des repas, mais souvent un fruit – pastèque (*xīguā*) ou orange (*chéng*). Si certains restaurants proposent des glaces, les douceurs (*tiánpǐn*) sont généralement consommées entre les repas.

Une tasse de thé ?

Un vieux dicton chinois fait du thé l'un des 7 produits de première nécessité, avec le bois servant de combustible, l'huile, le riz, le sel, la sauce de soja et le vinaigre. Les Chinois furent les premiers à cultiver les théiers et sont passés maîtres dans l'art du thé depuis l'époque Tang (618-907). Le thé a autant d'importance en Chine qu'un bon vin en France ; une boisson appréciée pour son arôme délicat, son parfum distinct et le bien-être ressenti après la dégustation.

La Chine compte 3 principaux types de thés : le thé vert *(lǜ chá)*, le thé noir (*hóng chá*) et le *wūlóng* (un thé semi-fermenté, entre le thé noir et le thé vert). Il existe d'autres variantes, dont le thé au jasmin (*cháshuǐ*) et celui au chrysanthème (*júhuā chá*). Parmi les thés régionaux réputés figurent le *tiě guānyīn* du Fújiàn, le *pú'ěr* du Yúnnán et le *lóngjǐng* du Zhèjiāng. Le délicieux thé aux 8 trésors (*bābǎo chá*) se compose de sucre candi, de dattes, de fruits secs et de thé.

Arts et architecture

La Chine détient l'un des patrimoines culturels et artistiques les plus riches du monde. Jusqu'au XXe siècle, les arts chinois présentaient un caractère profondément conservateur, très rétif au changement. En revanche, ces dernières décennies, des révolutions tant dans les techniques que dans le contenu ont amené des transformations spectaculaires. Malgré cette évolution, ces arts perpétuent, par-delà les époques, une esthétique commune liée à l'esprit même de la civilisation chinoise.

À gauche : acteurs de l'opéra de Běijīng (p. 369)
HUNG CHUNG CHIH/SHUTTERSTOCK ©
À droite : Centre national des arts du spectacle (p. 67), Běijīng
GUOZHONGHUA / SHUTTERSTOCK ©

Esthétique

Reflet de sa mentalité, la tradition esthétique chinoise est marquée par un sens de la réserve et de la concision, par une préférence pour l'allusion plutôt que pour l'explication, le flou plutôt que le précis, et par le rejet de ce qui est trop manifeste en faveur du voilé et du subtil. Des principes que l'on retrouve dans la peinture, le cinéma, la sculpture, la céramique, la calligraphie, la littérature ou la poésie.

Au centre d'une des plus anciennes civilisations pérennes du monde, ces traditions esthétiques imprègnent étroitement l'identité culturelle. Pendant des millénaires, les

occupants étrangers comme les Mongols et les Européens ne bouleversèrent guère un conservatisme farouche. Il fallut attendre la chute de la dynastie Qing, en 1911, et l'apparition du mouvement de la Nouvelle Culture pour que l'art chinois connaisse une transformation rapide. En littérature, l'étau de la langue classique se desserra pour laisser un espace d'expression au *báihuà* (chinois vernaculaire). Des formes nouvelles émergèrent, conduisant à des révolutions dans la poésie, la peinture, le théâtre et la musique.

À considérer la richesse artistique de la Chine, on peut s'étonner des entreprises de démolition dont elle a été l'objet depuis 1949. Si Confucius défendait le rôle édifiant de la musique et de la poésie dans la vie de chacun, le philosophe du Ve siècle av. J.-C. Mozi (Micius) n'y voyait déjà que des activités somptuaires et inutiles. Les communistes allèrent plus loin en faisant de l'art un outil de propagande et en encourageant la destruction du patrimoine ancien.

Peinture

Peinture traditionnelle

Bien qu'empreinte de symbolisme, de références au passé et parfois d'allusions philosophiques abstruses, la peinture chinoise est très accessible et on apprécie aisément sa beauté. Par conséquent, les peintures chinoises traditionnelles, les paysages en particulier, ont de longue date été collectionnées en Occident.

Les premiers peintres étaient essentiellement préoccupés par la figure humaine et les enseignements moraux, mais ils évoquaient aussi parfois des scènes de la vie courante.

★ Musées et galeries d'art

Shànghǎi Museum (p. 135)
Rockbund Art Museum (p. 134), Shànghǎi
Musée national de Chine (p. 49), Běijīng
M50 (p. 135), Shànghǎi
Art District 798 (p. 62), Běijīng

Q Confucius No 2 de Zhang Huan, Rockbund Art Museum (p. 134), Shànghǎi

Puis, vers la dynastie Tang, apparut la peinture de paysage. Celle-ci atteignit son apogée sous les Song et les Yuan et devint une méditation sur l'homme et l'environnement. Puissantes montagnes nimbées de brumes flottantes, paysages ouverts sillonnés d'une rivière et piquetés de quelques arbres, jeux d'ombre et de lumière étaient traités avec toute la délicatesse du lavis d'encre sur soie. Cette forme de peinture relevait de la quête métaphysique, de la recherche de l'absolu et visait à attirer le spectateur dans le monde des philosophies taoïste et bouddhique. Des humains, toujours représentés comme de minuscules silhouettes, quasi insignifiantes, soulignaient éventuellement la scène.

Sur le plan technique, la qualité des paysages dépendait du talent que mettait l'artiste à restituer la lumière et l'atmosphère. Les espaces ouverts, insipides, sans couleurs, créent des vides emplis de lumière qui contrastent avec les sombres plissements des montagnes et les forêts, remplissant la peinture de *qì* et d'une vaporeuse vitalité. Il ne s'en dégage pas d'émotions spécifiques, mais elles vous imprègnent d'une nébuleuse de sensations. La peinture et la poésie classique allaient souvent de pair, comme le montre bien l'œuvre du poète-artiste Wang Wei (699-759) de la dynastie Tang.

Art moderne

Après 1949, les techniques chinoises classiques furent abandonnées au profit de celles étrangères. Ainsi, les lavis sur soie le cédèrent-ils à l'huile sur toile. Au goût traditionnel pour le mystérieux et l'ineffable succéda un réalisme porté sur l'attention concrète au détail.

Vers 1970, le travail des artistes chinois s'orienta vers le réalisme socialiste. Ce style qui se voulait au service du communisme s'inspirait pour la forme de l'art néoclassique européen, notamment des toiles très vivantes de David, et, s'agissant de la thématique, des peintres de l'Union soviétique. En rupture complète avec les techniques picturales traditionnelles chinoises, le réalisme socialiste, plein d'un symbolisme politique omniprésent, était au service de la propagande, produit à grande échelle et mettant fréquemment l'industrie à l'honneur.

Il fallut attendre la mort de Mao Zedong en septembre 1976 pour que commence à s'éloigner le spectre de la Révolution culturelle et, avec lui, la menace qui pesait sur l'esthétique chinoise. Le tempérament artistique individuel était à nouveau autorisé à s'exprimer.

Des peintres tels que Luo Zhongli employèrent des techniques réalistes, glanées dans des académies d'art de Chine, pour dépeindre les rudes réalités auxquelles devaient faire face les paysans contemporains. D'autres abandonnèrent le réalisme socialiste pour naviguer vers de nouveaux horizons. Un intérêt vorace pour l'art occidental introduisit des idées et des concepts nouveaux. La notion de beaux-arts était suffisamment ambiguë pour offrir une certaine protection à l'égard de la censure de l'État.

En 1989, les événements de la place Tiān'ānmén firent naître un désespoir qui allait se traduire par des œuvres exprimant la perte, la solitude et l'isolement social. Ce fut le début de l'exode des artistes vers l'Occident. Cette période coïncida avec l'essor du marché spéculatif de l'art, et la ruée des investisseurs généra un flot d'argent.

De nombreux artistes chinois se concentrèrent sur les réalités socio-économiques en reprenant sans fin les thèmes de la consommation, du matérialisme, de l'urbanisation et du changement social. Avec la maturité, des thèmes plus universels firent leur apparition. Beaucoup de ceux qui avaient fui la Chine dans les années 1990 sont revenus s'installer dans leur ancien atelier et exposer dans des galeries privées. L'État continue d'exercer sa censure, mais les artistes abandonnent les thèmes ouvertement politiques et spécifiquement chinois pour s'intéresser à d'autres domaines.

Scène contemporaine

Ai Weiwei, dont la réputation internationale procède pour bonne part de son opposition ouverte au régime, incarne bien la confluence périlleuse entre expression artistique et dissidence. Son atelier de Shànghǎi a été démoli en janvier 2011, les autorités chinoises prétextant une construction "illégale", puis il a été arrêté et inculpé de fraude fiscale. L'exposition *Sunflower Seeds* organisé à la Tate Modern de Londres en 2010-2011 a contribué à le faire connaître d'un plus large public à l'étranger.

Sous le pseudonyme de Birdhead, les photographes shanghaïens Ji Weiyu et Song Tao illustrent les dynamiques sociales et l'environnement architectural de leur ville. Originaire de Běijīng, Ma Qiusha réalise des vidéos, photos, peintures et installations profondément personnelles. La vidéo *From No.4 Pingyuanli to No.4 Tianqiaobeili*, par exemple, la montre retirant de sa bouche une lame de rasoir ensanglantée après avoir raconté son expérience de jeune artiste en Chine.

Opéra chinois

L'opéra chinois, aussi appelé opéra de Běijīng (京剧, Jīngjù), est riche d'une histoire de plus de 900 ans. Né d'une rencontre entre ballades et formes comiques sous la période des Song du Nord, il mêle acrobaties, arts martiaux, arias poétiques et danses stylisées.

Les opéras étaient joués par des troupes itinérantes, qui avaient un statut inférieur dans la société traditionnelle chinoise. La loi interdisait les représentations mixtes, les acteurs incarnaient donc des personnages du sexe opposé. Les troupes d'opéra étaient souvent associées à l'homosexualité dans l'imagination du public, ce qui renforçait la position des artistes au pied de l'échelle sociale.

Autrefois, les opéras étaient interprétés principalement en plein air, dans les rues, les maisons de thé, les cours des temples ou sur les marchés.

Plus de 100 variétés d'opéra coexistent aujourd'hui, avec notamment l'opéra de Shànghǎi (沪剧, Hùjù), parfois appelé opéra des fleurs et des tambours, chanté en dialecte local et ayant pour origines les chansons traditionnelles de Pǔdōng. L'opéra de Yueju (越剧, Yuèjù) fut créé dans le comté de Shàoxīng et ses alentours, dans la province voisine du Zhèjiāng (ancien État du Yue), au début du XXe siècle. Les rôles du Yuèjù sont habituellement joués par des femmes. L'opéra Kunju (昆剧, Kūnjù) ou opéra Kunqu (昆曲, Kūnqǔ) a ses racines à Kūnshān, près de Sūzhōu, dans la province voisine du Jiāngsū.

Les personnages stéréotypés sont tout de suite identifiables. Les récits, issus de la littérature classique et de la mythologie chinoise, racontent des histoires de désastres, calamités naturelles, intrigues ou rébellions. Les musiciens, installés sur la scène, jouent sans partitions.

★ Architecture moderne

Shànghǎi World Financial Center (p. 136)

Centre national des arts du spectacle (p. 67)

Tour HSBC (p. 204)

Shànghǎi Tower (p. 136)

Immeuble CCTV, Běijīng (p. 36)

LU JINRONG / SHUTTERSTOCK ©

Le cinéaste Ran Huang (né en 1982) s'exprime aussi à travers d'autres médias, et ses œuvres parfois conceptuelles ont souvent pour ressorts l'absurde et l'irrationnel. Shi Zhiying, de Shànghǎi, produit des peintures à l'huile grand format, influencées par le bouddhisme, qui représentent des paysages et des objets emblématiques de la culture chinoise. Autre Shanghaïen, le plasticien Xu Zhen utilise des images provocatrices et dérangeantes. L'imposante toile de Xu, *Fearless* (2012), exécutée en technique mixte, mêle magistralement symbolisme et fragments d'identité culturelle.

Originaire de Xīnjiāng, Zhao Zhao – qui fut l'assistant d'Ai Weiwei – invite à une profonde réflexion avec ses œuvres éprises de liberté et ses thèmes volontiers non conformistes.

Architecture

Architecture traditionnelle

Il existe quatre grands styles d'architecture traditionnelle : impérial, religieux, résidentiel et de loisir. Le style impérial, grandiose, était celui des palais et des édifices des souverains. On retrouvait le style religieux dans la construction des temples, des monastères et des pagodes. Maisons et jardins privés relevaient du style résidentiel et de loisir.

Quel que fût le style, les édifices chinois suivaient un plan de base consistant en un agencement symétrique autour d'un axe central – idéalement orienté nord-sud pour respecter les règles du feng shui (风水, *fēngshuǐ* ; littéralement "le vent et l'eau") et profiter au maximum de l'ensoleillement – avec une cour intérieure (院, *yuàn*), fermée de tous côtés par des bâtiments.

Les palais impériaux consistaient pour l'essentiel en des demeures améliorées, édifiées à une plus grande échelle : ils étaient orientés vers le sud, avec une série de cours, des salles latérales et éventuellement un jardin à l'arrière. Outre la taille, les principales différences tenaient aux tours de garde jalonnant l'enceinte, aux douves, aux tuiles jaunes sur le toit, aux dragons sculptés (emblème de l'empereur), à l'usage récurrent du chiffre neuf et à la présence de temples.

Architecture contemporaine

Sur le plan architectural, toutes les audaces sont aujourd'hui permises en Chine. Il n'y a qu'à voir la ligne d'horizon de Pǔdōng pour remarquer ce mélange d'architectures contemporaines qui rivalisent d'inspiration et de nouveauté, parfois spectaculaires, d'autres fois de piètre qualité et trahissant un manque cruel de réflexion. Ce paysage urbain témoigne d'une nation pleine de confiance et de zèle, où l'argent ne manque pas.

Le littoral fait figure de terre de prédilection pour les projets architecturaux. Rien n'est trop extravagant : les lois sur l'aménagement du territoire sont passées à la trappe, et la main-d'œuvre bon marché abonde. Les permis de construire s'obtiennent facilement, souvent par le biais des *guānxī* (relations). Même les provinces de l'intérieur, jadis désargentées, suivent désormais le mouvement. Inauguré à Chéngdū en 2013, le pharaonique New Century Global Center est actuellement le plus grand bâtiment planétaire, assez vaste pour contenir vingt fois l'Opéra de Sydney.

Ces 10 dernières années, des grands noms de l'architecture internationale, parmi lesquels I. M. Pei, Rem Koolhaas, Norman Foster, Kengo Kuma, Jean-Marie Charpentier et l'agence Herzog & de Meuron, ont conçu au moins un édifice chacun en Chine. Parmi d'autres exemples impressionnants d'architecture contemporaine figurent aussi, à Běijīng, le Stade national (le fameux "Nid d'oiseau"), le Centre nautique national (ou "Cube d'eau") et la gare ferroviaire Sud de Běijīng ; et à Shànghǎi, la tour Jīnmào, dans le style Art déco, la tour du Shànghǎi World Financial Center, le Tomorrow Square ainsi que la Shànghǎi Tower. À Guǎngzhōu, l'Opéra, dessiné par Zaha Hadid, est un superbe bâtiment de style contemporain, tant à l'extérieur qu'à l'intérieur. À Hong Kong, le scintillant International Finance Center 2, sur l'île de Hong Kong, et l'International Commerce Center, à Kowloon, constituent deux prodigieux exemples de gratte-ciel contemporains.

Les bouddhas géants

Le Grand Bouddha de Lè Shān contemple le confluent de la Dàdù et de la Mín, dans le Sìchuān. C'est le deuxième plus grand bouddha au monde (71 m) après le nouveau bouddha du temple de la Source de Zhàocun, au Hénán, qui s'élève à 128 m, et depuis que ceux de Bamiyan en Afghanistan ont été détruits par les talibans. À Zhāngyè, au Gānsù, le temple du Grand Bouddha abrite le plus grand "bouddha couché en intérieur" (35 m) de Chine. Jadis, les enfants grimpaient à l'intérieur de son ventre caverneux.

Vient ensuite le bouddha couché des grottes de Mògāo. Quant à l'immense bouddha couché de Lèshān qui mesure 170 m de longueur, c'est le plus grand au monde en plein air. Sans oublier la Guanyin aux mille bras qui se dresse dans la salle Mahayana du temple Pǔníng, à Chéngdé, la plus grande statue en bois de Chine (et peut-être du monde). Hong Kong détient aussi un record avec son bouddha Tian Tan, la plus grande statue au monde de Bouddha assis en bronze, en plein air (34 m).

Jardins traditionnels

Il faut parfois un temps d'adaptation pour apprécier les jardins chinois classiques : en général, il n'y a pas de pelouses et seulement de rares perspectives dégagées, tandis que les rochers gris aux formes irrégulières se disputent l'espace avec les réalisations architecturales. Pourtant, une balade dans le jardin de Yùyuán à Shànghǎi, par exemple, s'apparente à une promenade à travers de nombreuses facettes de la civilisation chinoise, au point de convergence entre architecture, philosophie, art et littérature.

Le mot chinois pour "paysage" est *shānshuǐ* (山水), littéralement "montagne et eau". Les montagnes et les rivières constituent une partie importante de la géographie chinoise, et sont fondamentales dans le mode de vie, la philosophie, la religion et l'art. Ainsi, l'élément central de tout jardin paysagé est un étang entouré de formations rocheuses. Cela reflète aussi l'influence de la pensée taoïste. À l'inverse des jardins européens très géométriques, dans lesquels les hommes veulent tout maîtriser, les jardins chinois cherchent à créer un microcosme du monde naturel en aménageant de façon asymétrique ruisseaux, collines, plantes et pavillons (qui symbolisent la place de l'humanité dans l'univers – jamais au milieu, simplement une partie du tout).

Les plantes sont choisies autant pour leur beauté que pour leur symbolisme (le pin pour la longévité, la pivoine pour la noblesse), tandis que les onduleux "murs de dragon" portent chance. Les noms des jardins et des pavillons sont souvent des allusions littéraires à des idéaux exprimés dans la poésie classique. De la même façon, la peinture entretient des liens intimes avec le paysagisme : dans les jardins, on remarquera des fenêtres et des portes astucieusement installées pour encadrer un point de vue particulier. Le précepte de base du feng shui (littéralement "vent et eau") revêt aussi une importance cruciale : les rocailles et les étangs sont disposés de façon à favoriser la *qì* positive (énergie).

Enfin, il faut se rappeler que les jardins chinois ont toujours été des lieux vivants. En effet, ils faisaient généralement partie d'une résidence et plutôt que d'inviter à la contemplation (comme au Japon), ils servaient de cadre à la vie quotidienne : réunions de famille, longues soirées arrosées, débats philosophiques, artistiques et politiques – les personnes qui ont passé du temps dans les jardins ont donc contribué à leur insuffler un esprit unique.

Religion et philosophie

La Chine a toujours été une terre parcourue d'idées fortes et novatrices. Au XIXe siècle, la révolte des Taiping, qui alliait christianisme et principes d'organisation sociale révolutionnaires, faillit faire chuter la dynastie Qing et engendra une terrible guerre civile qui fit des millions de victimes. La révolte des Boxers enflamma le pays avec un cocktail d'arts martiaux, de superstition et de xénophobie. Quant à la Révolution culturelle, elle a également montré à quel point la suprématie d'une idéologie peut entraîner le chaos.

À gauche : temple, Hong Kong (p. 198)
ELYSEE SHEN / GETTY IMAGES ©

Bouddhisme

Bien que d'origine indienne, le bouddhisme (佛教, Fójiào) est la philosophie et la religion la plus profondément enracinée en Chine et au Tibet. Si son âge d'or est passé depuis longtemps, il continue d'exercer une puissante influence sur les inclinaisons spirituelles en Chine. Sans même fréquenter régulièrement les temples, quantité de Chinois manifestent un intérêt pour le bouddhisme, la culture et la civilisation bouddhiques.

Une ville chinoise comptait généralement plusieurs temples bouddhiques, mais leur nombre s'est réduit après 1949. Par exemple, la petite ville de Zhèngdìng, au Hébĕi, possède aujourd'hui 4 temples bouddhiques, alors qu'elle en comptait 8 autrefois. Bĕijīng (Pékin) en abritait des centaines, mais n'en conserve qu'une vingtaine aujourd'hui.

★ Sites bouddhiques

Temple des Lamas (p. 61)
Monastère de Labrang (p. 322)
Grottes de Yúngāng (p. 94)
Temple Shuānglín (p. 93)
Temple du Bouddha de jade (p. 135)

Statue de Guanyin aux 1000 bras, temple Shuānglín (p. 93)

HUNG_CHUNG_CHIH / GETTY IMAGES ©

Taoïsme

Philosophie et religion proprement chinoises, le taoïsme (道教, Dàojiào) est peut-être l'un des aspects les plus déroutants de la culture de ce pays. Paradoxal, prêtant à controverse et (comme le Tao lui-même) impossible à définir précisément, le taoïsme fait naturellement contrepoint à la rigueur confucéenne.

Le taoïsme est né avant l'arrivée du bouddhisme en Chine. Sa branche religieuse entretient de lointains liens avec l'animisme et le chamanisme. Le taoïsme trouve son origine dans le *Tao-tö-King* (*Dàodé Jìng* ; *Livre de la Voie et de la Vertu*), attribué au sage Lao-tseu (Laozi ; v. 580-500 av. J.-C.) qui, alors qu'il s'en allait vers l'ouest sur le dos d'un buffle, aurait laissé ses écrits au gardien du col marquant la frontière. Certains Chinois pensent qu'il poursuivit son chemin vers l'ouest lointain où il devint Bouddha.

Le *Livre de la Voie et de la Vertu* est un ouvrage d'une étonnante profondeur. Dépourvus de toute référence à un quelconque dieu ou divinité, les écrits de Lao-tseu se concentrent sur le principe inconnaissable et ineffable de l'univers qu'il appelle Dao (道, *dào*), ou "la Voie". Dao régit l'univers et serait un principe universel ou cosmique.

L'un des principes fondamentaux, le *wúwéi* (non-agir) invite à laisser les choses se faire naturellement sans interférer.

Confucianisme

Clé de voûte de la société chinoise depuis deux millénaires, le confucianisme (儒家思想, Rújiā Sīxiǎng) est avant tout une philosophie humaniste qui aspire à l'harmonie sociale et au bien commun. En Chine, son influence est perceptible dans tous les aspects de la vie, notamment dans l'importance accordée à l'enseignement et au respect des aînés, mais aussi à travers le rôle patriarcal du gouvernement.

Le confucianisme repose sur les enseignements de Confucius (en chinois Kǒngzǐ ou Kǒngfūzǐ, littéralement "Maître Kong"), qui vécut à une époque où la Chine était en proie à des conflits et à des bouleversements sociaux permanents. Ce fut l'une des nombreuses philosophies qui émergèrent pour expliquer l'instabilité politique et sociale et tenter d'y remédier. Le confucianisme a considérablement évolué au fil des siècles, mais certaines de ses idées maîtresses n'ont pas changé. Elles mettent notamment l'accent sur 5 relations hiérarchiques élémentaires entre père et fils, souverain et sujet, mari et femme, aîné et cadet, et entre amis. Confucius estimait que si chacun tenait sa place dans la société – le fils doit servir avec respect son père qui pourvoit à ses besoins, de même entre le sujet et son souverain, etc. –, il serait possible d'atteindre l'ordre social. Les disciples du philosophe ont, par la suite, rassemblé ses préceptes sous forme de maximes et de conversations dans *Les Analectes* (*Lúnyǔ*), appelés également *Les Entretiens*.

Christianisme

La Chine a connu ces dernières années un engouement pour le christianisme (基督教, Jīdūjiào) sans précédent, si ce n'est lors du mouvement de conversion durant la révolte pseudo-chrétienne des Taiping au XIXe siècle.

Les nestoriens, secte de l'ancienne Perse qui avait fait scission avec l'Église byzantine en 431, furent les premiers chrétiens à atteindre le territoire chinois par la route de la soie au VIIe siècle. Une célèbre stèle, exposée à Xī'ān, témoigne de leur arrivée. Beaucoup plus tard, au XVIe siècle, les jésuites entrèrent en Chine. Bien qu'ils fissent peu d'émules, ils surent s'attirer les faveurs de la cour impériale.

Un nombre important de missionnaires catholiques et protestants s'établirent en Chine au XIXe siècle, mais ils la quittèrent en 1949, quand les communistes s'installèrent au pouvoir et interdirent le prosélytisme. L'un d'eux, le Britannique James Hudson, aurait converti 18 000 Chinois et construit 600 églises au cours des 50 années qu'il passa dans le pays.

Aujourd'hui, le christianisme semble particulièrement bien placé pour se développer en Chine du fait de son intense action morale, de ses liens avec les pays développés et de l'importance qu'il accorde aux droits humains et aux actions caritatives.

Selon certaines estimations, la Chine compterait 100 millions de chrétiens. Un recensement exact des fidèles reste toutefois difficile car, en dehors des 4 organisations chrétiennes officielles, de nombreux groupes mènent une existence clandestine (dans ce qu'on appelle des "églises domestiques") par crainte de la répression.

Islam

La présence de l'islam (伊斯兰教, Yīsīlán Jiào) en Chine remonte au VIIe siècle, lorsqu'il fut introduit par les marchands arabes et perses qui empruntaient la route de la soie. Plus tard, sous la dynastie mongole des Yuan, le commerce maritime se développa et d'autres marchands musulmans débarquèrent sur la côte méridionale, en particulier dans les ports de Guǎngzhōu (Canton) et de Quánzhōu. Leurs descendants – aujourd'hui éparpillés à travers le pays et appelés "hui" – se sont peu à peu intégrés à la culture de la dynastie Han et se distinguent surtout aujourd'hui par leur religion.

On rencontre aussi des musulmans ouïgours, kazakhs, kirghiz, tadjiks et ouzbeks, qui vivent essentiellement dans les régions frontalières du Nord-Ouest. On estime que le pays compte 1,5 à 3% de musulmans.

Environnement

Troisième pays du monde par la taille, après la Russie et le Canada, la Chine couvre une gigantesque superficie de 9,5 millions de km² (à peu près l'équivalent de celle des États-Unis). Le pays offre une incroyable diversité de paysages, des forêts de bambous verdoyantes aux lacs himalayens couleur saphir en passant par des dunes vertigineuses, de sublimes gorges de montagne, d'énormes glaciers ou des plages de sable.

Huángshān (p. 180)
PAVEL ILYUKHIN / SHUTTERSTOCK ©

Géographie

Couvrant des milieux naturels aussi divers que la toundra subarctique au nord et la forêt tropicale humide au sud, cet immense pays possède la chaîne de montagnes la plus haute du monde, l'un des déserts les plus chauds à l'ouest et une côte balayée par les typhons au bord de la mer de Chine méridionale. Une multitude de cours d'eau sillonnent cet immense territoire, dont le majestueux Yangzi (长江, Cháng Jiāng), l'un des fleuves les plus puissants de la planète.

Montagnes

La Chine est en grande partie montagneuse, à commencer par les vertigineux sommets du Qīnghǎi et du Tibet et ses hauts plateaux immenses et peu peuplés à l'ouest. Puis son territoire descend progressivement vers les riches provinces de l'est du pays, fertiles, bien irriguées et densément peuplées.

Nombre des merveilles de la Chine tiennent à ce caractère montagneux : la stature du mont Everest et les étincelantes rizières en terrasses du Dos du Dragon du Guǎngxī, le parc national de Jiǔzhàigōu au Sìchuān et les sommets nimbés de brume des Huángshān (monts Jaunes) dans l'Ānhuī, les vertigineuses pentes du Huá Shān au Shaanxi (Shǎnxī), les sublimes pics karstiques de Yángshuò au Guǎngxī et la sombre beauté volcanique du lac Céleste dans le Jílín.

Les plus hauts sommets de la région du Qīnghǎi-Tibet, bordée au sud par la chaîne de l'Himalaya, s'élèvent en moyenne à 4 500 m. Cette vaste région de haute altitude (le Tibet à lui seul constitue 1/8 de la masse continentale de la Chine) abrite 37 000 glaciers, la 3e masse de glace de la planète après l'Arctique et l'Antarctique. Celle-ci fait de la région du Qīnghǎi-Tibet la source de nombre des plus grands fleuves de Chine, dont le fleuve Jaune (Huáng Hé), le Mékong (Láncāng Jiāng), la Salween (Nù Jiāng) et, bien sûr, le puissant Yangzi. Avec le réchauffement climatique, cette masse glaciaire fond inévitablement, mais les experts ne parviennent pas à s'accorder sur la rapidité de cette fonte des glaces.

Déserts

Les régions désertiques, qui ne cessent de s'accroître, représentent presque un cinquième du pays et se situent en grande partie dans le Nord-Ouest. Au nord, le bassin du Tarim, qui s'étend des plateaux du Tibet et du Qīnghǎi vers le Kazakhstan et le Kirghizistan, est le plus grand bassin intérieur au monde. C'est là que se trouve l'impitoyable désert du Taklamakan, le plus vaste désert de Chine et la plus grande étendue de sable après le Sahara.

Les caravanes de chameaux qui suivaient la route de la soie pénétraient en Chine par cette région. Chargées de marchandises, elles véhiculaient également des personnes, des langues, des philosophies et des coutumes venues des lointaines terres du Moyen-Orient. Par la rudesse de son environnement et sa topographie, cette région est proche de ses voisins, Afghanistan, Kirghizistan et Kazakhstan, alors qu'elle diffère totalement des provinces du sud de la Chine bien arrosées et luxuriantes.

Le désert de Gobi s'étend en majeure partie par-delà ses frontières.

L'environnement chinois en 3 livres

- *L'environnement en Chine* (2014, Jia Wang et Liu Junhui). Une présentation générale des problèmes environnementaux de la Chine et des mesures stratégiques déployées par le gouvernement pour endiguer de futures catastrophes écologiques.
- *La crise environnementale en Chine* (2016, Jean-François Huchet). Un ouvrage pour comprendre les problèmes environnementaux de la Chine.
- *La Chine face au mur de l'environnement ?* (2017, Jean-Paul Maréchal). Ce livre explique comment les dirigeants chinois et la population affrontent le défi environnemental et tentent de le surmonter.

★ **Les plus beaux panoramas**

Huángshān (p. 182)

Rizières en terrasses de Lóngjǐ (p. 238)

Yángshuò (p. 236)

Gorge du Saut du Tigre (p. 256)

Trois Gorges (p. 304)

Gorge du Saut du Tigre (p. 256)

MARTINHO SMART / SHUTTERSTOCK ©

Fleuves et plaines

Deuxième fleuve de Chine avec ses quelque 5 460 km de longueur, le fleuve Jaune (黄河, Huáng Hé) est considéré comme le berceau de la civilisation chinoise et a joué un rôle primordial dans le développement de la société chinoise. Prenant sa source dans le Qīnghǎi, il serpente dans le nord du pays, traverse ou passe à proximité de nombreuses villes majeures, dont Lánzhōu, Yínchuān, Bāotóu, Hánchéng, Jìnchéng, Lùoyáng, Zhèngzhōu, Kāifēng et Jǐ'nán au Shāndōng, et se jette dans la mer de Bohai au nord de Dōngyíng, quand il ne s'assèche pas avant.

Premier fleuve de Chine, le Yangzi (长江, Cháng Jiāng ; voir aussi p. 302) compte parmi les plus longs du monde. Son bassin hydrographique – près de 2 millions de km^2, soit 20% du territoire chinois – fait vivre 400 millions d'habitants. Depuis sa source tout en hauteur sur le plateau tibétain, il parcourt 6 300 km jusqu'à la mer, les dernières centaines de kilomètres à travers des plaines alluviales quasiment plates. Il forme avec ses affluents de nombreux sites naturels impressionnants, comme les gorges du Saut du Tigre et les Trois Gorges, arrosant au passage un chapelet de grandes villes historiques, notamment Chóngqìng, Wǔhàn et Nánjīng. Il termine enfin sa course dans la mer de Chine orientale, au nord de Shànghǎi.

Faune et flore

L'immensité du pays, sa diversité topographique et ses disparités climatiques s'accompagnent d'une incroyable variété d'habitats pour la faune. À lui seul, le plateau tibétain abrite plus de 500 espèces d'oiseaux. La moitié des espèces animales de l'hémisphère Nord existe en Chine.

À moins d'être spécialiste, ou de faire preuve d'une patience infinie et d'une grande détermination, la probabilité de voir beaucoup de ces animaux dans leur habitat naturel est proche de zéro. Il existe cependant quantité de réserves bien tenues et assez faciles d'accès depuis des destinations touristiques telles que Chéngdū et Xī'ān. Même si vous ne croisez aucune créature, leur cadre splendide justifie à lui seul le détour.

Mammifères

De nombreux parcs et réserves ont été créés dans les hautes chaînes de montagnes, refuges naturels de la faune, pour éviter qu'elles ne soient dégradées suite à l'abattage des arbres ou à la construction de barrages.

C'est dans l'ouest du Sìchuān, sur les contreforts de l'Himalaya, que se rencontre la plus grande diversité de mammifères : grands pandas, qui appartiennent à la famille des ours, petits pandas ou pandas rouges (parents des ratons laveurs), ours noirs d'Asie et léopards. Parmi les ruminants figurent les takins dorés – antilopes à l'allure de chèvres, au pelage jaunâtre et qui ont la réputation d'être irascibles –, les moutons argalis et diverses espèces de cervidés dont les tout petits chevrotains.

Dans l'ensemble, la Chine est particulièrement riche en félins, petits ou gros. Le plus grand tigre au monde, le tigre de Mandchourie (*Dōngběihǔ*) – ou tigre de Sibérie –, dont il ne subsiste que quelques centaines de représentants à l'état sauvage, doit essentiellement sa survie à son habitat reculé. La Chine abrite aussi 3 espèces de léopards, notamment le magnifique léopard tacheté des forêts tropicales, sans compter les diverses espèces de petits félins comme le chat doré d'Asie (ou chat de Temminck) et une rare espèce endémique, le chat des déserts de Chine ou chat des montagnes chinoises.

Le sud tropical de la province du Yúnnán offre une exceptionnelle diversité végétale et animale. Les forêts tropicales ou pluviales accueillent des tigres d'Indochine et des troupeaux d'éléphants d'Asie.

Le grand panda (*xióngmāo*, littéralement "chat ours") est le plus célèbre habitant de l'ouest du Sìchuān, mais sa nature solitaire rend difficile son observation dans la nature. Même aujourd'hui, après des décennies de recherches intensives et de protection dans les réserves, il est rare d'en apercevoir.

Oiseaux

Avec plus de 1 300 espèces d'oiseaux recensées, dont environ 100 endémiques ou quasi endémiques, la Chine est le paradis des amateurs d'oiseaux. On les observe surtout au printemps, sur les arbres en bourgeons, lorsque les migrateurs quittent leur site d'hivernage pour venir se reproduire en Chine. BirdLife International (www.birdlife.org/datazone/country/china), l'organisation mondiale de protection des oiseaux, reconnaît 14 zones d'oiseaux endémiques en Chine, soit entièrement situées dans le pays, soit débordant sur des pays voisins.

Plantes

La Chine compte plus de 32 000 espèces de plantes à graines et plus de 2 500 espèces d'arbres forestiers, plus une extraordinaire diversité de végétaux, dont certains "fossiles vivants". La diversité est telle qu'on ne retrouve, par exemple, que de rares espèces communes entre la végétation de la province de Jílín, dans le Nord semi-glacial, et celle de la province de Hǎinán, dans le Sud tropical.

En dehors du riz, la plante la plus couramment associée à la Chine est le bambou, dont il existe près de 300 espèces. Présents dans de nombreuses régions de Chine, les bambous formaient autrefois d'immenses forêts qui ont permis le développement du grand panda, dont c'est la nourriture quasi exclusive, et d'une série de petits mammifères, oiseaux et insectes. La plupart de ces espèces utiles sont présentes dans les régions subtropicales, au sud du Yangzi, les dernières plus belles forêts de bambous se trouvant dans les provinces du Sud-Ouest, comme le Sìchuān.

Un nombre croissant d'agences de voyages internationales spécialisées dans la faune et la flore organisent des expéditions botaniques en Chine.

Espèces menacées

Tous les grands mammifères de Chine ou presque figurent sur la liste des espèces menacées, de même que de nombreux autres animaux et végétaux. Parmi les autres espèces menacées figurent le léopard des neiges, le tigre de Chine du Sud, l'antilope chiru, l'ibis nippon, l'éléphant d'Asie et les grues à couronne rouge ou noire.

La déforestation, la pollution, la chasse ou les pièges et même le sport figurent au nombre des dangers qui menacent les espèces. La CITES (Convention sur le commerce international des espèces menacées d'extinction) a constaté un commerce légal de reptiles et de perroquets vivants et une vente importante de peaux de reptiles et de chats sauvages. On ne peut qu'imaginer le nombre d'espèces braconnées et vendues de façon non officielle.

En dépit des menaces qui pèsent sur elles, plusieurs espèces rares subsistent à l'état sauvage, comme l'alligator chinois de l'Ānhuī, la salamandre géante des cours rapides du Yangzi et du fleuve Jaune, le dauphin des cours inférieur et moyen du Yangzi (bien qu'on n'en ait plus vu depuis 2002) et le dauphin rose des îles de Sha Chau et de Lung Kwu Chau à Hong Kong. Le célèbre panda géant ne subsiste que dans les vallées et les montagnes du Sìchuān, riches en faune.

Une Chine plus verte ?

La Chine est très consciente de la désertification du pays qui s'accélère, de ses problèmes d'eau croissants, de la régression des glaciers, des pluies acides, des fleuves contaminés, de l'air urbain nocif et des sols pollués. Le gouvernement s'est vivement engagé, politiquement parlant, à promouvoir des sources d'énergie plus propres et plus vertes. Les dirigeants chinois cherchent aussi à concevoir un modèle économique plus durable et plus économique pour l'avenir.

D'évidence, il existe d'ambitieux projets : en 2010, la Chine a annoncé qu'elle allait investir des milliards dans le développement de véhicules électriques et hybrides (même si l'objectif de 30% de ventes de véhicules électriques semble irréaliste), Běijīng s'est engagée à dépasser l'Europe en matière d'investissements dans les énergies renouvelables d'ici à 2020, la construction de parcs éoliens (à Gānsù, par exemple) se poursuit à un rythme rapide, tandis que la Chine est le plus grand producteur mondial de cellules photovoltaïques. L'utilisation du charbon décroît : en 2015, la Chine en importait 30% de moins et en consommait 3,7% de moins, avec l'objectif de fermer 1 000 mines en 2016. Des analystes affirment que la Chine a déjà dépassé le "pic du charbon", mais les deux tiers de l'énergie produite en Chine proviennent encore des combustibles fossiles.

Rafting près de Guilín (p. 243)

Carnet pratique

Infos utiles

Alimentation

Les prix mentionnés dans ce guide correspondent à un plat principal (sauf mention contraire).

Běijīng
(un repas de 2 plats)
$ moins de 40 ¥
$$ 40-100 ¥
$$$ plus de 100 ¥

Shànghǎi
(un repas de 2 plats)
$ moins de 60 ¥
$$ 60-160 ¥
$$$ plus de 160 ¥

Ailleurs en Chine continentale
(un repas de 2 plats)
$ moins de 40¥
$$ 40-60 ¥
$$$ plus de 60 ¥

Hong Kong
(un repas de 2 plats, plus boissons)
$ moins de 200 $HK
$$ 200-500 $HK
$$$ plus de 500 $HK

Macao
(un repas de 2 plats, plus boissons)
$ moins de 200 $MOP
$$ 200-400 $MOP
$$$ plus de 400 $MOP

Ambassades et consulats

À l'étranger

France (☎01 49 52 19 50 ; www.amb-chine.fr ; 20 rue Monsieur, 75007 Paris) ; services consulaires (☎01 53 75 88 05 ; 20 rue Washington, 75008 Paris) ; centre des visas (☎01 40 70 04 01 ; http://www.visaforchina.org ; 25 rue de Bassano, 75008 Paris ; rendez-vous obligatoire pour déposer un dossier). Consulats à Lyon, Marseille, Strasbourg, Papeete et Saint-Denis de La Réunion.

Belgique (☎0032-27712038, fax 0032-27792895 ; be.china-embassy.org ; 443-445 av. de Tervuren, 1150 Woluwe Saint-Pierre) ; services consulaires (☎02 663 3001, fax 02 779 2283 ; 400 bd du Souverain, 1160 Bruxelles) ; centre de demande des visas (109 rue Neerveld, Woluwe Saint-Lambert, 1200 Bruxelles)

Suisse (☎031 352 7333 ; http://ch.china-embassy.org/fra/ ; Kalcheggweg 10, 3006 Bern) ; services consulaires (☎031 351 4593 ; Lombachweg 23, 3006 Bern)

Canada Ottawa (☎613-789 3434 ou 79 10 511, (visas) 613-7893434, ext 232 ; ca.china-embassy.org ; 515 St-Patrick Street, Ottawa, Ontario K1N 5H3) ; consulat de Montréal (☎514-419-6748 ; 2100 rue Ste-Catherine Ouest, 8e ét., Montréal, Québec, H3H 2T3)

En Chine

Les ambassades se trouvent à Běijīng (Pékin), tandis que les consulats sont disséminés à travers le pays.

Ambassade de France
(法国驻华大使馆, Fàguó Zhùhuá Dàshǐguǎn, Běijīng ; ☎010 8531 2000 ; www.ambafrance-cn.org ; 60 Tianze Lu, 天泽路60号 ; S Ligne n°10 arrêt Liangmaqiao, sortie B)

Ambassade de Belgique
(☎010 6532 1736 ; china.diplomatie.belgium.be ; 6 San Li Tun Lu, Běijīng ; ⌚lun-ven 8h30-12h30 et 13h30-17h, section visa lun-ven 8h30-12h30)

Ambassade de Suisse
(☎010 8532 8888, visa 010 8532 8755 ; www.eda.admin.ch/beijing ; Sanlitun Dongwujie 3, Běijīng ; ⌚lun-ven 9h-12h)

Ambassade du Canada
(加拿大大使馆, Jiānádà Dàshǐguǎn ; ☎010 5139 4000 ; www.china.gc.ca ; 19 Dongzhimenwai Dajie, Běijīng, 东直门外大街19号 ;

Un fil d'Ariane en voyage

Vous êtes ressortissant français ? Pensez à vous enregistrer sur le portail **Ariane** (pastel.diplomatie.gouv.fr/fildariane) du ministère des Affaires étrangères. Ce service gratuit vous permet de recevoir des alertes si la situation le justifie. Crise politique, catastrophe naturelle, attentat... recevez en temps réel des consignes de sécurité lors de votre voyage. Il existe une application pour les Smartphones et les tablettes, intitulée Conseils aux voyageurs.

8h30-11h lun-ven et 13h30-15h mar et jeu ; S Ligne n°2 arrêt Dongzhimen, sortie B)

Argent

On trouve des DAB dans les grandes villes. Les cartes ne sont pas acceptées partout ; prévoyez des espèces.

Espèces

La monnaie nationale chinoise est le *rénmínbì* (人民币 ; RMB), ou “argent du peuple”. L'unité de base du RMB est le yuan (元, *yuán* ; ¥), qui se divise en 10 *jiǎo* (角), *jiǎo* lui-même subdivisé en 10 *fēn* (分). Dans le langage parlé, le yuan est souvent appelé *kuài* (块) et le *jiǎo*, *máo* (毛). La valeur du *fēn* est si faible qu'il est rarement utilisé.

La Bank of China émet des billets de 1, 2, 5, 10, 20, 50 et 100 yuans et des pièces de 1 yuan, de 1 et 5 *jiǎo* et de 5 *fēn*. Il existe des billets correspondant aux pièces.

À Hong Kong, le dollar hongkongais ($HK) est divisé en 100 cents (c). Il existe des billets de 10, 20, 50, 100, 500 et 1 000 $HK, des pièces en cuivre de 10, 20 et 50 c, des pièces en argent de 1, 2 et 5 $HK et des pièces en nickel et en bronze de 10 $HK. Le dollar hongkongais est indexé sur le dollar américain à un taux de 1 $US pour 7,80 $HK – il peut légèrement fluctuer.

La monnaie de Macao est le *pataca* ($MOP), divisé en 100 *avos*. Il existe des billets de 10, 20, 50, 100, 500 et 1 000 $MOP, des pièces en cuivre de 10, 20 et 50 *avos* et des pièces couleur argent de 1, 2, 5 et 10 $MOP. Le *pataca* est indexé sur le dollar hongkongais à un taux de 103,20 $MOP pour 100 $HK. Dans la pratique, les deux monnaies sont interchangeables et les dollars hongkongais, pièces comprises, sont acceptés à Macao. On peut aussi souvent payer en yuans (1 ¥ pour 1 $MOP), mais les *patacas* ne s'utilisent qu'à Macao. Sauf exception, les prix sont indiqués en yuans.

Cartes bancaires

Il est assez simple d'utiliser une carte dans les grandes villes, mais ne pensez pas qu'il en est de même partout en Chine et prévoyez suffisamment d'espèces. À Hong Kong, les cartes bancaires internationales sont acceptées presque partout – une commission de 2,5 à 7% est prélevée dans certaines enseignes.

Change

Attendez d'être en Chine pour changer de l'argent, afin de bénéficier de taux plus intéressants. Vous pouvez changer des devises étrangères et des chèques de voyage à la frontière, dans les aéroports internationaux, les principales agences de la Bank of China, les hôtels pour touristes et certains grands magasins. Les guichets de change fonctionnent de 8h à 19h (plus tardivement dans les hôtels). Les hôtels de luxe réservent généralement ce service à leurs clients. Le taux officiel est appliqué presque partout et la commission est standardisée. Il n'est donc guère utile de comparer.

Conservez quelques bordereaux de change pour changer les yuans qui vous restent avant le retour.

Chèques de voyage

Vu la généralisation des DAB dans toute la Chine, les chèques de voyage ne sont plus aussi utiles qu'auparavant. Par ailleurs, ils ne sont pas utilisables partout. Vous ne devriez avoir aucun mal à les changer dans les hôtels touristiques. Sachez que la plupart des hôtels ne convertissent que les chèques de leurs clients. À défaut, choisissez de préférence une grande banque, comme la Bank of China ou l'ICBC.

Préférez les chèques de voyage émis par les grandes agences comme Thomas Cook, Amex ou Visa.

Distributeurs automatiques de billets (DAB)

La Bank of China et l'Industrial & Commercial Bank of China (ICBC) possèdent de très nombreux DAB qui fonctionnent 24h/24 pour retirer de l'argent avec les cartes Visa, MasterCard, Cirrus, Maestro Plus et American Express. Les DAB qui acceptent les cartes internationales offrent deux possibilités de langues. Le réseau est surtout développé dans les villes d'une certaine importance.

Le taux de change pratiqué sur les retraits aux distributeurs est similaire à celui qui s'applique aux cartes bancaires, mais vous êtes soumis à un plafond quotidien. N'oubliez pas que certaines banques prennent une commission pour les retraits aux DAB de banques concurrentes. Vérifiez auprès de votre banque avant votre départ. La Bank of Nanjing renonce aux frais de retrait sur ses DAB pour les membres de la Global ATM Alliance (renseignez-vous auprès de votre banque).

Pour vous faire envoyer de l'argent depuis l'étranger, consultez Western Union (www.westernunion.com) ou Moneygram (www.moneygram.com).

Pourboires

Hôtels Les bagagistes accepteront sans doute volontiers un pourboire.

Restaurants Les serveurs dans un restaurant bon marché ou de catégorie moyenne ne s'attendront pas à recevoir un pourboire. Si le service est facturé (vérifiez l'addition), le pourboire n'est pas nécessaire.

Taxis Les chauffeurs ne s'attendent pas à recevoir de pourboire.

Taxes et remboursements

Les taxes sont incluses dans les prix affichés. Pratiquement toutes les grandes villes offrent aux touristes étrangers le remboursement des taxes sur leurs achats faits au cours des 90 jours précédents ; et la liste des provinces participantes ne cesse de s'allonger.

La taxe de 11% est remboursée à l'aéroport et tous les achats doivent quitter la Chine en même temps que vous. Le montant minimum d'achat est de 500 ¥ dans un magasin.

Taux de change

Canada	1 $C	5,29 ¥
États-Unis	1 $US	6,56 ¥
Hong Kong	1 $HK	0,84 ¥
Suisse	1 FS	6,81 ¥
Zone euro	1 €	7,79 ¥

Consultez le site www.xe.com pour les derniers taux de change.

Assurance

Il est conseillé de souscrire une assurance qui vous couvrira en cas d'annulation de votre voyage, de vol, de perte de vos affaires, de maladie ou encore d'accident.

Vérifiez notamment que les "sports à risques", comme l'escalade, le ski, la moto ou même la randonnée ne sont pas exclus de votre contrat, ou encore que le rapatriement médical d'urgence, en ambulance ou en avion, est couvert. De même, le fait d'acquérir un véhicule dans un autre pays ne signifie pas nécessairement que

Climat

Běijīng (Pékin)

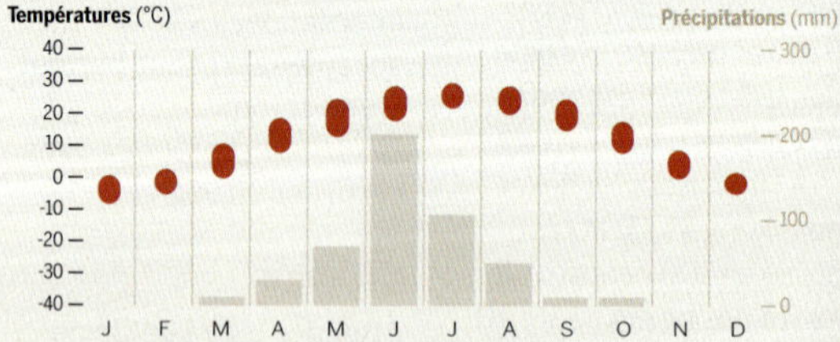

Hong Kong

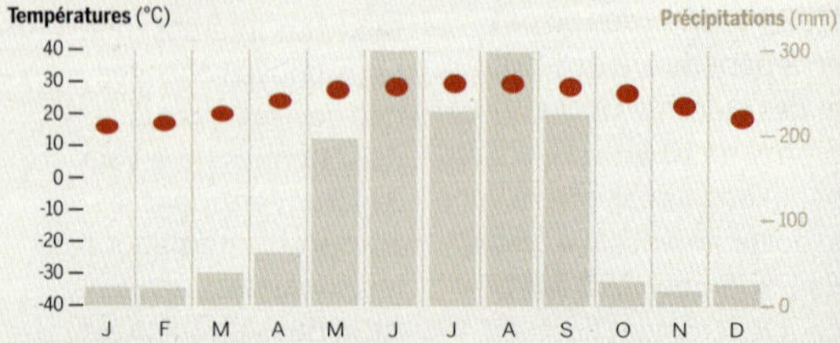

Shànghǎi

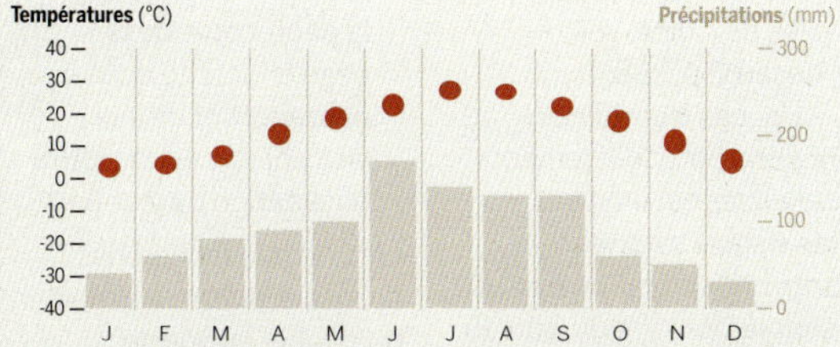

vous serez protégé par votre propre assurance.

Vous pouvez contracter une assurance qui réglera directement les hôpitaux et les médecins, vous évitant ainsi d'avancer des sommes qui ne vous seront remboursées qu'à votre retour. Dans ce cas, conservez avec vous tous les documents nécessaires (les consultations médicales se règlent généralement en espèces : demandez un reçu pour le remboursement).

Attention ! Avant de souscrire une police d'assurance, vérifiez bien que vous ne bénéficiez pas déjà d'une assistance par votre carte de crédit, votre mutuelle ou votre assurance automobile.

N'oubliez pas de prendre avec vous les documents relatifs à l'assurance ainsi que les numéros à appeler en cas d'urgence.

Douane

Les douaniers chinois accordent généralement peu d'attention aux touristes. Il est interdit d'importer ou d'exporter des drogues, des animaux et des plantes (graines comprises). L'exportation de DVD et de CD piratés est illégale – si les douaniers en trouvent, ils seront confisqués. Vous pouvez transporter avec vous des médicaments chinois jusqu'à un montant de 300 ¥.

On peut importer librement :

- 400 cigarettes ou l'équivalent en tabac
- 1,5 l d'alcool
- 50 g d'or ou d'argent

De même :

- L'importation de charcuterie et de fruits frais est interdite.
- Aucune restriction n'est appliquée aux devises étrangères, mais si vous transportez plus de 5 000 $US (ou l'équivalent dans une autre devise), vous devez le déclarer.

Les objets considérés comme des antiquités doivent être munis d'un certificat et d'un cachet rouge pour le passage à la douane, au moment de quitter le pays. D'une manière générale, tout objet fabriqué avant 1949 est considéré comme une antiquité et ceux datant d'avant 1795 ne peuvent quitter le territoire national. Pour obtenir le certificat et le cachet requis, vous devez faire contrôler les objets par l'**administration d'État du patrimoine culturel** (Guójiā Wénwù Jú ; carte p. 58 ; 010 5679 2211 ; www.sach.gov.cn ; 83 Beiheyan Dajie ; 8h30-17h ; Lignes 6, 8 jusqu'à Nanluoguxiang, sortie B ou Ligne 5 jusqu'à Zhangzizhonglu, sortie D), à Běijīng.

Électricité

On distingue 3 types de prises électriques – à 3 fiches plates, à 3 fiches rondes, à 2 fiches plates (la plus courante) et à 2 petites fiches rondes étroites. Le courant est de type alternatif 220 V/50 Hz. Mieux vaut partir avec des adaptateurs.

220 V/50 Hz

220 V/50 Hz

Formalités et visas

Demande de visas

Pour la Chine

Les ressortissants français, belges, suisses et canadiens ont besoin d'un visa pour entrer en République populaire de Chine.

Seuls les visiteurs qui se rendent à Hong Kong ou à Macao en sont dispensés (notez qu'ils ne peuvent pas quitter ces villes durant leur séjour ; voir p. 388 pour plus de détails).

Un droit de séjour sans visa d'une durée limitée à 72 heures est accordé aux citoyens de 45 pays (dont la France, la Belgique, la Suisse et le Canada) qui transitent par certaines villes de Chine. Voir l'encadré p. 388.

L'accès à certaines régions particulièrement sensibles est limité et les visiteurs doivent souvent obtenir un permis supplémentaire du Bureau de la sécurité publique (PSB ; Gōng'ānjú). Il existe une réglementation spécifique pour le Tibet, que les autorités peuvent brutalement décider de fermer aux étrangers.

Votre passeport doit être valable au moins 6 mois après la date d'expiration de votre visa (9 mois pour un visa à double entrée), avec au minimum 2 pages vierges. Pour les voyageurs de moins de 18 ans, un parent doit signer le formulaire de demande en leur nom.

Lors de nos recherches, les formalités de demande de visa étaient rigoureuses et les demandeurs devaient fournir :

- une photocopie des réservations des billets d'avion depuis/vers la Chine
- pour un visa à double entrée, les confirmations des vols avec toutes les dates d'entrée et de sortie
- si vous séjournez à l'hôtel, la confirmation de la réservation (celle-ci pourra ensuite être annulée si vous logez ailleurs, il suffit souvent de ne montrer que la réservation de la première nuit)
- si vous logez chez des amis ou parents, la photocopie de la page d'identité de leur passeport et de leur visa chinois et une lettre d'invitation de leur part

Lors de nos recherches, un visa ordinaire à simple ou double entrée de 30 jours coûtait (hors frais de service) : 126 € pour les Français, les Belges et les Suisses ; 216 $C (146 €) pour les Canadiens.

Un visa ordinaire de 30 jours peut être émis en 4 à 5 jours ouvrables. Dans la plupart des pays, les demandes de visa se font désormais directement en ligne par l'intermédiaire du Chinese Visa Application Service Center (www.visaforchina.org ; formulaires téléchargeables), un service payant. Certains pays, comme la France et le Canada, ont plusieurs centres de demande de visa.

Un visa ordinaire de 30 jours est valable durant les 3 mois suivant sa délivrance et sa date d'activation est celle de l'entrée en Chine. Les visas touristiques de 60 et 90 jours sont plus difficiles à obtenir. Pour rester plus longtemps que 30 jours, vous pouvez faire proroger votre visa en Chine.

Pour obtenir un visa, vous devez remplir un formulaire de demande (fourni par l'ambassade, le centre de demande des visas ou téléchargeable depuis son site Internet) et fournir au moins une photo

(51 x 51 mm). En général, vous payez votre visa lorsque vous allez le chercher. Un visa envoyé par la poste mettra 3 semaines à arriver.

Pour vous simplifier les démarches, des agences spécialisées se chargent des formalités auprès des services délivrant les visas.

En France, vous pourrez notamment contacter : **Action Visa** (☎01 45 88 56 70 ; www.action-visas.com ; 10-12 rue du Moulin-des-Prés, 75013 Paris) et **Visas Express** (CIBT visas ; ☎0825 08 10 20 ; visas-express.fr, info@visas-express.fr).

Au Canada, les demandes de visa par courrier doivent passer par une agence spécialisée, ce qui occasionne des frais supplémentaires.

Il est possible de faire une demande de visa de tourisme pour la Chine continentale directement à Hong Kong, mais sachez qu'un délai minimal de 4 jours est à prévoir et que des justificatifs sont exigés – billet de retour, réservation d'hôtel et assurance (document original), attestation d'hébergement pour les voyageurs prévoyant un hébergement chez des particuliers.

Dans ces conditions, il est vivement recommandé aux voyageurs venant de France à Hong Kong pour se rendre ensuite en Chine continentale de demander un visa d'entrée en Chine avant leur départ, auprès de l'ambassade de Chine à Paris ou des consulats de Chine en France.

Si, malgré tout, vous souhaitez obtenir un visa de tourisme pour la Chine continentale à Hong Kong, le **China Travel Service** (CTS ; 中国旅行社, Zhōngguó Lǚxíngshè) peut s'en charger pour vous. Vous pouvez également déposer une demande auprès du **Visa Office of the People's Republic of China** (☎10h-11h et 15h-16h lun-ven 852 3413 2424, infos enregistrées 852 3413 2300 ; www.fmcoprc.gov.hk ; 7e niv, Lower Block, China Resources Centre, 26 Harbour Rd, Wan Chai ; ⌚9h-12h et 14h-17h lun-ven ; Ⓜ Wan Chai, sortie A3).

Pour Hong Kong

Lors de nos recherches, la plupart des visiteurs – incluant les ressortissants français, belges, suisses et canadiens –, pouvaient entrer à Hong Kong et séjourner 90 jours sans visa, avec un passeport valable au moins 3 mois à partir de leur date d'arrivée. Attention, si vous visitez Hong Kong depuis la Chine et souhaitez revenir en Chine, vous devrez détenir un visa à double entrée, à entrées multiples ou demander un nouveau visa.

Pour Macao

La plupart des visiteurs, – incluant les ressortissants français, belges, suisses et canadiens –, peuvent entrer à Macao sans visa pour un séjour de 30 à 90 jours, avec un passeport valable au moins 3 mois à partir de leur date d'arrivée. Si vous venez à Macao depuis la Chine et souhaitez revenir en Chine, vous devrez détenir un visa à double entrées ou à entrées multiples.

Prorogation de visas

Les prorogations de visas sont délivrées par le service des Affaires étrangères du PSB.

La première prorogation de 30 jours est habituellement délivrée sans problème pour un visa touristique ordinaire, mais doit être faite au moins 7 jours avant l'expiration du visa ; une deuxième demande de prorogation d'un mois est plus difficile à obtenir et on peut n'obtenir qu'une semaine supplémentaire. Il arrive que les PSB situés en province se montrent plus indulgents pour délivrer des prolongations, mais mieux vaut ne pas trop y compter. Si vous avez épuisé toutes les possibilités, il vous reste toujours la solution d'effectuer un court séjour à Hong Kong pour y demander un nouveau visa.

Le coût d'une prorogation sur un visa à entrée unique varie en fonction de la nationalité du demandeur. La procédure peut prendre jusqu'à 7 jours.

L'amende pour un dépassement du temps de séjour autorisé peut atteindre jusqu'à 500 ¥ par jour. Et, si le dépassement est supérieur à 11 jours, vous risquez d'être interdit de séjour en Chine pendant 10 ans.

En transit sans visa

Un droit de séjour sans visa d'une durée limitée à 72 heures est accordé pour Běijīng aux citoyens de 45 pays (dont la France, la Belgique, la Suisse et le Canada) sous plusieurs conditions : être en transit vers un pays autre que la Chine, posséder un billet confirmé pour ce pays tiers et, s'il y a lieu, un visa pour ce pays et repartir de leur aéroport d'arrivée dans les 72 heures à destination du pays tiers. Les citoyens de ces mêmes pays peuvent transiter 72 heures sans visa par Chángshā, Chéngdū, Chóngqìng, Dàlián, Guǎngzhōu, Guìlín, Harbin, Kūnmíng, Qīngdǎo, Shěnyáng, Tiānjīn, Wǔhàn, Xiàmén et Xī'ān dans des conditions identiques. Il n'est pas autorisé de quitter la ville de transit au cours de ces 72 heures, sauf à Chángshā, Chéngdū, Guǎngzhōu et Qīngdǎo, où les visiteurs sont plus libres de leurs mouvements et peuvent se déplacer au sein de la province. Il est également permis de se déplacer entre Dàlián et Shěnyáng.

De même, les citoyens de 51 pays (dont la France, la Belgique, la Suisse et le Canada) arrivant à Shànghǎi, Nánjīng ou Hángzhōu peuvent désormais y séjourner sans visa pendant 144 heures. Pendant ces 6 jours, il est permis de se déplacer entre Shànghǎi et les provinces de Zhèjiāng et Jiāngsū – indépendamment de la ville d'entrée et du moyen d'arrivée (bateau, train ou avion). Pour le transit sans visa :

- vous devez en informer votre compagnie aérienne au moment de l'enregistrement
- à l'arrivée, repérez le guichet d'immigration correspondant à votre situation
- la durée du transit commence juste après minuit, le temps de séjour pourra donc légèrement dépasser 72 ou 144 heures
- si vous ne séjournez pas à l'hôtel, vous devez vous enregistrer au poste de police local dans les 24 heures
- Hong Kong, Macao et Taïwan sont recevables en tant que pays tiers
- les départs des visiteurs en transit de 72 heures doivent se faire par l'aéroport de leur arrivée

Renseignez-vous pour connaître les dispositions en cours.

Hǎinán dispense des visa de 15 jours pour les groupes d'au moins 5 personnes (ressortissants de 21 pays). Voir le site Internet pour plus d'informations : http://en.visithainan.gov.cn.

Handicapés

La Chine n'est pas aisément accessible aux personnes à mobilité réduite, mais il est possible, en préparant le séjour et en réservant longtemps à l'avance, de voyager en fauteuil roulant dans les grandes villes où les grands hôtels sont mieux équipés. Attendez-vous néanmoins à susciter beaucoup de curiosité.

Téléchargez gratuitement le guide *Accessible Travel* de Lonely Planet sur : lptravel.to/AccessibleTravel.

Hébergement

La Chine possède un choix impressionnant d'hébergements, mais l'offre peut être extrêmement variée. Les grandes villes disposent d'un parc hôtelier vaste ; d'autres villes sont moins bien équipées malgré un flot continu de visiteurs. Dans les campagnes, les logements chez l'habitant et les auberges de jeunesse sont la norme, avec quelques hôtels de charme dans les villages les plus touristiques.

Hôtels Toute la gamme est représentée, du petit hôtel deux étoiles où le personnel parle peu anglais, à l'hôtel traditionnel ou à l'établissement cinq étoiles de luxe.

Auberges de jeunesse De plus en plus nombreuses en Chine, elles disposent de dortoirs, de chambres doubles et donnent des informations touristiques.

Chez l'habitant À la campagne, il est fréquent de trouver des chambres doubles chez l'habitant, avec le repas.

Remises dans les hôtels

Ignorez les tarifs affichés et demandez directement les tarifs réduits ou bien négociez le prix de la chambre. Les remises – entre 10 et 60% (souvent 30%) – sont courantes, excepté dans les auberges de jeunesse (sauf pour les membres) et les hébergements les moins chers. Pour en bénéficier, il suffit de demander à la réception ou en réservant par téléphone, ou encore de réserver en ligne via le site Ctrip.

En dehors des périodes de fêtes, très chargées (fin avril-début mai, première semaine d'octobre et Nouvel An chinois), les tarifs pratiqués sont en principe bien inférieurs à ceux affichés et les hôtels sont rarement complets.

Réservation

Les prix des hébergements varient selon la région. Il est généralement facile de trouver une chambre, mais mieux vaut réserver, notamment dans les villes touristiques, surtout pour le week-end et en haute saison. Des offres intéressantes sont souvent disponibles en ligne. Les guichets de réservation installés dans les aéroports des plus grandes villes pratiquent souvent des réductions.

Réservation en ligne

Trouvez un vol, un séjour ou un hôtel en quelques clics dans la rubrique "Réservations" de www.lonelyplanet.fr.

Ctrip (www.english.ctrip.com). Bon site pour les réservations hôtelières et les billets de train/avion, doublé d'une assistance téléphonique en anglais. Application utile pour smartphone.

Elong (www.elong.net). Hôtels, billets d'avion et assistance téléphonique en anglais.

Travel Zen (www.travelzen.com) Billets d'avion et réservations d'hôtels ; site Internet en chinois. Assistance téléphonique en anglais.

Heure locale

Malgré l'immensité de la Chine, il n'existe qu'un seul fuseau horaire : UTC+8. (Si le Tibet et Xīnjiāng utilisent parfois UTC+6, ce n'est pas de manière officielle.) Quand il est 12h à Paris, il est 17h à Běijīng ou à Lhassa en hiver, et 16h en été.

Heures d'ouverture

La Chine a adopté la semaine de travail de 5 jours. Le samedi et le dimanche sont des jours non ouvrés.

Banques Du lundi au vendredi de 9h à 17h (ou 18h). Fermeture de 2 heures parfois dans l'après-midi. Certaines banques ouvrent le samedi, voire le dimanche. Mêmes horaires pour les bureaux et les administrations.

Bars De la fin d'après-midi jusqu'à minuit ou plus tard.

Magasins Tous les jours de 10h à 22h. Mêmes horaires pour les grands magasins et les centres commerciaux.

Restaurants Environ de 10h30 à 23h ; parfois fermés de 14h à 17h ou 18h.

Poste Ouverte en général 7j/7.

Homosexualité

Il y a plus de tolérance dans les grandes villes que dans les campagnes, plus conservatrices. Mais même dans les zones urbaines, les gestes de tendresse entre deux personnes de même sexe peuvent susciter la curiosité. Vous verrez souvent des hommes ou des femmes se tenir la main ou s'enlacer, mais sans aucune connotation sexuelle. Il existe des bars et clubs gays dans les principales villes, mais il est plus courant d'utiliser des applis de rencontre.

Dànlán (淡蓝 ; www.danlan.org). Informations et style de vie, en chinois uniquement.

Spartacus International Gay Guide (www.spartacusworld.com/en). Bon annuaire international des lieux gays. Disponible aussi sur smartphone.

Utopia (www.utopia-asia.com/tipschin.htm). Des conseils pour voyager en Chine, ainsi qu'une liste complète des bars gays dans tout le pays.

Internet (accès)

L'accès au Wi-Fi dans les hôtels, les cafés, les restaurants et les bars est généralement correct. La meilleure solution est d'emporter un smartphone, une tablette ou un ordinateur portable équipé du Wi-Fi, ou encore d'utiliser les ordinateurs ou la connexion haut débit mis à disposition dans votre hôtel. Les chaînes de restaurants et de cafés disposant du Wi-Fi gratuit demandent souvent un numéro de téléphone chinois avant de donner le code d'accès.

Les autorités chinoises restent méfiantes vis-à-vis d'Internet et la censure existe. Environ 10% des sites sont bloqués ; la liste change constamment, mais inclut des sites et applications comme Facebook, Twitter, Instagram, Dropbox, Telegram et les sites de Google (YouTube, Google Maps, Gmail, Google Drive). La fonction recherche de Google est bloquée, mais une version chinoise de Yahoo et Bing est accessible. Le journal *New York Times* est bloqué, tout comme Bloomberg, mais le *Guardian* est autorisé.

Les utilisateurs peuvent accéder aux sites bloqués en utilisant un réseau privé virtuel (VPN) comme VyperVPN (www.goldenfrog.com). Il vaut mieux faire l'installation avant d'arriver en Chine où ils sont fréquemment bloqués – quand ils fonctionnent – et ne pas s'attendre à un débit rapide.

De nombreux cybercafés insistent pour que les utilisateurs présentent une carte d'identité chinoise, empêchant ainsi les étrangers de surfer. Dans les villes, les cybercafés sont souvent situés près des gares ferroviaires.

Une icône Internet @ présente dans les descriptions d'hôtel de ce guide indique la présence d'un cybercafé ou d'un ordinateur avec connexion Internet ; une autre icône signale les zones avec Wi-Fi.

Jours fériés

En République populaire de Chine, certains jours fériés n'ont qu'une portée symbolique et ne donnent pas lieu à des congés. Les principales fêtes ne sont pas propices aux voyages, les tarifs pratiqués par les hôtels atteignant leur maximum à ces périodes, et les transports sont bondés. Pensez à vous informer auprès de votre hôtel pour savoir quand ont lieu les grands événements.

Nouvel An 1er janvier

Nouvel An chinois 16 février 2018, 5 février 2019 (les célébrations durent généralement une semaine).

Journée internationale de la Femme 8 mars

Fête de Qing Ming/Jour du nettoyage des tombes Premier week-end d'avril ; 3 jours fériés très appréciés.

Fête du Travail 1er mai. La majorité des Chinois bénéficient de 3 jours fériés.

Fête de la Jeunesse 4 mai

Journée internationale de l'Enfance 1er juin

Fête des Bateaux-Dragons 18 juin 2018, 7 juin 2019

Anniversaire du Parti communiste chinois 1er juillet

Anniversaire de la fondation de l'Armée populaire de libération 1er août

Fête de la mi-automne 24 septembre 2018, 13 septembre 2019

Fête nationale 1er octobre. Elle donne lieu à une semaine de congé.

Librairies spécialisées

Les librairies suivantes, spécialisées sur l'Asie, possèdent des ouvrages sur la Chine et sauront vous conseiller.

En France

- **Le Phénix** (01 42 72 70 31 ; www.librairielephenix.fr ; 72 bd de Sébastopol, 75003 Paris)
- **You Feng** (01 43 25 89 98 ; www.you-feng.com ; 45 rue Monsieur-le-Prince, 75006 Paris ; 01 53 82 16 68 ; 66 rue Baudricourt, 75013 Paris)
- **Librairie du musée Guimet** (01 56 52 54 21 ; www.guimet.fr ; 6 pl. d'Iéna, 75016 Paris)
- **Fenêtre sur l'Asie** (01 43 29 11 00 ; www.fenetresurlasie.com ; 49 rue Gay-Lussac, 75005 Paris)
- **Les Éditions du Centenaire** (01 42 02 87 05 ; www.e100.fr ; 12 rue Hector-Guimard, 75019 Paris)

En Belgique

- **Librairie Grande Muraille** (02-803 8038 ; www.grandemuraille.be ; 92 av. Paul-Deschanel, B-1030 Bruxelles)

Marchandage

Le marchandage est la règle sur les marchés et dans les commerces (centres commerciaux et grands magasins exceptés) où les prix ne sont pas clairement indiqués. On peut tout à fait tirer les prix jusque très bas, mais il faut toujours rester poli. Sur les marchés touristiques de Shànghǎi et Běijīng, on peut obtenir jusqu'à 25% sur le prix de départ.

Offices du tourisme

En Chine

L'information touristique continue à progresser en Chine, avec l'apparition de petits kiosques disposant de brochures même dans les petites villes. La communication en anglais reste cependant encore limitée. Consultez le site Internet de l'Office de tourisme de Chine (www.cnto.org).

À l'étranger

L'Office national du tourisme de Chine possède une vingtaine de bureaux en dehors du pays, dont :

France (CNTA ; 01 56 59 10 10 ; www.otchine.com ; 15 rue de Berri, 75008 Paris)

Canada (1 416-599-6636 ; www.tourismchina-ca.com ; 480 University Avenue, Suite 806, Toronto)

Suisse (044 201 8877 ; www.chinatourism.ch ; Brandschenkestrasse 178 CH-8002 Zürich, CH-8002 Zurich)

Le **Centre culturel de Chine à Paris** (01 53 59 59 20 ; www.ccc-paris.org ; 1 bd de la Tour-Maubourg, 75007 Paris ; lun-ven 10h-12h30 et 14h-18h) est également une bonne source d'informations.

Passeport

Conformément à la législation chinoise, les visiteurs étrangers doivent avoir leur passeport (护照 ; *hùzhào*) sur eux en permanence. On vous le demandera dans les hôtels et les cybercafés, pour acheter des billets de train et pour accéder à certains sites touristiques, ceux gratuits notamment.

Prévoyez aussi une carte d'identité avec photo ou, mieux encore, des photocopies ou une photo numérique de votre passeport au cas où vous le perdiez (votre ambassade en aura sans doute besoin pour vous en délivrer un nouveau). Toute perte doit également être signalée au Bureau de la sécurité publique (PSB) local. Ne donnez pas votre passeport à n'importe qui ; vous risqueriez de ne plus le revoir.

Problèmes juridiques

La République populaire de Chine ne reconnaît pas officiellement la double nationalité, ni la citoyenneté étrangère d'un enfant né sur son sol d'un parent chinois. Si vous avez la nationalité chinoise et d'un autre pays, vous ne devez pas, en théorie, être autorisé à voyager en Chine avec un passeport étranger. En pratique, les autorités n'ont pas les moyens de savoir que vous possédez deux passeports et vous laisseront normalement entrer avec votre passeport

Conseils aux voyageurs

La plupart des gouvernements possèdent des sites Internet qui recensent les dangers possibles et les régions à éviter. Consultez notamment les sites suivants :

Ministère des Affaires étrangères français (www.diplomatie.gouv.fr)

Ministère des Affaires étrangères de Belgique (http://diplomatie.belgium.be/fr)

Département fédéral des Affaires étrangères suisse (www.eda.admin.ch/eda/fr/dfae.html)

Ministère des Affaires étrangères du Canada (www.voyage.gc.ca)

étranger. Les binationaux qui voyagent en Chine munis d'un passeport chinois sont soumis aux lois du pays et ne peuvent requérir l'aide consulaire. Si vous avez plus de 16 ans, portez toujours votre passeport sur vous en guise de pièce d'identité.

Les jeux d'argent sont officiellement interdits en Chine continentale, tout comme la distribution d'ouvrages ou d'objets religieux.

La législation concernant les drogues est très sévère ; détenir 50 g d'héroïne est passible de la peine de mort. Des ressortissants étrangers ont été exécutés pour avoir contrevenu à ces lois. Le système de justice pénale ne garantit pas toujours la tenue d'un procès équitable et un prévenu n'est présumé innocent qu'à partir du moment où la culpabilité d'un autre est établie. En cas d'arrestation, les ressortissants étrangers sont en principe autorisés à contacter leur ambassade.

Santé

La Chine est un pays relativement sûr, cependant, un certain nombre de problèmes de santé nécessitent votre attention. En dehors des grandes villes, il arrive que les soins médicaux soient inadaptés alors que les maladies d'origine alimentaire ou hydrique sont courantes.

Les conseils suivants ne remplacent en aucun cas ceux d'un médecin spécialiste de la santé en voyage.

Avant le départ

Trousse médicale de voyage

Veillez à emporter avec vous une petite trousse à pharmacie contenant quelques produits indispensables. Certains ne sont délivrés que sur ordonnance médicale. Attention, les liquides et les objets coupants sont interdits en cabine.

- des antibiotiques, à utiliser uniquement aux doses et aux périodes prescrites. Il n'est pas absurde de demander à votre médecin traitant de vous en prescrire pour le voyage
- un antidiarrhéique, en cas de forte diarrhée, surtout si vous voyagez avec des enfants
- un antihistaminique en cas de rhumes, allergies, piqûres d'insectes, mal des transports
- un antiseptique ou un désinfectant pour les coupures, les égratignures superficielles et les brûlures, ainsi que des pansements gras pour les brûlures

Santé sur Internet

Il existe de très bons sites Internet consacrés à la santé en voyage. Avant de partir, vous pouvez consulter les conseils en ligne du **ministère des Affaires étrangères** (www.diplomatie.gouv.fr), de l'**Organisation mondiale de la santé** (OMS ; http://www.who.int/fr) ou le site très complet du **ministère de la Santé** (www.sante.gouv.fr). Vous trouverez, par ailleurs, plusieurs liens sur le site de **Lonely Planet** (www.lonelyplanet.fr).

Vaccins recommandés

Les vaccins suivants sont recommandés pour les voyageurs se rendant en Chine :

Diphtérie, tétanos et poliomyélite (DTPolio) Une piqûre de rappel tous les 10 ans. Effets secondaires éventuels : douleurs au bras et fièvre. Un vaccin qui inclut l'immunisation contre la coqueluche peut vous être conseillé par votre médecin.

Hépatite A Protection presque à 100% pendant un an ; un rappel 12 mois plus tard assure une protection pendant au moins 20 ans. Effets secondaires modérés tels que maux de tête et douleur au bras chez 5 à 10% des personnes.

Hépatite B Aujourd'hui considéré comme une routine par la plupart des voyageurs. Il est prescrit sous la forme de 3 piqûres sur 6 mois, mais il en existe aussi un schéma accéléré et une version combinée avec le vaccin contre l'hépatite A. Effets secondaires modérés et rares tels que maux de tête et douleur au bras. Le vaccin assure une protection à vie chez 95% des personnes.

Rougeole, oreillons et rubéole (ROR) Deux doses de ROR sont recommandées chez les personnes qui n'ont jamais eu ces maladies. Une fièvre et des rougeurs sur la peau peuvent se produire durant la semaine suivant l'injection. De nombreux adultes de moins de 40 ans ont besoin d'un rappel.

Typhoïde Recommandé en cas de séjour de plus d'une semaine. Le vaccin, sous la forme d'une seule injection, assure une protection à environ 70%, durant 2-3 ans. Il existe sous la forme de tablettes, mais l'injection est généralement préférable car elle produit moins d'effets secondaires (douleurs au bras et fièvre). Il existe aujourd'hui un vaccin combinant hépatite A et typhoïde.

Varicelle Si vous n'avez jamais eu cette maladie, discutez avec votre médecin de l'opportunité de vous faire vacciner.

Les vaccins suivants sont recommandés aux personnes qui passent plus d'un mois dans le pays ou aux personnes à risque :

Grippe Injection annuelle recommandée aux plus de 65 ans ou aux personnes qui souffrent de problèmes tels que fragilité cardiaque ou pulmonaire.

Encéphalite japonaise B Série de 3 injections avec un rappel 2 ans plus tard. Recommandée aux personnes qui passent plus d'un mois dans les régions rurales au cours des mois d'été ou plus de 3 mois dans le pays.

Pneumonie Simple injection, avec un rappel 5 ans plus tard. Recommandé à tous les voyageurs de plus de 65 ans ou aux personnes souffrant de déficience immunitaire (maladies cardiaques ou pulmonaires, cancer ou virus VIH, notamment).

Rage Trois injections. Un rappel un an plus tard assure une protection durant 10 ans. Rares effets secondaires tels que maux de tête et douleur au bras.

Tuberculose Pour les voyages à haut risque et de longue durée, il est recommandé aux adultes de se faire faire un test cutané avant et après le voyage, plutôt que la vaccination. Le vaccin n'est administré qu'une seule fois au cours de la vie. Les enfants de moins de 5 ans passant plus de 3 mois en Chine devraient être vaccinés.

Les femmes enceintes et les enfants doivent prendre l'avis d'un médecin spécialisé dans la médecine des voyages.

- de l'aspirine ou du paracétamol (douleurs, fièvre)
- une bande Velpeau et des pansements pour les petites blessures
- une paire de lunettes de secours (si vous portez des lunettes ou

des lentilles de contact) et la copie de votre ordonnance

- un produit contre les moustiques, de l'écran total
- une pommade pour soigner les piqûres et les coupures et des comprimés pour stériliser l'eau
- une paire de ciseaux à bouts ronds, une pince à épiler et un thermomètre à alcool
- une petite trousse de matériel stérile comprenant une seringue, des aiguilles, du fil à suture, une lame de scalpel et des compresses
- des préservatifs (norme CE)

En Chine

Disponibilité et coût des soins médicaux

Les grandes villes comptent de bons centres médicaux pour les étrangers. Leurs tarifs sont habituellement plus élevés que ceux des services médicaux locaux, mais vous vous sentirez sans doute plus à l'aise avec un médecin formé en Occident et qui parle anglais. Généralement, ces centres médicaux savent quelles sont les meilleures possibilités hospitalières locales et ont des liens étroits avec les compagnies d'assurance utiles au cas où une évacuation serait nécessaire.

Affections transmises par les insectes

Paludisme

En Chine, le risque est quasi nul pour les visiteurs dans les grandes villes et la plupart des destinations touristiques. Les risques existent principalement dans les zones rurales des régions sud-ouest frontalières du Myanmar (Birmanie), du Laos et du Vietnam, et notamment sur l'île de Hǎinán, au Yúnnán et au Guǎngxī. Ils sont plus limités dans les secteurs ruraux du Fújiàn, du Guǎngdōng, du Guìzhōu et du Sìchuān. En règle générale, un traitement est prescrit seulement aux voyageurs se rendant à Hǎinán, au Yúnnán ou au Guǎngxī.

Le paludisme, ou malaria, est transmis par un moustique, l'anophèle, dont la femelle pique surtout la nuit, entre le coucher et le lever du soleil. Le paludisme survient généralement dans le mois suivant le retour de la zone d'endémie. Symptômes : maux de tête, fièvre et troubles digestifs. Non traité, il peut avoir des suites graves, parfois mortelles. Il existe différentes espèces de paludisme et le traitement devient de plus en plus difficile à mesure que la résistance du parasite aux médicaments gagne en intensité.

Se protéger des moustiques

Hormis les traitements préventifs, la protection contre les piqûres de moustique est le premier moyen d'éviter d'être contaminé par le paludisme.

- Le soir, dès le coucher du soleil, couvrez vos bras et surtout vos chevilles et mettez de la crème antimoustique. Ils sont parfois attirés par le parfum ou l'après-rasage.
- En dehors du port de vêtements longs, l'utilisation d'insecticides ou de répulsifs à base de DEET (de type Cinq sur Cinq) sur les parties découvertes du corps est à recommander (sauf pour les enfants de moins de 2 ans).
- En vente en pharmacie, les moustiquaires constituent en outre une protection efficace, à condition qu'elles soient imprégnées d'insecticide. De plus, ces moustiquaires sont radicales contre les insectes à sang froid (puces, punaises, etc.) et permettent d'éloigner serpents et scorpions. Vérifiez bien que celles dans les hôtels n'ont pas de trous.
- D'une manière générale, le risque de contamination est plus élevé en zone rurale et pendant la saison des pluies.

Les médicaments antipaludéens n'empêchent pas la contamination, mais ils suppriment les symptômes de la maladie. Si vous voyagez dans des régions où la maladie est endémique, il faut absolument suivre un traitement préventif (uniquement sur ordonnance), qu'il faut en général poursuivre après le retour. Renseignez-vous impérativement auprès d'un médecin spécialisé. Indispensable également : vous protéger des moustiques (voir l'encadré p. 394).

Tout voyageur atteint de fièvre ou montrant les symptômes de la grippe doit se faire examiner. Il suffit d'une analyse de sang pour établir le diagnostic. Contrairement à certaines croyances, une crise de paludisme ne signifie pas que l'on est touché à vie.

Dengue

Cette infection virale est répandue dans toute l'Amérique centrale et des milliers de cas sont répertoriés chaque année dans certaines régions de Chine du Sud. La dengue se transmet par les moustiques de la famille Aedes, qui piquent la journée et se trouvent souvent près des habitations, ou à l'intérieur. Ils pondent dans les réserves d'eau artificielles (citernes, barils, tonneaux, pots à eau, conteneurs en plastique ou pneus jetés aux ordures). En conséquence, la dengue est surtout répandue dans les environnements urbains densément peuplés.

Il n'existe pas de traitement prophylactique contre cette maladie. Poussée de fièvre, maux de tête, douleurs articulaires et musculaires précèdent une éruption cutanée sur le tronc qui s'étend ensuite aux membres, puis au visage. Au bout de quelques jours, la fièvre régresse, et la convalescence commence. Les complications graves sont rares et les cas les plus sévères touchent généralement les enfants de moins de 15 ans qui contractent la dengue pour la deuxième fois. La meilleure prévention est de suivre les protections d'usage contre le paludisme (voir l'encadré p. 394).

En cas de fièvre à votre retour en France, signalez à votre médecin votre voyage au Chine.

Encéphalite japonaise

Un moustique nocturne (le *Culex*) est responsable de la transmission de cette maladie virale rare. Symptômes : fièvre soudaine, frissons et maux de tête, suivis de vomissements et de délire, aversion marquée pour la lumière vive et douleurs aux articulations et aux muscles, mais il arrive aussi qu'aucun symptôme n'apparaisse. Les cas les plus graves provoquent des convulsions et un coma. Le vaccin contre l'encéphalite japonaise est conseillé en cas de séjour rural en Chine de plus d'un mois en été ou de séjour en Chine de plus de 3 mois.

Maladies infectieuses et parasitaires

Bilharzioses

En Chine, cette maladie se rencontre surtout dans le centre du bassin du Yangzi (Cháng Jiāng). Les bilharzioses sont des maladies dues à des vers. On se contamine en se baignant dans les eaux douces (rivières, ruisseaux, lacs et retenues de barrage) où vivent les mollusques qui hébergent la forme larvaire des bilharzies. Juste après le bain infestant, on peut noter des picotements ou une légère éruption cutanée à l'endroit où le parasite est passé à travers la peau. Quatre à douze semaines plus tard, apparaissent une fièvre et des manifestations allergiques.

Si par mégarde ou par accident, vous vous baignez dans une eau infectée, séchez-vous vite et séchez aussi vos vêtements. Consultez un médecin si vous êtes inquiet.

Diarrhée

Le changement de nourriture, d'eau ou de climat suffit à la provoquer ; si elle est causée par des aliments ou de l'eau contaminés, le problème est plus grave. En dépit de toutes vos précautions, vous aurez peut-être la "turista", mais quelques visites aux toilettes sans aucun autre symptôme n'ont rien d'alarmant. Il est fortement recommandé d'emmener avec soi un antidiarrhéique et un antiseptique intestinal (de type Intetrix et Ercefuryl). Demandez conseil à votre pharmacien et à votre médecin. La déshydratation est le danger principal lié à toute diarrhée, particulièrement chez les enfants. Ainsi, le premier traitement consiste à boire beaucoup. Quand vous irez mieux, continuez à manger légèrement. Lorsque la diarrhée persiste au-delà de 48 heures ou s'il y a présence de sang dans les selles, il est préférable de consulter un médecin.

Dysenterie

Affection grave, due à des aliments ou de l'eau contaminés, la dysenterie se manifeste par une violente diarrhée, souvent accompagnée de sang ou de mucus dans les selles. Une analyse des selles est indispensable pour diagnostiquer le type de dysenterie. Il faut donc consulter rapidement.

Giardiase

Ce parasite intestinal est présent dans l'eau souillée ou dans les aliments souillés par l'eau. Symptômes : crampes d'estomac, nausées, estomac ballonné, selles très liquides et nauséabondes, et gaz fréquents. La giardiase peut n'apparaître que plusieurs semaines après la contamination. Les symptômes peuvent disparaître pendant quelques jours, puis réapparaître, et ceci pendant plusieurs semaines.

Hépatites

L'hépatite est un terme général qui désigne une inflammation du foie. Elle est le plus souvent due à un virus. Les formes les plus habituelles se manifestent par une fièvre, une fatigue qui peut être intense, des douleurs abdominales, des nausées, des vomissements, associés à la présence d'urines très foncées et de selles décolorées presque blanches. La peau et le blanc des yeux prennent une teinte jaune (ictère). L'hépatite peut parfois se résumer à un simple épisode de fatigue sur quelques jours ou semaines.

Hépatite A. C'est la plus répandue et elle est présente dans toute la Chine. Il existe un vaccin, recommandé en cas de fort risque d'exposition. La contamination est alimentaire : l'hépatite A se transmet par l'eau, les coquillages et, d'une manière générale, tous les produits manipulés à mains nues. Il n'y a pas de traitement médical ; il faut simplement se reposer, boire beaucoup, manger légèrement et s'abstenir totalement de toute boisson alcoolisée pendant au moins 6 mois.

Hépatite B. Elle est très répandue, mais la vaccination est très efficace. Elle se transmet par voie sexuelle ou sanguine (piqûre, transfusion). Évitez de vous faire percer les oreilles, tatouer, raser ou de vous faire soigner par piqûres si vous avez des doutes quant à l'hygiène des lieux. Les symptômes de l'hépatite B sont les mêmes que ceux de l'hépatite A. Tout voyageur en Chine devrait se faire vacciner.

Typhoïde

La fièvre typhoïde est une infection du tube digestif. Elle se transmet directement de personne à personne par les mains contaminées ou indirectement par de l'eau ou de la nourriture contaminées par des matières fécales humaines (bactérie *Salmonella typhi*). Mieux vaut être vacciné, même si la vaccination n'est pas entièrement efficace.

Fièvre, maux de tête et de gorge parfois accompagnés de vomissements, de diarrhée ou de constipation, puis une éruption rose sur l'abdomen sont généralement les premiers symptômes, qui s'accompagnent parfois d'une septicémie (empoisonnement du sang). S'il n'y a pas d'autres complications, la fièvre et les autres symptômes disparaissent peu à peu la troisième semaine. Cependant, un suivi médical est indispensable, car les complications sont fréquentes, en particulier la pneumonie (infection aiguë des poumons) et la péritonite (éclatement de l'appendice). De plus, la typhoïde est très contagieuse.

Il est préférable de vous faire vacciner si vous restez plus d'une semaine en Chine.

Vers intestinaux

Fréquents en zones rurales tropicales, on les trouve dans les légumes non lavés ou la viande trop peu cuite. Ils se logent également sous la peau quand on marche pieds nus. Souvent, l'infection ne se déclare qu'au bout de plusieurs semaines. Bien que bénigne en général, elle doit être traitée sous peine de complications sérieuses.

Affections liées à l'environnement

Pollution de l'air

La pollution de l'air est un problème préoccupant dans de nombreuses villes chinoises soumises à une industrialisation croissante. Les voyageurs qui souffrent d'une fragilité respiratoire doivent consulter leur médecin avant le départ afin de disposer d'un traitement adéquat en cas d'aggravation. Vous pouvez prévoir des traitements symptomatiques tels que des pastilles pour la gorge.

Mal des montagnes

Certains voyages en bus au Tibet, au Qīnghǎi et au Xīnjiāng vous entraînent sur des routes qui dépassent 5 000 m. L'acclimatation de l'organisme à de telles altitudes demande plusieurs jours, voire plusieurs semaines, alors que la plupart des voyageurs montent trop vite.

Le mal des montagnes a lieu à haute altitude et affecte la plupart des individus de façon plus ou moins forte. Il survient à des altitudes variables, mais en général il frappe plutôt à partir de 3 500 à 4 500 m. Il est recommandé de dormir à une altitude inférieure à l'altitude maximale atteinte dans la journée.

Symptômes : manque de souffle, toux sèche irritante, fort mal de tête, perte d'appétit, nausée et parfois vomissements. Les symptômes disparaissent généralement au bout d'un jour ou deux, mais s'ils persistent ou empirent, le seul traitement consiste à redescendre, ne serait-ce que de 500 m.

Vous pouvez prendre certaines mesures à titre préventif : ne faites pas trop d'efforts au début, reposez-vous souvent. À chaque palier de 1 000 m, arrêtez-vous pendant au moins un jour ou deux afin de vous acclimater. Buvez plus que d'habitude, mangez légèrement, évitez l'alcool et tout sédatif.

Coup de chaleur

De longues périodes d'exposition à des températures élevées peuvent vous rendre vulnérable au coup de chaleur. Cet état grave survient quand le mécanisme de régulation thermique du corps ne fonctionne plus : la température s'élève alors de façon dangereuse. Évitez l'alcool et les activités fatigantes lorsque vous arrivez dans un pays à climat chaud.

Symptômes : malaise général, transpiration faible ou inexistante et forte fièvre (39 à 41°C) et céphalée lancinante, difficultés à coordonner ses mouvements, signes de confusion mentale ou d'agressivité. Il faut absolument hospitaliser le malade. En attendant les secours, installez-le à l'ombre, ôtez-lui ses vêtements, couvrez-le d'un drap ou d'une serviette mouillés et éventez-le continuellement.

Froid

L'excès de froid est aussi dangereux que l'excès de chaleur, surtout lorsqu'il provoque une hypothermie. Soyez particulièrement vigilant si vous randonnez à haute altitude ou même si vous entreprenez un long voyage en bus dans une région montagneuse. Au Tibet, il suffit de quelques minutes pour qu'un froid cinglant succède à la douceur – une tempête de neige peut survenir quand on s'y attend le moins.

Le mieux est de s'habiller par couches : soie, laine et certaines fibres synthétiques nouvelles sont toutes de bons isolants.

N'oubliez pas de prendre un chapeau, car on perd beaucoup de chaleur par la tête. La couche supérieure de vêtements doit être solide et imperméable, car il est vital de rester au sec. Emportez du ravitaillement de base comprenant des sucres rapides, qui génèrent rapidement des calories, et des boissons en abondance.

Eau du robinet

De manière générale, l'eau du robinet en Chine n'est pas potable, même dans un hôtel cinq étoiles. L'eau bouillie ne présente aucun danger, mais celle en bouteille a meilleur goût et contient des minéraux.

Suivez ces conseils pour éviter de tomber malade.

- Règle d'or : ne buvez jamais l'eau du robinet qui n'a pas été bouillie (même sous forme de glaçons).
- Les fontaines à eau dans les grands aéroports portent en général la mention potable ou non potable.
- Préférez les eaux minérales et les boissons gazeuses, tout en vous assurant que les bouteilles sont décapsulées devant vous.
- Évitez les jus de fruits, souvent allongés à l'eau.
- Faire bouillir l'eau (15 min) est la meilleure solution pour la purifier, ou traitez-la chimiquement avec des comprimés ou des gouttes, comme le Micropur (vendu en pharmacie), très efficace.
- À très grande altitude, il vaut mieux bouillir l'eau une minute de plus car l'ébullition commence plus tôt.
- Une autre méthode de purification sûre et pratique : Steripen (stylet à rayons ultraviolets), en vente sur Internet et dans les boutiques de matériel de camping.
- Brossez-vous les dents avec de l'eau traitée.

Coupures, piqûres et morsures

Rage

On assiste à une recrudescence des cas de rage en Chine. Cette maladie est transmise par un animal contaminé. Il est donc recommandé de faire preuve de la plus grande prudence vis-à-vis des animaux errants, sur l'ensemble du territoire chinois. Morsures, griffures ou même simples coups de langue d'un mammifère doivent être nettoyés immédiatement et à fond. Frottez avec du savon et de l'eau, puis nettoyez avec de l'alcool. S'il y a le moindre risque que l'animal soit contaminé, allez immédiatement voir un médecin. Même si l'animal n'est pas enragé, toutes les morsures doivent être surveillées de près pour éviter les risques d'infection et de tétanos.

Un vaccin antirabique est disponible. Il faut y songer si vous comptez séjourner longtemps dans des zones rurales, travailler avec des animaux ou pratiquer la spéléologie (les morsures de chauves-souris peuvent être dangereuses). La vaccination préventive ne dispense pas de la nécessité d'un traitement antirabique immédiatement après un contact avec un animal enragé ou dont le comportement peut paraître suspect.

Piqûres et morsures

Les punaises affectionnent la literie douteuse. Si vous repérez de petites taches de sang sur les draps ou les murs autour du lit, cherchez un autre hôtel. Les piqûres de punaises forment des alignements réguliers. Une pommade calmante apaisera la démangeaison.

Les poux provoquent des démangeaisons. Ils élisent domicile dans les cheveux, les vêtements ou les poils pubiens. On en attrape par contact direct avec des personnes infestées ou en utilisant leur peigne, leurs vêtements, etc. Les poux peuvent être difficiles à traiter, mais les peignes/détecteurs électriques (à se procurer avant le départ) peuvent être efficaces. Sinon, vous devrez sans doute multiplier les shampoings anti-poux.

Si vous vous promenez dans des zones rurales, vérifiez toujours que vous n'avez pas attrapé de tiques, car elles peuvent transmettre le typhus ou la maladie de Lyme. Ces acariens se logent de préférence sur la tête, derrière les oreilles, sur le ventre et sous les aisselles. Ne les arrachez pas, détachez-les délicatement avec une pincette fine (huile, vaseline, allumette, alcool sont déconseillés).

Santé au féminin

Grossesse

La plupart des fausses couches ont lieu pendant les trois premiers mois de la grossesse. C'est donc la période la plus risquée pour voyager. Pendant les trois derniers mois, il vaut mieux rester à distance raisonnable de bonnes infrastructures médicales. Les femmes enceintes doivent éviter de prendre inutilement des médicaments. Cependant, certains vaccins et traitements préventifs contre le paludisme restent nécessaires. Mieux vaut consulter un médecin avant de prendre quoi que ce soit.

Problèmes gynécologiques

Une nourriture pauvre, une résistance amoindrie par l'utilisation d'antibiotiques contre des problèmes intestinaux peuvent favoriser les infections vaginales lorsque l'on voyage dans des régions à climat chaud. Respectez une hygiène intime scrupuleuse, et portez des jupes ou des pantalons amples et des sous-vêtements en coton.

Les champignons, caractérisés par une éruption cutanée, des démangeaisons et des pertes, peuvent se soigner facilement. En revanche, les trichomonas sont plus graves ; pertes blanches et sensation de brûlure lors de la miction en sont les symptômes. Le partenaire masculin doit également être soigné. Il n'est pas rare que le cycle menstruel soit perturbé lors d'un voyage.

Dans les régions rurales, il n'est pas toujours facile de trouver des protections hygiéniques ou des contraceptifs.

Sécurité en voyage

La Chine est un pays relativement sûr et non violent. Les troubles sont principalement confinés dans certaines régions, mentionnés dans les chapitres concernés. Des précautions permettent d'éviter la plupart des délits, dont le vol à la tire.

Téléphone

Pratiquement tout le monde a un téléphone portable en Chine et on regardera quel modèle vous avez. Les téléphones fixes et les cartes téléphoniques sont rares. Dans certains hôtels, on vous offre gratuitement les appels locaux ou nationaux.

Indicatifs pour la Chine :

Chine	✆86
Hong Kong	✆852
Macao	✆853
Indicatif international	✆00
Renseignements	✆114

Téléphones portables

Pour téléphoner, le portable devrait être votre premier choix. Assurez-vous toutefois que votre appareil ne sera pas bloqué en Chine. On peut acheter des cartes SIM à l'arrivée dans les principaux aéroports.

Si vous avez le bon téléphone (Blackberry, iPhone, Android), vous pouvez utiliser Skype (www.skype.com), Viber (www.viber.com) et Whatsapp (www.whatsapp.com) et passer des appels très bon marché voire gratuits via le Wi-Fi, même si votre carte SIM n'est pas débloquée ou si vous n'avez pas de crédit. L'appli chinoise WeChat (微信, Wēixìn ; www.wechat.com), qui réunit un demi-milliard d'utilisateurs, est utilisée très couramment entre amis et petits entrepreneurs et son usage n'est pas déconsidéré dans le milieu professionnel. (Notez que les Chinois utilisent également le terme "app", mais qu'ils le prononcent "a-p-p").

Une carte SIM chinoise peut s'avérer pratique pour se connecter en dehors des points Wi-Fi. Comptez sur moins de 70 ¥ pour 500 mb de données et 200 minutes d'appels en

Chine par mois. Pensez à annuler votre abonnement avant de quitter la Chine, pour éviter qu'une facture de taille vous attende à votre retour. Cette raison et la barrière de la langue pourraient vous donner envie d'opter pour une carte SIM en arrivant à l'aéroport d'une grande ville chinoise. La carte 3G Solutions (www.3gsolutions.com.cn) est plus onéreuse, mais elle offre une large gamme de services et peut vous être livrée à votre hébergement le jour de votre arrivée.

Vous pouvez acheter directement votre carte SIM auprès de China Unicom, qui propose un excellent service et la meilleure couverture. China Mobile ou China Unicom proposent des cartes SIM standards prépayées avec 50 ¥ de crédit pour un prix compris entre 60 et 100 ¥. Vous pourrez choisir entre plusieurs numéros de téléphone ; choisissez-en un sans le chiffre "4" (qui porte malheur), si vous ne voulez pas faire frémir vos amis chinois.

Votre crédit épuisé, vous pourrez acheter une recharge (充值卡, *chōngzhí kǎ*) dans les boutiques spécialisées. Les cartes sont aussi vendues dans les kiosques à journaux et les boutiques portant le logo China Mobile.

Les cafés, les restaurants et les bars des plus grandes villes disposent souvent du Wi-Fi.

Téléphones filaires (fixes)

Pour un appel local, repérez les magasins de journaux (报刊亭, *bàokāntíng*) et les kiosques (小卖部, *xiǎomàibù*) équipés d'un téléphone, où vous paierez le commerçant à la fin de la communication. Les communications internationales et intérieures longue distance sont également possibles à partir des principaux bureaux de télécommunications et des "phone bars" (话吧, *huàbā*). Les appels internationaux sont très onéreux et reviennent beaucoup moins cher en utilisant une carte IP (Internet Phone) (p. 399).

Comme dans beaucoup d'autres pays, les cabines téléphoniques sont aujourd'hui rarement utilisées, mais elles peuvent servir de hot spots Wi-Fi (comme à Shànghǎi).

Cartes de téléphone

Après Skype ou Viber, utiliser une carte IP sur votre portable ou un téléphone fixe est beaucoup plus économique que de passer des appels directs, mais il peut être difficile d'en trouver en dehors des grandes villes.

Toilettes

En Chine, les toilettes à la turque sont très répandues, ce qui peut indisposer certains voyageurs (dites-vous qu'elles sont meilleures pour la santé...).

Les toilettes publiques, gratuites ou très bon marché, étant souvent dépourvues de papier hygiénique, il est recommandé d'en avoir toujours sur soi.

Transports

Depuis/vers la Chine

Voie aérienne

Les principaux aéroports internationaux se trouvent à Hong Kong, Běijīng (Pékin) et Shànghǎi (Hóngqiáo et Pǔdōng). L'aéroport international de Báiyún, à Guǎngzhōu (Canton), est de moindre importance, mais se développe. Depuis 2012, il accueille des vols de China Southern depuis l'aéroport CDG à Paris.

Aéroport international de Báiyún (白云国际机场 ; CAN ; Báiyún Guójì Jīchǎng ; ☎020 3606 6999 ; www.gbiac.net). À Guǎngzhōu (Canton) ; il accueille de plus en plus de vols internationaux.

Aéroport international de Běijīng Capital (北京首都国际机场 ; Běijīng Shǒudū Guójì Jīchǎng ; PEK ; ☎010 6454 1100 ; www.en.bcia.com.cn). Trois terminaux.

Avertissement

Les informations contenues dans ce chapitre sont particulièrement susceptibles de changements. Vérifiez directement auprès de la compagnie aérienne ou de l'agence de voyages les modalités d'utilisation de votre billet d'avion. N'hésitez pas à comparer les prestations. Les détails fournis ici doivent être considérés à titre indicatif et ne remplacent en rien une recherche personnelle attentive.

Aéroport international de Hong Kong (HKG ; ☎852 2181 8888 ; www.hkairport.com). Sur une île au large de la côte nord de Lantau, il est relié au continent par plusieurs ponts.

Aéroport international de Hóngqiáo (SHA ; 虹桥国际机场 ; Hóngqiáo Guójì Jīchǎng ; ☎021 5260 4620, renseignements vols 021 6268 8899 ; www.shairport.com). À l'ouest de Shànghǎi ; vols intérieurs, quelques vols internationaux.

Aéroport international de Pǔdōng (PVG ; 浦东国际机场 ; Pǔdōng Guójì Jīchǎng ; ☎021 6834 7575, renseignements vols 96990 ; www.shairport.com). À l'est de Shànghǎi ; vols internationaux.

La Chine possède plusieurs compagnies nationales, qui se partagent les vols intérieurs et internationaux. Les plus importantes sont Air China (www.airchina.com) et China Eastern Airlines (www.ce air.com), basées à Shànghǎi ; et China Southern Airlines (www.cs-air.com), basée à Guǎngzhōu (Canton). Elles assurent des vols entre la Chine et l'Europe, les États-Unis, l'Australie et d'autres régions d'Asie. De nombreuses compagnies internationales empruntent les mêmes itinéraires vers la Chine.

Depuis/vers la France

Les compagnies nationales, telles China Eastern Airlines, Air China ou China Southern Airlines, proposent souvent les offres les moins chères en vol direct.

Comptez à partir de 550 € pour Běijīng (Pékin), 500 € pour Shànghǎi, 700 € pour Hong Kong et 550 € pour Guǎngzhōu (Canton) – en basse saison et en réservant vos billets bien à l'avance. Naturellement, les vols pour ces mêmes destinations avec escale sont beaucoup moins chers.

La durée d'un vol direct entre Paris et Běijīng est d'environ 10 heures 30 ; comptez au moins 12 heures avec une escale.

De Paris, Air France assure des vols directs pour Běijīng (Pékin), Shànghǎi, Guǎngzhōu (Canton) et Hong Kong. Air China et China Eastern proposent des vols directs depuis Paris notamment à destination de Běijīng et Shànghǎi. China Southern dessert Guǎngzhōu (Canton) en vol direct depuis Paris et Cathay Pacific relie Hong Kong.

Air France (☎36 54, 0,35 €/min ; www.airfrance.fr)

Air China (☎00 800 86 100 999 ; www.airchina.fr)

China Eastern Airlines (☎01 44 86 03 00 ; fr.ceair.com)

China Southern Airlines (☎0 820 88 66 88, 0,20 €/min ; global.csair.com/FR)

Cathay Pacific (☎0805 542 941 ; www.cathaypacific.com)

Lufthansa (☎0892 231 690, 0,35 €/min ; www.lufthansa.com)

Austrian (☎0820 816 816, 0,20 €/min ; www.austrian.com)

Swiss (☎08 92 23 25 01, 0,34 €/min ; www.swiss.com/fr/FR/)

Agences en ligne

Vous pouvez réserver votre vol via une agence en ligne ou vous renseigner auprès d'un comparateur de vols :

- www.bourse-des-vols.com
- www.easyvoyage.com
- www.ebookers.fr
- www.expedia.fr
- www.govoyages.com
- www.illicotravel.com
- www.kayak.fr
- www.opodo.fr
- www.skyscanner.fr
- voyages.kelkoo.fr
- www.oui.sncf

Depuis/vers la Belgique

Au départ de Bruxelles, Hainan Airlines, parfois en partenariat avec Brussels Airlines, programme des vols directs Bruxelles-Běijīng à partir de 500 € environ – comptez près de 10 heures de vol.

Brussels Airlines (www.brusselsairlines.com)

Hainan Airlines (☎02-7533 031 ; www.hainanairlines.com)

Airstop (☎070 233 188 ; www.airstop.be/fr)

Connections (☎070 23 33 13 ; www.connections.be)

Gigatours Voyages Éole (☎071-32 01 32 ; www.voyageseole.be)

Depuis/vers la Suisse

Swiss assure des vols directs de Zurich à destination de Běijīng, Shànghǎi et Hong Kong. Prévoyez respectivement à partir de 730 FS, 750 FS et 630 FS pour ces 3 villes.

Swiss (☎0848 700 700 ; www.swiss.com)

STA Travel (☎058 450 49 49 ; www.statravel.ch)

Depuis/vers le Canada

Air China prévoit des vols directs quotidiens entre Vancouver et Běijīng (11 heures 20). Air Canada dessert Běijīng, Shànghǎi et Hong Kong depuis Vancouver et Toronto. Cathay Pacific assure des vols directs vers Hong Kong depuis Vancouver (13 heures 50) ou Toronto (15 heures 40).

Depuis Vancouver, comptez environ 600 $C pour Běijīng et Shànghǎi et 700 $C pour Hong Kong à certaines dates. Les départs depuis Toronto sont un peu plus chers.

En partant de Montréal, vous devrez faire escale à Toronto ou Vancouver ; mais il est souvent moins cher de transiter par une ville des États-Unis qui dessert la Chine par vol direct.

Air Canada (☎888 247 2262 ; www.aircanada.ca)

Air China (Vancouver ☎800 882 8122, 604 303 3555, Toronto ☎800 882 8122, 905 534 5338 ; www.airchina.ca)

China Eastern Airlines (Vancouver ☎604 689 8998, Toronto ☎416 926 8998 ; ca.ceair.com)

Cathay Pacific (☎800 268-6868 ; www.cathaypacific.com)

Expedia (☎800 489 9103 ou 417 521 0861 ; www.expedia.ca)

Travelocity (☎855 231 0930, 417 520 5277 ; www.travelocity.ca)

Voyages Campus (☎800 667 2887 ; www.voyagescampus.com/fr)

Voie terrestre

La Chine a des frontières communes avec l'Afghanistan, le Bhoutan, la Corée du Nord, l'Inde, le Kazakhstan, le Kirghizistan, le Laos, la Mongolie, le Myanmar (Birmanie), le Népal, le Pakistan, la Russie, le Tadjikistan et le Vietnam. Les frontières avec l'Afghanistan, le Bhoutan et l'Inde sont actuellement fermées. Les régions administratives spéciales de Hong Kong et de Macao possèdent des postes-frontières officiels avec la Chine.

Notez que des voyageurs se sont vu confisquer leur guide Lonely Planet *Chine* à certaines frontières, notamment entre la Chine et le Vietnam.

Outre le Transsibérien et le Transmongolien, les lignes ferroviaires suivantes sont disponibles :

- De la gare de Hung Hom, située à Kowloon (Jiǔlóng ; Hong Kong ; www.mtr.com.hk), jusqu'à Guǎngzhōu (Canton), Shànghǎi et Běijīng
- De Pyongyang (Corée du Nord) à Běijīng
- D'Almaty (Kazakhstan) à Ürümqi
- D'Astana (Kazakhstan) à Ürümqi
- De Běijīng à Oulan-Bator
- De Běijīng à Hanoi

Le site Internet The Man in Seat Sixty-One (www.seat61.com) est une bonne source d'information (en anglais).

Voie maritime

Des ferrys naviguent chaque semaine entre Osaka, Kōbe et Shànghǎi. Des bateaux couvrent la ligne Qīngdǎo-Shimonoseki 2 fois par semaine.

Des ferrys assurent la liaison entre le port sud-coréen d'Incheon et Wēihǎi, Qīngdǎo, Yāntái, Dàlián et Dāndōng.

Voyages organisés

Voici des spécialistes du voyage culturel en Chine et des circuits de découverte du pays, ainsi que des agences axées sur le voyage à pied.

Voyages généralistes et culturels

Asia (☎0825 897 602, 0,15 €/min ; www.asia.fr)

Chen Voyages (☎01 45 70 76 08 ; www.chenvoyages.com) et **Errances** (☎01 42 09 70 00)

Comptoir des Voyages – Comptoir de la Chine (☎01 86 95 65 10 ; www.comptoir.fr)

Les Routes des Indes et de l'Asie (☎01 42 60 60 90 ; www.laroutedesindes.com)

Maison de la Chine (☎01 84 25 43 13, 01 40 51 95 00 ; www.maisondelachine.fr)

Arts et Vie (☎01 40 43 20 21 ; www.artsetvie.com)

Clio (☎01 53 68 82 82 ; www.clio.fr)

Intermèdes (☎01 45 61 90 90 ; www.intermedes.com)

Orients – Sur les Routes de la Soie (☎01 70 64 16 18/19 ; www.orients.com)

Voyageurs du Monde (France ☎01 42 86 16 00 ; www.voyageursdumonde.fr ; Bruxelles (☎02-543 95 50 ; Genève (☎22 518 04 94)

Voyages à pied et d'aventure

Allibert (France ☎04 76 45 84 84, 04 76 45 50 50 ; www.allibert-trekking.com ; Belgique ☎02 318 32 02 ; Suisse ☎022 519 03 23)

Atalante (☎Lyon 04 72 53 24 80 ; www.atalante.fr ; ☎Paris 01 55 42 81 00 ; Bruxelles ☎02 627 07 97)

Huwans – clubaventure (☎01 44 32 09 30 ; www.huwans-clubaventure.fr)

Explorator (☎01 53 45 85 85 ; www.explo.com)

Nomade (☎01 46 33 71 71 ; www.nomade-aventure.com)

Tamera (☎04 78 37 88 88 ; www.tamera.fr)

Terres d'Aventure (France ☎01 70 82 90 00 ; www.terdav.com ; Belgique ☎2 543 95 60 ; Suisse ☎22 518 05 13)

Zig Zag Randonnées (☎01 42 85 13 93, 01 42 85 13 18 ; www.zigzag-randonnees.com)

Comment circuler

Avion

La flotte civile devrait tripler dans les 20 prochaines années avec la construction de 70 nouveaux aéroports, tandis qu'une centaine d'autres seront agrandis ou bien améliorés. Si vous hésitez entre avion et ligne ferroviaire à grande vitesse, sachez que les vols en Chine battent le record mondial des retards (d'après FlightStats), tandis que les trains partent presque toujours à l'heure.

Le style et le confort varient selon les avions. On pourra vous servir un repas chaud, ou simplement une pâtisserie avec un souvenir de la compagnie. Les annonces à bord sont diffusées en chinois et en anglais.

Voyages et changements climatiques

Tous les moyens de transport fonctionnant à l'énergie fossile génèrent du CO_2 – la principale cause du changement climatique induit par l'homme. L'industrie du voyage est aujourd'hui dépendante des avions. Si ceux-ci ne consomment pas nécessairement plus de carburant par kilomètre et par personne que la plupart des voitures, ils parcourent en revanche des distances bien plus grandes et relâchent quantité de particules et de gaz à effet de serre dans les couches supérieures de l'atmosphère. De nombreux sites Internet utilisent des "compteurs de carbone" permettant aux voyageurs de compenser le niveau des gaz à effet de serre dont ils sont responsables par une contribution financière à des projets respectueux de l'environnement. Lonely Planet "compense" les émissions de tout son personnel et de ses auteurs.

Un service de navettes (bus) assure la liaison entre les bureaux de la Civil Aviation Administration of China (CAAC ; Zhōngguó Mínháng) des différentes villes du pays et les aéroports, en faisant souvent d'autres arrêts. Pour les vols intérieurs, prévoyez d'arriver à l'aéroport 1 heure avant le décollage.

N'oubliez pas de conserver le reçu remis à l'enregistrement de vos bagages, car il vous sera demandé au moment de les récupérer.

Billets

La plupart des bureaux de la CAAC et des agences de voyages acceptent les cartes de crédit. La taxe d'aéroport est comprise dans le prix du billet.

Ctrip (fr.ctrip.com). Excellent site de réservation d'hôtels et de billets d'avion et de train, avec assistance en ligne (en anglais). Application mobile aussi disponible.

Elong (www.elong.net). Réservation d'hôtels et de billets d'avion, avec assistance en ligne (en anglais).

Travel Zen (www.travelzen.com). Réservation d'hôtels et de billets d'avion en chinois uniquement.

Bateau

Les transports par bateau à l'intérieur de la Chine sont limités, surtout depuis le développement des réseaux de trains à grande vitesse et des autoroutes.

Bus

Les bus longue distance (长途公共汽车, *chángtú gōnggòng qìchē*) forment un vaste réseau et desservent des localités inaccessibles en train ; le développement de grandes routes entre les localités importantes réduit les temps de trajet.

Train

Le train reste le meilleur moyen de voyager sur de longues distances en Chine, dans des conditions de confort et de rapidité correctes. C'est un mode de locomotion pratique, bon marché, et qui fonctionne bien. Le réseau des trains à grande vitesse, au cœur du développement accéléré du pays, a bénéficié d'investissements colossaux. Prendre le train, c'est aussi toute une aventure en soi et une occasion de rencontrer les Chinois à un moment où ils sont détendus et disponibles.

Acheter des billets

Les billetteries (售票厅, *shòupiàotīng*) des gares ferroviaires se situent généralement de l'un ou l'autre côté de l'entrée principale. Les automates fonctionnent seulement pour certains itinéraires et ne reconnaissent jamais les passeports étrangers. Dans les grandes gares, un guichet est souvent tenu par une personne ayant des notions d'anglais.

Des billetteries indépendantes sont installées en ville, en dehors des gares, et on peut y obtenir un billet moyennant une commission de 5 ¥, sans avoir à patienter trop longtemps ; ces prestataires sont indiqués dans ce guide. Parfois, les principaux bureaux de poste vendent aussi des billets de train. Votre hôtel aura la capacité de vous obtenir un billet moyennant une commission, de même qu'une agence de voyages.

Vous gagnerez à acheter votre billet en gare, mais la vente en ligne est possible sur les sites ci-dessous (le moins cher étant China DIY Travel) ; billets à récupérer dans n'importe quelle gare avant le départ :

China DIY Travel (www.china-diy-travel.com ; 6 Chaoyang Park Nanlu ; 朝阳公园南路6号 ; commission 10 $/billet)

Ctrip (www.english.ctrip.com)

China Trip Advisor (www.chinatripadvisor.com)

Sur ces sites Internet, vous trouverez des horaires de trains en anglais.

Dans les grandes gares, des guichets sont prévus pour le remboursement (退票, *tuìpiào*) des billets non utilisés ; vous obtiendrez de 80% à 95% du montant initial selon le nombre de jours avant le départ.

Transports urbains

Mis à part le métro dans les grandes villes, les transports urbains ne fonctionnent pas aussi bien que les moyens de transport couvrant les longues distances.

Bus

Grâce à un réseau très étendu, les bus sont d'excellents moyens de circuler en ville, mais les voyageurs étrangers les utilisent rarement. Quand vous montez dans un bus, montrez au contrôleur (assis à côté de la porte) votre destination sur la carte ; il vous vendra le billet approprié, et, s'il ne vous a pas oublié, il vous indiquera où descendre. Dans les bus sans contrôleur, insérez vos pièces dans un automate placé à côté du chauffeur.

Métro et tramway

Les déplacements en métro et tramway sont rapides, sûrs et bon marché ; les réseaux sont pour la plupart nouveaux ou relativement récents et s'étendent à de nombreuses villes, notamment Běijīng, Chéngdū, Chóngqìng, Dàlián, Guǎngzhōu, Hángzhōu, Hong Kong, Kūnmíng, Shànghǎi, Shěnyáng, Shènzhèn, Sūzhōu, Tiānjīn, Wǔhàn et Xī'ān.

Taxi

Les taxis (出租汽车, *chūzū qìchē*) sont nombreux et bon marché. Le tarif au kilomètre est clairement indiqué par un autocollant sur la vitre arrière du véhicule. La prise en charge varie d'une ville à l'autre et dépend aussi de la taille et de la qualité du véhicule. La plupart des taxis sont équipés d'un compteur, mais les chauffeurs ont tendance à ne le déclencher que dans les grandes villes. Si le compteur n'est pas utilisé (pour une excursion en dehors de la ville, par exemple, ou pour une location d'une journée ou demi-journée), négociez un prix avant le départ et écrivez-le noir sur blanc. Pour faire actionner le compteur, dites *dǎbiǎo* (打表). Demandez un reçu (发票, *fāpiào*) : si vous oubliez quelque chose à bord, vous pourrez identifier le taxi à l'aide du numéro indiqué sur le reçu.

Quelques conseils supplémentaires :

- Les points de rassemblement des taxis sont notamment situés dans les gares ferroviaires et les gares des bus longue distance, mais on peut généralement héler un taxi dans la rue.
- Les chauffeurs de taxi parlent rarement anglais, donc faites écrire votre destination en caractères chinois.
- Si vous avez des problèmes de communication, utilisez votre téléphone portable pour appeler votre hôtel : un employé pourra sûrement assurer la traduction.
- Il est possible de louer un taxi pour une journée ou une demi-journée, souvent à des tarifs raisonnables (marchandez systématiquement).

Vélo

Hormis dans les localités très pentues comme Chóngqìng, le vélo (自行车, *zìxíngchē*) est un excellent moyen de locomotion en ville et sur les sites touristiques. C'est aussi une façon idéale de découvrir les petites villes et la campagne environnante.

On peut souvent louer des vélos dans les auberges de jeunesse et les hôtels (ces derniers pratiquent des prix plus élevés).

Voiture et moto

Louer une voiture en Chine a toujours été compliqué, voire impossible pour les étrangers. En Chine continentale, c'est envisageable uniquement à Běijīng et Shànghǎi, deux villes où les routes sont souvent embouteillées.

Langues

La Chine possède 8 grands groupes de dialectes. La langue officielle du pays est le mandarin, que l'on parle à Běijīng (Pékin). Les Chinois l'appellent *pǔtōnghuà* ("la langue commune"). À l'exception des provinces de l'Ouest et de l'extrême Sud, la population parle majoritairement le mandarin, parfois avec un accent régional. Pour aller plus loin, procurez-vous le **guide de conversation Mandarin** de Lonely Planet.

Mandarin

Dans ce chapitre, les idéogrammes sont transcrits en pinyin, le système officiel de transcription du mandarin en alphabet romain. L'accent sur la voyelle indique le ton : plat (ā), montant (á), descendant-montant (ǎ) ou descendant (à).

Expressions de base

Bonjour./Au revoir.
你好。/再见。 Nǐhǎo./Zàijiàn.

Oui./Non.
是。/不是。 Shì./Bùshì.

Excusez-moi.
劳驾。 Láojià.

Pardon.
对不起。 Duìbùqǐ.

S'il vous plaît…
请…… Qǐng …

Merci.
谢谢你。 Xièxie nǐ.

De rien./Il n'y a pas de mal.
不客气。 Bù kèqi.

Comment allez-vous ?
你好吗? Nǐhǎo ma?

Bien. Et vous ?
好。你呢? Hǎo. Nǐ ne?

Parlez-vous anglais ?
你会说英文吗? Nǐ huìshuō Yīngwén ma?

Je ne comprends pas.
我不明白。 Wǒ bù míngbai.

Combien ça coûte ?
多少钱? Duōshǎo qián?

Aller plus loin

Indispensable pour mieux communiquer sur place : le **Guide de conversation Mandarin**, de Lonely Planet. Pour réserver une chambre, lire un menu ou simplement faire connaissance, ce manuel permet d'acquérir des rudiments du chinois. Inclus : un minidictionnaire bilingue.

Hébergement

Avez-vous une chambre simple/double ?
有没有单人/套房? Yǒuméiyǒu dānrén/tào fáng?

Combien cela coûte par jour/nuit ?
每天/人多少钱? Měi tiān/rén duōshǎo qián?

Se restaurer et prendre un verre

Je voudrais (manger)…, s'il vous plaît.
我想吃…… Wǒ xiǎng chī …

C'était délicieux !
真好吃。 Zhēn hǎochī.

L'addition s'il vous plaît.
买单。 Mǎidān.

Je suis allergique aux (fruits à coque).
我对(果仁)过敏。 Wǒ duì (guǒrén) guòmǐn.

Je ne mange pas de…	我不吃……	Wǒ bùchī …
poisson	鱼	yú
porc	猪肉	zhūròu
viande rouge	牛羊肉	niúyángròu

Urgences

Je suis malade.
我生病了。 Wǒ shēngbìng le.

Au secours !
救命! Jiùmìng!

Appelez un médecin !
请叫医生来! Qǐng jiào yīshēng lái!

Appelez la police !
请叫警察! Qǐng jiào jǐngchá!

Orientation

Où se trouve… ?	……在哪儿?	… zài nǎr?
la banque	银行	yínháng
le marché	市场	shìchǎng
le musée	博物馆	bówùguǎn

la poste	邮局	yóujú
le restaurant	餐馆	cānguǎn
les toilettes	厕所	cèsuǒ
l'office du tourisme	旅行店	lǚxíng diàn

Cantonais

Le cantonais est le dialecte chinois le plus couramment parlé à Hong Kong, à Macao, dans le Guǎngdōng et dans certaines parties du Guǎngxī. Les caractères sont communs au mandarin, mais leur prononciation diffère souvent. Si vous prononcez les transcriptions suivantes comme en français, vous devriez vous faire comprendre. L'accent sur la voyelle ou le "ng" indique le ton : haut (à), haut montant (á), bas descendant (à), bas montant (á) ou bas (a).

Expressions de base

Bonjour.
哈佬。 hàa·ló

Au revoir.
再見。 joy·gin

Oui.
係。 hai

Non.
不係。 ǹg·hai

Excusez-moi.
對唔住。 deui·ǹg·jew

Pardon.
對唔住。 deui·ǹg·jew

S'il vous plaît…
唔該…… ǹg·gòy …

Merci.
多謝。 dàw·je

De rien./ Il n'y a pas de mal.
唔駛客氣。 ǹg·sái haak·hay

Comment allez-vous ?
你幾好啊嗎？ láy gáy hó à maa

Bien. Et vous ?
幾好。 gáy hó
你呢？ láy lè

Parlez-vous anglais ?
你識唔識講英文啊？ láy sìk·ǹg·sìk gáwng yìng·mán aa

Je ne comprends pas.
我唔明。 ngáw ǹg mìng

Combien ça coûte ?
幾多錢? gáy·dàw chín

Hébergement

Avez-vous une chambre (simple/double) ?
有冇(單人/雙人)房？ yáu·mó (dàan·yàn/sèung·yàn) fáwng

Combien ça coûte par (nuit/personne) ?
一(晚/個人)幾多錢？ yàt (máan/gaw yàn) gáy·dàw chín

Se restaurer et prendre un verre

Je voudrais (manger)…, s'il vous plaît.
我想食…… ngáw séung sik …

C'était délicieux !
真好味。 jàn hó·may

L'addition s'il vous plaît.
唔該我要埋單。 ǹg·gòy ngáw yiu màai·dàan

Je suis allergique aux (fruits à coque).
我對(果仁)過敏。 ngáw deui (gwáw·yàn) gaw·mán

Je ne mange pas de…	我唔吃……	ngáw ǹg sik …
poisson	魚	yéw
volaille	雞鴨鵝	gài ngaap ngàw
viande rouge	牛羊肉	ngàu yèung yuk

Urgences

Je suis malade.
我病咗。 ngáw beng·jáw

Au secours !
救命！ gau·meng

Appelez un médecin !
快啲叫醫生! faai·dì giu yì·sàng

Appelez la police!
快啲叫警察! faai·dì giu gíng·chaat

Orientation

Où se trouve… ?	……喺邊度?	… hái bìn·do
la banque	銀行	ngàn·hàwng
le marché	街市	gàai·sí
le musée	博物館	bawk·màt·gún
la poste	郵局	yàu·gúk
le restaurant	酒樓	jáu·làu
les toilettes	厠所	chi·sáw
l'office du tourisme	旅行社	léui·hàng·sé

En coulisses

Crédits

Données des cartes du climat adaptées de Peel MC, Finlayson BL & McMahon TA (2007) 'Updated World Map of the Köppen-Geiger Climate Classification', Hydrology and Earth System Sciences, 11, 1633-44.

Illustrations des p. 46-47 et p. 126-127 de Michael Weldon.

À nos lecteurs

Merci à tous les voyageurs qui ont utilisé la dernière édition de ce guide et qui nous ont écrit pour nous faire part de leurs conseils, de leurs suggestions et de leurs anecdotes :

A Aelbrecht Frederic, Anne, Antoine Jean-Paul **C** Campion Raphaëlle, Campos Guillaume, Chabauty Corinne, Chanel Armand, Cormanski Alex **D** Dufresne Nathalie, Famille Blanc **G** Glineur Florence **L** Lalubie Maryse, Lebon Luc **M** Marzuoli Roland **N** Nameur Maryse, Noël Geneviève **S** Simon Jean-Paul, Teston Alessandra, Tosi Jean-Marc **W** Wolf Arthur-James, Wu Yuzhou

À propos de cet ouvrage

Cette 3e édition du guide *L'essentiel de la Chine* est une traduction-adaptation de la 1re édition du guide *China*, actualisée et rédigée en anglais par Damian Harper, Piera Chen, Megan Eaves, David Eimer, Helen Elfer, Trent Holden, Stephen Lioy, Emily Matchar, Rebecca Milner, Kate Morgan, Tom Spurling et Phillip Tang.

Traduction Jeanne Robert et Giuseppe Ardiri

Direction éditoriale Didier Férat

Adaptation française Cécile Bertolissio

Responsable pré-presse Jean-Noël Doan

Maquette Pierre Bregiroux

Cartographie Cartes originales d'Hunor Csutoros, Julie Dodkins, adaptées en français par Martine Marmouget (Afdec) et Nicolas Chauveau

Couverture Naomi Parker, adaptée en français par Laure Wilmot

Remerciements à Julien Lannoy pour sa relecture attentive. Un grand merci à l'équipe du bureau de Paris, et tout particulièrement à Dominique Spaety et Dominique Bovet pour leur soutien. Enfin, merci à Darren O' Connell, Elizabeth Nguyen, Chris Love, Jacqui Saunders, Glenn van der Knijff, Bradley Smith et Claire Murphy du bureau australien et à Clare Mercer, Joe Revill, Sarah Nicholson, Luan Angel et Becky Henderson du bureau de Londres.

Vos réactions ?

Vos commentaires nous sont très précieux et nous permettent d'améliorer constamment nos guides. Notre équipe lit toutes vos lettres avec la plus grande attention. Nous ne pouvons pas répondre individuellement à tous ceux qui nous écrivent, mais vos commentaires sont transmis aux auteurs concernés. Tous les lecteurs qui prennent la peine de nous communiquer des informations sont remerciés dans l'édition suivante, et ceux qui nous fournissent les renseignements les plus utiles se voient offrir un guide.

Pour nous faire part de vos réactions, prendre connaissance de notre catalogue et vous abonner à notre newsletter, consultez notre site Internet : **www.lonelyplanet.fr**.

Nous reprenons parfois des extraits de notre courrier pour les publier dans nos produits, guides ou sites Web. Si vous ne souhaitez pas que vos commentaires soient repris ou que votre nom apparaisse, merci de nous le préciser. Notre politique en matière de confidentialité est disponible sur notre site Internet.

A–Z
Index

Références des cartes

Références des cartes

Z

Références des cartes

Comment utiliser ce guide

Ces symboles vous aideront à identifier les différentes rubriques :

- À voir
- Activités
- Cours
- Circuits organisés
- Fêtes et festivals
- Où se restaurer
- Où prendre un verre
- Où sortir
- Achats
- Renseignements et transports

Ces symboles vous donneront des informations essentielles au sein de chaque rubrique :

- Adresses écoresponsables
- GRATUIT Sites libres d'accès
- Numéro de téléphone
- Heures d'ouverture
- Parking
- Non-fumeur
- Climatisation
- Accès Internet
- Wi-Fi
- Piscine
- Bus
- Ferry
- Tramway
- Train
- Menu en anglais
- Végétarien
- Familles bienvenues

Choisissez des lieux sur mesure grâce aux symboles suivants :

- Petits prix
- Gastronomie
- Prendre un verre
- Vélo
- Sports
- Art et culture
- Fêtes et festivals
- Sites photogéniques
- Paysages
- En famille
- Excursion
- Détour
- Randonnée
- 100% local
- Histoire
- Sortir
- Plages
- Café
- Faune et flore
- Scène LGBT
- Hébergement
- Transports
- Activités aquatiques
- Infos pratiques

À voir

- Cave/vignoble
- Château
- Église
- Monument
- Mosquée
- Musée/galerie/édifice historique
- Plage
- Réserve ornithologique
- Ruines
- Synagogue
- Temple bouddhiste
- Temple confucéen
- Temple hindou
- Temple jaïn
- Temple shintoïste
- Temple sikh
- Temple taoïste
- Zoo/réserve animalière
- Autre site

Achats

- Magasin

Activités

- Bodysurfing
- Canoë/kayak
- Cours/circuits organisés
- Plongée/snorkeling
- Randonnée
- Sentô (bain public)
- Ski
- Snorkeling
- Surf
- Piscine/baignade
- Planche à voile
- Autres activités

Où se loger

- Camping
- Hébergement

Où se restaurer

- Restauration

Où prendre un verre

- Bar
- Café

Où sortir

- Salle de spectacle

Renseignements

- Banque
- Ambassade/consulat
- Hôpital/centre médical
- Accès Internet
- Police
- Bureau de poste
- Centre téléphonique
- Toilettes
- Office du tourisme
- Autre adresse pratique

Géographie

- Aire de pique-nique
- Cascade
- Col
- Montagne/volcan
- Oasis
- Parc
- Phare
- Plage
- Point de vue
- Portail
- Refuge/gîte

Transports

- Aéroport
- Bart
- Bus
- Ferry
- Gare/chemin de fer
- Métro/MRT
- Monorail
- Parking
- Piste cyclable
- Poste-frontière
- Station-service
- Subway
- T/T-Bane
- Taxi
- Téléphérique/funiculaire
- Tramway
- Tube
- U-Bahn
- Autre moyen de transport

Helen Elfer

Helen a vécu à Shanghai entre 2007 et 2010, elle était donc ravie d'y retourner pour contribuer aux derniers guides Lonely Planet sur la Chine et Shanghai. Après une mission de deux ans à Abu Dhabi, elle est retournée à Londres où elle travaille comme journaliste de voyage. Elle est actuellement éditrice chez Lonely Planet pour le Moyen-Orient et l'Afrique du Nord.

Trent Holden

Basé à Geelong, près de Melbourne, Trent travaille pour Lonely Planet depuis 2005. Il a collaboré à plus de 30 guides couvrant l'Asie, l'Afrique et l'Australie. Attiré par les mégapoles, il est dans son élément pour explorer les capitales – de préférence chaotiques – et repérer les bars branchés, les musées, les restaurants et la culture underground. Il écrit aussi des livres sur les îles paradisiaques d'Asie quand il ne part pas en safari dans un parc national en Afrique. En dehors de ses voyages, Trent travaille comme éditeur indépendant et critique, et dépense son argent dans les concerts et festivals de musique.

Stephen Lioy

Photographe, auteur, marcheur et blogueur de voyages, Stephen vit en Asie centrale. Après un voyage extravagant en Europe, la fin de ses études et son installation en Chine, Stephen commence sa vie de semi-nomade qui aime partager ses expériences avec ceux qui rêvent de découvrir le monde.

Emily Matchar

Originaire de Chapel Hill en Caroline du Nord, Emily attrapa le virus du voyage lors d'un séjour en Argentine organisé par son lycée. Elle étudia l'anglais et l'espagnol à Harvard, mais surtout passa ses étés au Mexique et au Nicaragua dans le cadre de recherches pour les guides de voyage de l'université, Let's Go. Son diplôme en poche, elle fila de nouveau vers le Sud, où elle passa trois ans comme reporter pour l'*Observer* et *The News* de Raleigh (Caroline du Nord). Cependant, la vie de bureau n'étant pas pour elle, Emily s'est vite retrouvée à parcourir le monde pour Lonely Planet. Elle écrit aussi sur la cuisine et les voyages pour différentes publications, dont *Men's Journal*, *Outside*, *Gourmet*, *Chow*, *Forbes Life*, *BBC History* et *AOL Food*. Lorsqu'elle n'est pas occupée à tester les grills de Memphis, à flâner sur les marchés du Laos ou à vagabonder en Nouvelle-Zélande, on peut la trouver en train de déguster du poulet grillé Chapel Hill.

Rebecca Milner

Née en Californie et vivant à Tokyo (depuis 14 ans), Rebecca a collaboré aux guides sur le Japon, la Corée, la Chine et Tokyo. Journaliste indépendante, elle traite des sujets voyage, cuisine et culture pour divers journaux dont le *Guardian*, l'*Independent*, le *Sunday Times Travel Magazine* et le *Japan Times*. Après de nombreux voyages durant sa jeunesse – et des petits boulots à Tokyo pour lancer ses expéditions en Asie – Rebecca a eu la chance de rejoindre l'équipe des auteurs indépendants de Lonely Planet.

Kate Morgan

Auteure pour Lonely Planet depuis plus de dix ans, Kate a eu la chance de couvrir des destinations variées comme Shanghai, le Japon, l'Inde, le Zimbabwe, les Philippines et Phuket. Après avoir vécu à Londres, à Paris et à Osaka, elle s'est installée dans l'une de ses régions préférées de la planète : Victoria, en Australie.

Tom Spurling

Auteur de guides et enseignant, Tom est un Australien qui vit à Hong Kong. Il a collaboré à 13 titres de Lonely Planet dont *Japon*, *Chine*, *Amérique Centrale*, *Turquie*, *Inde*, *Afrique du Sud* et *Australie*. Quand il ne court pas dans tous les sens, il aime passer de longues heures les bras croisés.

Phillip Tang

Phillip a été nourri à la soupe pho australienne et au fish and ships. Après son diplôme de civilisation d'Amérique latine et chinoise, il se déclare prêt à voyager et à en parler dans les guides Lonely Planet, il collabore aux titres *Canada*, *Chine*, *Japon*, *Corée*, *Mexique*, *Pérou* et *Vietnam*. Plus d'infos sur : philliptang.co.uk. Phillip a vécu à Sydney, Melbourne, Londres et Mexico City. Il a parcouru l'Europe, l'Amérique latine et l'Asie, sans oublier les endroits phares de l'Amérique du Nord. Phillip s'intéresse aux lieux et aux gens qui y vivent. Il aime respirer l'odeur de la menthe fraîche sur un marché dans une ville inconnue et imaginer des vies différentes.

Les guides lonely Planet

Une vieille voiture déglinguée, quelques dollars en poche et le goût de l'aventure, c'est tout ce dont Tony et Maureen Wheeler eurent besoin pour réaliser, en 1972, le voyage d'une vie : rallier l'Australie par voie terrestre via l'Europe et l'Asie. De retour après un périple harassant de plusieurs mois, et forts de cette expérience formatrice, ils rédigèrent sur un coin de table leur premier guide, *Across Asia on the Cheap*, qui se vendit à 1 500 exemplaires en l'espace d'une semaine. Ainsi naquit Lonely Planet, dont les guides sont aujourd'hui traduits en 13 langues.

Nos auteurs

Damian Harper

Dix années passées dans un pensionnat britannique ont donné à Damian l'envie de découvrir de nouveaux horizons. En 1995, il passe son diplôme d'histoire de l'art à Leeds et quelques années plus tard, présente sa candidature à Lonely Planet pour le guide *Chine*. Depuis, il a contribué en tant qu'auteur- coordinateur aux 7 éditions de ce guide et a coécrit de nombreuses éditions des guides *Beijing* et *Shanghai*, *Singapour* et *Brunei*, *Vietnam*, *Thaïlande*, *Londres*, *Grande-Bretagne* et *Irlande* ; il est aussi l'auteur de la 1re édition de *Shanghai en quelques jours* et de Best of Shanghai et a participé à l'écriture du guide *China's Southwest* (3e édition) et à deux titres sur Hong Kong. On lui doit également les chapitres Comprendre et Préparer son voyage.

Piera Chen

Titulaire d'une licence en littérature obtenue au Pomona College (Californie), Piera a signé plus d'une dizaine de guides de voyage. Lorsqu'elle n'est pas sur la route, elle partage son temps entre Hong Kong (sa ville natale), Taïwan et Vancouver. Très jeune, elle a exploré Taïwan, la Chine et l'Asie du Sud-Est, mais c'est lors de son premier voyage en Europe – fraîchement débarquée de l'avion, à Rome – qu'elle a réalisé qu'elle voulait toujours vivre ainsi. Mission accomplie.

David Eimer

David a renoncé à une carrière juridique en 1990 pour être journaliste et auteur. Après avoir travaillé à Londres, sa ville natale, et à Los Angeles, il déménage à Beijing en 2005 où il contribue à plusieurs journaux et magazines britanniques. Il a ensuite voyagé et vécu en Chine et dans de nombreuses villes d'Asie du Sud-Est. Depuis 2006, il a participé à l'écriture des guides Lonely Planet *Chine*, *Myanmar* (*Birmanie*) et *Thaïlande*.

Nos auteurs (suite)

L'essentiel de la Chine
4e édition
Traduit et adapté de l'ouvrage *Best of China, 1st edition, May 2017*

Dépôt légal Mai 2018
ISBN 978-2-81617-054-2
Imprimé par IME by ESTIMPRIM, Baume-les-Dames, France

En Voyage Éditions | un département place des éditeurs